马克思经济学的数理分析

Mathematical Analysis of Marx's Economics

张衔　骆桢　李亚伟　著

四川大学出版社
SICHUAN UNIVERSITY PRESS

图书在版编目（CIP）数据

马克思经济学的数理分析 / 张衔，骆桢，李亚伟著
. — 2 版 . — 成都：四川大学出版社，2024.5
ISBN 978-7-5690-5930-4

Ⅰ．①马… Ⅱ．①张… ②骆… ③李… Ⅲ．①马克思
主义政治经济学－文集 Ⅳ．①F0-0

中国国家版本馆 CIP 数据核字（2024）第 042378 号

书　　名：马克思经济学的数理分析
　　　　　Makesi Jingjixue de Shuli Fenxi
著　　者：张　衔　骆　桢　李亚伟

选题策划：王　玮　张宇琛
责任编辑：张宇琛
责任校对：毛张琳
装帧设计：墨创文化
责任印制：王　炜

出版发行：四川大学出版社有限责任公司
　　　　　地址：成都市一环路南一段 24 号（610065）
　　　　　电话：（028）85408311（发行部）、85400276（总编室）
　　　　　电子邮箱：scupress@vip.163.com
　　　　　网址：https://press.scu.edu.cn
印前制作：四川胜翔数码印务设计有限公司
印刷装订：四川省平轩印务有限公司

成品尺寸：185 mm×260 mm
印　　张：16.5
字　　数：374 千字

版　　次：2019 年 12 月 第 1 版
　　　　　2024 年 5 月 第 2 版
印　　次：2024 年 5 月 第 1 次印刷
定　　价：86.00 元

扫码获取数字资源

四川大学出版社
微信公众号

本社图书如有印装质量问题，请联系发行部调换

再版前言

    2017 年是马克思的鸿篇巨制《资本论》（第一卷）德文第一版出版发行 150 周年，2018 年是马克思 200 周年诞辰。作为纪念，我们出版了这部《马克思经济学的数理分析》。本书的突出特点是采用数理方法研究和重述马克思经济学的主要内容。

    马克思主义政治经济学、特别是作为马克思主义政治经济学基础的马克思经济学能否运用数学，一直是一个有争议的问题。本书第 1 章讨论了这个问题，并给出了作者的思考。这里需要结合马克思经济学的文本，对这个问题做进一步的讨论。

    对马克思经济学文本的研究表明，运用数理方法研究和重述马克思经济学，使马克思经济学中蕴含的数理方法显性化，在一定意义上使马克思经济学形式化，是符合马克思经济学启发法的，也是发展马克思主义政治经济学的一个重要方面。马克思经济学是一个从抽象上升到具体并在理论上再现资本主义生产方式这一具体客体的逻辑体系。马克思经济学不仅分析了资本主义生产方式内在联系的质的方面，而且分析了这种联系以及资本主义再生产过程的量的方面，因此，马克思经济学包含着对数理方法的运用。概括起来，马克思运用数理方法有两种情况：一种情况是直接给出数理模型和数学方程式，这贯穿于《资本论》三卷，特别是《资本论》第二卷，尤其是其中的第三篇。另一种情况是给出蕴含着形式化的理论概括或论证。在这个意义上，马克思经济学中的许多规律、原理都具有可形式化的条件。限于篇幅，我们着重以《资本论》第一卷为例介绍马克思运用数理方法的第二种情况。

    马克思对资本主义生产方式的研究，是从商品分析开始的。商品是资本主义生产方式占统治地位的社会财富的表现形式，单个商品表现为这种财富的元素形式。令 W^{n+1} 是表现资本主义财富的商品集或商品空间，$W^n = (w_1, \cdots, w_n)$ 是商品集的子集，w_i 是构成商品子集的元素，因此

$$w \in W^n \subset W^{n+1}$$

    作为研究起点的商品属于理论上抽象的商品，但这种抽象是与商品生产的历史发展相一致的，是暂时抽象掉资本关系的商品。

    在商品分析中，马克思揭示了交换价值背后隐藏的由一般劳动凝结形成的商品价值，从而在商品价值与一般人类劳动耗费之间建立了内在联系。由于一般人类劳动耗费是商

品生产者 a 劳动投入的结果,这样,商品价值与一般人类劳动耗费之间的联系就表现为劳动投入与价值产出之间的关系,即 $f:a \rightarrow w$,因此,可以用函数 $w = f(a)$ 来表示这种关系。这可以看作是马克思的价值函数或价值生产函数,其可计量形式是 $w = f(a) + \varepsilon$。考虑到劳动的复杂程度,价值函数可以表示为 $w = h(t)f(a)$,其中 $h(t)$ 是随时间变化的劳动复杂系数。马克思全面分析了决定劳动生产力的各种因素,在这些因素与产出 Q 之间建立起了内在联系,这实际上是马克思给出的劳动生产力函数,可以表示为:

$$Q = f(\bar{A}, S_p, P_c, P_m^s, N),\ \text{且} \frac{\partial Q}{\partial f} > 0$$

其中 $\bar{A}$、S_p、P_c、P_m^s 和 N 分别是工人的平均熟练程度、科学的发展和它在工艺上应用的程度、生产过程的社会结合、生产资料的规模和效能,以及自然条件。这个生产力函数明显不同于且优于流行的新古典生产函数。马克思根据价值决定的性质,得出了商品价值量与劳动生产力成反比的规律,这应当是劳动价值论的基本定理,可以形式化的表述为:

$$W = f(t_s, Q)\ \text{且} \frac{\partial W}{\partial t_s} > 0,\ \frac{\partial W}{\partial Q} < 0$$

即

$$W = \frac{t_s}{Q}, \mathrm{d}W = \frac{\partial W}{\partial t_s}\mathrm{d}t_s + \frac{\partial W}{\partial Q}\mathrm{d}Q = \frac{1}{Q}\mathrm{d}t_s - \frac{t_s}{Q^2}\mathrm{d}Q$$

或者用劳动生产率表示为:

$$W = f(L, t_s)\ \text{且} \frac{\partial W}{\partial L} < 0,\ \frac{\partial W}{\partial t_s} > 0$$

$$\begin{cases} L = \dfrac{Q}{t} \\ w = t_s \end{cases}$$

$$t_s = \alpha t_i,\ t_i > t_s,\ \alpha < 1;\ t_i < t_s,\ \alpha > 1$$

$$\frac{\alpha t_i}{Q} = \frac{1}{L},\ w_i = \frac{\alpha t_i}{Q},\ \frac{\mathrm{d}w_i}{\mathrm{d}(\alpha t_i)} > 0,\ \frac{\mathrm{d}w_i}{\mathrm{d}Q} < 0$$

或者

$$\frac{t_s}{Q} = \frac{1}{L},\ w = \frac{t_s}{Q},\ \frac{\mathrm{d}w}{\mathrm{d}t_s} > 0,\ \frac{\mathrm{d}w}{\mathrm{d}Q} < 0$$

其中 L 是劳动生产率,t_i 是个别劳动耗费,α 是个别劳动耗费转换为社会必要劳动耗费 t_s 的转换系数。决定商品价值量的社会必要劳动时间 t_s 取决于社会条件 ($p_c, \bar{l}_a, \bar{l}_h$,即社会正常的生产条件、社会平均熟练程度和劳动强度),因此,马克思的另一种意义的社会必要劳动时间可以表示为 $T = t_s Q$,即社会为生产一定量有支付能力需求的商品 (Q) 所耗费的必要劳动总量。如果供给大于有支付能力的需求,即使单位商品只包含社会必要劳动时间 t_s,商品总量所耗费的劳动量仍然超过了社会必要劳动量,单位商品只能按低于价值的价格销售,即

$$t_s Q(1+r) > T, \ \text{则} \ \frac{T}{Q(1+r)} = t < t_s, \ p = t = t_s(1 - \frac{r}{1+r})$$

其中 p 为价格，单位商品有 $t_s\dfrac{r}{1+r}$ 的劳动耗费不能实现。一些文献将偏离商品价值的价格看作是第二种含义的社会必要劳动时间决定的商品价值。这种看法等于否定了价格对价值的背离，显然是不成立的。

如果考虑到马克思对部门内竞争形成的市场价值的分析，则市场价值可以表示为：

$$t_s = \bar{t} = \frac{q_g t_g + q_m t_m + q_b t_b}{q_g + q_m + q_b}$$

其中下标 g、m 和 b 表示优等、中等和劣等生产条件，$t_i(i=g,m,b)$ 是生产同类单位商品的个别劳动时间，q_i 是不同条件下的产量，$\bar{t}$ 是平均价值。如果令 $\bar{f} \in F$ 为该部门的平均生产条件，则市场价值可以同时理解为：

$$\begin{cases} t_s = t_i \\ \text{s. t.} \ \ f_i = \bar{f} \in F; \ \dfrac{q_i}{\sum\limits_{i=g}^{b} q_i} \gg \dfrac{\sum\limits_{i=g}^{b} q_i - q_i}{\sum\limits_{i=g}^{b} q_i} \end{cases}$$

如果社会对某种商品的社会有支付能力的需求量是 $Q = \sum\limits_{i=g}^{b} q_i$，则价值决定可能有的三种情况可以分别表示为：

若 $Q=D=q_g=S$，则市场价值由优等条件决定，即 $t_s=t_g$；

若 $D \gg q_g=S$，且 $(D-a)=q_g+q_m=S$，则市场价值由中等条件决定，即 $t_s=t_m$；

若 $(D-a) \gg q_g+q_m=S$，且 $(D-\alpha-\beta)=q_g+q_m+q_b=S$，则市场价值就由劣等条件决定，即 $t_s=t_b$。

这些条件一旦确定，就成为市场价格波动的中心，并对短期供求起调节作用。

社会必要劳动时间与个别劳动时间的矛盾是价值规律对商品生产和流通起调节作用的主要途径，对这个矛盾及其作用的分析贯穿于马克思对资本主义经济分析的全过程。马克思对这个矛盾及其作用的分析，揭示了商品生产和资本主义生产中竞争、技术进步、生产者分化和经济不稳定的内生性。马克思的分析可以做如下描述：

个别劳动耗费与社会必要劳动耗费的关系可表示为 $t_s=\alpha t_i$，若 $t_i>t_s$ 则 $\alpha<1$；若 $t_i<t_s$ 则 $\alpha>1$，给定 $\dfrac{\Delta R(t)}{\Delta t}=\eta(t_s-t_i)$：

若 $t_i<t_s$ 则 $\dfrac{\Delta R(t)}{\Delta t}>0$，若 $t_i>t_s$ 则 $\dfrac{\Delta R(t)}{\Delta t}<0$。

为获得超额收益 ΔR，生产者会竞相采用先进技术以提高劳动生产率降低个别劳动耗费（$t_i<t_s$）。生产者为此展开的竞争一旦使新技术普遍化而成为起决定作用的生产条件，即在全部生产者 N 中采用新技术的生产者 n 的数量 $n>N-n$，新技术就成为社会必要劳动时间的决定条件。新条件下，超额收益消失，量单位商品价值量下降，技术普遍进步，生产率提高，产出增加。在新条件下，生产者要能够获得超额收益，就必须进一步改进技术，提高劳动生产率。正是这一动态过程不断推动着技术进步。从马克思的分析中可以看出，马克思实际上是将这种由个别劳动耗费与社会必要劳动耗费的矛盾决定的商品生产者争取超额收益的竞争，看成是一个商品生产者的"囚徒困境"，即商品生产者"个体理性"与"集体理性"的冲突。上述竞争过程可以从生产者行为角度做如下描述。令生产者有两类 A_i 和 A_{-i}，它们有相同的策略集 S：改进技术、提高劳动生产率 φ；保持技术和生产率不变 μ，即 $S_{i,-i} = \{\varphi, \mu\}$，支付矩阵如下：

		A_{-i}	
		μ	φ
A_i	μ	w, w	$w - \Delta R, w + \Delta R$
	φ	$w + \Delta R, w - \Delta R$	$w - r, w - r$

其中 $w + \Delta R > w > w - r > w - \Delta R$。对两类生产者来说，$\varphi$ 是严格占优策略，最优策略组合是 $s_{i,-i} = (\varphi, \varphi)$。竞争的结果，超额收益消失，商品价值由 w 下降到 $w - r$，新技术得到普及并成为社会必要劳动时间的新的决定条件。

社会必要劳动与个别劳动的矛盾决定的竞争过程，是技术进步、相对剩余价值生产、资本有机构成提高以及平均利润率趋向下降的重要形成机制，也是理解这些现象的理论依据。

如果生产者的劳动耗费属于 $t_i > t_s$ 的类型，生产者的劳动耗费将不能按社会标准得到补偿，生产者就存在破产的可能性，生产者就会分化。生产者的分化过程可以用概率描述为：

$$\begin{cases} N = N_g + N_d + N_b = N(P(\bar{t_a}) + P(t_a)P(\bar{b}|t_a) + P(t_a)(b|t_a)) \\ \sum P(\cdot) = 1 \\ \forall t_a \in (t_x > t_s) \end{cases}$$

即价值规律通过社会劳动与个别劳动的矛盾调节总劳动分配的结果，将全部生产者 N 以概率 $P(\bar{t_a})$、条件概率 $P(t_a)P(\bar{b}|t_a)$ 和 $P(t_a)(b|t_a)$ 分化为正常再生产 N_g、再生产困难 N_d 和破产 N_b 三类。市场调节过程和结果并不是如新古典经济学认为的非分化稳态的。

马克思关于商品生产的社会条件即私人分工制度或彼此当作外人来对待的社会关系可以表示为：

$$\begin{cases} X = (1 - A)^{-1}Y \\ E(x) = \{y \mid y \in X, \rho y \leqslant x^s (x^s \text{ 是用于交换的产品部分})\} \end{cases}$$

其中方程 X 是分工和总产出向量，$E(x)$ 是彼此作为外人来对待的社会关系，Y 是最终产品向量。只有在这种条件下，抽象一般劳动才有经济学意义，才形成价值。顺便指出，马克思关于商品交换最初是在共同体的尽头，在它们与别的共同体或其成员接触的地方开始的论述，并不是说公有制是商品交换的社会基础，而是说彼此当作外人来看待的关系、彼此承认互相是用来交换的物的私有者的关系，最初存在于不同的共同之间，或不同的共同体的成员之间，即这些不同的共同体或不同的共同体的成员彼此是独立的外人即私有者。

在分析相对价值量的决定时，马克思讨论了四种情况。根据马克思的推导和结论，以第一种情况为例，可以用数理方法表示为：

假定 $\dfrac{dW_a}{dt} \neq 0, \dfrac{dQ_a}{dt} = 0, \dfrac{dW_b}{dt} = 0$；若 $\dfrac{dL_a}{dt} < 0$，则 $\dfrac{dW_a}{dt} > 0$，交换量（相对价值量）Q_b 增加，即 $\dfrac{dW_a}{dQ_b} > 0$；

假定 $\dfrac{dL_a}{dt} > 0$，则 $\dfrac{dW_a}{dt} < 0$，交换量（相对价值量）Q_b 减少，即 $\dfrac{dW_a}{dQ_b} < 0$。因此，

$$Q_b = f(W_a) \text{ 且 } \dfrac{dQ_b}{dW_a} > 0$$

将四种情况综合起来，最终可以得到 $Q_b = \dfrac{t_a}{t_b}$，即商品的交换比例取决于凝结在商品中的必要劳动耗费。

如果令 W^{n+1} 为商品空间或商品集，W_0 为 W^{n+1} 中起等价物作用的商品，W_0 就成为 W^n 的价值的表现材料。马克思关于一般价值形式是社会公认的形式就可以表示为 $W^n = W_0$。

在货币或商品流通的分析中，马克思通过分析商品第一形态变化的困难和货币的支付手段职能，证明了即使在简单商品条件下，也存在危机的可能性。根据马克思的分析，可以将危机的这种可能性归结为商品生产的内在矛盾使商品的实现过程成为一个不确定过程，即商品的第一形态变化是随机的：可能按不低于价值实现（s_1）、低于价值实现（s_2）或不能实现（s_3）三种情况，可用概率分布表示为：

$$P(S = s_i) = p_i \qquad (i = 1, 2, \cdots)$$

或者用分布函数表示为 $F(s) = P(S \leq s)$。一旦 p_2 或 p_3 以大概率出现，就会形成 $S > D$ 的普遍实现困难，即危机。马克思从使用价值和价值两方面分析指出的，导致商品第一形态变化困难的 6 个因素，都具有随机性，可以用上述概率来表示。

支付手段职能的中断，同样是由于商品第一形态变化的困难造成的。假定债务人期望的到期收益是 $E(R_{t+n})$，且 $E(R_{t+n}) \geq Be^{rt}$（债务本息）。但是，债务人到期面临的将是分布为 $F(s) = P(S \leq s)$ 的不确定的收益，若出现 p_2 或 p_3，债务就不能清偿，就可能引起债务危机。

马克思推导的货币流通量规律可以用形式化方式描述。令流通量函数为 $G^d = f(P, V)$，其中 $P = \sum_{i=1}^{n} p_i q_i$。假定 $\dfrac{dV}{dt} = 0$，流通量函数简化为 $G^d = P = f(W, W_g)$。

若 $\dfrac{dW}{dt} = 0$，则 $\dfrac{dG^d}{dW_g} < 0$ 从而 $\dfrac{dP}{dW_g} < 0$；

若 $\dfrac{\mathrm{d}p_i}{\mathrm{d}t}=0,\dfrac{\mathrm{d}W_g}{\mathrm{d}t}=0$,但 $\dfrac{\mathrm{d}q_i}{\mathrm{d}t}\neq0$,则 $\dfrac{\mathrm{d}p_i}{\mathrm{d}q_i}>0,\dfrac{\mathrm{d}G^d}{\mathrm{d}p_i}>0$ 从而 $\dfrac{\mathrm{d}G^d}{\mathrm{d}q_i}>0$;

若 $\dfrac{\mathrm{d}q_i}{\mathrm{d}t}=0,\dfrac{\mathrm{d}W_g}{\mathrm{d}t}=0$,则 $\dfrac{\mathrm{d}P}{\mathrm{d}p_i}>0$ 从而 $\dfrac{\mathrm{d}G^d}{\mathrm{d}p_i}>0$。

由内积 $P=\sum\limits_{i=1}^{n}p_iq_i$ 可知 $P=p_1q_1+\cdots+p_k(1\pm\pi)q_k+\cdots+p_nq_n$,因此 $P=f(p_k)$。

假定 $\dfrac{\mathrm{d}P}{\mathrm{d}t}=0$,流通量函数为 $G^d=f(V)$,即 $\dfrac{\mathrm{d}G^d}{\mathrm{d}V}<0$。

由上述得到货币流通量规律 $\dfrac{P}{V}=G^d$。在 P 和 V 都是可变的情况下,货币流通量取决于两者的变化方向和速度。

马克思对资本主义生产方式的分析是从资本总公式的矛盾开始的。马克思对流通过程的分析表明,在流通过程中,无论是否等价交换,剩余价值都不能从流通中产生。马克思所分析的四种情况可以用如下一个"零和博弈"来表示:

$$\sum_{i=1}^{n}R_i(S)=0,即\ R_i(s_i,s_{-i})=-R_{-i}(s_i,s_{-i})$$

或者在混合策略下

$$\sum_{s\in\bar{s}}R_i(S)p_i(S)=0$$

其中 R 是马克思定义的剩余价值 ΔG,S 是商品所有者的交换策略,p_i 是选择纯策略的概率。用"零和博弈"来表述马克思对资本总公式矛盾的分析,可以强化剩余价值是资本主义经济中净增加的财富的含义。

劳动力成为商品是解决资本总公式矛盾的社会条件。劳动力成为商品的两个基本条件之一,是劳动力所有者 $P(A)$ 没有实现劳动能力的生产资料 P_m 和消费资料 P_n,从而只能将自己的劳动力当作商品来出售,即

$$\forall P(A):(P_m=\varnothing,且\ P_n=\varnothing)\to A=W_A$$

根据马克思的分析,可以令劳动力再生产所必需的商品集为有界集 $W_A\subset W^{n+1}$,$W_A=(w_{A,a},w_{A,f},w_{A,e})$,其中 $w_{A,a},w_{A,f},w_{A,e}$ 分别是劳动者本人再生产劳动力的商品等价物,维持劳动者家庭所必需的商品等价物和进行教育训练的商品等价物。W_A 的下界是维持劳动力再生产的最低限度的商品集 $w_A\subset W_A$,上界由决定资本积累的最小剩余价值决定。因此,劳动力商品的价值就由再生产 W_A 的劳动耗费决定,即 $W_A=h(t)f(a)$,或者

$$W_A=(t_{a,1},t_{a,2},\cdots,t_{a,n})(b_{a,1},b_{a,2},\cdots,b_{a,n})^{\mathrm{T}}=tB$$

其中 B 是劳动力再生产所必需的消费资料向量,t 是相应的时间耗费向量。显然,劳动力商品的价值取决于这些消费资料生产部门的劳动生产力(率),且与之负相关。如果 $b_{a,i}$ 部门的劳动生产率发生变化,生产同量消费资料所耗费的劳动量从而商品价值量就会发生变化,这种变化会根据该产品在劳动力再生产所需消费资料中所占比重影响劳动力价值。这

对于理解相对剩余价值生产原理十分重要。

马克思强调，购买劳动力商品的货币执行的是支付手段职能，即在劳动力按契约执行职能以后 $p(A)_{t-1}$，劳动力才被支付 $G(A)_t$。这可以表示为：

$$G(A)_t = p(A)_{t-1}$$

这就是马克思所说的工人给资本家以信贷。由支付手段的矛盾可知，一旦资本家的商品不能实现，劳动力商品所有者就无法得到支付。马克思的这一分析符合实际，与那种将工人看成风险规避者的辩护理论形成了鲜明对比。实际上，工人被迫承担了与己无关而由资本家造成的风险。

马克思对剩余价值生产过程的分析所揭示的资本主义生产的性质和特征可以描述为：

$$\begin{cases} Q = f(P_m, A) \\ W = H(t)f(A) + C(Q) \\ W_N = H(t)f(A) \end{cases}$$

$$\max M\{M \mid M \in W_C; W_C \subset P_C(X)\}$$

$$\text{s. t. } f \in F$$

其中 $W_N = V + M$。如果采用劳动耗费时间 t_s 来表示价值，则 $W_N = t_s Q = t_s f(P_m, A)$。在正常情况下，资本家按价值购买劳动力 $V = W_A$，资本家的活动是对劳动进行监督 $A_C(s_i)$，不属于生产劳动，即 $A_C(s_i) \notin L$。因此，$A_C(s_i) \cup L = \Omega$，$A_C(s_i) \cap L = \varnothing$，即资本家的监督活动与生产劳动两者是对立的。资本主义生产目的可以进一步表示为：

$$\max \int M(Q(L) - V(Q(L)))f(L)\mathrm{d}L$$

马克思在劳动过程和价值增殖过程的分析中指出，形成商品价值的活劳动和物化劳动都存在质量要求，其中特别指出了中间产品（投入品）的质量对后续产品质量的影响。这一思想可以用一个质量加权或质量等级（k）的模型表示为：

$$Q^k = f(P_m^k, A)$$

剩余价值生产的两种形式是绝对剩余价值生产和相对剩余价值生产。绝对剩余价值具有一般意义。令工作日长度为 t，取得剩余价值的条件是 $t > t_s B$，这等价于马克思的 $t > t_a = t_m$。这是剩余价值生产的一般原理的表达。剩余价值率 $m' = \dfrac{m}{v}$ 可以用 $\dfrac{t - t_s B}{t_s B}$ 来表示。

绝对剩余价值生产的前提条件是生产技术（k）和劳动力商品价值不变（$(k)' = 0$，$(t_s B)' = 0$），剩余价值取决于工作日长度且 $m \propto t$，但 $t < \bar{t}$（工作长度的自然界限）。

马克思工作日长度最终由劳资之间力量对比决定的分析，可以用函数表示为：

$$t = f(\sigma)$$

其中 $\sigma = S_A / S_C$ 是工人和资本家的策略集之比。若工人的力量强，则 $\sigma > 1$，$\dfrac{\mathrm{d}t}{\mathrm{d}\sigma} < 0$ 即工作日会缩短；反之，工作日会被延长。

相对剩余价值生产是在个别资本追求超额剩余价值的竞争中自发形成的。根据马克思的分析，假定工作日长度不变，由社会条件决定的部门 j 的单位商品价值为：

$$w_{s,j} = \frac{C_{g,j}T^{-1}}{Q_j} + C_{l,j} + \frac{n_j v_j + M_{s,j}}{Q_j}$$

其中 $C_{g,j}$ 是固定不变资本，T 是其使用年限，$C_{l,j}$ 是流动不变资本，n_j 是雇佣的劳动者数量。假定生产者 i 改进技术提高劳动生产率以降低个别劳动耗费来获取超额剩余价值。根据马克思，劳动生产率的提高，表现为劳动的量比它所推动的生产资料的量的相对减少，即直接表现为资本技术构成的提高。因此，令固定资本使用量的增长率为 b，同时按比率 α 减少工人的使用量。在相同时间内，劳动生产率提高以后的产出增长率为 g，且 $g > b$，$\alpha < 1$：

$$w_{i,j} = \frac{C_{g,j}(1+b)T^{-1}}{Q_{i,j}(1+g)} + C_{l,j} + \frac{n_{i,j}(1-\alpha)v_j + M_{s,j}}{Q_{i,j}(1+g)}$$

由 $(1+b)/(1+g) < 1$ 和 $(1-\alpha)/(1+g) < 1$ 可知，$w_{i,j} < w_{s,j}$。同时，这也表明生产者 i 因技术进步而使资本构成明显提高

$$\frac{C_{g,j}(1+b)+C_{l,j}}{n_j(1-\alpha)v_j} > \frac{C_{g,j}+C_{l,j}}{n_j v_j}$$

这对于理解平均利润率趋向下降规律有重要意义。只要生产者 i 选择 $w_{i,j} < p_{i,j} < w_{s,j}$ 的价格出售商品，就可以获得一定的超额剩余价值。生产者之间的竞争会使新技术普遍化，商品价值向 $w_{i,j}$ 收敛，超额剩余价值消失，单位商品价值量下降。如果生产者 i 的产品按社会价值出售，由

$$w_{s,j}Q_{i,j}(1+g) - C_{g,j}(1+b)T^{-1} - C_{l,j}Q_{i,j}(1+g) = W_{N,i} > w_{s,j}Q_{i,j} - C_{g,j}T^{-1} -$$

$C_{l,j}Q_{i,j} = W_N$ 可知 $\frac{tnv}{W_{N,i}} = t_{a,i} < \frac{tnv}{W_N} = t_a$，从而 $t_{m,i} > t_m$。显然，只要 $w_{i,j} < p_{i,j} < w_{s,j}$，生产者 i 再生产劳动力的时间就小于其他同类生产者。这就是马克思指出的，超额剩余价值也是靠缩短必要劳动时间相对延长剩余劳动时间形成的。

如果 j 是劳动力再生产部门，劳动力的再生产时间会按照 $w_j = t_{s,j}b_j$ 在 tB 中的比例减少。当竞争使生产 B 的部门和与之相关的部门的劳动生产力普遍提高，就形成相对剩余价值生产 $M_X(L)$：

$$M_X(L): L'_{b_{ij}}, L'_{b_{ik}b_{kj}}, L'_{b_{is}b_{sk}b_{kj}}, \cdots > L_{b_{ij}}, L_{b_{ik}b_{kj}}, L_{b_{is}b_{sk}b_{kj}}, \cdots$$

资本主义的生产目的是 $\max M$，由价值规律 $\frac{dW_A}{dL_a} < 0$，根据资本主义的工作日结构 $t = t_a + t_m$，有 $\frac{dt_a}{dl_a} < 0, \frac{dt_m}{dt_a} < 0$，因此 $\frac{dt_m}{dl_a} > 0$，即商品价值与劳动生产率负相关，但相对剩余价值与劳动生产率正相关 $\frac{dM_X}{dL} > 0$。这是马克思对"魁奈悖论"回答的数理形式。

如果 $M(T)$ 和 $M(L)$ 分别是绝对剩余价值生产和相对剩余价值生产，则资本主义生产集为 $M(T) \cup M(L) = \Omega$，且 $M(T) \cap M(L) \neq \varnothing$，即绝对剩余价值生产和相对剩余价值生产可以同时并存。

　　结合劳动力商品理论和资本积累理论，马克思的工资（ω）决定理论可以用函数方程表示为：

$$\omega = f(W_A, \Delta C)，且 \frac{d\omega}{dW_A} > 0, \frac{d\omega}{d\Delta C} < 0$$

或者

$$\omega = f(W_A, A^s(\Delta C)), \frac{d\omega}{dW_A} > 0, \frac{d\omega}{dA^s} < 0, \frac{dA^s}{d\Delta C} > 0 。$$

其中 A^s 为劳动供给。工资掩盖了工人的劳动分为必要劳动和剩余劳动，计时工资 ωt 只是对有酬劳动的支付，但却采取了对全部劳动支付的形式。同样，由 $t > t_s B$，令 $\alpha = \frac{1}{t}$ 为工人每小时提供一单位劳动力得到的每小时 α 单位消费资料，则 $\alpha t_s B$ 只是对有酬劳动的支付，采取的却是对全部劳动进行支付的形式。

　　马克思对资本积累的分析是从资本主义简单再生产开始的。马克思分析资本主义简单再生产所揭示的资本主义生产过程的三个新的特征可以表示如下。

　　第一，资本家以工资形式预付的可变资本是工人自己的劳动创造的，即资本家用工人 $t-1$ 期生产并实现的产品，在 t 期才对工人 $t-1$ 期的劳动力进行支付。即

$$\omega_t = v'h(t)f(a)_{t-1}$$

其中 $v' = \frac{v}{\omega_N}$ 是工人创造的新价值中工人的份额，即有酬劳动部分。顺便指出，森岛通夫将工资在资本主义生产周期起点支付的经济称为"马克思—冯-诺伊曼经济"不符合马克思的工资理论。实际上支付工资的货币执行的是支付手段职能，是在期末而不是期初支付的。

　　第二，在简单再生产条件下，经过一定的生产时间，原预付资本就会转化为资本化的剩余价值。即

$$C_0 = \int_0^\tau m(t)dt$$

其中 C_0 是原预付资本。

　　第三，工人的个人消费从属于资本，因此，再生产过程同时是资本主义生产关系的再生产，这相当于不动点，即

$$f(P_C) = P_C$$

其中 $P_C = P(C, V; m)$ 表示的是资本主义生产关系。

　　马克思通过对资本积累的分析，揭示了商品生产所有权规律如何转变为资本主义占有规律。根据马克思的分析，资本积累就是资本家将无偿占有的剩余价值转化为（$\Rightarrow$）资本的过程：

$$(1 - v')h(t)f(a) = m \Rightarrow (\Delta c + \Delta v)$$

　　假定原预付资本为 $(c + v)_0$，则资本积累过程可以表示为：

$$(c + v)_0 \ output \ m_0 \Rightarrow (\Delta c + \Delta v)_1$$

$$(c + v)_0 + (\Delta c + \Delta v)_1 \text{ output } m_0 + \Delta m_1 \Rightarrow (\Delta c + \Delta v)_1 + (\Delta c + \Delta v)_2$$

即

$$(c + v)_0 + \sum_{t=1}^{n} (\Delta c + \Delta v)_t \text{ output } m_0 + \sum_{t=1}^{n} \Delta m_t \Rightarrow \sum_{t=1}^{n+1} (\Delta c + \Delta v)_t$$

这表达了马克思指出的：追加资本是资本化的剩余价值，是由别人无酬劳动产生的；工人阶级总是用这一年的剩余价值创造了下一年雇用追加劳动的资本，即"资本生资本"；资本家对过去无酬劳动的所有权，是现今以日益扩大的规模占有活的无酬劳动的唯一条件，资本家已经积累得越多，就越能更多地积累。

由资本积累过程可以看出，尽管资本按价值购买劳动力 $\Delta v = \Delta w_A = \Delta t_s B$，但用来交换劳动力的追加资本是不付等价物而占有的别人劳动产品的一部分，这部分资本不仅要由它的生产者工人来补偿，而且在补偿时还要加上新的剩余额，即 $w_N = h(t) f(a) = \Delta v + \Delta m$。于是，交换成了一种表面现象。这就表明，商品生产所有权规律已经转变为资本主义占有规律。这种转变的关键是劳动力成为工人自己的商品，即

$$E(x) = \{A \mid A = W_A \subset W^{n+1}; W_A = t_s B\}$$

劳动者只能对自己的劳动力商品价值有要求权，即在交换中要求等价交换的权利 $W_A = t_s B$。劳动力一经出卖进入生产过程，劳动便从属于资本，并在资本家的监督下为资本家创造剩余价值

$$(1 - v') h(t) f(a) = m \subset P_C(X)$$

所有权 $P(W_N)$ 与劳动 L_A 分离

$$L_A \bigcap P(W_N) = \varnothing$$

剩余价值成为资本家所占有的财富 $P_c(X)$，而不是直接劳动者工人的财富。资本家用属于他的剩余价值进行积累不违反价值规律，但占有方式发生了根本变化。

随着资本积累，原预付资本与直接积累的资本相比，是一个无穷小量

$$\lim_{t \to n} \frac{C_0}{\sum_{t=1}^{n} \Delta C_t} = 0$$

马克思对资本积累量的决定因素的分析，首先是在剩余价值量一定的条件下，分析剩余价值分为资本（积累 $z = \Delta c + \Delta v$）和收入（资本家用于消费的收入 y），即资本积累率的决定。资本积累率可以定义为：

$$\alpha = \frac{\Delta c + \Delta v}{m} = \frac{z}{m}, 0 \leqslant \alpha \leqslant 1 \text{ 或 } \alpha \in (1, 0)$$

$m = z + y$ 且 $z \propto y^{-1}$，或者 $m = p_c q_c + p_y q_y$。积累率由资本家个人决定，但这绝不是资本家个人的所谓"节欲"行为，而是资本家在剩余价值动机和竞争压力下执行资本的职能。但是，由 $y = \alpha m \pi' (1 - \alpha)$，$\pi' = \frac{m}{c + v}$ 可知，资本家的消费随着积累的增加而增加，两者并不冲突：

$$y_0 < y_0 + y_1 < y_0 + y_1 + y_2 < \cdots$$

显然，资本家的消费取决于他获取的剩余价值。同时，马克思指出：挥霍性消费是资本家取得信贷的手段而成为资本家营业上的一种必要。即是说，挥霍性消费是资本家显示其信用的一种特殊信号。假定资本家的可抵押财富 $\theta=(\theta_1,\cdots,\theta_n)$ 是私人信息，资本家的类型 ρ 依赖于 θ。但是，不考虑其他情况，资本家的消费类型 $x\in X$ 是可观察的共同知识，且消费类型与资本家的财富存在线性关系

$$x_i^\rho = c_0 + c_1 y_i$$

资本家 i 选择挥霍性消费将以概率 λ 与可抵押财富 θ 匹配。这样，挥霍性消费成为显示资本家信用的一种信号，是资本家取得信贷的重要手段。

在剩余价值分为资本和收入的比例（α）一定时，积累的资本量取决于剩余价值的绝对量，决定剩余价值量的情况会影响资本积累的量。马克思分析了决定资本积累量的四种情况或因素，这四种情况可以用一个积累函数式表示为：

$$Z = \Delta C = f(E(\cdot), L_s(\cdot), D, C), \ \text{且} \frac{\mathrm{d}Z}{\mathrm{d}f} > 0$$

其中第一个因素是劳动力剥削程度的提高，即

$$E = f(\omega, t, L_q), \ \text{且} \frac{\mathrm{d}E}{\mathrm{d}f} > 0$$

包括将工资强行压低到劳动力价值以下 $\omega = t_s B - v_c$，延长工作日 t 和提高劳动强度 L_q。压低工资是将劳动者的一部分消费基金转化为积累基金 v_c，压低工资的常见手段是日常消费资料的造假，即 $B^k(k<0)$。延长工作日和提高劳动强度不增加固定不变资本 c_g，也不按比例增加可变资本，但增加了用于积累的剩余价值 Δm：

$$c_g + c_l + \Delta c_l + v + \Delta v + m + \Delta m$$

马克思把延长工作日和提高劳动强度造成的结果定义为资本的扩张能力，即

$$(c+v) \rightarrow m$$
$$(c+v)^\beta \rightarrow m + \Delta m, \ \beta > 1$$

第二个因素是社会劳动生产力水平的提高，即

$$\frac{\mathrm{d}Q}{\mathrm{d}L} > 0 \ \text{且} \frac{\mathrm{d}W}{\mathrm{d}L} < 0 \rightarrow \frac{\mathrm{d}Z}{\mathrm{d}Q} > 0 \ \text{或} \frac{\mathrm{d}Z}{\mathrm{d}L} > 0$$

根据马克思的分析，劳动生产率提高导致的价值量与使用价值量的对立运动产生了收入效应和替代效应

$$w_{i,t+1} - w_{i,t} = -r, \ w_{ij}^{ji}$$

这两个效应在资本积累中的作用形成了资本积累效应。根据马克思的分析，这些效应表现在三个方面。

首先，资本积累的规模效应。

若积累率不变 $\frac{\mathrm{d}\alpha}{\mathrm{d}t}=0$，用向量表示的资本家的消费 B_c 和积累会同时增加，即

$$B_{C,t+1} > B_{C,t}, \ z_{t+1} > z_t$$

若资本家保持实际消费不变 $B_{C,t+1}=B_{C,t}$,则积累率可以提高 $\dfrac{\mathrm{d}\alpha}{\mathrm{d}t}>0$,积累增加 $z_{t+1}>z_t$;

工人实际消费不变 $B_{t+1}=B_t$,消费资料价格下降 $p_{\mathrm{II},t+1}<p_{\mathrm{II},t}$,则 $v_{t+1}=v_t$,但 $A_{t+1}>A_t$;

生产资料价格下降 $p_{\mathrm{I},t+1}<p_{\mathrm{I},t}$,则 $C_{t+1}=C_t$,但 $P_{m,t+1}>P_{m,t}$。

其次,资本积累的效能效应。

对固定不变资本,有

$$C_{g,R}^a,\ a>1,\ C(1-\beta)+C_R^a>C(1-\beta)+\beta C$$

其中 $\beta=T^{-1}$ 为折旧率,C_R^a 为局部更新,$C_R^a=\beta C=D$(折旧费)。

对流动不变资本,有

$$C_{l,t+1}^a>C_{l,t},\ a>1$$
$$C+V=K,\ K_{t+1}^a>K_t,a>1$$

最后,资本积累的价值转移效应。

$$C^aT^{-1}>CT^{-1}(1-\beta),\ a>1,\ \beta>0\ (浪费系数)$$

第三个因素是所用资本和所费资本之间差额的扩大。

令 K 是按年率 r 的投资,C 是资本总额即所用资本总额,$T\geqslant\tau$ 为资本使用周期,R 是固定资本更新规模,D 是折旧即所费资本,I_D 是折旧投资率,则

$$R_t=K_{t-\tau}=e^{r(t-\tau)}$$
$$C=\int_{t-\tau}^t K\mathrm{d}t=\frac{e^{rt}(1-e^{-r\tau})}{r}$$
$$D=\frac{C}{\tau}=\frac{e^{rt}(1-e^{-r\tau})}{r\tau}$$
$$I_D=1-\frac{R}{D}=1-\frac{r\tau}{e^{r\tau}-1}$$

所用资本和所费资本之间差额的扩大从两方面影响资本积累:一方面,固定不变资本中相当于 D 的部分(价值已经转移),可以在固定不变资本整体发挥作用中无代价地提供服务;另一方面,折旧基金 D 可以直接用来进行积累,扩大资本规模,$K_D=DI_D=D-R$ 就是用折旧基金进行积累的规模。[1]

第四个因素是预付资本量的增加,即

如果 $\dfrac{\mathrm{d}m'}{\mathrm{d}t}=0$,由 $f:V\to M,g:M\to Z$ 可知

$$\frac{\mathrm{d}M}{\mathrm{d}V}>0,\ \frac{\mathrm{d}V}{\mathrm{d}C}>0;\ \frac{\mathrm{d}Z}{\mathrm{d}M}>0$$
$$nf_K>f_K\subset F$$

---

[1] 第三个因素的数理模型参考了多马(1983)。

其中 f_K 是用生产函数表示的预付资本规模,显然,规模 nf_K 的资本优于规模 f_K 的资本,因为规模大的资本更能利用加速积累的各种因素。

马克思从资本有机构成不变和资本有机构成提高两种情况对资本积累对工人阶级命运的影响的分析,可以做如下重述。

若资本有机构成不变 $\dfrac{\mathrm{d}k}{\mathrm{d}t} = 0$,由 $z = \Delta c + \Delta v$ 可知,$v + \Delta v = A^d$(A^d 是资本对劳动力的需求)。在这种条件下,资本积累会产生的两种情况可以描述如下:

第一种情况:当 $\dfrac{\mathrm{d}z}{\mathrm{d}t} > 0$ 且 $\dfrac{\mathrm{d}^2 z}{\mathrm{d}t^2} > 0$,从而 $\dfrac{\mathrm{d}v}{\mathrm{d}t} > 0$ 且 $\dfrac{\mathrm{d}^2 v}{\mathrm{d}t^2} > 0$,则 $A^d > A^s \to \dfrac{\mathrm{d}\omega}{\mathrm{d}t} > 0$,

$\dfrac{\mathrm{d}\left(\dfrac{A^u}{A}\right)}{\mathrm{d}t} < 0$($A^u$ 是失业人口);

即不是劳动力或工人人口绝对增加或相对增加的减缓引起资本过剩,相反,是资本的增长引起可供剥削的劳动力不足。

第二种情况:若 $\dfrac{\mathrm{d}\omega}{\mathrm{d}t} > 0 \to \dfrac{\mathrm{d}m}{\mathrm{d}t} < 0$ 且 $\dfrac{\mathrm{d}^2 m}{\mathrm{d}t^2} < 0$,则 $\dfrac{\mathrm{d}z}{\mathrm{d}t} < 0$,从而 $\dfrac{\mathrm{d}v}{\mathrm{d}t} < 0$ 且 $\dfrac{\mathrm{d}^2 v}{\mathrm{d}t^2} < 0$,则

$A^s < A^d, \dfrac{\mathrm{d}\omega}{\mathrm{d}t} < 0, \dfrac{\mathrm{d}\left(\dfrac{A^u}{A}\right)}{\mathrm{d}t} > 0$;

即不是劳动力或工人人口绝对增加或相对增加的加速引起资本不足,相反,是资本的减少使可供剥削的劳动力过剩,或者说是劳动力价格过高。

显然,$\dfrac{\mathrm{d}\omega}{\mathrm{d}t} < 0$ 会使剩余价值得到恢复 $\dfrac{\mathrm{d}m}{\mathrm{d}t} > 0$,从而使资本恢复积累 $\dfrac{\mathrm{d}z}{\mathrm{d}t} > 0$。随着积累的增进,这两种情况将交替出现,即周期性出现与自然人口无关的相对过剩人口。这同时表明资本主义就业和工人收入的不稳定性。

因此,$\omega = f(z)$:

$$\dfrac{\mathrm{d}\omega}{\mathrm{d}t} > 0 \text{ 或} \dfrac{\mathrm{d}z}{\mathrm{d}t} > 0, \text{当且仅当} \dfrac{\mathrm{d}z}{\mathrm{d}t} > 0 \text{ 且} \dfrac{\mathrm{d}^2 z}{\mathrm{d}t^2} > 0, A^c > A^s \text{ ;}$$

$$\dfrac{\mathrm{d}\omega}{\mathrm{d}t} < 0 \text{ 或} \dfrac{\mathrm{d}\omega}{\mathrm{d}t} < 0, \text{当且仅当} \dfrac{\mathrm{d}\omega}{\mathrm{d}t} > 0 \text{ s. th. } \dfrac{\mathrm{d}m}{\mathrm{d}t} < 0 \text{ 且} \dfrac{\mathrm{d}^2 m}{\mathrm{d}t^2} < 0, \dfrac{\mathrm{d}z}{\mathrm{d}t} < 0, A^s < A^d \text{ 。}$$

但从表面看,工资变动表现为劳动力供给变动的结果,劳动力供给变动又表现为人口(P)绝对增减的结果,即

$$\omega = f(A^s(P)) \text{ 且} \dfrac{\mathrm{d}\omega}{\mathrm{d}P} < 0, \ P(t) = P_0 e^{pt} \cap Z = \varnothing$$

将上述综合起来,马克思所揭示的资本主义积累规律可以描述为:

$$\begin{cases} \omega = f(z) \\ \text{s. t. } \max\omega \leqslant \omega(z_{\min}) \\ \min E_A \geqslant E_A(z_{\min}) \end{cases}$$

其中 E_A 是劳动力受剥削的程度。在资本有机构成提高 ($\frac{dk}{dt} > 0$) 的情况下，资本积累会导致相对过剩人口 P_X。资本有机构成的提高是以社会劳动生产率的发展为杠杆的资本积累的产物，即

$$k = f(z(L_s)), \frac{dk}{dL_s} = \frac{dk}{dz} \cdot \frac{dz}{dL_s} > 0, z = f(L_s), L_s = g(z)$$

资本积累与劳动生产率的提高相互作用，使个别资本规模增大，引起资本有机构成提高。个别资本的增大有资本积聚和资本集中两种途径。与资本积累同等意义的资本积聚可以表示为：

$$(1 - v')h(t)f(a) = m \Rightarrow (\Delta c + \Delta v)$$

资本集中可以表示为：

$$f_1, \cdots, f_n \Rightarrow F(x_1, \cdots, x_n) \text{ 且 } F(x_1, \cdots, x_n) > \sum_{i=1}^{n} f_i(x)$$

促成资本集中的重要因素之一，是规模大的资本在价格低廉化的竞争中具有成本优势：

$$K_F < K_{-F} \text{ 或者} \frac{C_{g,j}(1+b)T^{-1}}{Q_{F,j}(1+g)} < \frac{C_{g,j}T^{-1}}{Q_{-F,j}}$$

因此有价格 $p_F < p_{-F}$。资本规模的增大，使资本有机构成提高。

资本对劳动力的需求取决于可变资本 $A^d = f(V)$，但 $\frac{dV}{dZ} < 0$，从而 $\frac{dZ}{dA^d} < 0$。假定人口不变 $\frac{dP}{dt} = 0$，则失业人口 A^u 会随着资本积累而增加并会稳定在一个适合资本主义需要的水平，即

$$\frac{dZ}{dA^u} > 0, \text{当 } Z_{max}, A^d(t) = A^s(t) \text{ 时}, \exists A^u = P_X$$

进一步，令 λ_e 是加入就业的概率，λ_u 是失业的概率，a^u 是失业率，P 为人口且保持人口不变 $\frac{dP}{dt} = 0$，则加入失业的人口数量为 $\lambda_u(1-a^u)P$，退出失业的人口数量为 $\lambda_e a^u P$，则失业变化率为：

$$\frac{d(a^u P)}{dt} = \lambda_u(1-a^u)P - \lambda_e a^u P, 0 < \lambda_e < 1, 0 < \lambda_u < 0$$

$$\frac{da^u}{dt} = \lambda_u(1-a^u) - \lambda_e a^u \text{ 或} \frac{da^u}{dt} = \lambda_u - (\lambda_u + \lambda_e)a^u$$

均衡时

$$\frac{da_u}{dt} = \lambda_u - (\lambda_u + \lambda_e)a^u = 0$$

$$a^u = \frac{\lambda_u}{\lambda_u + \lambda_e} = \frac{(\lambda_u/\lambda_e)}{1 + (\lambda_u/\lambda_e)}$$

解微分方程 $\frac{da_u}{dt}$ 得到长期均衡失业率

$$a^u(t) = \frac{\lambda_u}{\lambda_u + \lambda_e} + (a_0^u - a_t^u)e^{-(\lambda_u + \lambda_e)t}$$

显然，长期均衡失业人口为 $a^u P$ 。

由此可见，资本主义的失业人口与自然人口及其增长率无关，是由资本积累决定的相对过剩人口。

马克思对资本原始积累的分析表明，资本主义生产方式是建立在暴力剥夺（D）小生产基础上的。即

$$N_b = N_b(t_a, D)$$

$$\mathrm{d}N_b = \frac{\partial N_b}{\partial t_a}\mathrm{d}t_a + \frac{\partial N_b}{\partial D}\mathrm{d}D$$

并且 $\frac{\partial N_b}{\partial D}\mathrm{d}D > \frac{\partial N_b}{\partial t_a}\mathrm{d}t_a$，$\frac{\mathrm{d}N_b}{\mathrm{d}D} > 0$，$\frac{\mathrm{d}^2 N_b}{\mathrm{d}D^2} > 0$ 。

或者

$$\frac{\mathrm{d}N_b}{N_b} = \frac{\partial N_b}{\partial t_a}\cdot\frac{t_a}{N_b}\cdot\frac{1}{t_a}\mathrm{d}t_a + \frac{\partial N_b}{\partial D}\cdot\frac{D}{N_b}\cdot\frac{1}{D}\mathrm{d}D$$

$$\frac{\partial N_b}{\partial t_a}\cdot\frac{t_a}{N_b} = \frac{\partial N_b/\partial t_a}{N_b/t_a} = \delta, \quad \frac{\partial N_b}{\partial D}\cdot\frac{D}{N_b} = \frac{\partial N_b/\partial D}{N_b/D} = \varepsilon$$

$$\frac{\mathrm{d}N_b}{N_b} = \delta\frac{\mathrm{d}t_a}{t_a} + \varepsilon\frac{\mathrm{d}D}{D}$$

由 $P(t_a)P(\bar{b}|t_a)$ 和 $P(t_a)(b|t_a)$ 可知，$\varepsilon \gg \delta$ 。这表明了有组织的暴力加速了劳动者与其生产资料的分离过程

$$L_A \bigcap P(P_m) = \varnothing$$

从而促成了雇佣工人阶级的加速形成。

以上我们以《资本论》第一卷为例，尝试性的显性化了马克思运用数理方法的第二种情况。应当特别强调，形式化马克思经济学必须准确体现马克思经济学的原理，否则将导致严重问题。例如，日本著名的数理经济学家、数理马克思经济学派的代表森岛通夫认为，马克思经济学有价值和价格双重计算体系，两者在量纲上不统一，不能比较。

为了统一量纲，森岛通夫用工资率来度量商品价格，即 $p_{i,w} = \frac{p_i}{w}$ 认为这样价格 $p_{i,w}$ 和价值 λ_i 就都可以用劳动来度量。采用这种方法，森岛通夫研究了简单商品生产与资本主义生产中商品价值与按劳动即工资率计算的价格的关系。在简单商品生产中

$$p_i = p_j a_{ji} + w l_i$$

$$p_{i,w} = p_{j,w} a_{ji} + l_i$$

因而 $p_{i,w} = \lambda_i$，即按劳动计算的价格等于其价值。

在资本主义经济中，工人受资本家的剥削。当每个产业都有正利润时，有

$$p_i > p_j a_{ji} + w l_i$$

用劳动计算的价格将大于其价值

$$p_{i,w} > p_{j,w}a_{ji} + l_i \text{。}$$

考虑生产价格

$$p_i = (1+\pi)(p_j a_{ji} + w l_i)$$

$$p_{i,w} = (1+\pi)(p_{j,w}a_{ji} + l_i)$$

显然，用劳动计算的价格使商品的生产价格总和大于商品的价值总和；商品的成本价格大于它的价值；总利润大于总剩余价值。[①] 这完全背离了马克思经济学原理。森岛通夫之所以出现这种严重问题，根本原因是森岛通夫不理解资本主义工资的本质。wl_i 是用货币工资率对必要劳动的支付，但却采取了对全部活劳动 l_i 支付的形式，从而完全掩盖了工人的劳动分为必要劳动和剩余劳动的事实。用工资率计算商品价格，将 p_i 变换为 $p_{i,w}$，在纯数学上是等价的，但在经济学上则是将商品的成本耗费或成本价格 $p_j a_{ji} + w l_i$ 变成了用工资率对不变资本耗费进行调整后的商品价值 $p_{j,w}a_{ji} + l_i$，公式的性质和含义因此发生了根本变化。这就必然导致完全错误的结论。同时，用工资率作为计算单位，将价格换算成按工资率计算的工人的劳动时间，这实际上是用购买的劳动来决定商品价值，而不是用生产中耗费的劳动来决定价值，这是斯密的错误的价值理论，不是马克思的价值理论。在这个问题上，森岛通夫承袭了置盐信雄的错误。[②] 萨缪尔森正是根据这个错误的处理方法和处理结果来否定马克思的劳动价值论、特别是剩余价值理论的。[③]

可见，采用数理方法形式化马克思经济学必须严格遵循马克思经济学的基本原理。

本书除序言外，共 19 章。第 1 章具有总论性质，其余各章按内容分别讨论了马克思经济学的如下经典主题：劳动价值论（第 2 章、第 3 章）、剩余价值理论（第 4 章）、资本积累理论（第 5 章、第 6 章）、社会资本再生产理论（第 7 章、第 8 章）、平均利润率趋向下降理论（第 9 章～第 17 章）、地租理论（第 18 章）和分配理论（第 19 章）。其中，第 1 章、第 2 章、第 7 章、第 8 章、第 18 章、第 19 章由张衔负责撰写，第 3 章、第 5 章、第 9 章、第 16 章、第 17 章由骆桢负责撰写，第 10 章、第 12 章、第 15 章由李亚伟负责撰写，第 4 章由骆桢、李怡乐负责撰写，第 6 章由骆桢、张衔负责撰写，第 11 章由保罗·考克肖特著、李亚伟译，第 13 章由李亚伟、孟捷负责撰写，第 14 章由孟捷、李亚伟负责撰写。需要说明的是，限于作者的水平，本书错误在所难免。

如何在马克思经济学形式化的基础上，结合我国的经济实践，将马克思经济学作为经济政策的直接理论基础，是本书作者一直以来的努力方向。本书再版，保持原貌，留有修订，以待来日。

张　衔

2024 年 5 月

---

① 森岛通夫：《马克思经济学》，北京：中国社会科学出版社，2018 年，第 79 页。
② 置盐信雄：技术变革与利润率，《教学与研究》，2010 年第 7 期。
③ P. A. Samuelson, "Wages and Interest：A Modern Dissection of Marxian Economic Models", American Economic Review, vol. XLVII, December 1957.

目　录

第 11 章　利润率下降理论是合理的吗?

第 12 章　"调整利润率"平均化进路的量度模型与经验考察

第 13 章　如何在经验研究中界定利润率

第 14 章　韦斯科普夫对利润率动态的研究及其局限

第 15 章　新自由主义时期的利润率动态及其成因: 韦斯科普夫学派的视角

第 1 章　导言：政治经济学运用数学的思考

政治经济学能否运用数学并形式化，一直是一个有争议的问题。但是，本文通过对政治经济学发展过程的考察发现，政治经济学运用数学并形式化是政治经济学自身发展的一种趋势；政治经济学运用数学应当符合政治经济学的要求，符合数学规范和形式化要求，应当正确处理政治经济学逻辑与数学逻辑的关系；政治经济学与新古典经济学虽同属于理论经济学，但在运用数学上存在着重大区别，即运用数学的方法论基础不同，运用数学的理论基础不同，运用数学的目的不同。

一、政治经济学能否运用数学

政治经济学作为标准的理论经济学能否运用数学，一直存在肯定与否定两种观点的争论（布留明，1928）。近年来，随着政治经济学教材体系结构的创新，出现了将政治经济学形式化的各种努力。这些努力再度引起了明显的学术分歧，分歧的焦点在于形式化、数学化是否代表政治经济学现代化的方向，核心问题仍然是政治经济学能否运用数学（马艳，2007；潘石，2008；丁晓钦、余斌，2008）。作为对这一长期争论问题的思考，本文拟从回顾政治经济学的发展历程来获得一些对解决这一问题具有共识性的启发。

政治经济学从一开始就有运用数学的特点，这成为政治经济学的重要传统。尽管在魁奈和李嘉图的著作中能够读出用数学来表达经济思想的内容，但是，在马克思以前，政治经济学对数学的运用大体上限于数值运算和统计分析。与前人不同，马克思在继承数值运算和统计分析传统的基础上，创造了用数学来表达经济思想的方法。在《资本论》及其手稿中，不仅有大量定义方程，而且有大量用文字描述的函数方程和控制论模型。在数学分析方法上，马克思不仅使用了平均分析、比例分析这些属于常量数学的方法，而且使用了边际分析、弹性分析、动态分析和比较静态分析这些本质上属于变量数学的方法。在数学运用的范围上，马克思不仅在反映经济关系的量的方面广泛运用数学，而且在反映经济关系的质的方面也运用数学，运用一套符号化的表达，即数理表达。

可以说马克思创造了一套关于资本主义经济的符号体系和数学模型系统，创造了在抽象水平上运用数学的范例，从而将政治经济学对数学的运用提升到一个新的高度，以至于在森岛通夫看来，"马克思在数理经济学的历史上应当拥有与瓦尔拉斯一样高的地位"。

马克思以后，在列宁研究俄国经济问题的早期著作中，仍然保持了政治经济学运用数学的传统。例如，为了说明资本主义在俄国的不可避免性，列宁给出了一个由自给自足经济向商品经济和资本主义经济演化的数学模型（1893）。

社会主义建立以后，政治经济学运用数学形成了两种不同范式：一种是西方国家的一些马克思主义经济学家和对马克思经济学有研究兴趣的非马克思主义经济学家采取的范式，一种是社会主义国家经济学界采取的范式。

前一种范式的突出特点是，注重发掘《资本论》中蕴涵的数学运用，强调对《资本论》原理的数学证明，并用现代数学来重述这些原理，从而将马克思经济学数学化。这种数学化可以分为专题性和系统性两类。在专题性方面，最典型的可以追溯到由鲍特凯维茨（Bortkiewicz，1906，1907）经典论文引起的、围绕转形问题展开的长期争论。争论在将转形问题数学化方面起到了重要作用。

森岛通夫（1973）、约翰·E. 罗默（1981）等一批著名学者特别关注马克思经济学中的劳动价值论、剥削、转形、利润率下降、再生产、增长和危机等经典主题，并用数学模型重述和形式化这些主题。

在专题性方面特别需要提到的是，诺贝尔经济学奖获得者、美国著名经济学家克莱因的工作。在《有效需求与就业理论》（1947）一文中，克莱因考察并比较了古典经济学、凯恩斯经济学和马克思经济学的就业理论。克莱因认为，在凯恩斯经济学和古典经济学的惯例框架中不能对萧条问题得到正确的分析，而马克思的理论则非常适合研究这个问题。马克思直接研究了阶级的行为，马克思的宏观经济单位不仅有生产者和消费者，而且有工人和资本家，他们利益的根本冲突可以更容易抽象成系统中不断变动的力量。这是马克思优于凯恩斯和古典经济学的地方。克莱因指出：在马克思的理论中，蕴涵着可用来构建方程系统的假设。根据马克思利润率趋向下降和再生产理论以及数字例子，克莱因抽象出其中可检验假设，构建了一个由 6 个内生变量和 6 个方程构成的马克思完备系统方程集。克莱因运用计量方法对马克思模型进行的实证检验表明，估计出来的参数在大小上非常合理，模型与观察的数据拟合得非常好，实际上工人和资本家的行为与马克思模型所给出的行为是一样的。因此，马克思的模型不是主观臆测的。按克莱因的理解，在《资本论》中像这样具有可检验蕴涵的函数方程集还有很多，他给出的模型不是将《资本论》数学化的唯一形式。并且，克莱因一直认为马克思的再生产和积累图式是理论建模的先驱（1964）。可惜的是，克莱因的这些工作长期没有得到社会主义经济学界应有的重视。

在将马克思经济学系统数学化方面，日本学者盐泽由典的工作值得注意（1984）。盐泽由典精通数理经济学并受置盐信雄等日本数理马克思经济学家的影响。在这种背景下，盐泽由典采用抽象空间和矩阵代数，根据马克思经济学的基本原理，从定义商品循环开始，构建了一个数理形式的马克思主义的政治经济学。

尽管西方学者对马克思经济学的理解不一定正确，但在政治经济学数学化方面确实有积极作用。

在社会主义学术界，直到 20 世纪 80 年代，最优计划和最优增长问题一直是政治经济学运用数学的主题。围绕这一主题，先后构建了以再生产理论为基础的经济增长模型（费尔德曼，1928）、基于计划经济实践的社会主义经济增长模型（卡莱斯基，1963）、基于社会资本再生产理论的投入－产出模型、基于社会资本再生产理论的控制论模型和动态模型（斯特鲁米林，1954；涅姆钦诺夫，1965；兰格，1970）、消费与积累的最优比例模型（斯特鲁米林，1962）、含有农轻重比例关系的再生产模型和增长模型（刘国光，1962）。

为解决计划计算问题，在苏联形成了数理经济学派。其重要代表人物康托洛维奇因资源最优利用方面的贡献而获得诺贝尔经济学奖（1975）。到 2C 世纪 80 年代，在苏联和东欧的政治经济学教科书中已经出现了属于形式化的公理表述和证明（明兹，1981；莫依谢延科、波波夫，1982）。

从 20 世纪 80 年代起，我国学术界开始了持续至今的用形式化方法研究马克思经济学主要经典问题和现代问题的努力，形成了一系列重要的研究成果，提高了我国政治经济学的研究水平，创新了政治经济学研究范式，推动了政治经济学的数学化（张熏华，1993；吴易风，1994；宋则行，1997；程恩富，2002、2007；林岗，1991、2004；白暴力，1986、2006；柳欣，1994；丁堡骏，1995、2005；孟捷，2001）。

以上回顾必然是不完全的，但已经表明政治经济学运用数学和形式化是政治经济学自身发展的一种趋势。这是因为，第一，政治经济学所揭示的经济关系和经济规律是质和量的统一，这在客观上要求政治经济学必须将数学作为重要的分析工具和描述工具。第二，政治经济学理论体系和原理本身就蕴涵着以可检验假设为基础的函数方程集，将这些函数方程集显化、系统化是政治经济学本身的一项任务，实现这一任务必须运用数学。第三，随着对政治经济学经典主题研究的不断深化，政治经济学体系原理的精确化成为一种要求，这也只能依靠运用数学来实现。第四，现代数学提供了处理动态过程和定性关系定量化描述的方法，而政治经济学范畴的质的分析也已经达到了有效利用数学的水平，这解决了政治经济学能否运用数学的最大分歧。

二、政治经济学如何运用数学

在肯定政治经济学能够运用数学的前提下，需要进一步讨论的是政治经济学应当如何运用数学，即政治经济学运用数学应当遵循哪些基本原则。除简单性这一公认的数学运用原则外，本文认为应当特别强调如下一些基本原则：

第一，符合政治经济学的要求。政治经济学研究的是社会生产关系或生产方式，目的是揭示经济运动规律。在方法上采用的是在历史唯物论和辩证唯物论指导下的科学抽象法，形成的是一套从抽象上升到具体的严密的逻辑体系。这一体系包括本质层、中介转化层和表象层。通过这三个层次转化的有机过程，将价值具体化为生产价格，剩余价值具体化为平均利润、商业利润、利息和地租，将资本一般具体化为产业资本、商业资本、生息资本和土地所有权，将市场的制度结构具体化为市场运行机制，同时将反映本质层次的经济运动规律具体化为表象层的经济运动规律，从而实现将一个复杂的经济体从理论上再现的任务。

政治经济学运用数学和形式化，无非是采用一套公式化的数学语言来表达政治经济学的基本理论和原理，将政治经济学由文字表达转化成数理表达。这从根本上决定了数学的政治经济学运用和形式化，必须符合政治经济学从理论上再现具体的逻辑。因此，在数学的政治经济学运用和政治经济学形式化方面，应当根据政治经济学再现具体的要求，包括从抽象上升到具体的各个层次和环节。这就要求进一步研究以《资本论》为基础的政治经济学理论逻辑中包含的显性的和隐性的数学运用，总结国内外在马克思主义政治经济学数学化方面已取得的研究成果，用现代数学对政治经济学体系和原理做出符合政治经济学要求的数学表述。

第二，符合数学规范和形式化要求。政治经济学运用数学大体包括两个方面：一个方面是对经济关系的量的方面进行分析和描述，另一个方面是对经济关系的质的方面进行数学描述。这两个方面的工作都应当符合数学规范，符合形式化要求。

就前一方面的工作而言，需要将隐含在政治经济学各原理中的假定显性化，并在这些假定的基础上，将政治经济学原理用数学推导加以证明，形成定理、引理和推论，使政治经济学原理精确化。就后一方面的工作而言，本质上属于采用公理性方法对政治经济学进行形式化。这要求遵循公理性方法的逻辑和步骤，在给出不加定义的初始范畴或初始概念的基础上，运用定理、引理、推论和数学模型进行逻辑推导（数学推导），将政治经济学运用抽象思维所揭示的经济关系和理论分析过程抽象化为严密的数学结构。

运用公理性方法的前提是一些构成推理基础的初始范畴或初始概念，即理论的基本假定或公理。因此，应当从政治经济学原理中抽象出能够运用公理性方法的基本假定和公理，并构建相应的公理体系。

第三，正确处理政治经济学逻辑与数学逻辑的关系。政治经济学运用数学和形式化所改变的只是政治经济学的存在形式而不是本质。采用数学形式可以保证推理和论证过程的准确性，从而保证结论和思想表达的准确性，保证不发生理解上的歧义。但是，数学形式并不能保证经济理论本身的正确可靠。经济理论本身是否正确可靠，只能依赖于经济观察是否深刻准确，理论分析是否正确合理，理论结论是否能够被经验事实证明。所有这些都不依赖于数学形式。因此，当数学逻辑与政治经济学逻辑发生冲突时，应当保留政治经济学逻辑而放弃数学逻辑，不能让政治经济学逻辑服从数学逻辑。

但是，当理论经济学数学化以后，数学逻辑的力量可能导致其取代经济学逻辑，并可能出现过度数学化。经济学逻辑与数学逻辑的颠倒和过度数学化，是最早被数学化的新古典经济学的根本弊端之一。除其他根本性缺陷外，颠倒经济学逻辑与数学逻辑的关系、过度数学化，也是法国大学生发起的经济学反思运动的重要起因（富布鲁克，2004）。

由于不能正确理解数学在经济学中的意义，新古典经济学尽管构建了严密的形式体系，但其正确性始终受到来自经验观察和经济学逻辑的质疑。例如，按照新古典经济学的消费者选择理论，效用最大化是边际效用为零的一点（一阶导数等于零）。这对于从纯数学意义上求解效用函数来说，当然是正确的，但是，对于任何一个现实的消费者的实际消费决策来说是不能成立的。因为消费者绝不可能消费一单位边际效用为零的商品。

再如，在现代高级宏观经济学中，都有采用连续时间或离散时间动态最优化方法对中央计划经济（中央管制经济）与市场经济（分散经济）等价性的形式化证明（布兰查德、费希尔，1992）。这些证明在数学上都是成立的、准确的，形式上是优美的，其表达的思想也是清晰而没有歧义的。但是，这样的证明并没有实际意义，也经不住观察和经验检验，其数学逻辑与经济学逻辑存在明显冲突。此外，由于不能将分工和报酬递增用数学模型来描述，新古典经济学曾长期忽视杨格（1928）的文献。

西方研究马克思经济学的文献中，也存在类似现象。以转形问题的研究为例，在相当长的时间里，产出与投入的同时转形成为一系列专业文献的努力方向，并构造了大量数理模型，试图从数学上解决这个同时转形问题。但是，转形是一个历史的、动态的时间过程，同时转形明显违反经济学逻辑和经验事实。因此，在同时转形上耗费的大量智力资源没有得到应有的回报。

上述情况表明，政治经济学的数学形式化必须正确处理政治经济学逻辑与数学逻辑的关系，避免用数学逻辑代替政治经济学逻辑，避免过度数学化。

三、政治经济学与新古典经济学在运用数学方面的区别

政治经济学与新古典经济学同属于理论经济学，在运用数学方面都需要遵循数学规范和形式化要求，也都存在着能否运用数学的长期争论。但是，这并不意味着政治经济学与新古典经济学在运用数学方面没有重大区别。归纳起来，这些重大区别应当主要体现在如下三个方面。

第一，运用数学的方法论基础不同。政治经济学的方法论基础是历史唯物论和辩证唯物论。根据历史唯物论和辩证唯物论，生产活动是以一定的生产关系或生产的制度结构为基础的社会过程，经济行为人或个体本质上只是特定社会生产关系的人格化或有意识的承担者，是一定社会生产关系的产物和体现者。人的经济角色和选择行为只不过是人生活在其中的生产关系的反映，生产关系或生产的制度结构构成经济行为人的最根本的条件约束。

按照政治经济学的基本假定，人类要生存和发展就必须从事生产活动，生产是具有

基础性决定意义的过程。在生产过程中会形成不同的经济关系，这些关系从根本上决定了行为人的经济地位和选择域。尽管预算约束是构成行为人选择行为的直接条件约束，行为人的行为选择存在个体差异，经济关系的复杂性使行为人可以充当多种经济角色。但是，由生产关系或生产的制度结构形成的条件约束总是起着决定性的作用。不仅预算约束最终取决于社会分配关系和本质上是按比例分配的总劳动的关系，而且，只要基于生产关系而形成的条件约束是相同的，行为人就必然具有同质性。因此，行为人不仅是生产者和消费者，而且是工人和资本家，是人格化的生产关系或人格化的制度结构。人格化的生产关系或人格化的制度结构是行为人的更加本质的规定，是理解人的复杂的经济行为的深刻基础。

历史唯物论和辩证唯物论使政治经济学能够对复杂的经济现象做出深刻而系统的分析，揭示出经济现象的内在联系，使经济现象与本质之间形成一个连续统。政治经济学运用数学的方法论基础是历史唯物论和辩证唯物论，这一方法论基础可以保证数学运用的合理性。

新古典经济学运用数学的方法论基础是方法论的个人主义。方法论的个人主义将社会经济行为理解为具有完全或不完全理性的个人的选择行为，理解成"鲁滨逊"式的孤立个人在预算约束下追求个人利益最大化的自发结果和线性叠加。这种被赋予了还原功能的代表性个人，由于回避了构成代表性个人根本约束的制度条件而使代表性个人无法实现其还原功能，成了一个纯粹的抽象。

方法论的个人主义，决定了新古典经济学将复杂的人与人之间的社会经济关系和利益关系理解为人与物、物与物的关系。因此，新古典经济学只关心被原子化的理性经济人在既定预算约束和偏好序下的最大化行为。方法论的个人主义一方面使新古典经济学能够很容易地做出符合数学要求的各种假定，而不管这些假定在真实的经济过程中是否合理；另一方面，也很容易使新古典经济学滥用数学。

第二，运用数学的理论基础不同。政治经济学既要研究特定社会的生产，也要研究适合各个历史阶段的生产，即生产的一般规律。但是无论从何种角度研究生产，生产都可以看作在一定经济关系下如何最经济地使用劳动时间的问题，是如何按比例分配总劳动的问题。因此，按比例分配总劳动或劳动价值论应当是政治经济学的理论基础。

劳动价值论或按比例分配总劳动的核心是以自发的或有组织的形式使劳动时间得到最优利用与合理配置的问题。劳动时间的最优利用与合理配置不仅具有客观性，而且具有可计量性。同时，由于经济利益关系最终无非是劳动的占有关系，围绕这一关系展开的经济学逻辑能够最大限度地符合经济过程的真实逻辑。这为数学的政治经济学运用提供了统一的公理性基础。

新古典经济学研究的是市场经济的资源有效配置问题，其理论基础是边际效用价值论和边际生产力分配理论。可以将整个新古典经济学看作是一套价格理论。但是，新古典经济学完全回避了市场经济的制度基础，从而无法摆脱与物相结合并以物来表现的生产关系所具有的单纯外观。作为新古典经济学理论基础的边际效用价值论和边际生产力分配理论，就是建立在生产关系的这种单纯外观基础上的，尽管这不妨碍新古典经济学运用数学。因此，新古典经济学不能提供对市场经济的更深刻的认识，也不能构建统一的公理体系。

第三，运用数学的目的不同。经济学运用数学的目的是由经济学本身的目的决定的。政治经济学的研究目的是揭示经济运动的客观规律。经济规律不仅是系统的，而且是有层次的。政治经济学揭示经济运动规律就是要说明经济过程的内在矛盾，说明各利益主体的相互关系以及经济矛盾能够在其中运动的形式，从而说明经济运动的内在动力和发展趋势。这决定了政治经济学运用数学的目的是要用数学语言精确表达政治经济学所揭示的各层次经济运动规律和经济过程的内在矛盾，描述经济运动的趋势。

新古典经济学从原子化的个人出发，将复杂的经济过程理解为单纯的机械运动，以经验主义的思维只关注经济系统中可以直接感觉到的层次，并以牛顿力学意义的稳态均衡为标准，目的是要证明被抽象为生产者和消费者的经济行为人的利益和谐一致。新古典经济学的这一研究目的是新古典经济学运用数学的根本指导。不可否认，用公理体系和函数方程系统表述的新古典经济学也确实在一定意义上实现了新古典经济学的研究目的，虽然不能因此证明新古典经济学一定是合理的。

第2章 劳动生产率与商品价值量的关系

劳动生产率提高以后，商品价值量与劳动生产率是呈反向变动（负相关、成反比），还是呈正向变动（正相关、成正比），从 20 世纪 50 年代以来在我国学术界就形成了不少的争论性文献。这些争论性文献表达了两种不同的学术观点：一种观点认为，商品价值量随劳动生产率的提高而呈反向变动，即商品价值量与劳动生产率成反比；另一种观点认为，商品价值量随劳动生产率的提高而增加，即与劳动生产率成正比。持这种观点的文献又可以分为两类：一类文献认为单位商品价值量与劳动生产率成正比，另一类文献深入研究了劳动生产率的不同决定因素，认为如果决定劳动生产率的主观因素发生变化，则商品价值量与劳动生产率成正比，或者单位商品价值量与劳动生产率仍然成反比，但商品价值总量与劳动生产率成正比，从而解释了所谓"价值总量之谜"。这里，我们试图对这个问题作一些思考，基本结论是：无论从单个商品价值来看，还是从商品价值总量来看，商品价值量都是随着劳动生产率的提高而反向变动，即"成反比"。考察劳动生产率与劳动复杂程度同时提高，发现商品价值量与劳动生产率仍然"成反比"，而与劳动复杂程度"成正比"。商品价值总量的增加只能用社会分工的发展来解释，这正是被众多文献忽视的。[①]

为便于分析，我们把由劳动的客观条件的变化引起的劳动生产率的变化定义为劳动生产率的第一类变化；把由劳动的主观条件的变化引起的劳动生产率的变化定义为劳动生产率的第二类变化。

一、劳动生产率的第一类变化与商品价值量

商品价值量与劳动生产率"成反比"是一个由商品价值的性质和劳动二重性决定的客观规律。根据商品价值的性质，价值只是商品中凝结的一定量的抽象一般劳动时间。因此，生产商品所需要的劳动时间不变，商品的价值量就不变；生产商品所耗费的劳动时间越多，商品的价值量就大，反之则相反。但是，根据劳动二重性，在同一时间内，具体劳动的生产率可以不同。马克思认为，具体劳动的生产力（率）由工人的平均熟练程度，科学的发展水平和它在工艺上应用的程度，生产过程的社会结合，生产资料的规

---

① 但孟捷教授注意到了这个问题。

模和效能，以及自然条件等多种因素决定。[①] 这可以表示为 $L=F(A,S_p,P_s,P_m,N)$，令 Q 为产出，则有等价表示

$$Q=F(A,S_p,P_s,P_m,N)，\quad 且 \frac{\partial Q}{\partial F}>0$$

显然，劳动生产率越高，单位时间生产的商品数量就越多，单位商品中凝结的劳动时间就越少，单位商品的价值量就越低；相反，劳动生产率越低，单位时间内所生产的商品就越少，生产商品耗费的必要劳动时间就越多，单位商品中凝结的劳动时间就越多，单位商品的价值量就越大。因此，"商品的价值量与实现在商品中的劳动的量成正比地变动，与这一劳动的生产力成反比地变动。"[②] 将商品价值量的决定因素表示成函数形式 $W=f(L,t_s)$，则马克思概括的商品价值量与劳动生产率的关系可以表示为

$$\frac{\partial W}{\partial L}<0，\quad \frac{\partial W}{\partial t_s}>0$$

其中，L 是劳动生产率，t_s 是社会必要劳动时间。上述关系可以称为劳动价值论的基本定理。

"成反比"规律是通过个别劳动耗费（t_i）与社会必要劳动耗费（t_s）之间的矛盾展开并具体发挥作用的。这种矛盾也就是"成反比"规律的作用机制。根据形成价值实体的性质和按比例分配总劳动这一客观规律在商品生产中的具体实现形式，商品生产者的任何个别劳动耗费（t_i）都要依照一定比例（α）转化为社会必要劳动耗费（t_s），即

$$\alpha t_i=t_s，若 t_i>t_s，则 \alpha<1；若 t_i<t_s，则 \alpha>1$$

但是，在商品生产中，生产商品的实际耗费始终是生产者"个人"的，而补偿商品生产耗费的标准又只能是社会的。因此，商品生产者的个别劳动耗费与社会必要劳动耗费之间必然存在矛盾，商品生产者的个别劳动耗费能否得到社会承认，能否全部转化为社会必要劳动耗费，从而生产者的劳动耗费能否得到补偿，就取决于生产者的个别劳动耗费与社会必要劳动耗费之间的关系。这种关系可以用一个简单的微分方程来描述：

$$\frac{\Delta R(t)}{\Delta t}=\eta(t_s-t_i)$$

其中，ΔR 是用来表示两者关系的超额收益，η 是调整参数。如果生产者的个别劳动耗费等于社会必要劳动耗费（$t_i=t_s$），则 $\Delta R=0$，生产者的劳动耗费得到完全补偿；如果生产者的个别劳动耗费低于社会必要劳动耗费（$t_i<t_s$），按社会标准，生产者的劳动耗费可以在得到完全补偿的同时获得一定的超额收益，$\Delta R>0$；反之，如果生产者的个别劳动耗费高于社会必要劳动耗费（$t_i>t_s$），生产者就会有亏损，$\Delta R<0$，即

$$t_i=t_s，\frac{\Delta R(t)}{\Delta t}=0；t_i<t_s，\frac{\Delta R(t)}{\Delta t}>0；t_i>t_s，\frac{\Delta R(t)}{\Delta t}<0$$

上述劳动耗费关系会促使生产者改进技术，即改进劳动的客观条件，提高劳动生产率以降低个别劳动耗费，并在个别劳动耗费与社会必要劳动耗费之间选择一个有竞争力

[①] 马克思：《资本论》第 1 卷，北京：人民出版社，2004 年，第 53 页。
[②] 马克思：《资本论》第 1 卷，北京：人民出版社，2004 年，第 53—54 页。

的出清价格以获得超额收益。当劳动生产率普遍提高以后，有竞争力的出清价格与个别劳动耗费之间的差额会越来越小，社会必要劳动时间的决定条件随之改变，社会必要劳动时间下降到新的水平，超额收益消失。在这种情况下要能够取得超额收益，就必须进一步改进技术提高劳动生产率，使个别劳动耗费低于新标准的社会必要劳动耗费（如图1所示）。这是一个持续性的动态过程，它推动着资本主义的技术进步和组织变革，使创新成为资本主义经济的一个重要特征，同时也使商品价格低廉化成为资本主义经济的一种趋势，而竞争通常是通过商品价格的低廉化展开的。这也说明，超额收益不是效率高的个别生产者创造的，而是由社会承认的，否则不成为超额收益，也不会发生随着劳动生产率普遍提高而使超额收益消失、社会必要劳动时间降低的现象。

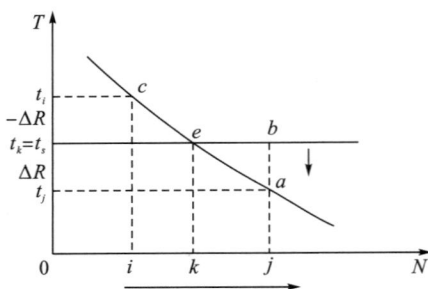

图 1　劳动生产率与商品价值量

"成反比"规律在马克思经济学中起着十分重要的作用，运用这一规律，马克思分析了相对剩余价值生产的形成机制，回答了"魁奈悖论"，揭示了决定资本积累量的规律，解释了利润率趋向下降的同时，利润量可以增加的现象。

"成反比"规律一方面促使生产者为超额收益而竞争，从而推动技术进步；另一方面又会促使生产者分化。因为，如果 $t_i > t_s$，则 $\Delta R_i < 0$，生产者的耗费得不到完全补偿，生产出现亏损，再生产发生困难，最终会走向破产。假定社会有 N 个生产者，因 $t_i > t_s$ 而转向破产的生产者数目为 B 个，能获得超额收益的生产者数目为 C 个，因此 $N = B + C$。令个别劳动耗费大于社会必要劳动耗费，即 $(t_i > t_s) = t_d$ 的概率是 $P(t_d) = \varphi$，因劳动耗费得不到补偿而发生破产（b）的概率是 $P(b \mid t_b) = \lambda$，则生产者的分化过程可以表示为 $B + C = N\varphi\lambda + N(1 - \varphi\lambda)$。因此 $B = f(t_b)$，显然，生产者破产与 t_d 正相关，即 $\dfrac{\mathrm{d}B}{\mathrm{d}t_d} > 0$。

顺便指出，瓦尔拉斯的通过拍卖者可以使市场普遍出清的一般均衡体系没有生产者分化机制，是脱离现实的。

持单位商品价值量与劳动生产率成正比观点的学者认为，如果单位商品价值量与劳动生产率成反比，改进技术提高劳动生产率的生产者就会失去因改进技术提高劳动生产率而产生的全部利益。因为，如果单位商品价值量与劳动生产率成反比，技术改进后单位商品价值量降低，为交换到同样数量的其他价值量没有变化的商品就要付出更多的商品。生产者将失去改进技术提高劳动生产率的兴趣。因此，这些学者认为单位商品价值量应当与劳动生产率"成正比"。这样，生产者才能以同样的商品数量换取更多的价值量没有变化的其他商品。这就是通过改进技术来提高劳动生产率的利益。但是，如果单位商品价值量与劳动生产率"成正比"，即单位商品价值量随着劳动生产率的提高而增加，恰恰会使效率高的生产者处于不利地位。证明如下：为讨论方便，假定商品价值 w 等于商品价格 p，即

$$w = p$$

生产率 l 提高且"成正比"成立，即

$$\frac{\mathrm{d}w}{\mathrm{d}l} > 0$$

为简化分析，假定时期 t 产品 Q 只有两个生产者 A 和 J 生产，劳动生产率分别为 l_A 和 l_J 且 $l_A = l_J$，总产量为 $Q_t = q_{A,t} + q_{J,t}$，$q_A = q_J$，价格为 p_t，供给等于需求（$S_t = D_t$），市场出清。假定生产者 A 在时期 $t+1$ 提高劳动生产率使 $l_A > l_J$，有 $q_{A,t+1} > q_{A,t} = q_{J,t+1}$，$Q_{t+1} > Q_t$，根据"成正比"，有 $w_{A,t+1} > w_{J,t+1}$，因而

$$p_{A,t+1} > p_{J,t+1}$$

根据需求定律，在产品同质但价格不同时，人们会选择低价格，因而对生产者 A 的产品需求会下降，即

$$\frac{\mathrm{d}D_{A,t+1}}{\mathrm{d}t} < 0，从而导致 \Delta R_{A,t+1} < 0$$

或者，由 $S_{A,t+1} > D_{A,t+1}$ 可知生产者 A 的价格会下降，即

$$\frac{\mathrm{d}p_{A,t+1}}{\mathrm{d}t} < 0，p_{A,t+1} < w_{A,t+1}，从而 \Delta R_{A,t+1} < 0$$

　　可见，如果单位商品价值量与劳动生产率"成正比"成立，生产者 A 改进技术提高劳动生产率反而不利。容易证明，上述分析在同一时期也是成立的。

　　现代管理经济学从经验事实得出的规模经济、范围经济、学习曲线效应等，实际上不仅是对马克思生产力（率）函数（也可以看作生产函数）的某种重述，也是对"成反比"规律的现代重述与经验证明：规模经济与范围经济的根本作用是降低生产成本，形成成本优势以降低产品价格；学习曲线效应表明，随着产量的增加，成本会以固定比例下降。

　　在产业部门中，汽车、电子信息、计算机、钢铁、石化等，都具有明显的规模经济、范围经济和学习曲线效应。据统计，微电子行业集成电路产能加倍以后，以不变价格计算的平均单价下降约 28%。

　　容易证明，商品价值量与劳动生产率"成反比"会通过"价格效应"扩大需求规模，即

$$l_{i,t+1} > l_{i,t} \Rightarrow p_{i,t+1} < p_{i,t} \Rightarrow D_{i,t+1} > D_{i,t}$$
$$D_{i,t} = nq_i，D_{i,t+1} = n(1+r)q_i$$

劳动生产率提高以前和提高以后的商品价值总量分别为

$$W_{i,t} = nw_i = n\frac{\alpha t}{Q_t}，W_{i,t+1} = n(1+r)\frac{\alpha t}{\beta Q_t}（\beta > 1）$$

只要

$$n(1+r) > n\beta$$

就有

$$\frac{W_{i,t+1}}{W_{i,t}} > 1 \text{ 或 } W_g = \frac{\Delta W_i}{W_{i,t}}$$

其中 i 为生产者。假定商品价格等于价值，上述结果表明，随着劳动生产率的提高，一方面单位商品价值量下降；另一方面，商品价值总量增加。这似乎证实了"价值总量之谜"的存在，即商品价值总量与劳动生产率正相关（成正比）。但是，确定商品价值总量与劳动生产率的关系，应当在方法上将商品总量作为一个商品集，然后比较劳动生产率提高前与提高后同一商品集所耗费的社会必要劳动时间的多少，这样才能确定商品价值总量与劳动生产率的变化关系，而不能用劳动生产率提高以后的商品总量包含的价值量与劳动生产率提高以前的商品总量包含的价值量进行比较，因为这是两个不同的商品集。因此，令劳动生产率提高后的商品总量为商品集 W，如果劳动生产率不变，则生产该商品集所耗费的劳动时间为

$$n(1+r)\frac{\alpha t}{Q_t}$$

劳动生产率提高以后生产同一商品集耗费的劳动时间为

$$n(1+r)\frac{\alpha t}{\beta Q_t}$$

显然

$$n(1+r)\frac{\alpha t}{Q_t} > n(1+r)\frac{\alpha t}{\beta Q_t}$$

$n(1+r)\frac{\alpha t}{Q_t} - n(1+r)\frac{\alpha t}{\beta Q_t} > 0$，就是劳动生产率提高以后，生产同一商品集所节约的劳动时间。

可见，无论在单个商品上还是在商品总量上，商品价值量与劳动生产率（力）都是反向变动的，即"成反比"都是成立的。

二、劳动生产率的第二类变化与商品价值量

现在考察劳动生产率的第二类变化与商品价值量的关系，即讨论劳动复杂程度随着提高劳动生产率的新技术的采用而提高，劳动的主观因素的变化是否会使商品价值量与劳动生产率"成正比"。需要说明的是，劳动强度虽然是劳动的主观条件，但劳动强度的提高在本质上与延长工作日没有区别，因此，不能算作劳动生产率的第二类变化的决定因素，不需要在这里讨论。

假定改进技术提高劳动生产率会同时要求更新知识，提高劳动的知识含量，从而使劳动变得更加复杂。这样，劳动生产率的提高与劳动复杂程度的提高就会同时存在。通常情况下，这种假定是成立的。令 τ 为劳动复杂程度的提高速度且 $\tau > 1$，g 为劳动生产率的提

高速度且 $g>1$。在两者并存的情况下，τ 和 g 可以有如下三种组合：劳动复杂程度的提高速度大于劳动生产率的提高速度（$\tau>g$），劳动复杂程度的提高速度等于劳动生产率的提高速度（$\tau=g$）和劳动复杂程度的提高速度小于劳动生产率的提高速度（$\tau<g$）。

这里只讨论 $\tau>g$ 这种最为典型的情况。为了分析的方便，我们假定劳动生产率变化前的劳动为简单劳动（记为 H），单位商品价值量在期初 t 的初始状态可以表示为

$$w_{i,t}=\frac{H}{Q}$$

在时期 $t+1$，劳动的复杂程度提高。根据假定，劳动复杂程度的提高速度大于劳动生产率的提高速度（$\tau>g$），这时有单位商品价值量

$$w_{i,t+1}=\frac{\tau H}{gQ}，且\ w_{i,t+1}>w_{i,t}$$

按照劳动生产率的变动是由劳动的主观条件引起的逻辑，有劳动生产率的变动与商品价值量的变动正相关，即 $\dfrac{\mathrm{d}w}{\mathrm{d}l}>0$（严格说这是把由劳动复杂程度的变化与劳动生产率的变化同时发生作用的结果归结为劳动复杂程度的变化，因此，如下文所说这是不正确的，也是不成立的。只是为了与持这一看法的文献讨论，我们假定它可以成立）。

但是，这种 $\tau>g$ 的技术，生产者是绝对不会采用的，否则生产者将面临亏损而在竞争中处于不利地位。证明如下：

假定商品价值等于商品价格 $w=p$，生产者 A 采用 $\tau>g$ 的技术，且

$$\frac{\mathrm{d}w}{\mathrm{d}l}>0$$

在时期 t 产品 Q 只有两个生产者 A 和 J 生产，$Q_t=q_{A,t}+q_{J,t}$，$q_A=q_J$，价格为 p_t，且 $S_t=D_t$，市场出清。若生产者 A 在时期 $t+1$ 采用 $\tau>g$ 的技术提高劳动生产率，使 $l_A>l_J$，且 $\tau H>H$；由 $g>1$ 有 $q_{A,t+1}>q_{A,t}=q_{J,t+1}$，$Q_{t+1}>Q_t$，因此 $w_{A,t+1}>w_{J,t+1}$，从而商品价格为

$$p_{A,t+1}>p_{J,t+1}$$

根据需求定律，在时期 $t+1$ 社会对生产者 A 的产品的需求会下降，即

$$\frac{\mathrm{d}D_{A,t+1}}{\mathrm{d}t}<0，从而\ \Delta R_{A,t+1}<0$$

或者，由 $S_{A,t+1}>D_{A,t+1}$ 可知生产者 A 必须降低其商品的价格，使商品价格低于商品价值，即

$$\frac{\mathrm{d}p_{A,t+1}}{\mathrm{d}t}<0,p_{A,t+1}<w_{A,t+1}，从而\ \Delta R_{A,t+1}<0$$

显然，采用这种技术将导致生产者亏损。如果是在同一时期，上述分析也成立。

同时，根据"价格效应"，产出增加必须扩大市场规模，而扩大市场规模必须降低商品的价格。但对于 A 来说，降低商品价格不仅无法获得超额收益，而且必然无法补偿其劳动耗费。

显然，生产者只能采用 $\tau<g$ 的技术。采用这种技术虽然因劳动复杂程度的提高而使

单位时间的产出价值增加，但由于 $\tau < g$，仍然可以使单位商品的价值量下降，即

$$w_{i,t_i} = \frac{\tau H}{gQ}, \quad w_{i,t_i} < w_{i,t_s}, \quad s.t. \quad \tau < g$$

因而可以在商品的社会价值 t_s 与个别价值 t_i 之间确定一个有竞争力的出清价格，并获得超额收益。这种情况表明，在资本主义经济中，不是任何一种可以提高劳动生产率的技术都可以无条件地被生产者采用。

采用 $\tau < g$ 的技术在"价格效应"的作用下，只要生产规模超过一定点，生产者生产的商品总量实现的价值总量就会大于技术进步之前商品总量实现的价值总量，这是生产者采用先进技术的动力。从总量看，商品价值总量与劳动生产率正相关（成正比），似乎存在"价值总量之谜"。但是，如果按同一商品集比较，商品价值总量与劳动生产率仍然成反比。证明如下：

在劳动生产率提高以前，商品的价值总量为

$$W_{i,t} = n w_i = n \frac{H}{Q_t}$$

劳动生产率提高以后商品的价值总量为

$$W_{i,t+1} = n(1+r)w_{i,t+1} = n(1+r)\frac{\tau H}{gQ_t}$$

当 $r > \frac{g}{\tau} - 1$，或者 $n(1+r)\tau > ng$，有 $W_{i,t+1} > W_{i,t}$，即劳动生产率提高以后的商品价值总量大于劳动生产率提高以前的商品价值总量。取同一商品集 $W_{i,t+1}$，若没有发生技术进步，劳动复杂程度不变，则生产该商品集的劳动耗费为

$$n(1+r)\frac{H}{Q_t}$$

显然

$$n(1+r)\frac{H}{Q_t} > n(1+r)\frac{\tau H}{gQ_t}$$

$n(1+r)\frac{H}{Q_t} - n(1+r)\frac{\tau H}{gQ_t} > 0$，即为技术进步、劳动复杂程度提高而节约的总劳动时间。可见，商品价值总量与技术进步、劳动复杂程度的提高而引起的劳动生产率的提高仍然成反比。因此，"价值总量之谜"并不存在。

事实上，由技术进步引起的劳动生产率和劳动复杂程度的同时提高有着完全不同的作用：劳动复杂程度提高的作用是使单位时间的产出价值增加，而劳动生产率提高的作用则是使单位商品的价值量下降。即使假定劳动生产率的提高是由劳动复杂程度的提高引起的（更合理的假定应当是提高劳动生产率的新技术引起劳动复杂程度的提高），也不会改变这两者的不同作用。因此，商品价值量不是与劳动生产率成正比，而是与劳动的复杂程度成正比。不能把劳动复杂程度提高产生的结果（单位时间的产出价值增加）看作劳动生产率提高的结果，因而，变化关系 $\frac{dw}{dl} > 0$ 是不能成立的。这正是"商品的价值

量与体现在商品中的劳动的量成正比，与这一劳动的生产力成反比"这一规律的体现。

三、结　论

以上分析表明，无论引起劳动生产率变化的原因是劳动的客观条件的变化（劳动生产率的第一类变化），还是劳动的主观条件的变化（劳动生产率的第二类变化），都不改变商品价值量与劳动生产率反向变动（成反比）的规律，这一规律对单位商品是成立的，对商品总量也是成立的。因此，不存在"价值总量之谜"。

认为单位商品价值量与劳动生产率成正比的文献，实际上指的是个别生产者的劳动生产率高于社会水平而使个别耗费低于社会耗费但可以按社会耗费决定商品价值的现象，而回避了个别耗费与社会耗费之间差额形成的超额收益；回避了生产者可以利用这种差额进行价格竞争而仍然可以获得超额收益的经验事实；也回避了一旦劳动生产率普遍提高，商品的社会价值会随之下降，超额收益消失、商品价格普遍下降的经验事实。如果生产率高的生产者的商品价值完全是由该类生产者创造的，就必须得到全额补偿，从而个别耗费与社会必要耗费之间的差额便不存在，利用这种差额进行价格竞争的现象就不存在；并且，一旦劳动生产率普遍提高，商品的社会价值将不会发生任何变化，商品也不会因劳动生产率的提高而变得便宜。这样一来，资本主义经济中普遍存在的价格竞争现象就不可能存在了。事实上，在某种组合下，劳动生产率的普遍提高不仅会使单位商品价值量下降，也会使商品总量包含的价值总量下降。例如，在劳动生产率的第一类变化中，如果 $n(1+r)<n\beta$，就会出现这种情况。

认为商品价值总量与劳动生产率成正比的文献，正确区分了引起劳动生产率变化的不同因素，但没有注意到应当使用同一商品集来比较劳动生产率与商品价值总量的关系，也没有区别劳动复杂程度与劳动生产率的不同作用，反而把由劳动复杂程度提高导致的单位时间产出价值的增加看成劳动生产率作用的结果，并由此得出"成正比"的判断。

从经验事实看，主张商品价值量与劳动生产率成正比的文献无法解释商品随劳动生产率的提高而不断便宜和以商品价格便宜为基础的价格竞争现象，也不能在商品价格下降趋势、价格竞争、需求约束与劳动生产率的提高这些看来相互冲突的经验事实之间建立起统一的理论解释，无论劳动生产率的提高属于何种类型。

需要指出的是，人们到目前为止的讨论实际上仅限于在既定分工下，同一商品生产因劳动生产率的变化而对商品价值量产生的影响问题。如前所述，在这个前提下并不存在"价值总量之谜"。但是，资本主义经济具有持续创新的特征，价值生产的分工规模和范围有不断扩大的趋势。也许正是这个在讨论中被忽视的因素使商品价值总量不断增加。限于篇幅，本文没有讨论这个问题。出于同样的原因，本文也没有深入讨论商品价值量与劳动生产率成反比的作用机制。

第 3 章　国际竞争市场上不平等交换的条件及其性质

本文基于劳动价值论的基本概念，创造性地构建了不平等交换的两国模型，为讨论劳动生产率、工资水平、有机构成和剩余价值率的综合影响提供了一个统一的框架。并分别讨论了两国生产同一产品但利润率不平均化和生产不同产品但利润率平均化，以及生产同一产品在利润率平均化条件下不平等交换的条件，及其相关因素对不平等交换程度的影响。

一、相关理论评述

因为伊曼纽尔（1988）的相关研究，国际市场上的不平等交换获得了学界的广泛关注。事实上，国际市场上发达国家同发展中国家之间的不平等关系一直以来都受到重视。比如，马克思在《1857—1858 年经济学手稿》指出："两个国家可以根据利润规律进行交换，两国都获利，但一国总是吃亏。利润可以低于剩余价值，……一国可以不断攫取另一国的一部分剩余劳动而在交换中不付任何代价，不过这里的尺度不同于资本家和工人之间的交换的尺度。"[①] 布哈林（1983）指出发达国家会利用其垄断地位攫取高额垄断利润[②]。而巴兰（2000）则基于垄断资本主义时期"经济剩余"的生产、瓜分和资本积累的分析，说明了发达国家对落后国家的掠夺是其持续落后的根源[③]。而沃勒斯坦等学者则通过世界体系理论对相关问题进行了更广泛的讨论。

然而，伊曼纽尔的工作及其和萨米尔·阿明等人（2000）的争论之所以如此的受关注，主要是因为他通过将马克思生产价格模型推广到国际市场上，一方面给不平等交换给出了一个具体机制，另一方面证明了即使不存在垄断和市场力不均衡的影响，在一个竞争的、资本自由流动的国际市场也存在价值转移即不平等交换（朱奎，2006）。这意味市场经济本身就存在着劳动的不平等交换机制。当然，对于存在垄断或者市场力量悬殊

---

① 《马克思恩格斯全集》，第 46 卷（下），北京：人民出版社，2003 年，第 401-402 页.
② 布哈林：《世界经济与帝国主义》，北京：中国社会科学出版社，1983 年。
③ 保罗·巴兰：《增长的政治经济学》，北京：商务印书馆，2000 年。

的情况，无论其成因是技术，规模效应还是资源垄断，其垄断价格导致不平等交换是显而易见的。

伊曼纽尔在批判李嘉图比较成本学说两个基本假定，即市场供求关系决定要素价格和资本不流动，的基础上将劳动价值论应用到国际价值上。他认为"工资"是自变量，而"价格"是因变量，即是工资决定价格而不是相反。由于各国劳动力不能跨国流动，而劳动力价格的决定受到该国的社会、制度和历史的影响，从而使得各国工资水平的差异相对稳定，而且发达国家工资水平一般高于发展中国家。相对于劳动的无法跨国流动，资本跨国流动是相对自由的，因此贸易按照国际生产价格进行，即资本的跨国流动形成了国际市场上的平均利润率。根据马克思的分析，由于不同部门有机构成不同，在利润率平均化的过程中，剩余价值由有机构成低的部门转移到有机构成高的部门。但是，伊曼纽尔的认为因为这是由于有机构成的不同造成的，所以是"正当"的，这被称为"广义不平等交换"（见表 1）。伊曼纽尔认为，这是即使在一国内部也无法避免的现象，因而不是国际贸易所独有的。

然而，还是上面的例子（见表 2），活劳动创造的价值总量（$v+m$）仍然是 120。但是由于 A 国工资水平更高，从而可变资本为 100，剩余价值只剩下 20；而 B 国因为工资水平低，所以可变资本为 20，剩余价值为 100。利润率平均的结果是剩余价值从 B 国转移到 A 国，因为 B 国贡献了更多的可供"平均化"的剩余价值。伊曼纽尔认为，因为工资水平差异导致的不平等交换是"狭义不平等交换"，而且因为富国的工资水平通常高于穷国，所以这会造成持续的穷国的剩余价值通过国际贸易转移到富国。而且伊曼纽尔认为，这样的不平等交换还会影响到穷国和富国的资本积累和技术选择，最终固化这样的不平等交换格局。因而，他认为，要改变这一情况就需要提高穷国的工资。

伊曼纽尔的理论得到了阿明的继承和进一步完善，阿明认为价值转移由工资和生产力差异共同决定，并进一步说明了发展中国家出口产品具有较高劳动生产率，因而发达国家与发展中国家之间的工资差异是主要的，而且他还特别指出劳动生产率和工资之间没有必然的联系。[1]

---

[1]　参见萨米尔·阿明：《不平等的发展兼论外围资本主义的社会形态》，高铦译，北京：商务印书馆，2000 年。

表 1　剩余价值率相等的情况

国别	k 投资总额	c 不变资本	v 可变资本	m 剩余价值	$W=c+v+m$ 价值	$R=c+v$ 生产费用	$r=\sum m/\sum k$ 利润率	$P=rk$ 平均利润	$L=c+v+p$ 生产价格
A 国	240	50	60	60	170	110	33（1/3）%	80	190
B 国	120	50	60	60	170	110		40	150
合计	360	100	120	120	340	220		120	340

表 2　剩余价值率不等的情况

国别	k 投资总额	c 不变资本	v 可变资本	m 剩余价值	$W=c+v+m$ 价值	$R=c+v$ 生产费用	$r=\sum m/\sum k$ 利润率	$P=rk$ 平均利润	$L=c+v+p$ 生产价格
A 国	240	50	100	20	170	150	33（1/3）%	80	230
B 国	120	50	20	100	170	70		40	110
合计	360	100	120	120	340	220		120	340

　　而伊曼纽尔理论的批评者则主要从国际价值的形成、工资是否是自变量、穷国和富国劳动的折算以及国际分工彻底专业化等问题入手。[①] 而安德森（1983）则把斯拉法相对价格体系作为生产价格体系与价值体系相对应。[②] 这一做法虽然存在着问题，但是却意外说明了当利润率平均化且两国生产同一产品的时候，两国工资水平并不是独立的，后面的分析将对这一问题给出本文的解释。

　　谢克（Shaikh，1980）则提出较高的劳动生产率会带来超额剩余价值，因此价值转移的"净效应"应考虑到劳动生产率和有机构成的共同作用。[③]

　　由此，我们可以看到几个对价值转移具有重要影响的变量：有机构成、劳动生产率、工资、剩余价值率。这几组变量对价值转移的具体影响究竟是怎样的，这便是本文要研究的对象。本文的研究限定在竞争市场，要么是产品自由贸易，要么是资本自由流动，不考虑垄断或者市场力量差距造成的不平等交换。事实上，由后文的分析可见，以上变量对不平等交换是否发生所产生的作用根据是否同一产品（统一价格），以及是否利润率平均化等情况而不同。

二、不平等交换的条件及其相关命题

　　本文并不打算进一步讨论国际价值形成、国别比较以及和不平等交换的价值量是创造的还是转移的等问题（谢富胜，李安，2010；齐昊，2008）。我们直接假设国际市场上同一产品会形成一个反映国际平均生产条件的国际价值。在"不平等交换"的概念上我们采取曼德尔（Mandel，1975）的说法，即把商品所蕴含的国别劳动是否在国际市场上得到了等量的认可作为是否产生不平等交换的标准。[④] 在给定一国劳动总量有限的前提下，这一问题就直接涉及国际贸易中一国资本积累的能力和速度问题。

　　我们假设有两个国家，均衡时其产出的价值构成为 $c_i + v_i + m_i$，$i = 1$、2。虽然在马克思原著中通常隐含着工资不变，从而有机构成可以写成 $\frac{c}{v}$，但是我们要考察工资变动的影响，则可变资本 v 在技术不变的情况下也是变动的。因此，有机构成（准确地说是"价值构成"）不变的假定就有些不合常理。从而，我们将有机构成定义为死劳动与活劳动之比，即 $\theta_i = \frac{c_i}{(v_i + m_i)}$ 或者 $\theta_i = \frac{c_i}{L_i}$，$i = 1$、2，其中 L_i 表示第 i 国的活劳动总量。于是，i 国的不变资本 c_i 可以表示为 $c_i = \theta_i L_i$。我们进一步假定工资率为 w_i，$i = 1$、2，即 $v_i = w_i L_i$。考虑到两国的交换是在国际市场上完成，从而剩余价值 m_i 的重新分配要取决于国际市场的条件。

① 霍华德，M. C.　金，J. E.：《马克思主义经济学史：1929—1990》，顾海良等译，北京：中央编译出版社，2003年。
② 同上，第196—199页。
③ Shaikh, A. "Foreign trade and the law of value, Part 2", *Science& Society*，1980，44，527—571.
④ Mandel, E. *Late capitalism*, London：NLB，1975.

（一）两国生产同种商品，具有同样的国际价值，但资本不能流动，两国利润率不同

这一假设条件意味着该商品的国别价值与国际价值存在着差异。我们假设投入 L_i 的劳动，产量为 q_i，劳动生产率为 $e_i = \dfrac{q_i}{L_i}$，$i = 1、2$，则国别价值为：$W_i = \dfrac{(\theta_i L_i + L_i)}{q_i} = \dfrac{(1 + \theta_i)}{e_i}$。虽然关于国际价值的定义还存在着争议，但是如果两国的国别价值存在差异且都在同一市场中竞争，则存在一个国际价值 $\overline{W} = \dfrac{(1 + \bar{\theta})}{\bar{e}}$，其价值量位于两国国别价值之间。其中，$\bar{e}$ 是加权平均意义上的国际生产率，根据国际价值的定义和市场状况不同，其权重可能不同，本文不对权重做具体规定，设第 i 国的劳动生产率的权重为 α_i，$0 \leqslant \alpha_i \leqslant 1$，$\sum \alpha_i = 1$。

根据以上假定，我们可以把均衡时的两国价值体系表述如下：

$$\begin{cases} c_i + v_i + m_i = L_i \theta_i + L_i w_i + [\overline{W} L_i e_i - L_i (w_i + \theta_i)] \\ c_j + v_j + m_j = L_j \theta_j + L_j w_j + [\overline{W} L_j e_j - L_j (w_j + \theta_j)] \end{cases}$$

于是，我们可以得到以下命题：

命题一：当两国生产同种商品，以同样的国际价值在国际市场销售，且资本不能跨国流动，则：

（1）当 $\dfrac{e_i}{1 + \theta_i} > \dfrac{\bar{e}}{1 + \bar{\theta}}$ 时，存在不平等交换，i 国交换到更多的价值。

（2）在（1）成立的条件下，i 国劳动生产率越高，获得的价值不一定越多。如果劳动生产率的提高可以使换得的价值增多的话，其增量递减。

（3）i 国劳动生产率高于 j 国，若两国工资率相等，且 i 国利润率高于 j 国，则必存在不平等交换。

证明：

（1）i 国交换到更多的价值，意味着 i 国国别价值小于国际价值。根据假设，i 国国别价值为 $W_i = \dfrac{(1 + \theta_i)}{e_i}$，而国际价值为 $\overline{W} = \dfrac{(1 + \bar{\theta})}{\bar{e}}$。从而，价值转移进 i 国的条件为 $W_i < \overline{W}$，即 $\dfrac{e_i}{1 + \theta_i} > \dfrac{\bar{e}}{1 + \bar{\theta}}$。

（2）单位商品价值转移量为 $\overline{W} - W_i = \dfrac{(1 + \bar{\theta})}{\bar{e}} - \dfrac{(1 + \theta_i)}{e_i}$。其对 i 国劳动生产率求导得：$\dfrac{\mathrm{d}(\overline{W} - W_i)}{\mathrm{d}e_i} = \dfrac{1 + \theta_i}{e_i^2} - \alpha_i \dfrac{1 + \bar{\theta}}{\bar{e}^2} = \dfrac{1}{e_i} \cdot \dfrac{1 + \theta_i}{e_i} - \dfrac{\alpha_i}{\bar{e}} \cdot \dfrac{1 + \bar{\theta}}{\bar{e}}$，虽然有价值流入意味着 $\dfrac{1 + \theta_i}{e_i} < \dfrac{1 + \bar{\theta}}{\bar{e}}$，但 $\dfrac{1}{e_i} = \alpha_i \cdot \dfrac{1}{\alpha_i e_i} > \alpha_i \cdot \dfrac{1}{\sum\limits_i \alpha_i e_i} = \dfrac{\alpha_i}{\bar{e}}$，所以符号不定。

进一步对劳动生产率求二阶导则为：

$$\frac{\mathrm{d}^2(\overline{W}-W_i)}{\mathrm{d}e_i^2}=-2\frac{1+\theta_i}{e_i^3}+2\alpha_i^2\frac{1+\bar\theta}{\bar e^3}=2\left[\left(\frac{\alpha_i}{\bar e}\right)^2\frac{1+\bar\theta}{\bar e}-\left(\frac{1}{e_i}\right)^2\frac{1+\theta_i}{e_i}\right]$$

若$\dfrac{\mathrm{d}(\overline{W}-W_i)}{\mathrm{d}e_i}=\dfrac{1}{e_i}\cdot\dfrac{1+\theta_i}{e_i}-\dfrac{\alpha_i}{\bar e}\cdot\dfrac{1+\bar\theta}{\bar e}>0$，同时考虑到$\dfrac{1}{e_i}>\dfrac{\alpha_i}{\bar e}$，有

$$\frac{\mathrm{d}^2(\overline{W}-W_i)}{\mathrm{d}e_i^2}=2\left[\left(\frac{\alpha_i}{\bar e}\right)^2\frac{1+\bar\theta}{\bar e}-\left(\frac{1}{e_i}\right)^2\frac{1+\theta_i}{e_i}\right]<2\left[\left(\frac{\alpha_i}{\bar e}\right)^2\frac{1+\bar\theta}{\bar e}-\frac{\alpha_i}{\bar e}\frac{1}{e_i}\frac{1+\theta_i}{e_i}\right]=2\frac{\alpha_i}{\bar e}$$

$$\left(\frac{\alpha_i}{\bar e}\frac{1+\bar\theta}{\bar e}-\frac{1}{e_i}\frac{1+\theta_i}{e_i}\right)=-2\frac{\alpha_i}{\bar e}\left[\mathrm{d}\cdot\frac{(\overline{W}-W_i)}{\mathrm{d}e_i}\right]<0$$

（3）由于工资相等，我们设$w_i=w_j=w$，于是i国的利润率为

$$r_i=\frac{\overline{W}L_ie_i-L_iw-L_i\theta_i}{L_iw+L_i\theta_i}=\frac{\overline{W}e_i}{w+\theta_i}-1$$

于是，$r_i>r_j\Leftrightarrow e_i(w+\theta_j)>e_j(w+\theta_i)$

$\Leftrightarrow e_i(\theta_j+1)+e_i(w-1)>e_j(\theta_i+1)+e_j(w-1)$

$\Leftrightarrow e_i(\theta_j+1)-e_j(\theta_i+1)>(e_j-e_i)(w-1)>0$（因为$e_i>e_j$，而工资率$0<w<1$）

$\Rightarrow\dfrac{e_i}{1+\theta_i}>\dfrac{e_j}{1+\theta_j}\Leftrightarrow W_i<\overline{W}<W_j$

证毕。

从以上三个命题，我们可以看出：首先，在同种商品、不同利润率的条件下，价值转移主要取决于劳动生产率和有机构成的综合影响，也就是说只有劳动生产率（相对于有机构成）足够高，才能换得更多的价值量。其次，高的劳动生产率虽然可以换的更多的价值，但是并不是劳动生产率越高，所换得的价值就一定越多。因为劳动生产率的提高不仅会使单位商品的国别价值更低，从而获得更多价值，还会按照其市场权重α_i拉低国际价值水平，从而减少这一效应，且权重α_i越大，作用越明显。最后，不平等交换受劳动生产率和有机构成的影响，而利润率还受工资影响。一旦假定工资相等，则利润率高的国家存在不平等交换，也就是说高利润中必定存在因为不平等交换所带来的部分。（若发达国家存在价值流入，且两国工资不低于某个水平，或者满足$\dfrac{e_i}{\theta_i}>\dfrac{e_j}{\theta_j}$，才能保证利润率更高。）若两国工资不等，易证若发达国家存在价值流入，只要工资不高于某个水平，就会获得更高的利润率。

（二）两国生产不同商品，但资本可以自由跨国流动，两国利润率相等

还是按照之前的相关假定，考虑到出现了资本流动和利润率平均化，则在"均衡"（利润率平均）的时候，价值体系如下：

$$\begin{cases}c_i+v_i+m_i=L_i\theta_i+L_iw_i+(L_i-L_iw_i)\\c_j+v_j+m_j=L_j\theta_j+L_jw_j+(L_j-L_jw_j)\end{cases}$$

生产价格体系如下：

$$\begin{cases} P_i = L_i(\theta_i + w_i)(1+r) \\ r = \dfrac{L_i(1-w_i) + L_j(1-w_j)}{L_i(\theta_i + w_i) + L_j(\theta_j + w_j)} \end{cases}$$

于是，我们可以得到如下命题：

命题二：当两国生产不同商品，但资本可以自由跨国流动，两国利润率相等的时候，则

(1) 当 $\dfrac{1-w_j}{1-w_i} > \dfrac{\theta_j + w_j}{\theta_i + w_i}$ 时，i 国通过国际市场获得更多价值。

(2) i 国工资 w_i 越高，所获得的价值量越多，但边际量递减。

证明：

(1) 价值流入 i 国指的是 i 国所获得的生产价格高于其价值：

$L_i(\theta_i + w_i)(1+r) - L_i(\theta_i + 1) > 0$

$\Leftrightarrow (\theta_i + w_i)r + w_i - 1 > 0$

将利润率 r 的计算式代入上式，于是

$\Leftrightarrow (\theta_i + w_i)\dfrac{L_i(1-w_i) + L_j(1-w_j)}{L_i(\theta_i + w_i) + L_j(\theta_j + w_j)} + w_i - 1 > 0$

$\Leftrightarrow (\theta_i + w_i)(1-w_j) - (\theta_j + w_j)(1-w_i) > 0$

$\Leftrightarrow \dfrac{1-w_j}{1-w_i} > \dfrac{\theta_j + w_j}{\theta_i + w_i}$

(2) 令价值流入量为 $\Delta W = L_i(\theta_i + w_i)(1+r) - L_i(\theta_i + 1)$

代入利润率 r 的计算式为：$\Delta W = L_i(\theta_i + w_i)\dfrac{L_i(1+\theta_i) + L_j(1+\theta_j)}{L_i(\theta_i + w_i) + L_j(\theta_j + w_j)} - L_i(\theta_i + 1)$

于是，有

$$\frac{\mathrm{d}\Delta W}{\mathrm{d}w_i} = \frac{L_i L_j [L_i(1+\theta_i) + L_j(1+\theta_j)](\theta_j + w_j)}{[L_i(\theta_i + w_i) + L_j(\theta_j + w_j)]^2} > 0$$

由于一阶导数只有分母含有 w_i，易知 $\dfrac{\mathrm{d}^2 \Delta W}{\mathrm{d}w_i^2} < 0$。

证毕。

对以上价值转移的条件，我们在不等式左右同时乘以 w_i 并同时除以 w_j，变成：

$$\frac{\dfrac{(1-w_j)}{w_j}}{\dfrac{(1-w_i)}{w_i}} > \frac{\dfrac{\theta_j}{w_j + 1}}{\dfrac{\theta_i}{w_i + 1}}$$

事实上，$\dfrac{(1-w_i)}{w_i}$ 相当于马克思原著中的剩余价值率 m_i'，而 $\dfrac{\theta_i}{w_i}$ 则正好是马克思原本定义的有机构成。于是，上述条件变成：$\dfrac{m_j'}{m_i'} > \dfrac{1+\dfrac{c_j}{v_j}}{1+\dfrac{c_i}{v_i}}$

这一条件和马克思在《资本论》中分析利润率平均化过程中价值在行业之间转移的条件是一致的，如果剩余价值率相等，则剩余价值流入有机构成高的部门。第二个结论说明在当前条件下，一国工资水平提高会在国际贸易中获取更多的价值量，但是其边际作用下降，这与伊曼纽尔的分析逻辑是一致的。但是伊曼纽尔忽略了高工资带来价值流入的实现机制，这是发展中国家所无法承受的，具体内容见文末总结部分。

（三）两国生产同种商品，具有同样的国际价值（价格），且资本可以自由跨国流动，两国利润率相等

根据之前的相关假定，在均衡的时候，两国的价值构成和平均利润率如下：

$$\begin{cases} c_i + v_i + m_i = L_i\theta_i + L_iw_i + [\overline{W}L_ie_i - L_i(w_i+\theta_i)] \\ c_j + v_j + m_j = L_j\theta_j + L_jw_j + [\overline{W}L_je_j - L_j(w_j+\theta_j)] \end{cases}$$

既然资本可以跨国自由流动，那么均衡的时候两国利润率应该相等。因此，该模型还应满足如下条件：

$$r_i = r_j \Longleftrightarrow \frac{\overline{W}L_ie_i - L_i(w_i+\theta_i)}{L_i(w_i+\theta_i)} = \frac{\overline{W}L_je_j - L_j(w_j+\theta_j)}{L_j(w_j+\theta_j)} \Longleftrightarrow \frac{e_i}{w_i+\theta_i} = \frac{e_j}{w_j+\theta_j}$$

根据这一均衡条件，我们可以看到，与"不同产品、资本流动"的情况不一样的是该条件下的均衡机制必须考虑到工资的变动。"不同产品、资本流动"的情况下，利润率平均化是依靠资本跨部门流动带来产量的变化，从而导致不同商品市场价格变动，最终实现利润率相等。而"同种产品、资本流动"的情况下，国际价格是相等的，不能依靠价格变动来调整。于是，如果给定有机构成和劳动生产率，若工资较低，则利润率较高，从而资本流入，劳动力需求增加，工资上升，利润率下降，最终实现利润率平均化。

于是，根据以上情况，我们有如下命题：

命题三：当两国生产相同商品，且资本可以自由跨国流动，两国利润率相等的时候，则

（1）相对于有机构成，该国劳动生产率越高，则工资水平越高。

（2）在总体劳动量不发生变化的前提下，当 $\frac{e_j}{e_i} < \frac{1+\theta_j}{1+\theta_i}$ 时，i 国获得更多价值。

证明：（1）根据利润率相等的平衡条件易证。

（2）不考虑国际价值形成对总体价值量可能产生的影响，则总劳动量不变，于是我们可以通过下式确定一般利润率水平：

$$\frac{L_i\theta_i + L_i + L_j\theta_j + L_j}{L_i(w_i+\theta_i) + L_j(w_j+\theta_j)} = 1 + r \Rightarrow r = \frac{L_i(1-w_i) + L_j(1-w_j)}{L_i(w_i+\theta_i) + L_j(w_j+\theta_j)}$$

i 国获得更多价值意味着

$$L_i(w_i+\theta_i)(1+r) - (L_i\theta_i + L_i) > 0$$
$$\Longleftrightarrow (w_i+\theta_i)r - (1-w_i) > 0$$

代入利润率 r 的计算式有

$$\Leftrightarrow(w_i+\theta_i)\frac{L_i(1-w_i)+L_j(1-w_j)}{L_i(w_i+\theta_i)+L_j(w_j+\theta_j)}-(1-w_i)>0$$

和命题二（1）的证明过程一样，最后可证上式

$$\Leftrightarrow\frac{1-w_j}{1-w_i}>\frac{\theta_j+w_j}{\theta_i+w_i}$$

然而，和命题二不一样的是，均衡状态下，工资不是任意的，而是满足平衡条件。根据平衡条件，我们有 $\frac{w_j+\theta_j}{w_i+\theta_i}=\frac{e_j}{e_i}$，将其代入上式，得 $\frac{1-w_j}{1-w_i}>\frac{e_j}{e_i}$

同样根据平衡条件，得 $w_j=\frac{e_j}{e_i}(w_i+\theta_i)-\theta_j$，代入上式化简得

$$\frac{e_j}{e_i}(w_i+\theta_i)-\theta_j<1-\frac{e_j}{e_i}(1-w_i)\Leftrightarrow\frac{e_j}{e_i}<\frac{1+\theta_j}{1+\theta_i}$$

证毕。

我们发现该结果同第一种情况，即"同种商品，资本不流动"的不平等交换条件基本一致。根据该命题我们可以看出，一方面，不平等交换和工资无关，仅取决于劳动生产率和有机构成，而工资在平衡机制中是被动的；另一方面，劳动生产率相对于有机构成越高，则工资越高。由此，如果工资被人为控制从而不反映市场劳动力供求状况，如果长期偏低，则造成国内利润率持续高于国际水平，资本流入；如果人为提高，则造成国内利润率低于国际，资本流出。最终，或者是该国生产力饱和，或者是形成国之间的完全分工，即该产品生产全部转移至该国。

三、总结与启示

由前文的分析可知，在第一和第三种情况下是否发生不平等交换取决于劳动生产率和有机构成的情况，且劳动生产率相对于有机构成越高其在国际市场上所实现的价值量就越大，然而边际效应递减。而且，一旦工资相等，则发达国家的高利润当中必定有不平等交换所带来的好处。

当两国既生产同种产品，资本又可自由流动以形成平均利润的时候，两国工资水平则并不是自有变动的，这取决于两国的劳动生产率水平。这似乎验证了安德森（1983）的结论，但是一方面说明安德森的模型与伊曼纽尔的前提假设不同因此无法形成有批评，另一方面我们对这一结论给出了基于马克思理论概念的解释。

而在完全分工且资本可自由流动的情况下（即两国生产不同产品且利润率相等），伊曼纽尔所论述的不平等交易发生的机制是成立的。但这并不意味着对其理论的批评没有道理。尤其是伊曼纽尔据此提出的发展中国家可以依靠提高工资来摆脱不平等交换。这显然忽视了利润率平均化的实现机制。工资提高从而减少了可供平均化的剩余价值以避免不平等交换，但是工资提高带来利润率降低，资本流出，产出下降，从而提高该国产品的相对价格，最终形

成新的平均利润率。也就是说，要依靠提高工资来避免不平等交换，很可能付出的是失业相对增加，资本积累放缓的代价。因此，即使从伊曼纽尔自己的理论出发，其政策建议仍然存在着问题。

最后要说明的是，本文模型较抽象，未能充分考虑现实情况的复杂性。比如，本文未能讨论垄断等因素造成的市场价格对国际价值的偏离从而产生不平等交换的问题，而且本文的分析都是一个静态条件下的分析，未能考虑到落后国家技术进步的动态和生产方式的变化带来的影响。

第 4 章　绝对剩余价值与相对剩余价值的
数量关系与估算

在《共产党宣言》中，马克思曾盛赞资本主义对人类社会生产力所起的推动作用，他认为"资产阶级在它的不到一百年的阶级统治中所创造的生产力，比过去一切世代创造的全部生产力还要多，还要大。"[1] 资本主义对生产力强有力的推动源自其特殊的生产方式，其直接表现为资本要通过雇佣一无所有的自由劳动力，完成剩余价值生产和持续不断的资本积累。这里暗含在不具有人身依附关系的资本主义雇佣劳动关系的基础上，经济发展倾向于获取相对剩余价值而非绝对剩余价值。也就是说，在资本主义制度之下，剩余价值首次系统性地通过提高劳动生产率来获得，使得产品价格下降且产出增长。[2] 这也正是布伦纳在与弗兰克、沃勒斯坦等所谓"新斯密马克思主义者"的论战中，[3] 将后发国家是否确立了自由的雇佣劳动关系作为其能否推动劳动生产率上升和相对剩余价值生产的基础。在布伦纳看来，当资本主义的阶级关系和所有权关系确立之后，资本家之间的竞争关系就会推动技术的进步和劳动过程的重新塑造，使得相对剩余价值生产成为必然。

从一般意义上讲，在一个资本主义生产方式发展的"理想型"当中，以技术进步和劳动生产率提高为基础的相对剩余价值生产占据主导地位是根本性的趋势。但是，从历史上看这样一种趋势的确立并不是自然而然的。不仅如此，历史发展和资本主义形态的多样性更意味着纯粹逻辑的分析并不能取代具体的历史演进。

首先，在工作日时间长度不变的情况下，缩短必要劳动时间以相对地延长剩余劳动时间不仅可以通过工资品部门以及相关生产资料部门的劳动力生产率提高，从而降低全社会的劳动力价值来实现，还可以通过外力对劳动力价值的抑制来实现。比如，人为缩减劳动力再生产的必需品，但是这一行为长期下去将导致整个工人阶级劳动力的萎缩，是不可持续的。再或者有利于资本家整体的外生因素，如开放经济中进口消费品价值的

---

① 《马克思恩格斯选集》第 1 卷，北京：人民出版社，1972 年，第 256 页。

② Brenner. R.，"The Origins of Capitalist development"，*New Left Review*，1977，no. 104，July-August.

③ 论战集中于"The Origins of Capitalist development"一文。弗兰克、沃勒斯坦等人时常被称为"新斯密马克思主义者"，他们本身想要超越亚当·斯密所持贸易和分工带来经济发展的观点，在对全球资本主义体系的研究中提出了"欠发达国家的出现源于资本主义扩张下的国家分工"这一重要观点。然而，他们的研究没有考虑阶级结构及其形成方式对特定地区资本主义如何发展的影响，最终观点还是停留在斯密那里，仅集中描述贸易、投资和逐利对资本主义发展的影响。可参考乔万尼·阿里吉：《亚当·斯密在北京：21 世纪的谱系》，路爱国译，北京：社会科学文献出版社，2009 年，第 8—16 页。

下降；抑或国家对食品的税收政策以及住房制度变化，都可能抑制劳动力的价值。[①] 因此，剩余价值生产的条件不仅来自资本家之间竞争所推动的技术进步，还受到决定劳动力价值的各类历史因素作用的影响。

其次，不改变必要劳动时间，仅仅依靠工作日的绝对延长，或雇佣规模的扩大，这样一种绝对剩余价值的生产不仅在逻辑上无法被取消，而且在现实中还持续存在。各国在世界资本主义体系中的不平等地位，特定的阶级斗争格局和阶级结构，以及国家机器在阶级形成中的作用等，这些错综复杂的因素交织在一起，在很多情况下阻碍了从绝对剩余价值生产向相对剩余价值生产的转变，并使资本为了增加剩余价值的生产，在生产关系上转而依赖于形式隶属和各种混合隶属关系，甚至依赖于与资本主义生产方式相结合的各种形态的非自由劳动（Brass，2011；Das，2012；孟捷等，2012）[②]。

基于以上分析，本文认为，不同于经典的、理想化的资本主义发展模型，现实世界中以技术进步为基础的大规模相对剩余价值生产需要以一定的制度安排为前提。换言之，是特定的制度安排使得资本家从追求绝对剩余价值转变为追求相对剩余价值。

这一观点在历史发展的经验中得到了验证。支持大规模相对剩余价值生产的历史经验突出表现为资本主义国家在黄金年代的高速增长。曼德尔（1975，1999）甚至称其为相对剩余价值生产的"大跃进"时期。而探究黄金年代出现的原因，需要同时将那些促进投资与创新的制度（曼德尔、新熊彼特派），与那些促进消费的制度综合起来（调节学派、SSA），明确大规模相对剩余价值生产的历史契机到底是什么（孟捷，2012）。[③] 与此不同的是，时至今日，我们依然可以在后发国家看到各类帮助延续形式隶属以及绝对剩余价值生产的因素。[④]

因此，在现实问题研究中就需要对一定时期内剩余价值量的变化做一分解，明确绝对剩余价值生产和相对剩余价值生产的比例，以明确那些支持两类剩余价值生产的制度因素所发挥作用的程度，从而进一步认识某一阶段资本积累的性质及其蕴含的矛盾。遗憾的是，既有研究大多只是集中于对剩余价值和剩余价值率的估算（吉尔曼，1957；曼德尔，1975；姚廷纲，1981；莫斯利，1985，1986；韦斯科普夫，1985；高峰，1991；张宇，

[①] 例如，英国历史上《谷物法》（*The Corn Laws*）的废除帮助曼彻斯特的工业资本家们极有力地提高了相对剩余价值。可以参考 David Harvey，*A Companion to Marx's Capital*，London：Verso，2010，pp. 164—168 的解释，有意识的阶级策略和国家干预如何影响劳动力。

[②] 可参考 Das，Raju. J.，"Reconceptualizing Capitalism：Forms of Subsumption of Labor，Class Struggle，and Uneven Development"，*Review of Radical Political Economics*，vol. 44，no. 2，2011；Brass，T.，"Unfree Labor as Primitive Accumulation?" *Capital & Class*，vol. 35，no. 1，2011. 对此的综述性研究可参考孟捷，李怡乐，张衔：《非自由劳工与现代资本主义劳动关系的多样性》，《贵州大学学报》，2012年第6期。

[③] 孟捷：《战后黄金年代是怎样形成的？——对两种马克思主义解释的批判性分析》，《马克思主义研究》，2012年第5期。

[④] 例如，陈佩华和 Kaxton Siu（2012）在中国珠三角地区的调研中发现，极低的最低工资标准和计件制生产如何使得农民工必须通过大量的自愿加班，才可能完成对自身和家庭劳动力的再生产。Chan A.，Siu K.，"Analyzing exploitation the mechanisms underpinning low wages and excessive overtime in Chinese export factories"，*Critical Asian Studies*，vol. 42，no. 2，2012；Das（2012），描述了印度农业资本主义生产如何通过非技术手段加强形式隶属和延续绝对剩余价值生产，Das，Raju. J.，"Reconceptualizing Capitalism：Forms of Subsumption of Labor，Class Struggle，and Uneven Development"，*Review of Radical Political Economics*，vol. 44，no. 2，2011.

赵峰，2007；赵峰等，2012)[①]，却没有区分剩余价值的变化中两种剩余机制各自的部分。

本文基于剩余价值计算公式，试图通过求全微分的方法对两种剩余价值的变动进行分离，以说明两种剩余价值变动之间的数量关系，并利用国内的数据进行估算。

一、两种剩余价值生产的分解

根据剩余价值的定义，我们容易写出如下公式：

$$S = NT - \alpha\beta NT \tag{1.1}$$

其中，S 是剩余价值，N 为工作人数，T 为工作日长度，α 为单位消费品价值量，β 为实际工资率。

绝对剩余价值指的是在雇佣工人的必要劳动时间不变的条件下，依靠工作日的绝对延长而生产的剩余价值。在公式上可体现为：T 延长，或者 T 不变，N 增加，以及劳动强度增加，同时 β 不增加或者增加幅度不及劳动强度的提高[②]。但是劳动强度的变化在以上公式中体现不出来，当然我们可以在 NT 前面增加一项劳动强度的系数，但是在后面的"经验数据估算"中，劳动强度的变化往往无法获得，因此我们这里的分析也暂不考虑。

相对剩余价值指的是在工作日长度不变的条件下，由于缩短必要劳动时间而相应地延长剩余劳动时间所生产的剩余价值。在公式中表现为 α 因为消费品生产的社会劳动生产率降低而降低。

为了分析剩余价值量变动中相对剩余价值和绝对剩余价值的比重和份额，我们对式（1.1）中各变量求全微分：

$$dS = (1-\alpha\beta)TdN + (1-\alpha\beta)NdT - NT\beta d\alpha - NT\alpha d\beta + o \tag{1.2}$$

如果不考虑式（1.2）末尾的高阶无穷小，可变形为

$$dS = (1-\alpha\beta)d(NT) - NTd(\alpha\beta)$$
$$= (1-\alpha\beta)d(NT) + NTd(1-\alpha\beta) \tag{1.3}$$

考虑到产品总价值可以划分为 $C+V+S$，其中 $V=\alpha\beta NT$，$S=NT-\alpha\beta NT$，于是有 $V+S=NT$，于是：

$$\frac{S}{V+S} = \frac{(1-\alpha\beta)NT}{NT} = 1-\alpha\beta \tag{1.4}$$

① 相关文献可参考：E. Mandel, Late Capitalism, Thetford：the Thetford Press Limited，1975；F. Moseley，"The Rate of Surplus Value in the Postwar U. S. Economy：A Critique of Weisskopf's Estimates"，*Cambridge Journal of Economics*，vol. 9，issue 1，1985；T. E. Weisskopf， "The Rate of Surplus Value in the Postwar U. S. Economy：A Response to Moseley's Critique"，*Cambridge Journal of Economics*，1985，vol. 9，issue 1. 高峰：《马克思主义资本积累理论与现代资本主义》，天津：南开大学出版社，1991 年。Zhang Yu, Zhao Feng, "The Rate of Surplus Value, the Composition of Capital, and the Rate of Profit in Chinese Manufacturing Industry：1978—2004"，*The Bulletin of Political Economy*，vol. 1，2007. 赵峰，姬旭辉，冯志轩：《国民收入核算的政治经济学方法及其在中国的应用》，《马克思主义研究》，2012 年第 8 期。
② 事实上，劳动强度对剩余价值的影响到底应该归属于"相对剩余价值生产"还是"绝对剩余价值生产"，学术界还存在着争议。参考洪远朋：《由劳动强度提高生产的剩余价值是相对剩余价值》，《教学与研究》，1980 年第 4 期；黎小波，陈秀山：《由提高劳动强度而生产的剩余价值仅仅属于相对剩余》；何家宝：《价值吗？——与洪远朋同志商榷》，《教学与研究》，1981 年第 1 期，本文并不就此问题进行专门探讨。

由式（1.4）可知，$1-\alpha\beta$ 是剩余价值在总的"活劳动"中所占的比重。

于是，根据式（1.3），剩余价值量的变化可以分解为活劳动中剩余价值所占比例 $1-\alpha\beta$ 不变，而活劳动的总量变化 dNT 所引起的变化；加上活劳动 NT 不变，活劳动中剩余价值所占比例 $d(1-\alpha\beta)$ 的变化所引起的变化。

前一部分，即 $(1-\alpha\beta)d(NT)$，是由雇佣劳动力总量 N 和工作日长度 T 的变化引起的，因此，根据定义这部分就是"绝对剩余价值生产"；而后一部分，即 $NTd(1-\alpha\beta)$，根据式（1.2），不仅包括单位消费品价值量 α 变化的影响，即"相对剩余价值生产"，还包括实际工资率 β 变化的影响。由于实际工资率 β 的变化在经验分析中不易获得，我们进一步分解，以获得更易估算的"相对剩余价值生产"的表达式。

由于单位消费品价值量 α 是单位消费品所包含的一般人类劳动，包括所消耗的生产资料中的劳动时间，从而令 e^c 表示消费品的劳动生产率[①]，有 $e^c=\dfrac{1}{\alpha}$，从而根据前面的分析，令 γ 为可变资本 V 占活劳动的比重，则有以下关系式：

$$\gamma=\frac{V}{V+S}=\alpha\beta=\frac{\beta}{e^c} \tag{1.5}$$

对式（1.5）前后两端取对数后有：

$$\ln\gamma=\ln\beta-\ln e^c \tag{1.6}$$

对式（1.6）求全微分有：

$$\frac{\mathrm{d}\gamma}{\gamma}=\frac{\mathrm{d}\beta}{\beta}-\frac{\mathrm{d}e^c}{e^c} \tag{1.7}$$

由式（1.5）、（1.7）式可得：

$$\mathrm{d}(1-\alpha\beta)=-\mathrm{d}(\alpha\beta)=-\mathrm{d}\gamma=-\gamma\left(\frac{\mathrm{d}\beta}{\beta}-\frac{\mathrm{d}e^c}{e^c}\right)=\alpha\beta\left(\frac{\mathrm{d}e^c}{e^c}-\frac{\mathrm{d}\beta}{\beta}\right) \tag{1.8}$$

将式（1.8）代入式（1.3），则有：

$$\mathrm{d}S=(1-\alpha\beta)\mathrm{d}(NT)+NT\alpha\beta\left(\frac{\mathrm{d}e^c}{e^c}-\frac{\mathrm{d}\beta}{\beta}\right)$$

$$=(1-\alpha\beta)\mathrm{d}(NT)+NT\alpha\beta\,\frac{\mathrm{d}e^c}{e^c}-NT\alpha\beta\,\frac{\mathrm{d}\beta}{\beta} \tag{1.9}$$

根据前面的分析，式（1.9）中 $(1-\alpha\beta)\mathrm{d}(NT)$ 是"绝对剩余价值生产"部分，而 $NT\alpha\beta\,\dfrac{\mathrm{d}e^c}{e^c}$ 则是"相对剩余价值生产"部分，其中 $\dfrac{\mathrm{d}e^c}{e^c}$ 表示劳动生产率的变化率，最后的 $-NT\alpha\beta\dfrac{\mathrm{d}\beta}{\beta}$ 则是实际工资变化对剩余价值量的影响，体现的是分配环节的力量对比。

式（1.9）便是剩余价值变动的最终分解式，我们可以看到剩余价值的变动可以分解为"绝对剩余价值生产"影响的部分，"相对剩余价值生产"影响的部分以及实际工资率

---

① 这里的劳动生产率应该理解为包含生产消费品所耗费的生产资料的劳动生产率，而不是消费品直接生产的劳动生产率。

变动的影响。以上分解剩余价值变动因素的思路可以通过图 1 来描述。

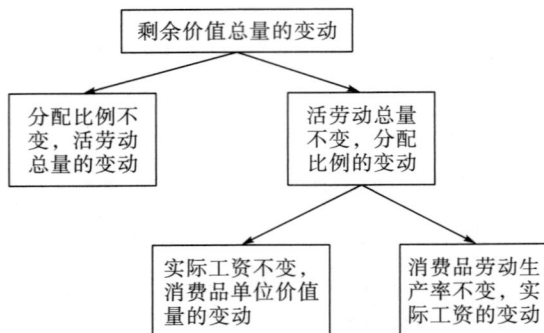

图 1　剩余价值变动的分解思路

为了更便于利用经验数据估算，我们将上述微分式（1.9）写成差分形式，即

$$\Delta S \approx (1-\alpha\beta)\Delta(NT) + NT\alpha\beta\frac{\Delta e^c}{e^c} - NT\alpha\beta\frac{\Delta\beta}{\beta} \tag{1.10}$$

二、相关理论变量所对应的经验数据及其处理方法

本部分将为上述理论分解式中的变量寻找现实统计量的对应，从而为下一部分的估算打下基础。

这些变量中，最基础的是对劳动量的衡量，我们采用"新解释学派"的思路（Foley，1982）[1]，用货币单位对劳动进行度量，将前一部分两种剩余价值生产方式的"理论分解"转化为用现实统计量表示的计算式。考虑到统计数据只能是已实现重新分配的剩余价值，包括利润平均化和垄断利润等的重新分配，而本文要考察的是"两种剩余价值生产"，因此，我们只能忽略生产性部门和非生产性部门的差别，以避免剩余价值分配带来的偏差。[2]

（一）对活劳动总量的度量

忽略生产性劳动和非生产性劳动的区别，我们以国内生产总值（GDP）作为全社会"增加值"或者说当年"活劳动"总额的度量，当然要经过以下处理。

名义 $GDP_t = Q_t \times P_t$，其中 t 表示当期值，Q 为新产出的数量，P 为价格总水平。通过通胀率平减，得到实际 GDP：

实际 $GDP_t = Q_t \times P_0$，其中 P_0 代表期初价格水平。

① Foley，D. K.，"The Value of Money the Value of Labor Power and the Marxian Transformation Problem"，*Review of Radical Political Economics*，1982，vol. 14.
② 也就是说，如果我们按照通常的做法只考虑"制造业"或者是"生产性部门"的剩余价值变动，并加以分解估算，则会忽略"非生产性部门"以及"垄断部门"所"占有"的"生产性部门"所生产的那一部分价值，从而只估算"生产性部门"的两种剩余价值，不能代表"剩余价值生产"的真实情况，因为数据本身也是分配的结果。

但是 Q_t 的变化除了"活劳动量"的变化，还有"劳动生产率"的变化。令 L 为活劳动总量，e 为劳动生产率，于是有 $Q = L \times e$。等式两边同时取对数后，求全微分，可得：

$$\frac{dQ}{Q} = \frac{dL}{L} + \frac{de}{e} \tag{2.1}$$

从而"实际 GDP"的增长率等于"活劳动量"的增长率加上"劳动生产率"增长率。于是，要获得"活劳动量的货币表示"，还要除去"劳动生产率"的变化。以第一期为例，假设 0 期的实际 GDP 为当期活劳动量的货币表示，已知第一期的实际 GDP 增长率和劳动生产率增长率，则第一期的活劳动量的货币表示为

$$L_1 = realGDP_0 \times (1 + g_1^{realGDP} - g_1^e) \tag{2.2}$$

其中，$realGDP_0$ 表示初期的实际 GDP，$g_1^{realGDP}$ 表示第一期的实际 GDP 增长率，g_1^e 表示第一期劳动生产率增长率。同理，第二期的活劳动量的货币表现为

$$L_2 = L_1 \times (1 + g_2^{realGDP} - g_2^e) \tag{2.3}$$

由此可得，第 t 期的活劳动量的货币表示为

$$L_t = L_{t-1} \times (1 + g_t^{realGDP} - g_t^e) \tag{2.4}$$

各期实际 GDP 及其增长率均易从现有统计数据中计算获得，劳动生产率则可通过工农业的劳动生产率加权平均获得，因为很难获得口径一致的从业人员数据，所以权重选为增加值所占比重。其中，农林牧渔增加值和增加值指数来自《中国农村年鉴》，第一产业从业人数来自《中国统计年鉴》，用农业不变价增加值除以第一产业从业人数得到农业劳动生产率，工业增加值来自《中国统计年鉴》。工业劳动生产率中，1992—2010 年数据来源于"中经网数据库"分行业工业数据的合计，1984—1991 年数据来自《中国工业统计年鉴》。2004 年劳动生产率数据缺失，我们用线性插值法补充，即前后两年的简单平均。

于是，我们可估算出各期的活劳动量的货币表示如表 1。

表 1　1984—2010 年劳动生产率与活劳动量估算

年份	实际 GDP（以 1978 年不变价计算）(亿元)	总体劳动生产率（元/人）	$g_t^{realGDP}$	g_t^e	$g_t^{realGDP} - g_t^e$	L_t（亿元）
1984	6196.78	6156.13	0.151760			
1985	7031.25	6544.76	0.134662	0.063127	0.071535	6640.06
1986	7653.26	6568.37	0.088464	0.003608	0.084856	7203.51
1987	8539.75	6734.49	0.115833	0.025291	0.090542	7855.73
1988	9503.09	6777.91	0.112806	0.006448	0.106358	8691.25
1989	9889.22	6042.26	0.040632	−0.10854	0.149172	9987.75
1990	10268.87	6512.85	0.038390	0.077884	−0.039494	9593.29
1991	11211.44	10438.23	0.091789	0.602712	−0.510923	4691.86

续表1

年份	实际GDP（以1978年不变价计算）（亿元）	总体劳动生产率（元/人）	$g_t^{realGDP}$	g_t^e	$g_t^{realGDP}-g_t^e$	L_t（亿元）
1992	12808.03	12316.35	0.142407	0.179927	−0.03752	4515.82
1993	14596.58	14529.66	0.139643	0.179705	−0.040062	4334.91
1994	16505.92	4629.92	0.130807	−0.68135	0.812157	7855.53
1995	18309.18	4264.97	0.10925	−0.07882	0.188070	9332.92
1996	20141.66	4950.35	0.100085	0.160699	−0.060614	8767.21
1997	22014.24	5785.75	0.092970	0.168756	−0.075786	8102.78
1998	23738.69	7458.77	0.078333	0.289162	−0.210829	6394.48
1999	25547.54	9149.54	0.076198	0.226683	−0.150485	5432.21
2000	27701.53	11186.48	0.084313	0.222627	−0.138314	4680.86
2001	30000.84	12986.00	0.083003	0.160866	−0.077863	4316.39
2002	32725.54	15355.62	0.090821	0.182475	−0.091654	3920.78
2003	36006.40	18742.97	0.100254	0.220593	−0.120339	3448.95
2004	39637.66	21241.93	0.100850	0.133328	−0.032478	3336.94
2005	44120.69	24578.07	0.113100	0.157055	−0.043955	3190.26
2006	49713.66	28781.59	0.126765	0.171027	−0.044262	3049.06
2007	56754.31	33616.53	0.141624	0.167987	−0.026363	2968.67
2008	62222.40	31678.91	0.096347	−0.05764	0.153987	3425.81
2009	67955.69	37095.30	0.092142	0.170978	−0.078836	3155.73
2010	75049.63	37794.18	0.104391	0.018840	0.085551	3425.71

　　根据上述数据，由于劳动生产率指标增长较快，用货币表示的活劳动量在1995年后总体呈下降趋势。我们可以图2反映其变化趋势。

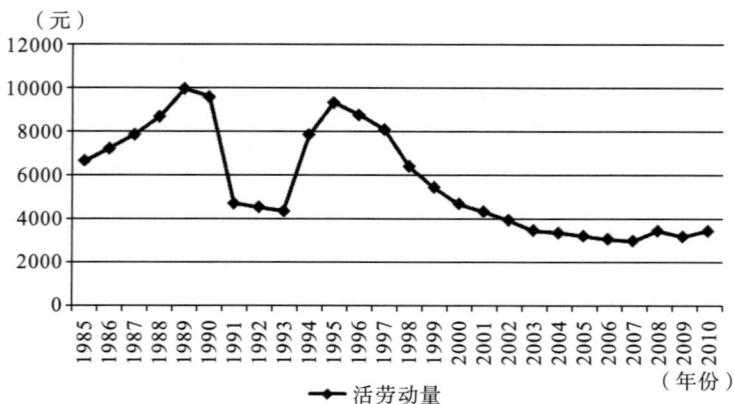

图2　1985—2010年活劳动总量变动趋势

（二）活劳动中可变资本和剩余价值所占比重

令第 t 期可变资本占活劳动的比重为 p_i^v，而该期剩余价值所占活劳动比重为 p_i^s。我们用《中国统计年鉴》中"收入法核算国内生产总值"中的"劳动者报酬"占名义 GDP 的比重来表示 $\dfrac{V}{S+V}$。其中 2008 年没有数据，采用线性插值法，即取前后两年的平均数。因为本文考察的是剩余价值的生产，不考虑剩余价值的分配，所以剩余价值为多少，是否加上税收都暂不进入本文的考察范围。根据现有数据，我们可以得到图 3。

图 3　1984—2010 年劳动报酬占 GDP 的比重变动趋势

（三）消费品劳动生产率

本文用一揽子消费品各自的劳动生产率变动率进行加权平均，权数可用可消费品增加值占总的消费品增加值的比重。事实上，理论分析部分已经说明，消费品的劳动生产率不仅包括消费品生产中耗费的直接劳动部分，而且包括消耗的原料中所包含的劳动部分，但是现实中很难对此进行估算，因此只能估算消费品直接劳动生产率。

利用分行业数据，我们对消费品行业的选择包括农业（农、林、牧、渔）、农副食品加工业、食品制造业、饮料业、纺织业、服装鞋帽业、家具制造业、文教体育用品制造业、医药制造业、燃气产供、水供应。

农业（农、林、牧、渔）劳动生产率在前面已经估算过了。

工业各行业利用公布的"全员劳动生产率"用"工业品出厂价格指数（以 1978 年为基期）"平减后得到"不变价劳动生产率"。其中，1984—1992 年数据来自《中国工业统计年鉴》，1993—2010 年数据来自《中国统计年鉴》。1984—2005 年，全员劳动生产率采用《中国工业统计年鉴》和《中国统计年鉴》公布的相关数据。2006 年起全员劳动生产率根据行业增加值除以从业人数自行计算，2008 年之后的增加值根据国家统计局公布的当年各行业增加值增长速度计算。1984—1992 年，该指标口径为按行业分组的工业经济主要指标；1993—1997 年，口径为独立核算企业；1998—2006 年，口径为国有及规模以上非国有企业2007年起，根据中国经济网中的分类法上述三种分法可统一归为规模以上工业企业。

将以上行业劳动生产率加权平均得到消费品，增加值（现价）所占比重作为权重。其中，2004年的数据缺乏，我们采用线性插值法补齐。最后，如图4所示，根据计算结果，可见消费品劳动生产率低于总体劳动生产率。

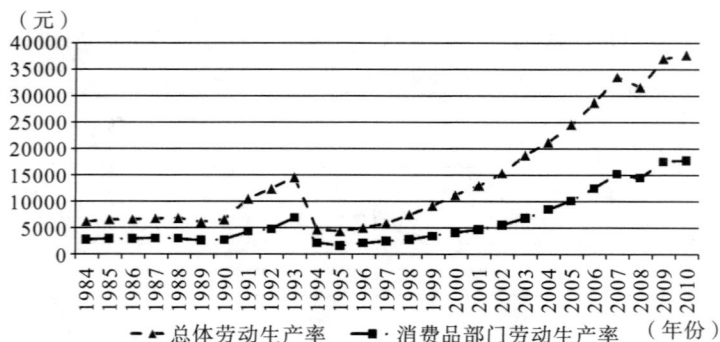

图4　1984－2010年总体劳动生产率和消费品劳动生产率

三、估算结果与分析

计算得到上述指标之后，根据式（1.10），我们可以得到如下两种剩余价值的估算式。

t 期的剩余价值量变动中绝对剩余价值的部分 $(1-\alpha\beta)\Delta(NT)$，我们用上一部分计算的指标表示，就等于 $p_{t-1}^s\Delta L_t$，即 $p_{t-1}^s(L_t-L_{t-1})$。代入数据，计算结果如表2所示。

表2　1984－2010年剩余价值量变动中绝对剩余价值部分的估算

年份	L_t （亿元）	L_t-L_{t-1} （亿元）	p_t^v	$p_t^s=1-p_t^v$	$p_{t-1}^s(L_t-L_{t-1})$ （亿元）
1984			53.70%	46.30%	
1985	6640.06		52.70%	47.30%	
1986	7203.51	563.45	52.80%	47.20%	266.51
1987	7855.73	652.22	52.00%	48.00%	307.85
1988	8691.25	835.52	51.70%	48.30%	401.05
1989	9987.75	1296.49	51.60%	48.40%	626.21
1990	9593.29	−394.46	53.30%	46.70%	−190.92
1991	4691.86	−4901.43	52.10%	47.90%	−2288.97
1992	4515.82	−176.04	50.00%	50.00%	−84.32
1993	4334.91	−180.91	49.50%	50.50%	−90.46
1994	7855.53	3520.62	50.30%	49.70%	1777.92

年份	L_t （亿元）	$L_t - L_{t-1}$ （亿元）	p_t^v	$p_t^i = 1 - p_t^v$	$p_{t-1}^s(L_t - L_{t-1})$ （亿元）
1995	9332.92	1477.39	51.40%	48.60%	734.26
1996	8767.21	−565.71	51.20%	48.80%	−274.93
1997	8102.78	−664.43	51.00%	49.00%	−324.24
1998	6394.48	−1708.30	50.80%	49.20%	−837.07
1999	5432.21	−962.27	50.00%	50.00%	−473.44
2000	4680.86	−751.35	48.70%	51.30%	−375.68
2001	4316.39	−364.47	48.20%	51.80%	−186.97
2002	3920.78	−395.61	47.80%	52.20%	−204.93
2003	3448.95	−471.82	46.20%	53.80%	−246.29
2004	3336.94	−112.02	41.60%	53.40%	−60.26
2005	3190.26	−146.68	41.40%	53.60%	−85.66
2006	3049.06	−141.21	40.60%	59.40%	−82.75
2007	2968.67	−80.38	39.70%	60.30%	−47.75
2008	3425.81	457.14	43.15%	56.85%	275.65
2009	3155.73	−270.08	46.60%	53.40%	−153.54
2010	3425.71	269.98	45.01%		

t 期的剩余价值量变动中的相对剩余价值部分，即理论分解式中的 $NT\alpha\beta\dfrac{\Delta e^c}{e^c}$，用上一部分计算的指标表示就等于 $L_{t-1}p_{t-1}^v g_t^{ec}$，代入数据计算结果如表3所示。

表3　1984—2010 年剩余价值量变动中相对剩余价值部分的估算

年份	L_t （亿元）	p_t^v	e^c （元/人）	g_t^{ec}	$L_{t-1}p_{t-1}^v g_t^{ec}$ （亿元）
1984		53.70%	2737.50	0.036316008	
1985	6640.06	52.70%	2836.91	0.010127910	
1986	7203.51	52.80%	2865.65	0.030306964	35.44
1987	7855.73	52.00%	2952.50	−0.011665731	115.27
1988	8691.25	51.70%	2918.05	−0.111604972	−47.65
1989	9987.75	51.60%	2592.38	0.034486044	−501.48
1990	9593.29	53.30%	2681.78	0.580132695	177.73
1991	4691.86	52.10%	4237.57	0.112072406	2966.35
1992	4515.82	50.00%	4712.49	0.456281692	273.96
1993	4334.91	49.50%	6862.71	−0.696186055	1030.24
1994	7855.53	50.30%	2084.99	−0.251880707	−1493.86

年份	L_t （亿元）	p_t^v	e^c （元/人）	g_t^{ec}	$L_{t-1}p_{t-1}^v g_t^{ec}$ （亿元）
1995	9332.92	51.40%	1559.82	0.308238328	−995.26
1996	8767.21	51.20%	2040.62	0.18094153	1478.66
1997	8102.78	51.00%	2409.85	0.133627571	812.21
1998	6394.48	50.80%	2731.87	0.237729554	552.21
1999	5432.21	50.00%	3381.32	0.193698605	772.24
2000	4680.86	48.70%	4036.27	0.142822422	526.11
2001	4316.39	48.20%	4612.74	0.185713007	325.57
2002	3920.78	47.80%	5469.39	0.24368325	386.38
2003	3448.95	46.20%	6802.19	0.243117175	456.69
2004	3336.94	41.60%	8455.91	0.195570484	387.39
2005	3190.26	41.40%	10109.64	0.234702719	271.48
2006	3049.06	40.60%	12482.40	0.219063642	309.99
2007	2968.67	39.70%	15216.84	−0.048247205	271.18
2008	3425.81	43.15%	14482.67	0.214015786	−56.86
2009	3155.73	46.60%	17582.19	0.011884185	316.37
2010	3425.71	45.01%	17791.14	0.036316008	17.48

剩余价值量的变动及其分解。根据式（1.10），我们可以把剩余价值总量的变动，分为三个部分（绝对剩余价值、相对剩余价值和劳资分配）的影响。根据前面的计算结果，我们可以得到图5。

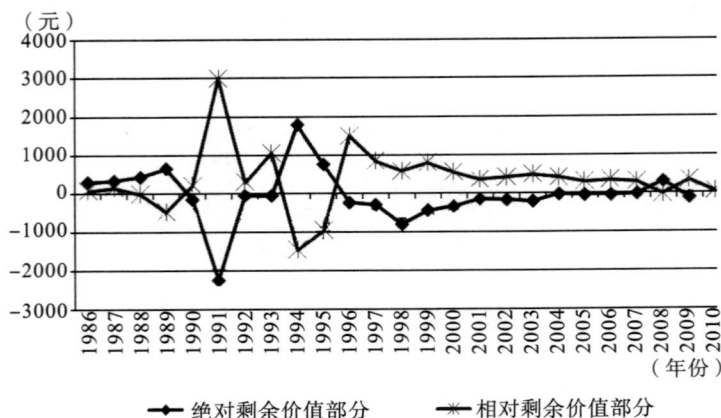

图5 1986—2010年剩余价值量变动及其分解

在开篇的综述部分，我们提出本文的一个重要理论假设是：当前的资本积累体制是否为以相对剩余价值为主的生产提供了制度基础，抑或依然为绝对剩余价值的生产保留了空间。

从图5中我们可以看到，20世纪80年代末至90年代初的曲线较为混乱。某些年份的外部环境恶化；宏观经济出现较大波动，影响相关统计数据；市场机制尚未完全建立，国有企业改制尚未完成，隐性失业和指令性"技改项目"等因素极有可能使得产出和劳动投入等数据产生人为扭曲，难以反映真实情况。

1995 年之后的数据呈现出较强的规律性。1995 年之后相对剩余价值的变动几乎持续大于零，这说明消费品及其相关生产资料的劳动生产率持续提高，使得相对剩余价值增加；绝对剩余价值变动则持续小于零，这表明总体劳动生产率不断提高，产出增长对活劳动投入的依赖程度在降低。上述结果的一个重要现实含义是 1995 年之后中国经济保持10% 左右的高速增长是由相对剩余价值生产来保证的。这意味着市场化改革以来，在一个日渐成熟的社会主义市场经济体制中，由企业竞争推动的技术进步对资本积累和经济持续增长的作用表现得更为突出，符合经验的预期。换言之，社会主义市场经济体制或许帮助中国资本积累基本确立了主要依靠技术进步的相对剩余价值生产的制度环境。

然而需要我们进一步关注的是：图中显示相对剩余价值生产的增长正在逐渐减少，同时绝对剩余价值减少得越来越少。这不仅说明经济增长所依赖的技术进步速度正在减缓，无法释放出更多的活劳动，亦需要我们关注中国依然存留的那些生产绝对剩余价值的部门。我们需要警醒：上述研究的数据来源范围仅限于《中国统计年鉴》中提供的规模以上工业企业。它尚未包含大量非正规的、小规模企业的情况，而这类企业恰恰更有可能延长劳动时间，获取更多的绝对剩余价值。上述部门的行为难以在宏观的数据表现中被即时发掘，然而大量关于当代中国出口生产区的微观调查，却为绝对剩余价值生产的存在提供了证据，[1] 这意味着那些延续绝对剩余价值生产的制度依然在农民工劳动力市场上广泛地存在，是中国资本积累长期难以脱离的"低路径"[2] 依赖的现实表现。

---

[1]　可参考刘林平、郑广怀、孙中伟：《劳资矛盾的升级与转化———对潮州古巷事件与增城新塘事件的思考》，《中国社会科学（内部文稿）》，2011 年第 6 期。黄岩：《工厂外的赶工游戏———以珠三角地区的赶货生产为例》，《社会学研究》，2012 年第 7 期。Chan A., Siu K., "Analyzing exploitation the mechanisms underpinning low wages and excessive overtime in Chinese export factories", *Critical Asian Studies*，2012，42（2）.

[2]　"低路径"一说引自 Gordon, David M., *Fat and Mean：the Corporate Squeeze of Working Americans and Myth of Managerial "Downsizing"*. New York：Martin Kessler books, the Free Press，1996，chapter 6. 原书中作者将 20 世纪 70 年代中期到 90 年代中前期美国的劳动管理体制归结为"低路径"的，即通过降低劳动成本，以劳资关系紧张为代价去获取竞争优势，反之同一时期德国、日本的劳动管理体制可被称为"高路径"的，即依靠合作和对工人的高报酬取得的经济增长与繁荣。

第5章　资本权力、技术变革与利润率
——资本积累模式及其危机的可能性路径

马克思对资本主义经济内在矛盾的深刻分析使其获得了"资本主义的病理学家"的美誉。每逢经济危机到来，马克思的危机理论便备受青睐。然而，马克思本人却并未对其关于危机的观点进行单独的论述和整理，而是将其作为资本主义整体运动的一部分，资本积累的一个阶段（骆桢，2011）。后来的学者（Sweezy，1970）将其危机理论总结为：消费不足理论、比例失调理论以及利润率下降理论等。然而这不仅割裂了危机本身作为资本积累一部分的整体性，还造成了"不同"危机理论之间的争执。对此，调节理论提出不同的积累体制蕴含着不同的内在矛盾及其爆发形式，即危机的类型。[1] 他们提出了三种"积累体制"（regime of accumulation）：外延型积累（extensive accumulation）、没有大规模消费的内涵型积累（intensive accumulation without mass consumption）、有大规模消费的内涵型积累（intensive accumulation with mass consumption）。其中内涵型积累指的是积累过程中伴随着技术构成的提高。而积累体制的维持，需要满足一定的条件以维持一定水平的利润率。比如，利皮耶茨（Lipietz，1986）认为内涵型积累需要满足以下两个条件才能够持续：首先，第I部类生产率和整体的技术构成（$\frac{K}{L}$）的增长相一致，使得有机构成的提高得到遏制；其次，工人人均实际消费和第II部类生产率一致，既遏制剩余价值率的下降又防止发生"消费不足危机"[2]。而同样重视制度对资本积累调节作用的"积累的社会结构学派（SSA）"则对利润率的影响因素进行了更细致的分解（Bowles Gordon，Weisskopf，1986），并分析了与各因素对应的制度。

虽然 SSA 学派对利润率影响因素的分解更为细致而且有大量计量分析对此进行验证，但是这种单部门的利润率变动的分解很难体现资本积累中的"结构性"平衡条件，以及各个影响因素间的内生联系。本文沿着以上两个学派的思路，通过"技术是否进步"与"资

---

[1] 利皮耶茨（Lipietz，1986）将马克思的危机分为三类："消费不足危机"（UC-Crisis，under consumption crisis）、"有机构成提高所致利润率下降危机"（FRP-OCC-Crisis）和"利润挤压所致利润率下降危机"（FRP-PS-Crisis）。在 1848—1914 年间有机构成和生产率没有大变化，是"外延型积累"，所呈现出来的是"古典商业周期"模式；两次世界大战之间则是"泰勒主义"和"早期福特主义"，生产率提高但是消费增长缓慢，从而导致 19 世纪 30 年代的"消费不足危机"。

[2] 利皮耶茨（Lipietz，1986）在文章中也指出，虽然根据《资本论》第 3 卷中的"抵消因素"一说，剩余价值率的提高能阻碍利润率的下降，却为"消费不足危机"的发生提供了机会，而剩余价值率的下降则可能发生"利润挤压所致利润率下降危机"。

本权力"的不同组合来区分不同的"资本积累模式",并在一个两部类模型中来分析其内在矛盾及其危机爆发的可能性路径。

一、资本权力与技术

制度对资本积累的影响在本文中主要体现为"资本权力"。SSA 学派认为,指出利润是资本家凭借其对于其他经济活动者的"权力"(power)对净产出进行的扣除。本文对"资本权力"的分析仅限于资本家对工人的"权力",这体现在两个方面:对分配的控制程度或者说在工资决定中的"议价能力"和对生产的控制程度。

相比新古典理论的"工资＝劳动力边际报酬",现实中工资的决定要复杂得多。第一,若不考虑制度和技术的影响,工资与失业率呈反向运动,失业率越高工资越低,失业率越低工资越高。这不仅仅体现的是供求规律,其作用机制在于失业率的高低体现了劳动者更换工作的难易程度。若失业率高,一旦失去工作便很难再找到新的工作,失业成本很高,因此劳动者在工资谈判中处于弱势地位,被迫接受更低的工资;而失业率很低,说明一旦失业会很容易找到新工作,失业成本很低,于是劳动者敢于面对解雇风险要求高工资,在博弈中的地位加强,资方被迫让步提供较高的工资。

第二,工资的决定还取决于技术和生产过程的组织形式(Marglin,1974;布雷弗曼,1979;Wright,2000)。如果技术和生产过程需要工人精湛的技艺和紧密配合,而资本家对劳动过程不能很好地控制和监督的话,则需要用高工资来激励工人。但是,如果采用大量"去技能化"的技术,比如大量自动化生产的机器使得劳动过程变成简单、重复的动作,劳动者对于生产效率的影响变小,于是资本家能够较好地控制和监督生产过程。此时,高工资便不太容易获得。

第三,工会组织和社会制度对工资有着非常重大的影响(Wright,2000)。当工会力量强大,工人通过集体谈判往往能在博弈中获得更多的福利,甚至由于工会力量的存在,在失业率较高时,工会成员也即是"内部人"相对于非工会成员的"外部人"获得明显更高的工资和不被解雇的保障。

第四,工资的决定还受到"劳动力再生产"的影响。"劳动力再生产"包括生活保障、医疗、教育等。如果一个国家的福利水平高,会降低"失业成本",从而增强工人在谈判中的要价能力,提高工资。此外,常被忽视的是教育和意识形态的作用,通过教育、"规训"和意识形态的灌输,使得工人更加训练有素、服从管理,更加认同现有的社会体系和自身的角色,并更易于接受现有的分配格局。

同样的,马克思主义经济理论对生产的分析,尤其是对劳动过程的分析也是基于历史的、社会的、制度的视角来进行的,而不是将生产过程完全抽象为一个从投入到产出的"映射"。技术对资本家而言并不仅仅是一种方法,而是一个过程。"劳动力"和"劳动"的区别意味着资本家和工人的合约是不完全合约,预付"劳动力价值"之后,能够获得多少有效的劳动并不是一个确定的事情。资本家要想将投入品高效地转变成合格的产品，并且获得利润，就必须控制劳动过程以提高效率并尽可能地压低工资。比如，大规模采用机器使劳动力"去技能化"，使劳动力依附于机器，成为"机器的一部分"，通过控制机器的工作速度来控制劳动强度。也就是说，技术的变革，技术系数的变化也是服从资本积累的逻辑的。

但同时，即使技术本身没有改变，在社会、制度因素的影响下或者是资本相对于劳动的权力发生变化时，资本家所面临的"技术系数"也是有可能变化的。

本文中的模型采用"固定比例生产函数"或者称为"线性生产"，抽象掉不同企业间的技术差别，假设为同部门的生产技术。[①] 以 $t-1$ 期生产为例，K 表示不变资本的数量，L 表示劳动力数量，Q 表示生产出来的商品数量，上标 $t-1$ 表示期数，下标的 1、2 分别表示第 I 部类和第 II 部类，有

$$Q_1^t = \min\left[\frac{K_1^{t-1}}{a_1^{t-1}}, \frac{L_1^{t-1}}{l_1^{t-1}}\right], \quad Q_2^t = \min\left[\frac{K_2^{t-1}}{a_2^{t-1}}, \frac{L_2^{t-1}}{l_2^{t-1}}\right] \tag{1.1}$$

而我们在后文中分析所要用到的更多的对技术的描述是"技术构成"和"劳动生产率"：

两部类的"技术构成"分别为

$$k_1^{t-1} = \frac{a_1^{t-1}}{l_1^{t-1}}, \quad k_2^{t-1} = \frac{a_2^{t-1}}{l_2^{t-1}} \tag{1.2}$$

两部类的"劳动生产率"分别为

$$\frac{1}{l_1^{t-1}} = \frac{Q_1^t}{L_1^{t-1}}, \quad \frac{1}{l_2^{t-1}} = \frac{Q_2^t}{L_2^{t-1}} \tag{1.3}$$

根据劳动生产率的定义，我们很容易得

$$Q_1^t = \frac{1}{l_1^{t-1}}L_1^{t-1}, \quad Q_2^t = \frac{1}{l_2^{t-1}}L_2^{t-1} \tag{1.4}$$

假设 $\{\bar{l}_1^t, \bar{l}_2^t\}$ 为有效劳动，$\{e_1^t, e_2^t\}$ 为"劳动强度"或者"单位劳动效率"，有如下关系：

$$e_1^t = \frac{\bar{l}_1^t}{l_1^t}, \quad e_2^t = \frac{\bar{l}_2^t}{l_2^t} \tag{1.5}$$

稍加变形易得

$$l_1^t = \frac{\bar{l}_1^t}{e_1^t}, \quad l_2^t = \frac{\bar{l}_2^t}{e_2^t} \tag{1.6}$$

将其带入式（1.2）有

$$k_1^t = \frac{a_1^t}{\bar{l}_1^t}e_1^t, \quad k_2^t = \frac{a_2^t}{\bar{l}_2^t}e_2^t \tag{1.7}$$

---

① 本文之所以采用线性技术假设，是因为一旦采用新古典的生产函数，就存在不变技术条件下的要素替代问题，在理性人条件下"边际分配原则"就成为必然。这样一来，收入分配的变化就变成"生产函数"变化的结果，就"抽象掉了"收入分配变化对资本积累的影响。

可见，技术构成如果发生变化，既有可能是技术本身 $\left\{\dfrac{a_1^t}{l_1^t}, \dfrac{a_2^t}{l_2^t}\right\}$ 的变化，也可能是 "单位劳动效率" $\{e_1^t, e_2^t\}$ 的变化所引起的。同理，我们把劳动生产率写成如下形式：

$$\frac{1}{l_1^t} = \frac{e_1^t}{\bar{l}_1^t}, \quad \frac{1}{l_2^t} = \frac{e_2^t}{\bar{l}_2^t} \tag{1.8}$$

同样的，劳动生产率的变化可以是由技术本身 $\{\bar{l}_1^t, \bar{l}_2^t\}$ 引起的，也可以是由 "单位劳动效率" $\{e_1^t, e_2^t\}$ 变化所引起的。

根据上面的论述，"单位劳动效率" 对 "技术系数" 的影响非常大。鲍尔斯等人（Bowles、Gordon、Weisskopf，1983）将 "单位劳动效率" 的影响因素归结为预期失业成本、偷懒被发现的概率、被发现偷懒后被解雇的概率。

虽然鲍尔斯等人也同时讨论了 "技术本身" 变革的 "社会因素"，比如企业创新的压力。但是，关于创新的影响因素，不同的学者有各自的看法（熊彼特，1990；Perez，2002；Freeman & Soete，1997），包括创新的动机、创新的社会条件等，很难在理论或者是历史中找到一个一致的解释。因此，本文将技术本身的变动作为单独给定的影响因素进行分析。

二、嵌入社会关系中的资本积累：一个非瓦尔拉动态一般均衡模型

为了分析上述因素对资本积累的影响，我们需要通过简化了的模型再现资本积累的主要过程。为此，本文以马克思两部类扩大再生产图式为基础，引入 "信用机构"，将再生产图式和 "资本循环图式" 结合在一起，具体过程如图 1 所示。

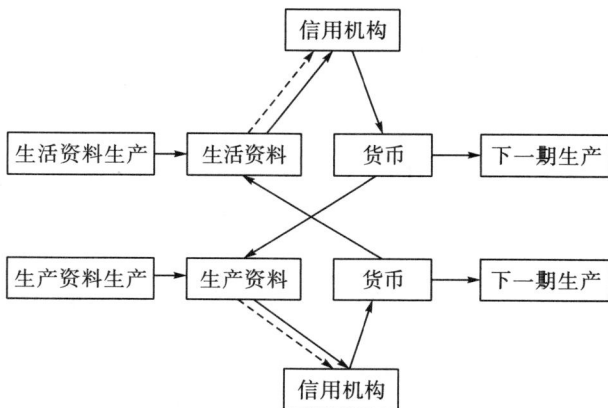

图 1　两部门的货币循环图示

两部门完成扩大再生产之后，第 II 部类以现有产品作为抵押获得贷款（图中虚线部分），用这笔钱购买生产资料（包括成本补偿和追加投资的部分）；同时，第 I 部类以现有产品作为抵押获得贷款（图中虚线部分），用这笔钱支付工资用以购买生活资料（包括已有的劳动力和追加的劳动力）。图中的黑线部分表示这两笔资金的运动，最终这两笔钱会回到金融机

构。当交易完成，这笔钱回到金融机构的时候，上期生产的产品完成销售，同时，下期生产的投资（包括追加的部分）也就完成，于是两大部类在扩大的规模上进入下一期的生产，资本也就不断地循环下去。

通过对"信用机构"的假定，我们巧妙地抽象掉金融体系对积累可能造成的影响，资本家在进行"积累意愿"决策时，面对的是可供使用的资金规模随生产规模的扩大而扩大。这样一来，信用仅仅成为自动适应交易规模的交易手段，这大大简化了我们的分析。当然，这也忽视了信用成本、制度障碍、金融资本运动等因素对资本积累的影响。

于是，我们可以将资本积累过程描述为这样一个迭代过程：

依据图1，我们将t期的市场交换作为分析的中心。t期用来交换的全部产品是在$t-1$期完成的，这形成了t期市场上的供给；而资本家为t期生产所做的投入，包括生产资料的补偿和追加，以及原有的和追加的劳动力的预付工资所形成的对生活资料的购买，这形成了总需求。交易完成后，不仅形成t期生产的基础，也即是$t+1$期的供给，而且可以计算利润率，从而决定$t+1$期的需求，并形成$t+1$期的生产基础。

接下来，我们基于这一迭代过程进行建模：

假设有两个部门，分别生产生产资料和生活资料；收入分为工资和利润，并假设"资本家不消费，工人不储蓄"[①]；市场交易采用"短边法则"，价格调整是对上期"超额需求"的滞后反应，同时忽略存货以及固定资本的影响[②]；暂时不考虑对外经济联系和政府的行为。

当$t-1$期交易完成，给定$\{K_1^{t-1}\}$，K_2^{t-1}，L_1^{t-1}，L_2^{t-1}作为生产的起点，生产出t期交易的总供给$\{Q_1^t, Q_2^t\}$；并形成$t-1$期利润率$\{r_1^{t-1}, r_2^{t-1}\}$，这种参与便决定了t期的积累率$\{\alpha_1^t, \alpha_2^t\}$，即资本家所能"借贷"的资金规模中多大比例用于投资，既能表示生产规模的扩大，也能表示生产规模的缩小；同时，$t-1$期市场交换的超额需求$\{Z_1^{t-1}, Z_2^{t-1}\}$参与决定了t期的价格$\{P_1^t, P_2^t\}$，而价格给定，t期资本家进行投资决策时的"可贷资金"规模为$\{P_1^t Q_1^t, P_2^t Q_2^t\}$；而$t-1$期的就业量参与形成$t$期的工资$w^t$。

于是，进入t期交易的时候，总供给$\{Q_1^t, Q_2^t\}$，技术$\{l_1^t, l_2^t, k_1^t, k_2^t\}$，积累率$\{\alpha_1^t, \alpha_2^t\}$，价格$\{P_1^t, P_2^t\}$，工资$w^t$都已经给定，当然根据我们前面的分析，技术系数和工资水平都受到社会制度等因素的影响。

那么，根据以上条件，资本家依据"积累意愿""可贷资金""技术"，形成各自的要素需求：

$$L_1^t = \frac{\alpha_1^t P_1^t Q_1^t}{k_1^t P_1^t + w^t} \qquad (2.1)$$

---

① 即使放松假定，即工人存在"净储蓄"，也不会影响后文分析的结论。
② 如果存货是可储存的，就会在下期市场交换中成为供给的一部分。但是如果销售情况良好，存货较少，利润率维持在一定水平，则下期产量会扩大，这部分很少的存货影响有限；而如果销售情况恶化，存货较多，利润率下降严重，存货则会扩大，出现"供过于求"的状况。因此，存货本身并不是"变化"的原因，而是结果。而固定资本更新并不是资本积累矛盾本身，而是资本积累矛盾的"放大器"。因此，抽象掉固定资本，并不妨碍对资本积累矛盾的抽象分析。

$$K_1^t = k_1^t L_1^t \tag{2.2}$$

$$L_2^t = \frac{\alpha_2^t P_2^t Q_2^t}{k_2^t P_1^t + w^t} \tag{2.3}$$

$$K_2^t = k_2^t L_2^t \tag{2.4}$$

进而形成总需求：

$$D_1^t = K_1^t + K_2^t = k_1^t L_1^t + k_2^t L_2^t \tag{2.5}$$

$$D_2^t = \frac{L_1^t w^t + L_2^t w^t}{P_2^t} \tag{2.6}$$

然后按照"短边法则"进行交易（Benassy，1982），成交量为 $\{Q_1^{t*}, Q_2^{t*}\}$：

$$Q_1^{t*} = \min[k_1^t L_1^t + k_2^t L_2^t, Q_1^t] \tag{2.7}$$

$$Q_2^{t*} = \min\left[\frac{L_1^t w^t + L_2^t w^t}{P_2^t}, Q_2^t\right] \tag{2.8}$$

同时，可知超额需求函数为

$$Z_1^t = k_1^t L_1^t + k_2^t L_2^t - Q_1^t \tag{2.9}$$

$$Z_2^t = \frac{L_1^t w^t + L_2^t w^t}{P_2^t} - Q_2^t \tag{2.10}$$

交换完成后，首先可计算利润率，同时可形成 t 期生产的基础。

利润率计算公式为

$$r_1^t = \begin{cases} \dfrac{P_1^t Q_1^t - L_1^{t-1}(P_1^{t-1}k_1^{t-1} + w^{t-1})}{L_1^{t-1}(P_1^{t-1}k_1^{t-1} + w^{t-1})} & k_1^t L_1^t + k_2^t L_2^t > Q_1^t \\[4mm] \dfrac{P_1^t(k_1^t L_1^t + k_2^t L_2^t) - L_1^{t-1}(P_1^{t-1}k_1^{t-1} + w^{t-1})}{L_1^{t-1}(P_1^{t-1}k_1^{t-1} + w^{t-1})} & k_1^t L_1^t + k_2^t L_2^t \leqslant Q_1^t \end{cases} \tag{2.11}$$

$$r_2^t = \begin{cases} \dfrac{P_2^t Q_2^t - L_2^{t-1}(P_1^{t-1}k_2^{t-1} + w^{t-1})}{L_2^{t-1}(P_1^{t-1}k_2^{t-1} + w^{t-1})} & \dfrac{L_1^t w^t + L_2^t w^t}{P_2^t} > Q_2^t \\[4mm] \dfrac{(L_1^t w^t + L_2^t w^t) - L_2^{t-1}(P_1^{t-1}k_2^{t-1} + w^{t-1})}{L_2^{t-1}(P_1^{t-1}k_2^{t-1} + w^{t-1})} & \dfrac{L_1^t w^t + L_2^t w^t}{P_2^t} \leqslant Q_2^t \end{cases} \tag{2.12}$$

其次，令 t 期的生产起点为 $\{K_1^{t*}, K_2^{t*}, L_1^t, L_2^t\}$，我们有

$$\{K_1^{t*}, K_2^{t*}, L_1^t, L_2^t\} = \begin{cases} \{K_1^t, K_2^t, L_1^t, L_2^t\} & k_1^t L_1^t + k_2^t L_2^t \leqslant Q_1^t \\[3mm] \left\{\dfrac{Q_1^t K_1^t}{K_1^t + K_2^t}, \dfrac{Q_1^t K_1^t}{K_1^t + K_2^t}, L_1^t, L_2^t\right\} & k_1^t L_1^t + k_2^t L_2^t > Q_1^t \end{cases} \tag{2.13}$$

以此为基础，t 期生产的产出将作为 $t+1$ 期的总供给 $\{Q_1^{t+1}, Q_2^{t+1}\}$：

$$Q_1^{t+1} = \min\left[\frac{K_1^{t*}}{a_1^t}, \frac{L_1^t}{l_1^t}\right] \tag{2.14}$$

$$Q_2^{t+1} = \min\left[\frac{K_2^{t*}}{a_2^t}, \frac{L_2^t}{l_2^t}\right] \tag{2.15}$$

同时，t 期交换结果对 $t+1$ 期的影响还有：

①利润率影响积累率：

$$\alpha_1^{t+1} = \alpha_1^{t+1}(r_1^t) \text{以及} \alpha_2^{t+1} = \alpha_2^{t+1}(r_2^t)$$

②超额需求影响价格：

$$P_1^{t+1} = f_1^{t+1}(Z_1^t) \text{ 以及 } P_2^{t+1} = f_2^{t+1}(Z_2^t)$$

③就业影响工资：

$$w^{t+1} = w^{t+1}(L_1^t + L_2^t)$$

于是，$t+1$ 期的总供给 $\{Q_1^{t+1}, Q_2^{t+1}\}$，技术 $\{l_1^{t+1}, l_2^{t+1}, k_1^{t+1}, k_2^{t+1}\}$，积累率 $\{\alpha_1^{t+1}, \alpha_2^{t+1}\}$，价格 $\{P_1^{t+1}, P_2^{t+1}\}$，工资 w^{t+1} 都已给定，进入 $t+1$ 期的交换，重复着与 t 期交换相似的过程。

以上便是整个迭代的过程。我们可以看到，这个迭代过程的实质是资本积累不断循环的过程，整个过程的核心是"积累意愿"。资本积累和技术一起决定了总需求的结构和水平，决定了本期的利润率和下一期的供给，形成下一期的"资本积累"的条件。马克思认为，资本主义经济运动的"自变量"是资本积累，而"失业""通胀"等则是"因变量"，是由资本积累决定的。[①] 本文的模型将此观点进行了深化，整个过程既有资本积累的内在运动规律，同时这个规律的展开需要受到社会结构、制度环境以及技术的影响，而资本积累本身也重塑着社会形态、推动制度变迁以及技术进步。这就是曼德尔（Mandel, 1975）所说的"半独立运动"，各变量之间既是相互联系的，又有着各自的变化轨迹，有时候相互抵消，有时候却形成"共振"。

三、积累模式的内在矛盾及其危机的可能性路径

根据上述模型，资本积累取决于积累意愿，而决定积累意愿最重要的因素是利润率。若要维持持续的经济增长，其利润率就必须保持在一定水平之上。虽然利润率的波动是常态，但是如果存在一个由资本积累引起的使利润率出现长期下降的趋势，那么随着资本积累的进行，利润率必然会超过维持正常积累所需要的临界点，导致经济增长的终结。

本文要分析的就是那些随着资本积累进行的由资本积累导致的会引起利润率下降的持续性因素。当然，下降的趋势并不意味着利润率水平一定会下降。然而，这并不否定矛盾的存在，正如同马克思对"规律本身"的表述，我们也可称之为"矛盾本身"和矛盾的表现形式。也就是说，矛盾本身的存在并不意味着一定表现为利润率下降，甚至由于某些因素的作用而使得"矛盾"可能被长久地压制，但是资本积累本身所造成的利润率下降的趋势并没有被取消，而且在合适条件下就会表现为利润率下降。

根据利润率计算公式（2.11）、（2.12），当"供不应求"时，按照"供大于求"的公式计算的利润率更高。即当 $k_1^t L_1^t + k_2^t L_2^t > Q_1^t$、$\dfrac{L_1^t w^t + L_2^t w^t}{P_2^t} > Q_2^t$ 时，有

$$\frac{P_1^t(k_1^t L_1^t + k_2^t L_2^t) - L_1^{t-1}(P_1^{t-1} k_1^{t-1} + w^{t-1})}{L_1^{t-1}(P_1^{t-1} k_1^{t-1} + w^{t-1})} > \frac{P_1^t Q_1^t - L_1^{t-1}(P_1^{t-1} k_1^{t-1} + w^{t-1})}{L_1^{t-1}(P_1^{t-1} k_1^{t-1} + w^{t-1})} \quad (3.1)$$

---

① 马克思：《资本论》第 1 卷，北京：人民出版社，2004 年，第 715—716 页。

$$\frac{(L_1^t w^t + L_2^t w^t) - L_2^{t-1}(P_1^{t-1} k_2^{t-1} + w^{t-1})}{L_2^{t-1}(P_1^{t-1} k_2^{t-1} + w^{t-1})} > \frac{P_2^t Q_2^t - L_2^{t-1}(P_1^{t-1} k_2^{t-1} + w^{t-1})}{L_2^{t-1}(P_1^{t-1} k_2^{t-1} + w^{t-1})} \quad (3.2)$$

如果利润率的"上限"随着资本积累持续下降，以至于低于维持积累所需的利润率水平，那么原本更低的利润率只会使情况更糟糕。为了分析的简便，我们直接以"供大于求"的利润率公式作为分析对象，即

$$r_1^t = \frac{P_1^t(k_1^t L_1^t + k_2^t L_2^t) - L_1^{t-1}(P_1^{t-1} k_1^{t-1} + w^{t-1})}{L_1^{t-1}(P_1^{t-1} k_1^{t-1} + w^{t-1})} \quad (3.3)$$

$$r_2^t = \frac{(L_1^t w^t + L_2^t w^t) - L_2^{t-1}(P_1^{t-1} k_2^{t-1} + w^{t-1})}{L_2^{t-1}(P_1^{t-1} k_2^{t-1} + w^{t-1})} \quad (3.4)$$

我们求利润率对于各因素的导数，以分析各因素对利润率的影响，如下：

$$\frac{dr_1^t}{dP_1^t} = \frac{k_1^t L_1^t + k_2^t L_2^t}{L_1^{t-1}(P_1^{t-1} k_1^{t-1} + w^{t-1})} = A_1 > 0 \quad (3.5)$$

$$\frac{dr_1^t}{dL_1^t} = \frac{P_1^t k_1^t}{L_1^{t-1}(P_1^{t-1} k_1^{t-1} + w^{t-1})} = A_2 > 0 \quad (3.6)$$

$$\frac{dr_1^t}{dL_2^t} = \frac{P_1^t k_2^t}{L_1^{t-1}(P_1^{t-1} k_1^{t-1} + w^{t-1})} = A_3 > 0 \quad (3.7)$$

$$\frac{dr_1^t}{dk_1^t} = \frac{P_1^t L_1^t}{L_1^{t-1}(P_1^{t-1} k_1^{t-1} + w^{t-1})} = A_4 > 0 \quad (3.8)$$

$$\frac{dr_1^t}{dk_2^t} = \frac{P_1^t L_2^t}{L_1^{t-1}(P_1^{t-1} k_1^{t-1} + w^{t-1})} = A_5 > 0 \quad (3.9)$$

$$\frac{dr_1^t}{dL_1^{t-1}} = \frac{-(P_1^{t-1} k_1^{t-1} + w^{t-1})P_1^t(k_1^t L_1^t + k_2^t L_2^t)}{[L_1^{t-1}(P_1^{t-1} k_1^{t-1} + w^{t-1})]^2} = -A_6 < 0 \quad (3.10)$$

$$\frac{dr_1^t}{dP_1^{t-1}} = \frac{-L_1^{t-1} k_1^{t-1} P_1^t(k_1^t L_1^t + k_2^t L_2^t)}{[L_1^{t-1}(P_1^{t-1} k_1^{t-1} + w^{t-1})]^2} = -A_7 < 0 \quad (3.11)$$

$$\frac{dr_1^t}{dk_1^{t-1}} = \frac{-L_1^{t-1} P_1^{t-1} P_1^t(k_1^t L_1^t + k_2^t L_2^t)}{[L_1^{t-1}(P_1^{t-1} k_1^{t-1} + w^{t-1})]^2} = -A_8 < 0 \quad (3.12)$$

$$\frac{dr_1^t}{dw^{t-1}} = \frac{-L_1^{t-1} P_1^t(k_1^t L_1^t + k_2^t L_2^t)}{[L_1^{t-1}(P_1^{t-1} k_1^{t-1} + w^{t-1})]^2} = -A_9 < 0 \quad (3.13)$$

写成全微分的形式，可得

$$dr_1^t = A_1 dP_1^t + A_2 dL_1^t + A_3 dL_2^t + A_4 dk_1^t + A_5 dk_2^t$$
$$- A_6 dL_1^{t-1} - A_7 dP_1^{t-1} - A_8 dk_1^{t-1} - A_9 dw^{t-1} \quad (3.14)$$

同理，对于第 II 部类利润率我们有：

$$\frac{dr_2^t}{dw^t} = \frac{L_1^t + L_2^t}{L_2^{t-1}(P_1^{t-1} k_2^{t-1} + w^{t-1})} = B_1 > 0 \quad (3.15)$$

$$\frac{dr_2^t}{dL_1^t} = \frac{w^t}{L_2^{t-1}(P_1^{t-1} k_2^{t-1} + w^{t-1})} = B_2 > 0 \quad (3.16)$$

$$\frac{dr_2^t}{dL_2^t} = \frac{w^t}{L_2^{t-1}(P_1^{t-1} k_2^{t-1} + w^{t-1})} = B_3 > 0 \quad (3.17)$$

$$\frac{dr_2^t}{dL_2^{t-1}} = -\frac{(P_1^{t-1} k_2^{t-1} + w^{t-1})w^t(L_1^t + L_2^t)}{[L_2^{t-1}(P_1^{t-1} k_2^{t-1} + w^{t-1})]^2} = -B_4 < 0 \quad (3.18)$$

$$\frac{\mathrm{d}r_2^t}{\mathrm{d}P_1^{t-1}} = -\frac{L_2^{t-1}k_2^{t-1}w^t(L_1^t+L_2^t)}{[L_2^{t-1}(P_1^{t-1}k_2^{t-1}+w^{t-1})]^2} = -B_5 < 0 \qquad (3.19)$$

$$\frac{\mathrm{d}r_2^t}{\mathrm{d}k_2^{t-1}} = -\frac{L_2^{t-1}P_1^{t-1}w^t(L_1^t+L_2^t)}{[L_2^{t-1}(P_1^{t-1}k_2^{t-1}+w^{t-1})]^2} = -B_6 < 0 \qquad (3.20)$$

$$\frac{\mathrm{d}r_2^t}{\mathrm{d}w^{t-1}} = -\frac{L_2^{t-1}w^t(L_1^t+L_2^t)}{[L_2^{t-1}(P_1^{t-1}k_2^{t-1}+w^{t-1})]^2} = -B_7 < 0 \qquad (3.21)$$

写成全微分的形式，可得：

$$dr_2^t = B_1\mathrm{d}w^t + B_2\mathrm{d}L_1^t + B_3\mathrm{d}L_2^t - B_4\mathrm{d}L_2^{t-1}$$
$$- B_5\mathrm{d}P_1^{t-1} - B_6\mathrm{d}k_2^{t-1} - B_7\mathrm{d}w^{t-1} \qquad (3.22)$$

在利润率的分解式中，t 期两部类的劳动需求主要由其他因素决定，根据式（2.1）、式（2.3），我们有：

$$\mathrm{d}L_1^t = C_1\mathrm{d}\alpha_1^t + C_2\mathrm{d}Q_1^t + C_3\mathrm{d}P_1^t - C_4\mathrm{d}k_1^t - C_5\mathrm{d}w^t \qquad (3.23)$$

其中，$C_1 = \dfrac{P_1^tQ_1^t}{k_1^tP_1^t+w^t} > 0$，$C_2 = \dfrac{\alpha_1^tP_1^t}{k_1^tP_1^t+w^t} > 0$

$$C_3 = \frac{\alpha_1^tQ_1^tw^t}{(k_1^tP_1^t+w^t)^2} > 0, \quad C_4 = \frac{\alpha_1^tP_1^tQ_1^tP_1^t}{(k_1^tP_1^t+w^t)^2} > 0$$

$$C_5 = \frac{\alpha_1^tP_1^tQ_1^t}{(k_1^tP_1^t+w^t)^2} > 0$$

$$\mathrm{d}L_2^t = D_1\mathrm{d}\alpha_2^t + D_2\mathrm{d}P_2^t + D_3\mathrm{d}Q_2^t - D_4\mathrm{d}P_1^t - D_5\mathrm{d}k_2^t - D_6\mathrm{d}w^t \qquad (3.24)$$

其中，$D_1 = \dfrac{P_2^tQ_2^t}{k_2^tP_1^t+w^t} > 0$，$D_2 = \dfrac{\alpha_2^tQ_2^t}{k_2^tP_1^t+w^t} > 0$

$$D_3 = \frac{\alpha_2^tP_2^t}{k_2^tP_1^t+w^t} > 0, \quad D_4 = \frac{\alpha_2^tP_2^tQ_2^tk_2^t}{(k_2^tP_1^t+w^t)^2} > 0$$

$$D_5 = \frac{\alpha_2^tP_2^tQ_2^tP_1^t}{(k_2^tP_1^t+w^t)^2} > 0, \quad D_6 = \frac{\alpha_2^tP_2^tQ_2^t}{(k_2^tP_1^t+w^t)^2} > 0$$

我们将 $\{\mathrm{d}L_1^t, \mathrm{d}L_2^t\}$ 代入 $\{\mathrm{d}r_1^t, \mathrm{d}r_2^t\}$ 中以分析其综合影响。于是将式（3.23）、式（3.24）代入式（3.14）、式（3.22）中，我们得到：

$$dr_1^t = (A_1 + A_2C_3 - A_3D_4)\mathrm{d}P_1^t + A_2C_1\mathrm{d}\alpha_1^t + A_2C_2\mathrm{d}Q_1^t$$
$$+ (A_4 - A_2C_4)\mathrm{d}k_1^t - (A_2C_5 + A_3D_6)\mathrm{d}w^t + A_3D_1\mathrm{d}\alpha_2^t$$
$$+ A_3D_2\mathrm{d}P_2^t + A_3D_3\mathrm{d}Q_2^t + (A_5 - A_3D_5)\mathrm{d}k_2^t - A_6\mathrm{d}L_1^{t-1}$$
$$- A_7\mathrm{d}P_1^{t-1} - A_8\mathrm{d}k_1^{t-1} - A_9\mathrm{d}w^{t-1} \qquad (3.25a)$$

$$dr_2^t = (B_1 - B_2C_5 - B_3D_6)\mathrm{d}w^t + B_2C_1\mathrm{d}\alpha_1^t + B_2C_2\mathrm{d}Q_1^t$$
$$+ (B_2C_3 - B_3D_4)\mathrm{d}P_1^t - B_2C_4\mathrm{d}k_1^t + B_3D_1\mathrm{d}\alpha_2^t$$
$$+ B_3D_2\mathrm{d}P_2^t + B_3D_3\mathrm{d}Q_2^t - B_3D_5\mathrm{d}k_2^t - B_4\mathrm{d}L_2^{t-1}$$
$$- B_5\mathrm{d}P_1^{t-1} - B_6\mathrm{d}k_2^{t-1} - B_7\mathrm{d}w^{t-1} \qquad (3.26a)$$

可以证明[①]，其中 $A_1 + A_2C_3 - A_3D_4 > 0$，$A_4 - A_2C_4 > 0$，$A_5 - A_3D_5 > 0$，$B_1 -$

---

① 证明见文末附录。

$B_2C_5-B_3D_6>0$，$B_2C_3-B_3D_4$ 符号不定。

$A_1+A_2C_3-A_3D_4>0$ 意味着，因为"价格变化本身带来的收入的增加和收入增加后带来投资增加所导致的需求增加大于生产资料价格上升带来的第 II 类成本增加所导致的对生产资料的需求的减少"，从而生产资料当期价格 P_1^t 上升使得第 I 部类利润率上升，反之相反；而 $A_4-A_2C_4>0$ 则意味着"第 I 部类技术构成 k_1^t 上升带来的对其本身的需求上升大于因为成本增加导致第 I 部类本身可积累的数量减少从而对生产资料需求下降"，因此，第 I 部类技术构成 k_2^t 上升导致第 I 部类利润率上升，反之相反；$A_5-A_3D_5>0$ 意味着，"第 II 部类有机构成 k_2^t 上升带来的对生产资料的需求上升大于由于技术构成上升导致的积累数量的减少所导致的需求下降"，从而第 II 部类有机构成 k_2^t 上升导致第 I 部类利润率上升，反之相反；$B_1-B_2C_5-B_3D_6>0$ 意味着"工资上涨本身带来的第 II 部类收入的直接上升大于工资上涨导致两个部类成本增加从而可积累的数量降低从而对生活资料需求的降低"，即工资上升导致第 II 部类利润率上升，反之相反；最后，$B_2C_3-B_3D_4$ 符号不定，说明生产资料价格上升带来的"第 I 部类收入的增加从而积累增加所带来的对生活资料的需求"，与其带来的"第 II 部类成本上升积累减少所导致的对生活资料的需求下降"之间的关系并不固定，取决于具体的参数条件。其他变量的影响机制是直观的，这里就不多做解释。

为了使结果更加一目了然，我们将式（3.25）和式（3.26）简写成如下形式：

$$\mathrm{d}r_1^t=f(\overset{(+)}{\mathrm{d}P_1^t},\ \overset{(+)}{\mathrm{d}\alpha_1^t},\ \overset{(+)}{\mathrm{d}Q_1^t},\ \overset{(+)}{\mathrm{d}k_1^t},\ \overset{(+)}{\mathrm{d}\alpha_2^t},\ \overset{(+)}{\mathrm{d}P_2^t},\ \overset{(+)}{\mathrm{d}Q_2^t},\ \overset{(+)}{\mathrm{d}k_2^t};\ \overset{(-)}{\mathrm{d}w^t},\ \overset{(-)}{\mathrm{d}L_1^{t-1}},\ \overset{(-)}{\mathrm{d}P_1^{t-1}},$$
$$\overset{(-)}{\mathrm{d}k_1^{t-1}},\ \overset{(-)}{\mathrm{d}w^{t-1}})\tag{3.25b}$$

$$\mathrm{d}r_2^t=g(\overset{(+)}{\mathrm{d}w^t},\overset{(+)}{\mathrm{d}\alpha_1^t},\overset{(+)}{\mathrm{d}Q_1^t},\overset{(+)}{\mathrm{d}\alpha_2^t},\overset{(+)}{\mathrm{d}P_2^t},\overset{(+)}{\mathrm{d}Q_2^t},\overset{(?)}{\mathrm{d}P_1^t},\overset{(-)}{\mathrm{d}k_1^t},\overset{(-)}{\mathrm{d}k_2^t},\overset{(-)}{\mathrm{d}L_2^{t-1}},\overset{(-)}{\mathrm{d}P_1^{t-1}},\overset{(-)}{\mathrm{d}k_1^{t-1}},\overset{(-)}{\mathrm{d}w^{t-1}})\ (3.26b)$$

模型中的 α_1^t 和 α_2^t 代表"积累意愿"，由于其主要是由上期利润率决定的，因此，它也体现了上期利润率对本期利润率的"延迟影响"。而且，模型虽然只假设了一期的延迟，但这种影响可能是持续的。这种延迟影响的作用在于，当资本积累内在矛盾导致维持利润率水平的条件遭到破坏的时候，由于之前利润率高企的"滞后影响"，积累意愿仍然很高涨，其矛盾可能得到掩盖，从而没有表现为利润率水平的大幅下降，这维持了积累也加深了矛盾；当矛盾得到危机的强制纠正后，提高利润率的生产条件已经满足，但是也会因为之前利润率的低迷而导致"积累意愿"的低迷，从而导致总需求无法有效提升，这进一步延长了经济恢复的时间。按照之前的分析，如果说"固定资本"放大了危机的话，"积累意愿"则作为"延时器"，为经济波动"推波助澜"。

同时，两部类的"积累意愿"都对两部类的利润率具有正向的影响，这说明，在模型中"积累意愿"α_1^t 和 α_2^t 还有"调节器"和"传导器"的功能。"调节器"表现为，利润率高的部类，其积累率也高，供给量增加，价格下降，从而利润率下降，从而调节两部类的比例关系。但是，当某一部类，由于资本积累的结构性矛盾，具有持续的利润率下降趋势，则会因为"积累意愿"不足而导致另一部类的"需求不足"，从而使得"危机"传递到另外的部门。

分解式中还有一些变量之间存在着特殊关系，比如，当期工资对第Ⅱ部类利润率是正向的影响，而上期工资直接作为成本对第Ⅱ部类利润率是反向的影响。如果其随着资本积累而持续变化，那么 dw^t 和 dw^{t-1} 都是同方向的，而且同方向变动却对利润率有不同方向的影响。它们对利润率的综合影响如何，需要具体分析。

根据式（3.25）、式（3.26）的利润率分解，类似的变量有如下几对：

$$dr_1^t = f(\overset{(+)}{dP_1^t}, \overset{(-)}{dP_1^{t-1}}, \cdots), dr_1^t = f(\overset{(+)}{dk_1^t}, \overset{(-)}{dk_1^{t-1}}, \cdots)$$

$$dr_1^t = f(\overset{(+)}{dQ_1^t}, \overset{(-)}{dL_1^{t-1}}, \cdots), dr_2^t = g(\overset{(+)}{dw^t}, \overset{(-)}{dw^{t-1}}, \cdots)$$

$$dr_2^t = g(\overset{(+)}{dQ_2^t}, \overset{(-)}{dL_2^{t-1}}, \cdots), dr_2^t = g(\overset{(?)}{dP_1^t}, \overset{(-)}{dP_1^{t-1}}, \cdots)$$

其中，对 dQ_1^t 和 dQ_2^t 这样的变量，我们代入式（1.4）得到其带有 dL_1^{t-1} 和 dL_2^{t-1} 的形式，从而可与 dL_1^{t-1} 和 dL_2^{t-1} 比较。而对于期数不一样的同一变量，我们假设从其平均趋势变化来看大致稳定，比如假设 $dw^t = dw^{t-1}$，然后合并其系数，考察工资变动的综合影响。

（一）假设 $dP_1^t = dP_1^{t-1}$，我们考察其综合影响

$$\frac{\partial r_1^t}{\partial(P_1^t, P_1^{t-1})} = A_1 + A_2 C_3 - A_3 D_4 - A_7$$

$$= \frac{k_1^t L_1^t}{L_1^{t-1}(P_1^{t-1} k_1^{t-1} + w^{t-1})} \left(1 - \frac{P_1^t k_1^{t-1}}{P_1^{t-1} k_1^{t-1} + w^{t-1}}\right)$$

$$+ \frac{P_1^t k_1^t}{L_1^{t-1}(P_1^{t-1} k_1^{t-1} + w^{t-1})} \cdot \frac{\alpha_1^t Q_1^t w^t}{(k_1^t P_1^t + w^t)^2}$$

$$+ \frac{k_2^t L_2^t}{L_1^{t-1}(P_1^{t-1} k_1^{t-1} + w^{t-1})} \left(\frac{w^t}{k_2^t P_1^t + w^t} - \frac{P_1^t k_1^{t-1}}{P_1^{t-1} k_1^{t-1} + w^{t-1}}\right) \quad (3.27)$$

可见，其系数的正负取决于具体的参数，并得不出明确的结论。

（二）假设 $dk_1^t = dk_1^{t-1}$，考察其综合影响

$$\frac{\partial r_1^t}{\partial(k_1^t, k_1^{t-1})} = A_4 - A_2 C_4 - A_8$$

$$= \frac{P_1^t L_1^t}{L_1^{t-1}(P_1^{t-1} k_1^{t-1} + w^{t-1})} \cdot$$

$$\left(\frac{w^t}{k_1^t P_1^t + w^t} - \frac{P_1^{t-1} k_1^t}{P_1^{t-1} k_1^{t-1} + w^{t-1}}\right) - \frac{L_1^{t-1} P_1^{t-1} P_1^t k_2^t L_2^t}{[L_1^{t-1}(P_1^{t-1} k_1^{t-1} + w^{t-1})]^2} \quad (3.28)$$

我们可以看到，式（3.28）的系数符号仍然无法确定。

但是，我们发现"技术构成"影响系数会随着其本身变动而变动，而且其中只有"消减项"的分子才带有"技术构成"本身。也就是说，随着技术构成本身的增长，即使原来的系数 $\frac{\partial r_1^t}{\partial(k_1^t, k_1^{t-1})} = A_4 - A_2 C_4 - A_8 > 0$，也会因为"技术构成"本身增大到一定程

度而使得系数 $\dfrac{\partial r_1^t}{\partial(k_1^t, k_1^{t-1})} = A_4 - A_2 C_4 - A_8 < 0$。

（三）考察 $\mathrm{d}Q_1^t, \mathrm{d}L_1^{t-1}$ 的综合影响

$$A_2 C_2 \mathrm{d}Q_1^t - A_6 \mathrm{d}L_1^{t-1} = A_2 C_2 \left[\frac{1}{(l_1^{t-1})^2} (l_1^{t-1} \mathrm{d}L^{t-1} - L^{t-1} \mathrm{d}l_1^{t-1}) \right]$$

$$- A_6 \mathrm{d}L_1^{t-1} = \frac{P_1^t k_1^t \mathrm{d}L^{t-1}}{L_1^{t-1}(P_1^{t-1} k_1^{t-1} + w^{t-1})} \left(\frac{\alpha_1^t P_1^t}{k_1^t P_1^t + w^t} \cdot \frac{1}{l_1^{t-1}} - \frac{L_1^t}{L_1^{t-1}} \right)$$

$$- \frac{P_1^t k_1^t}{L_1^{t-1}(P_1^{t-1} k_1^{t-1} + w^{t-1})} \cdot \frac{\alpha_1^t P_1^t}{k_1^t P_1^t + w^t} \cdot \frac{L_1^{t-1}}{(l_1^{t-1})^2} \mathrm{d}l_1^{t-1}$$

$$- \frac{P_1^t k_2^t L_2^t}{(L_1^{t-1})^2 (P_1^{t-1} k_1^{t-1} + w^{t-1})} \mathrm{d}L_1^{t-1} \tag{3.29}$$

我们可以看到，式（3.29）的系数符号仍然无法确定，而且随着 L^{t-1} 本身的变化，我们也无法确认其系数变动的趋势。但是，其中有一个变量对其综合影响的方向有着重要影响，就是第Ⅰ部类的劳动生产率 $\dfrac{1}{l_1^{t-1}}$。

当其他条件不变，忽略劳动生产率本身的变化，即 $\mathrm{d}l_1^{t-1}=0$，我们总能确定一个临界值，当第Ⅰ部类劳动生产率高到一定程度，超过那个临界值，则随着劳动力投入的增加，"其带来的产出增长＞其本身作为成本的增加"，对第Ⅰ部类利润率产生正向影响；而当第Ⅰ部类劳动生产率低到一定程度，低于那个临界值，则随着劳动力投入的增加，其对第Ⅰ部类利润率产生负向影响。

（四）考察 $\mathrm{d}Q_2^t, \mathrm{d}L_2^{t-1}$ 的综合影响

$$B_3 D_3 \mathrm{d}Q_2^t - B_4 \mathrm{d}L_2^{t-1}$$

$$= \frac{w^t}{L_2^{t-1}(P_1^{t-1} k_2^{t-1} + w^{t-1})} \left(\frac{\alpha_2^t P_2^t}{k_2^t P_1^t + w^t} \cdot \frac{1}{l_2^{t-1}} - \frac{L_1^t + L_2^t}{L_2^{t-1}} \right) \mathrm{d}L_2^{t-1}$$

$$- \frac{w^t}{(P_1^{t-1} k_2^{t-1} + w^{t-1})} \cdot \frac{\alpha_2^t P_2^t}{k_2^t P_1^t + w^t} \cdot \frac{\mathrm{d}l_2^{t-1}}{(l_2^{t-1})^2} \tag{3.30}$$

我们可以看到，式（3.30）的系数符号仍然无法确定，而且随着 L_2^{t-1} 本身的变化，我们也无法确认其系数变动的趋势。但是，同样的第Ⅱ部类的劳动生产率 $\dfrac{1}{l_2^{t-1}}$ 对其综合影响的方向有着决定性作用。

当其他条件不变，忽略劳动生产率本身的变化，即 $\mathrm{d}l_2^{t-1}=0$，我们总能确定一个临界值，当第Ⅱ部类劳动生产率高到一定程度，超过那个临界值，则随着劳动力投入的增加，"其带来的产出增长＞其本身作为成本的增加"，对第Ⅱ部类利润率产生正向影响；而当第Ⅱ部类劳动生产率低到一定程度，低于那个临界值，则随着劳动力投入的增加，其对第Ⅱ部类利润率产生负向影响。

（五）假设 $\mathrm{d}w^t = \mathrm{d}w^{t-1}$，考察其综合影响

$$\frac{\partial r_2^t}{\partial(w^t, w^{t-1})} = B_1 - B_2 C_5 - B_3 D_6 - B_7$$

$$= \frac{1}{L_2^{t-1}(P_1^{t-1}k_2^{t-1} + w^{t-1})} \left[L_1^t \left(\frac{k_1^t P_1^t}{k_1^t P_1^t + w^t} - \frac{w^t}{P_1^{t-1}k_2^{t-1} + w^{t-1}} \right) \right.$$

$$\left. + L_2^t \left(\frac{k_2^t P_1^t}{k_2^t P_1^t + w^t} - \frac{w^t}{P_1^{t-1}k_2^{t-1} + w^{t-1}} \right) \right] \tag{3.31}$$

我们可以从式（3.31）看到，虽然工资水平对第Ⅱ部类利润率的综合影响的符号依赖于具体的参数条件，但是随着工资本身的不断增长，其系数符号则可能发生变化。当工资水平低于一定水平时，其对第Ⅱ部类利润率的影响可以是正向的，当工资水平高于一定水平时，其对利润率的影响则变成负向的。也就是说，如果工资水平很低，那么工资上涨会导致第Ⅱ部类利润率上升，但是随着工资上涨超过一定程度，则工资的上涨会导致第Ⅱ部类利润率下降。[①]

（六）假设 $\mathrm{d}P_1^t = \mathrm{d}P_1^{t-1}$，考察其综合影响

$$\frac{\partial r_2^t}{\partial(\mathrm{d}P_1^t, \mathrm{d}P_1^{t-1})} = B_2 C_3 - B_3 D_4 - B_5$$

$$= \frac{w^t}{L_2^{t-1}(P_1^{t-1}k_2^{t-1} + w^{t-1})}$$

$$\left[\frac{L_1^t w^t}{P_1^t(k_1^t P_1^t + w^t)} - \frac{L_2^t k_2^t}{k_2^t P_1^t + w^t} - \frac{k_2^{t-1}(L_1^t + L_2^t)}{(P_1^{t-1}k_2^{t-1} + w^{t-1})} \right] \tag{3.32}$$

式（3.32）的系数符号无法确定，虽然直观上该系数更有可能小于零，但是逻辑上并不能得出这一结果，而且其中参数的变化也似乎不能得出趋势性的结论。

以上我们便完成了所有的准备工作，以此为基础，下文将分析在不同的技术条件和不同的资本权力构架下，体现出来的不同的资本积累的结构性矛盾。

1. 技术不变的情况

这里的技术不变指的是技术本身不发生改变，即 $\{a_1^t, a_2^t, l_1^t, l_2^t\}$ 不发生改变。然而，根据前文的论述，由于资本权力的影响，资本家所面对的技术系数是可能发生变化的。于是，我们按资本权力的不同构架，分类进行考察。

（1）资本能控制生产，不能控制分配。

我们分析的起点是均衡增长，即 Q_1^t 和 Q_2^t 持续增长。由于技术不变，且资本能有效

---

① 这一结论同"重置成本"利润率的分解式中工资的系数是一致的，这说明"重置成本"利润率已经考虑了工资既作为第Ⅱ部类的收入又作为第Ⅱ部类的成本的综合作用。而且"重置成本"利润率分解式中，系数有更明确的"经济含义"。我们可以粗略地说，当工资水平较低，工资占单位成本比重低于生产资料所占比重时，工资上涨导致第Ⅱ部类利润率升高；当工资上涨使得工资占单位成本比重高于生产资料所占比重时，工资上涨使得第Ⅱ部类利润率降低。如果两期有机构成不发生改变的话，则这个结论更加准确。

控制生产，则根据式（1.6）和式（1.7）"技术构成" $\{k_1^t, k_2^t\}$ 和"劳动生产率" $\frac{1}{l_1^t}, \frac{1}{l_2^t}$ 均不变。由于劳动生产率不变，根据式（1.4），产出的增长只能依靠生产要素的投入来实现，这会带来就业的不断增长。由于资本权力无法有效控制分配，工资会随着就业的上升（失业率的下降）而上升。

由此，我们可得，当技术不变，资本能有效控制生产而不能控制分配时，经济的持续增长会出现以下情况：

$$dk_1^t = dk_2^t = dl_1^t = dl_2^t = 0; dL_1^t, dL_1^{t-1} > 0; dL_2^t, dL_2^{t-1} > 0; dw^t, dw^{t-1} > 0 \quad (3.33)$$

考虑到"积累意愿" α_1^t 和 α_2^t 的作用在于"延迟影响"和"调节传导"，且它们发挥作用是资本积累矛盾的结果，而不是原因，因此不将其纳入分析。于是，我们所要分析的利润率变动分解式，变为

$$dr_1^t = f(\overset{(+)}{dP_1^t}, \overset{(+)}{dQ_1^t}, \overset{(+)}{dP_2^t}, \overset{(+)}{dQ_2^t}; \overset{(-)}{dw^t}, \overset{(-)}{dL_1^{t-1}}, \overset{(-)}{dP_1^{t-1}}, \overset{(-)}{dw^{t-1}}) \quad (3.34)$$

$$dr_2^t = g(\overset{(+)}{dw^t}, \overset{(+)}{dQ_1^t}, \overset{(+)}{dP_2^t}, \overset{(+)}{dQ_2^t}; \overset{(?)}{dP_1^t}; \overset{(-)}{dL_2^{t-1}}, \overset{(-)}{dP_1^{t-1}}, \overset{(-)}{dw^{t-1}}) \quad (3.35)$$

根据式（3.33），我们分析其中各因素的变动趋势。

由式（1.4）、式（2.9）有

$$dZ_1^t = k_1^t dL_1^t + k_2^t dL_2^t - dQ_1^t = k_1^t dL_1^t + k_2^t dL_2^t - \frac{1}{l_1^{t-1}} dL_1^{t-1} \quad (3.36)$$

我们可以看到，积累系数没有变化，而且我们的分析起点是假设经济持续均衡增长，因此在利润率下降前原有的比例关系不会有大的改变。同时，根据本文的模型设定，无法得到 P_1^t, P_1^{t-1} 明显的变动趋势。而且 P_1^t 的变动是由资本积累意愿决定的，是资本积累矛盾的结果而非矛盾本身。

同时，根据式（1.4）、式（2.10）有

$$dZ_2^t = w^t dL_1^t + w^t dL_2^t + (L_1^t + L_2^t) dw^t - P_2^t \frac{1}{l_2^{t-1}} dL_2^{t-1} - Q_2^t dP_2^t \quad (3.37)$$

我们可以看到，式（3.37）中除了 P_2^t，所有变量都是同方向运动，因此也没有明显趋势。因此，我们的分解式（3.34）、（3.35）可简化为

$$dr_1^t = f(\overset{(+)}{dQ_1^t}, \overset{(+)}{dQ_2^t}; \overset{(-)}{dw^t}, \overset{(-)}{dL_1^{t-1}}, \overset{(-)}{dw^{t-1}}) \quad (3.38)$$

$$dr_2^t = g(\overset{(+)}{dw^t}, \overset{(+)}{dQ_1^t}, \overset{(+)}{dQ_2^t}; \overset{(-)}{dL_2^{t-1}}, \overset{(-)}{dw^{t-1}}) \quad (3.39)$$

对 r_1^t 而言，随着资本积累的进行，根据式（3.29）的分析，dQ_1^t, dL_1^{t-1} 的综合影响取决于劳动生产率的高低，若劳动生产率高到一定程度，则为正，若劳动生产率低到一定程度，则可能为负；第 II 部类产出 Q_2^t 的增加带来利润率增加，但是同时工资水平的上升则导致利润率的下降。但是，因为劳动生产率不变，受到劳动力总量限制，产出增长的正向影响终将耗竭，然而在这之前，工资水平的上升也许早已使得利润率下降，资本积累已经停滞。

对 r_2^t 而言，随着资本积累的进行，根据式（3.30）的分析，dQ_2^t, dL_2^{t-1} 的综合影响

也取决于劳动生产率的高低，若劳动生产率高到一定程度，则为正，若劳动生产低到一定程度，则可能为负；第 I 部类产出 Q_1^t 的增加带来利润率增加；至于工资水平的上涨，根据式（3.31）的分析，即使是一开始能使 r_2^t 增加，当工资水平上涨到一定程度，就会反过来使得 r_2^t 下降。

综上，技术不变，资本能控制生产却无法控制分配时的资本积累的结构性矛盾在于：当工资上升带来的成本上升抵过因产出增加带来的收益的上升时，第 I 部类利润率下降；随着工资由低到高，其对第 II 部类利润率的影响是先提高后降低，当降低的效应抵过产出上升带来的收益的增加，则使得利润率下降。当然，某一部门利润率如果率先持续下降，则可通过 α_1^t 和 α_2^t 的作用传导至其他部门。

此时，若外部投入品价格变便宜，或者在同意利润率条件下"积累意愿"更强烈、投资更多，则可以暂时压制矛盾，但矛盾会进一步深化。由于工资持续上涨，还容易出现"价值与使用价值"的矛盾，使得第 II 部类成本不变，收益下降，从而利润率进一步下降。

（2）资本能控制分配，但不能控制生产。

随着经济的持续增长，就业的持续增加，原本会使得工资上涨，然而由于资本在分配上权力的强大，比如工会力量薄弱、相关劳动保障制度不健全等，使得工资保持不变。根据前面小节关于"单位劳动效率" $\{e_1^t, e_2^t\}$ 的分析，这一方面会降低对工人的激励，另一方面失业率下降使得更换工作变得容易，也降低了工人的失业成本，从而"单位劳动效率"降低，根据式（1.8）劳动生产率降低，根据式（1.7）技术构成降低。

由此，我们可得，当技术不变，资本能有效控制分配而不能控制生产时，经济的持续增长会出现以下情况：

$$dw^t = dw^{t-1} = 0, dL_1^t, dL_1^{t-1} > 0, dL_2^t, dL_2^{t-1} > 0, dk_1^t, dk_2^t < 0, dl_1^t, dl_2^t > 0 \quad (3.40)$$

同样，考虑"积累意愿" α_1^t 和 α_2^t 的作用在于"延迟影响"和"调节传导"，且它们发挥作用是资本积累矛盾的结果，而不是原因，因此不将其纳入分析。于是，我们所要分析的利润率变动分解式，变为

$$dr_1^t = f(\overset{(+)}{dP_1^t}, \overset{(+)}{dQ_1^t}, \overset{(+)}{dk_1^t}, \overset{(+)}{dP_2^t}, \overset{(+)}{dQ_2^t}, \overset{(+)}{dk_2^t}; \overset{(-)}{dL_1^{t-1}}, \overset{(-)}{dP_1^{t-1}}, \overset{(-)}{dk_1^{t-1}}) \quad (3.41)$$

$$dr_2^t = g(\overset{(+)}{dQ_1^t}, \overset{(+)}{dP_2^t}, \overset{(+)}{dQ_2^t}; \overset{(?)}{dP_1^t}; \overset{(-)}{dk_1^t}, \overset{(-)}{dk_2^t} dL_2^{t-1}, \overset{(-)}{dP_1^{t-1}}, \overset{(-)}{dk_2^{t-1}}) \quad (3.42)$$

根据式（3.40），我们分析其中各因素的变动趋势。

由式（3.40）、式（1.4）和式（2.9）有

$$dZ_1^t = L_1^t dk_1^t + k_1^t dL_1^t + L_2^t dk_2^t - \frac{1}{(l_1^{t-1})^2}(l_1^{t-1} dL_1^{t-1} - L_1^{t-1} dl_1^{t-1}) \quad (3.43)$$

我们可以看到，随着积累的进行 $L_1^t, L_2^t, L_1^{t-1}, l_1^{t-1}$ 都在增加，而 k_1^t, k_2^t 在下降。根据本文的模型设定，无法得到 P_1^t, P_1^{t-1} 明显的变动趋势。

同时，根据式（3.40）、式（1.4）和式（2.10）有

$$dZ_2^t = w^t dL_1^t + w^t dL_2^t - P_2^t \left[\frac{1}{(l_2^{t-1})^2}(l_2^{t-1} dL_2^{t-1} - L_2^{t-1} dl_2^{t-1}) \right] - Q_2^t dP_2^t \qquad (3.44)$$

我们可以看到，式（3.44）中 L_1^t, L_2^t 的系数 w^t 没有变。因为劳动生产率下降，在同样多的要素投入下，第 II 部类产出增幅减缓，即 dQ_2^t 相比原来的均衡比例关系降低。也就是说 $w^t dL_1^t + w^t dL_2^t - P_2^t \left[\frac{1}{(l_2^{t-1})^2}(l_2^{t-1} dL_2^{t-1} - L_2^{t-1} dl_2^{t-1}) \right]$ 的整体影响是非负的，即 $w^t dL_1^t + w^t dL_2^t - P_2^t dQ_2^t \geqslant 0$，考虑到式子中还有 $Q_2^t dP_2^t$，我们做出以下推理：

若 $dP_2^t < 0$，由于 $w^t dL_1^t + w^t dL_2^t - P_2^t dQ_2^t \geqslant 0$，$-Q_2^t dP_2^t > 0$，则 $dZ_2^t > 0$，P_2^t 下降趋势不可持续。

若 $dP_2^t \geqslant 0$，由于 $w^t dL_1^t + w^t dL_2^t - P_2^t dQ_2^t \geqslant 0$，且 $-Q_2^t dP_2^t \leqslant 0$，若 $| w^t dL_1^t + w^t dL_2^t - P_2^t dQ_2^t | < | Q_2^t dP_2^t |$，则 $dZ_2^t < 0$，P_2^t 上升趋势不可持续。

若 $dP_2^t \geqslant 0$，由于 $w^t dL_1^t + w^t dL_2^t - P_2^t dQ_2^t \geqslant 0$，且 $-Q_2^t dP_2^t \leqslant 0$，若 $| w^t dL_1^t + w^t dL_2^t - P_2^t dQ_2^t | \geqslant | Q_2^t dP_2^t |$，则 $dZ_2^t \geqslant 0$，P_2^t 上升趋势可持续。

由此，如果 P_2^t 具有长期趋势性变化，则只可能是因为劳动生产率下降到一定程度，导致其产出随着要素投入增加而增长得特别缓慢，供不应求，价格持续上升。我们表示为 $dP_2^t \geqslant 0$，不等号成立时，需要劳动生产率降幅较大。

这也体现出 P_1^t 和 P_2^t 的变动属性不同，前者是矛盾运动的结果，后者更多地体现为矛盾运动本身。

因此，我们的分解式（3.41）、式（3.42）可简化为

$$dr_1^t = f(\overset{(+)}{dQ_1^t}, \overset{(+)}{dk_1^t}, \overset{(+)}{dP_2^t}, \overset{(+)}{dQ_2^t}, \overset{(+)}{dk_2^t}; \overset{(-)}{dL_1^{t-1}}, \overset{(-)}{ck_1^{t-1}}) \qquad (3.45)$$

$$dr_2^t = g(\overset{(+)}{dQ_1^t}, \overset{(+)}{dP_1^t}, \overset{(+)}{dQ_2^t}; \overset{(-)}{dk_1^t}, \overset{(-)}{dk_2^t}, \overset{(-)}{dL_2^{t-1}}, \overset{(-)}{ck_2^{t-1}}) \qquad (3.46)$$

对 r_1^t 而言，由于劳动生产率下降，k_2^t 下降，第 I 部类需求下降，使得利润率下降；而由于 k_1^t 下降，劳动在"单位成本"中比重上升，根据式（3.28）的分析，dk_1^t, dk_1^{t-1} 的综合影响趋向正向影响，从而其下降导致第 I 部类利润率的下降；根据式（3.29）的分析，由于劳动生产率下降，则 dQ_1^t, dL_1^{t-1} 的综合影响的正向作用越来越弱，直至变成负向的影响；当然，Q_2^t 的增加对第 I 部类利润率有提升的作用。

对 r_2^t 而言，Q_1^t 的增长增加了拉动力需求和对生活资料的需求，有利于第 II 部类利润率的提高；而 P_2^t 若提高则可直接增加收益，有利于第 II 部类利润率的提高；技术构成 k_1^t, k_2^t, k_2^{t-1} 的下降，增大了投资需求中劳动力需求的比例，从而增大了生活资料的需求，有利于第 II 部类利润率的提高；但是，根据式（3.30）的分析，劳动生产率的持续下滑使得 dQ_2^t, dL_2^{t-1} 的综合影响越来越倾向于负向影响。

综上，技术不变，资本能控制分配却无法控制生产时的资本积累的矛盾在于：劳动生产率下滑导致技术构成降低，使得投资需求中生产资料的比重下降，从而第 I 部类的需求下降，同时由于劳动生产率的下降导致产出增加对利润率的正向影响下降甚至可能为负，于是第 I 部类利润率下降；第 II 部类虽然因为技术构成下降而获得了额外的需求，

但是同时劳动生产率下滑导致的产出增加的正面影响减弱甚至变负，持续的负效应可能抵消掉额外需求带来的好处。但是，在此之前可能由于第Ⅱ部类的利润率下降，传导到第Ⅱ部类使得矛盾提前爆发。

此时，生活资料的需求方面并没有出现问题，而生产资料的需求下降，同时，劳动生产率下降使得产出增加对利润率的正向影响降低，甚至可能为负。因此，如果政府仍然采用"扩张"的政策则可能进一步提高消费需求，但并没有解决利润率下降的问题，从而引发"通胀"。但是基础建设投资则可以有效解决生产资料的需求下降，同时短期内并不增加生产能力、加剧过剩。生产资料的海外市场同样可以起到这样的作用，同时，若外国投入品变得便宜也能缓解矛盾。但是，这都无法解决劳动生产率下降的问题。

（3）资本既不能控制生产，也不能控制分配。

当技术不变，随着资本积累、经济增长，资本权力较小无法有效控制生产过程，也无法有效压低工人工资，从而，随着产出增长，工资上涨，劳动生产率下降，技术构成提高。于是，我们得到以下形式：

$$dw^t, dw^{t-1} > 0, dL_1^t, dL_1^{t-1} > 0, dL_2^t, dL_2^{t-1} > 0, dk_1^t, dk_2^t < 0, dl_1^t, dl_2^t > 0 \quad (3.47)$$

这个条件是条件1、2的叠加。回顾前面的内容，对条件1、2的分析并没有相互抵消的机制。两者叠加，一方面劳动力成本上升，另一方面劳动生产率下降，当利润率出现下降时，工资的上涨使得生活资料需求仍然很旺盛，则会带来更大的"通胀"隐患。

此时，若要维持利润率的水平，就必须降低成本、提高劳动生产率。当然，降低成本可以依靠外国投入品变便宜，比如开发新的原料供应，对外国原料供应进行收购，通过政府力量影响相关市场等；"基础建设投资"和"转移支付"能缓解资本积累导致的某一部类的需求问题；但是仍无法解决劳动生产率下降的问题。

（4）资本能够强有力地控制生产和分配。

当技术不变，随着资本积累、经济增长，资本权力相对具有压倒性的优势，既能有效控制生产过程防止劳动生产率下降，又能有效压低工人工资保证工资不上涨，从而，产出的增长伴随着稳定的劳动生产率和工资水平，原有的利润率得以维持，资本积累似乎只受到劳动力总量的限制。但是这种积累模式只是在理论上存在可能，历史上的市场经济中并不能找到这样的例子。

（5）合作性的劳资关系。

事实上，劳资之间的关系除了对抗，还存在着合作的可能。这就是戈登（Gordon，1996）所说的"高路径（high road）"积累。相比"冲突性"的劳资关系，比如通过压榨、恐吓工人来降低劳动成本，以获取竞争优势、保持利润率水平，"合作性"的劳资关系则通过合作和分享的方式缓和劳资矛盾，以提高生产率获得竞争优势和维持利润率。"冲突性"的劳资关系必然带来"监督"和管理层等官僚机构的膨胀，工人收入下降，劳动生产率降低；而"合作性"的劳资关系则通过给工人组织更多的权力，提高工资，改善工作环境来增强工人对现有制度的认同，激励其工作积极性，提高劳动生产率。

由此，我们可以看到，技术不变的条件下，"合作性"劳资关系会导致工资提高，劳动生产率提高，从而技术构成提高。也就是

$$dL_1^t, dL_1^{t-1}>0; dL_2^t, dL_2^{t-1}>0; dw^t, dw^{t-1}>0; dl_1^t, dl_2^t<0; dk_1^t, dk_2^t>0 \quad (3.48)$$

于是，我们所面对的分解式可变为

$$dr_1^t = f(\overset{(+)}{dP_1^t}, \overset{(+)}{dQ_1^t}, \overset{(+)}{dk_1^t}, \overset{(+)}{dP_2^t}, \overset{(+)}{dQ_2^t}, \overset{(+)}{dk_2^t}; \overset{(-)}{dw^t}, \overset{(-)}{dL_1^{t-1}}, \overset{(-)}{dP_1^{t-1}}, \overset{(-)}{dk_1^{t-1}}, \overset{(-)}{dw^{t-1}}) \quad (3.49)$$

$$dr_2^t = g(\overset{(+)}{dw^t}, \overset{(+)}{dQ_1^t}, \overset{(+)}{dP_2^t}, \overset{(+)}{dQ_2^t}; \overset{(?)}{dP_1^t}; \overset{(-)}{dk_1^t}, \overset{(-)}{dk_2^t}, \overset{(-)}{dL_2^{t-1}}, \overset{(-)}{dP_1^{t-1}}, \overset{(-)}{dk_2^{t-1}}, \overset{(-)}{dw^{t-1}}) \quad (3.50)$$

根据式（1.4）、式（2.9）我们仍然无法得出生产资料价格 P_1^t 具有任何趋势性变化；根据式（1.4）、式（2.10），由于工资、投入的劳动力和劳动生产率都在上涨，因此，也无法得出 P_2^t 的趋势性结论。

于是，我们的分解式可以简化为

$$dr_1^t = f(\overset{(+)}{dQ_1^t}, \overset{(+)}{dk_1^t}, \overset{(+)}{dQ_2^t}, \overset{(+)}{dk_2^t}; \overset{(-)}{dw^t}, \overset{(-)}{dL_1^{t-1}}, \overset{(-)}{dk_1^{t-1}}, \overset{(-)}{dw^{t-1}}) \quad (3.51)$$

$$dr_2^t = g(\overset{(+)}{dw^t}, \overset{(+)}{dQ_1^t}, \overset{(+)}{dQ_2^t}; \overset{(-)}{dk_1^t}, \overset{(-)}{dk_2^t}, \overset{(-)}{dL_2^{t-1}}, \overset{(-)}{dk_2^{t-1}}, \overset{(-)}{dw^{t-1}}) \quad (3.52)$$

根据前面对条件 1 的分析，工资提高会带来成本提高从而挤压利润，尤其是第 I 部类。但是，另一方面劳动生产率的提高，使得产出增长对利润率的正向影响得以维持。

具体来说，根据式（3.28）、式（3.29）、式（3.30）、式（3.31）的分析，dk_1^t，dk_1^{t-1} 的综合影响，dQ_1^t，dL_1^{t-1} 的综合影响，dQ_2^t，dL_2^{t-1} 的综合影响以及 dw^t，dw^{t-1} 的综合影响，都取决于"单位成本"中生产资料和劳动力所占的比重。由于在"劳资合作"的资本积累中，工资和技术构成都在增长，因此，只要二者之间保持一定的比例关系，是可以使得这些综合影响保持在"正向影响"的范围内。

由于这里技术构成的上升是因劳动生产率的上升而导致的，那么，工资上涨同技术构成上升保持一定的比例关系，也就意味着工资上涨必须和劳动生产率的提高保持一定的比例。因此，技术不变条件下，"劳资合作"型资本积累过程中，只要工资上涨同劳动生产率上涨保持一定的比例关系，利润率是可以维持的，资本积累也是可以持续的。

但是，这样的关系是脆弱的。一方面，技术不变，仅仅依靠劳动者生产积极性的提高来提高劳动生产率是有一定限度的。当劳动生产率提高受限，随着就业的增加，工资上涨的压力并没有消失，从而整个"故事"回到条件 1、2 所分析的情况中。另一方面，"劳资合作"形态的形成和维持，通常需要政府的制度、法规和工人组织的力量来保障，资本总是试图突破这些限制以获得更大的权力，比如增加海外投资以提高失业率打击工会，通过政治斗争修改相关规定，减少社保投入等。

2. 技术持续进步的情况

如果技术进步只是偶发的、不可持续的，或许其提高劳动生产率可以使得积累中现有的矛盾得以缓解，但是这不过是使得矛盾的发展有了一个新的起点，而不是矛盾本身消失了。当技术变革完成后，所有分析仍然和前面的内容没有分别，因此，本部分将分

析"技术进步"持续进行条件下的资本积累。[①]

"技术进步"持续进行可以有多种理解：一方面，在现代社会，技术研发已经成为专门的分工，技术人员成为一个专门的职业，同以前的社会相比，技术进步在某种意义上已经成为常态（袁葵荪，2009）；另一方面，当重大技术创新发生时，会波及几乎所有主要行业，引起一系列的伴生的技术创新，完成这一过程需要相当漫长的时间，而且这一过程伴随着劳动生产率的持续提高。此外，欠发达国家在"赶超式发展"过程中通常会积极地引进发达国家已有的先进技术，在这个过程中，欠发达国家的"技术进步"是持续的，比如中国。

此外，如果经济增长除了依靠技术进步和劳动生产率的提高带来的产出增长，还需要追加额外的劳动力，即经济增长会带来就业增加，失业率下降，这样的增长仍然面临着前面技术不变条件下资本积累所面临的矛盾。持续的技术进步在这里仅仅是缓解了矛盾，对此情况的分析在理论上和前面并没有什么不同。因此，本部分所分析的技术进步应能通过技术构成的提高和所需的劳动力比例降低，并使得就业不增长，同时劳动生产率的提高足以使产出持续增长。

（1）无资本 - 劳动协议。

无资本 - 劳动协议意味着工会力量较弱而资本力量较强，工人并不能从劳动生产率的提高中获益，工资水平随失业率反向变动。

由于技术进步使得技术构成提高，经济增长的同时就业量不变，而且资本力量较强，从而工资水平也不发生变化。我们可以将此条件写成：

$$dL_1^t = dL_1^{t-1} = dL_2^t = dL_2^{t-1} = 0, dw^t = dw^{t-1} = 0, dk_1^t, dk_2^t > 0, dl_1^t, dl_2^t < 0 \quad (3.53)$$

于是，除 α_1^t 和 α_2^t 外，我们所要分析的利润率分解式可简化为

$$dr_1^t = f(\overset{(+)}{dP_1^t}, \overset{(+)}{dQ_1^t}, \overset{(+)}{dk_1^t}, \overset{(+)}{dP_2^t}, \overset{(+)}{dQ_2^t}, \overset{(+)}{dk_2^t}; \overset{(-)}{dP_1^{t-1}}, \overset{(-)}{dk_1^{t-1}}) \quad (3.54)$$

$$dr_2^t = g(\overset{(+)}{dQ_1^t}, \overset{(+)}{dP_2^t}, \overset{(+)}{dQ_2^t}; \overset{(?)}{dP_1^t}; \overset{(-)}{dk_1^t}, \overset{(-)}{dk_2^t}, \overset{(-)}{dP_1^{t-1}}, \overset{(-)}{dk_2^{t-1}}) \quad (3.55)$$

对于 P_1^t，根据式（3.53）、式（1.4）、式（2.9）我们有

$$dZ_1^t = L_1^t dk_1^t + L_2^t dk_2^t + \frac{1}{(l_1^{t-1})^2} L_1^{t-1} dl_1^{t-1} \quad (3.56)$$

由于 k_1^t，k_2^t 不断增长，同时 l_1^{t-1} 降低，同样无法从中得出趋势性的结论。

对于 P_2^t，根据式（3.53）、式（1.4）、式（2.10）我们有

$$dZ_2^t = \frac{P_2^t L_2^{t-1}}{(l_2^{t-1})^2} dl_2^{t-1} - Q_2^t dP_2^t \quad (3.57)$$

[①] 技术变革对资本而言并不都是有利的。除了马克思关于长期中利润率下降规律的论述，技术变革还可能直接导致"单位成本上升"使得利润率下降（Shaikh，1978；骆桢，2010）。这和主流新古典理论的观念是冲突的，它们认为作为理性人的资本家是不可能引入使利润率下降的技术的。然而，这不过是主流新古典理论者基于对"资本主义竞争"的肤浅认识的一种"套套逻辑"的游戏。在特定的资本主义竞争压力下，我们可以证明，即使资本家试图最大化其利润率，也可能使其采纳"使利润率降低的技术"，成为纳什均衡策略。

若 $dP_2^t > 0$，由于 $\dfrac{P_2^t L_2^{t-1}}{(l_2^{t-1})^2} dl_2^{t-1} < 0$，$-Q_2^t dP_2^t < 0$，则 $dZ_2^t < 0$，P_2^t 上升趋势不可持续。

若 $dP_2^t \leqslant 0$，由于 $\dfrac{P_2^t L_2^{t-1}}{(l_2^{t-1})^2} dl_2^{t-1} < 0$，且 $-Q_2^t dP_2^t \geqslant 0$，若 $\left| \dfrac{P_2^t L_2^{t-1}}{(l_2^{t-1})^2} dl_2^{t-1} \right| < |Q_2^t dP_2^t|$，

则 $dZ_2^t > 0$，P_2^t 下降趋势不可持续。

若 $dP_2^t \leqslant 0$，由于 $\dfrac{P_2^t L_2^{t-1}}{(l_2^{t-1})^2} dl_2^{t-1} < 0$，且 $-Q_2^t dP_2^t \geqslant 0$，若 $\left| \dfrac{P_2^t L_2^{t-1}}{(l_2^{t-1})^2} dl_2^{t-1} \right| \geqslant |Q_2^t dP_2^t|$，

则 $dZ_2^t \leqslant 0$，P_2^t 下降趋势可持续。

由此，如果 P_2^t 具有一定趋势性变化，则只可能是因为劳动生产率在一定程度上持续提高，供给不断上升，由于工资不变，就业不变导致生活资料总需求不变，供大于求，价格持续下降。我们表示为 $dP_2^t \geqslant 0$，不等号成立时，需要劳动生产率提高幅度较大。

于是，我们将所要分析的利润率分解式进一步化简为

$$dr_1^t = f(\overset{(+)}{dQ_1^t}, \overset{(+)}{dk_1^t}, \overset{(+)}{dP_2^t}, \overset{(+)}{dQ_2^t}, \overset{(+)}{dk_2^t}; \overset{(-)}{dk_1^{t-1}}) \tag{3.58}$$

$$dr_2^t = g(\overset{(+)}{dQ_1^t}, \overset{(+)}{dP_2^t}, \overset{(+)}{dQ_2^t}; \overset{(-)}{dk_1^t}, \overset{(-)}{dk_2^t}, \overset{(-)}{dk_2^{t-1}}) \tag{3.59}$$

对 r_1^t 而言，虽然劳动生产率大幅提高时 P_2^t 可能会下降，从而降低需求；但是产出增加的正向影响，以及由于技术构成提高带来的额外需求对利润率有提升的作用；只是根据式（3.28）的分析，因为工资不变，dk_1^t，dk_1^{t-1} 综合影响的正向效果会因为"技术构成"持续提高而降低，甚至变成负向影响。

对 r_2^t 而言，若劳动生产率提高使得 P_2^t 下降，则意味着由于工资和就业不变，对生活资料总需求不足导致价格下降，从而收益减少；k_1^t，k_2^t 的上升，使得成本比例发生变化，加重了第 II 部类的成本负担，导致利润率下降；当然，产出增长对利润率的正向影响一直存在。

但是，我们这里的分析同"技术不变条件下"劳动生产率增长的逻辑是不一样的。当技术不变的时候，工人受到激励从而劳动生产率提高，带来技术构成的提高和产出增长，即

$$dl_1^t, dl_2^t < 0 \Rightarrow dk_1^t, dk_2^t > 0; dQ_1^t, dQ_2^t > 0 \tag{3.60}$$

而这里，则是技术进步导致劳动生产率提高进而导致产出增长。而技术进步，比如机器的使用，直接体现为技术构成的提高，加上我们假设就业没有增加，于是我们有：

$$dk_1^t, dk_2^t > 0 \Rightarrow dl_1^t, dl_2^t < 0 \Rightarrow dQ_1^t, dQ_2^t > 0 \tag{3.61}$$

由此，我们必须讨论式（3.59）中的 dQ_1^t，dQ_2^t 正向影响同 dk_1^t，dk_2^t 的负向影响之间的关系。由逻辑关系式（3.61）可知，这两者的关系取决于技术进步 k_1^t，k_2^t 的增长在多大程度上提高了劳动生产率。下面我们对此进行简单证明。

如果价格不变，大量的机器使用带来的成本直接超过了产出带来的收益，即技术进步的"边际利润"为负，那么必然会带来利润率下降。但是，即使"边际利润"大于零，也不一定导致利润率上升。我们假设边际利润为零，即技术构成提高所增加的成本恰好

等于产出增加所带来的收益。

由于 $dL_1^t = dL_1^{t-1} = dL_2^t = dL_2^{t-1} = 0$，$dw^t = dw^{t-1} = 0$，所以边际利润等于零可写成如下形式：

$$dk_1^{t-1} \cdot L_1^{t-1} P_1 = dQ_1^t \cdot P_1 \tag{3.62}$$

$$dk_2^{t-1} \cdot L_2^{t-1} P_1 = dQ_2^t \cdot P_2 \tag{3.63}$$

稍做变形得

$$dQ_1^t = dk_1^{t-1} \cdot L_1^{t-1}，\quad dQ_2^t = \frac{P_1}{P_2} L_2^{t-1} dk_2^{t-1} \tag{3.64}$$

假设技术构成变动是均匀的，即 $dk_1^t = dk_1^{t-1}$ 且 $dk_2^{t-1} = dk_2^t$，我们考察 dr_2^t 中 dQ_1^t，dQ_2^t 和 dk_1^t，dk_2^t 的综合影响。根据式（3.26a），它们对 dr_2^t 的影响为

$$B_2 C_2 dQ_1^t - B_2 C_4 dk_1^t = (B_2 C_2 L_1^{t-1} - B_2 C_4) dk_1^t$$

$$= (C_2 L_1^{t-1} - C_4) B_2 dk_1^t = \left[\frac{\alpha_1^t P_1^t L_1^{t-1}}{k_1^t P_1^t + w^t} - \frac{\alpha_1^t P_1^t Q_1^t P_1^t}{(k_1^t P_1^t + w^t)^2} \right] B_2 dk_1^t$$

根据式（2.1），且价格不变、就业不变，则有 $L_1^{t-1} = L_1^t = \left(\frac{\alpha_1^t P_1^t L_1^t}{k_1^t P_1^t + w^t} - \frac{L_1^t P_1^t}{k_1^t P_1^t + w^t} \right) B_2 dk_1^t$

$$= (\alpha_1^t - 1) \frac{L_1^t P_1^t}{k_1^t P_1^t + w^t} B_2 dk_1^t.$$

由于 $\alpha_1^t \leqslant 1$，所以 $(\alpha_1^t - 1) \dfrac{L_1^t P_1^t}{k_1^t P_1^t + w^t} B_2 \leqslant 0$ \hfill (3.65)

而 $B_3 D_3 dQ_2^t - B_3 D_5 dk_2^t - B_6 dk_2^{t-1}$

$$= \left(B_3 D_3 \frac{P_1}{P_2} L_2^{t-1} - B_3 D_5 - B_6 \right) dk_2^t$$

$$= \left[B_3 \left(D_3 \frac{P_1}{P_2} L_2^{t-1} - D_5 \right) - B_6 \right] dk_2^t$$

$$= \left\{ B_3 \left[\frac{\alpha_2^t P_2^t}{k_2^t P_1^t + w^t} \cdot \frac{P_1}{P_2} L_2^{t-1} - \frac{\alpha_2^t P_2^t Q_2^t P_1^t}{(k_2^t P_1^t + w^t)^2} \right] - B_6 \right\} dk_2^t$$

$$= \left[B_3 \left(\frac{\alpha_2^t P_1 L_2^{t-1}}{k_2^t P_1^t + w^t} - \frac{L_2^t P_1^t}{k_2^t P_1^t + w^t} \right) - B_6 \right] dk_2^t \quad \text{［根据式（2.3）］}$$

$$= \left[B_3 \frac{L_2^t P_1^t}{k_2^t P_1^t + w^t} (\alpha_2^t - 1) - B_6 \right] dk_2^t \quad \text{（根据价格不变且 } L_2^{t-1} = L_2^t \text{）}$$

由于 $\alpha_2^t \leqslant 1$，所以 $\left[B_3 \dfrac{L_2^t P_1^t}{k_2^t P_1^t + w^t} (\alpha_2^t - 1) - B_6 \right] \leqslant 0$ \hfill (3.66)

由此，可以看出技术构成上升导致劳动生产率上升的程度若仅达到"边际利润"等于零，即技术进步带来产出增加等于其成本增加，则技术进步对第Ⅱ部类的利润率的影响是负向的，其持续进行会导致第Ⅱ部类的利润率下降。因此，若要使得利润率上升，劳动生产率必须提高更快。

然而，随着劳动生产率进一步提高，虽然使得产出增长的正向效应超过成本带来的负向效应，但是根据对式（3.57）的分析，这会导致更严重的供过于求，生活资料价格

进一步下滑，其对第 II 部类利润率的负向影响随之增大。

综上，当技术持续进步且没有劳资协议时，资本积累的结构性矛盾表现为：第 I 部类的劳动生产率提高带来产出增加以及技术构成提高带来额外需求，这对利润率有提升的作用，但是因为工资不变，dk_1^t，dk_1^{t-1} 综合影响的正向效果会因为"技术构成"持续提高而降低，甚至变成负向影响。而第 II 部类的劳动生产率若不够高，则可能导致产出增加的正向影响抵不过成本增加的负效应；若劳动生产率提高较快，则可能产生严重的"供过于求"，价格下降使得总收益减少，利润率下滑。直观上，第 II 部类的利润率可能率先出现下滑，并通过 α_2^t 传导到第 I 部类。

此时，第 I 部类问题并不严重，第 II 部类若是出现"成本问题"，则可通过外国市场便宜的原料输入来缓解；若是出现"需求问题"，一方面可通过开发国外市场，另一方面可以靠政府通过转移支付增加工人收入的比重来增加消费。

（2）有资本－劳动协议。

有资本－劳动协议意味着工会力量较强，能与资方达成协议，使得工人能够分享产出增加的成果，即随着产出增加，工资上涨。

于是，我们可以将此条件写成

$$dL_1^t = dL_1^{t-1} = dL_2^t = dL_2^{t-1} = 0, dw^t, dw^{t-1} > 0, dk_1^t, dk_2^t > 0, dl_1^t, dl_2^t < 0 \quad (3.67)$$

由此，我们可以将利润率分解式写成

$$dr_1^t = f(\overset{(+)}{dP_1^t}, \overset{(+)}{dQ_1^t}, \overset{(+)}{dk_1^t}, \overset{(+)}{dP_2^t}, \overset{(+)}{dQ_2^t}, \overset{(+)}{dk_2^t}; \overset{(-)}{dw^t}, \overset{(-)}{dP_1^{t-1}}, \overset{(-)}{dk_1^{t-1}}, \overset{(-)}{dw^{t-1}}) \quad (3.68)$$

$$dr_2^t = g(\overset{(+)}{dw^t}, \overset{(+)}{dQ_1^t}, \overset{(+)}{dP_2^t}, \overset{(+)}{dQ_2^t}; \overset{(?)}{dP_1^t}; \overset{(-)}{dk_1^t}, \overset{(-)}{dk_2^t}, \overset{(-)}{dP_1^{t-1}}, \overset{(-)}{dk_2^{t-1}}, \overset{(-)}{dw^{t-1}}) \quad (3.69)$$

同样的，对于 P_1^t，根据式（3.67）、式（1.4）、式（2.9），我们有

$$dZ_1^t = L_1^t dk_1^t + L_2^t dk_2^t + \frac{1}{(l_1^{t-1})^2} L_1^{t-1} dl_1^{t-1} \quad (3.70)$$

由于 k_1^t，k_2^t 不断增长，同时 l_1^{t-1} 降低，因此，无法从中得出趋势性的结论。

而对于 P_2^t，根据式（3.67）、式（1.4）、式（2.10），我们有

$$dZ_2^t = (L_1^t + L_2^t) dw^t + \frac{P_2^t L_2^{t-1}}{(l_2^{t-1})^2} dl_2^{t-1} - Q_2^t dP_2^t \quad (3.71)$$

很明显，工资的上涨解决了第 II 部类需求不足的问题，价格变化取决于工资上涨同劳动生产率提高之间的关系，若保持稳定的比例关系便可以保持价格的稳定。

根据之前的分析，对于 r_1^t 而言，虽然劳动力成本上升对利润率有着负向影响，但是这也维持了"单位成本"中劳动和生产资料的比例，使得 dk_1^t，dk_1^{t-1} 的综合影响的正向效果得以维持。同时，产出上升和技术构成上升带来的需求上升的正向影响依然存在。

而对于 r_2^t 而言，劳动生产率提高带来的"供大于求"的威胁被工资上涨抵消，于是，只要劳动生产率增长够快，dQ_1^t，dQ_2^t 的正向影响就会超过 dk_1^t，dk_2^t 的负向影响，而且不用担心造成"产品过剩"；而且，由于技术构成和工资同时上涨，"单位成本"中劳动力和生产资料的比例关系维持稳定，使得 dw^t，dw^{t-1} 能够长期维持对利润率的正向

影响。

似乎一切问题都得到了解决，但是其中关键的是工资上涨和劳动生产率必须维持一定的比例关系，这取决于相关的制度构建和劳资双方力量对比的变化，尤其是技术进步可能改变劳动过程的面貌，引起劳资双方力量对比的变化。此外，随着工资的增长，"价值与使用价值"的矛盾可能出现，使得利润率降低。

四、总结与展望

以上，我们根据"资本权力"和技术进步的不同类型的组合，分析了不同积累模式下的内在矛盾，以及这些矛盾随着资本积累的进行，激化和爆发的可能性路径。

当然，模型分析这一方法天然带有片面性，本文模型忽略了金融信用体系对资本积累的影响，并且没有讨论固定资本和存货等问题，而且该模型并没有也不可能穷尽变量之间的内生联系。如果考虑开放经济条件下的一系列平衡条件以及相关贸易制度、国际金融市场对国内资本积累的影响，这个问题就更复杂了。然而，这些问题都是进一步探讨的方向。

附录：关于"利润分解式"系数符号的证明

$A_1 + A_2 C_3 - A_3 D_4$

$$= \frac{k_1^t L_1^t + k_2^t L_2^t}{L_1^{t-1}(P_1^{t-1}k_1^{t-1} + w^{t-1})} + \frac{P_1^t k_1^t}{L_1^{t-1}(P_1^{t-1}k_1^{t-1} + w^{t-1})} \cdot \frac{\alpha_1^t Q_1^t w^t}{(k_1^t P_1^t + w^t)^2}$$

$$- \frac{P_1^t k_2^t}{L_1^{t-1}(P_1^{t-1}k_1^{t-1} + w^{t-1})} \cdot \frac{\alpha_2^t P_2^t Q_2^t k_2^t}{(k_2^t P_1^t + w^t)^2}$$

根据式（2.3）

$$= \frac{k_1^t L_1^t + k_2^t L_2^t}{L_1^{t-1}(P_1^{t-1}k_1^{t-1} + w^{t-1})} + \frac{P_1^t k_1^t}{L_1^{t-1}(P_1^{t-1}k_1^{t-1} + w^{t-1})} \cdot \frac{\alpha_1^t Q_1^t w^t}{(k_1^t P_1^t + w^t)^2}$$

$$- \frac{P_1^t k_2^t}{L_1^{t-1}(P_1^{t-1}k_1^{t-1} + w^{t-1})} \cdot \frac{L_2^t k_2^t}{k_2^t P_1^t + w^t}$$

稍做变形

$$= \frac{k_1^t L_1^t}{L_1^{t-1}(P_1^{t-1}k_1^{t-1} + w^{t-1})} + \frac{P_1^t k_1^t}{L_1^{t-1}(P_1^{t-1}k_1^{t-1} + w^{t-1})} \cdot \frac{\alpha_1^t Q_1^t w^t}{(k_1^t P_1^t + w^t)^2}$$

$$+ \frac{k_2^t L_2^t}{L_1^{t-1}(P_1^{t-1}k_1^{t-1} + w^{t-1})}(1 - \frac{k_2^t P_1^t}{k_2^t P_1^t + w^t})$$

$$= \frac{k_1^t L_1^t}{L_1^{t-1}(P_1^{t-1}k_1^{t-1} + w^{t-1})} + \frac{P_1^t k_1^t}{L_1^{t-1}(P_1^{t-1}k_1^{t-1} + w^{t-1})} \cdot \frac{\alpha_1^t Q_1^t w^t}{(k_1^t P_1^t + w^t)^2}$$

$$+ \frac{k_2^t L_2^t}{L_1^{t-1}(P_1^{t-1}k_1^{t-1} + w^{t-1})} \cdot \frac{w^t}{k_2^t P_1^t + w^t}$$

每一项都为正，所以 $A_1+A_2C_3-A_3D_4>0$.

$A_4-A_2C_4$

$$=\frac{P_1^tL_1^t}{L_1^{t-1}(P_1^{t-1}k_1^{t-1}+w^{t-1})}-\frac{P_1^tk_1^t}{L_1^{t-1}(P_1^{t-1}k_1^{t-1}+w^{t-1})}\cdot\frac{\alpha_1^tP_1^tQ_1^tP_1^t}{(k_1^tP_1^t+w^t)^2}$$

根据式（2.1）

$$=\frac{P_1^tL_1^t}{L_1^{t-1}(P_1^{t-1}k_1^{t-1}+w^{t-1})}\cdot\frac{w^t}{k_1^tP_1^t+w^t}>0$$

$A_5-A_3D_5$

$$=\frac{P_1^tL_2^t}{L_1^{t-1}(P_1^{t-1}k_1^{t-1}+w^{t-1})}-\frac{P_1^tk_2^t}{L_1^{t-1}(P_1^{t-1}k_1^{t-1}+w^{t-1})}\cdot\frac{\alpha_2^tP_2^tQ_2^tP_1^t}{(k_2^tP_1^t+w^t)^2}$$

根据式（2.3）

$$=\frac{P_1^tL_2^t}{L_1^{t-1}(P_1^{t-1}k_1^{t-1}+w^{t-1})}\cdot\frac{w^t}{k_2^tP_1^t+w^t}>0$$

$B_1-B_2C_5-B_3D_6$

$$=\frac{L_1^t+L_2^t}{L_2^{t-1}(P_1^{t-1}k_2^{t-1}+w^{t-1})}-\frac{w^t}{L_2^{t-1}(P_1^{t-1}k_2^{t-1}+w^{t-1})}\cdot\frac{\alpha_1^tP_1^tQ_1^t}{(k_1^tP_1^t+w^t)^2}$$

$$-\frac{w^t}{L_2^{t-1}(P_1^{t-1}k_2^{t-1}+w^{t-1})}\cdot\frac{\alpha_2^tP_2^tQ_2^t}{(k_2^tP_1^t+w^t)^2}$$

根据式（2.1）和式（2.3）

$$=\frac{L_1^t+L_2^t}{L_2^{t-1}(P_1^{t-1}k_2^{t-1}+w^{t-1})}-\frac{w^t}{L_2^{t-1}(P_1^{t-1}k_2^{t-1}+w^{t-1})}\cdot\frac{L_1^t}{k_1^tP_1^t+w^t}$$

$$-\frac{w^t}{L_2^{t-1}(P_1^{t-1}k_2^{t-1}+w^{t-1})}\cdot\frac{L_2^t}{k_2^tP_1^t+w^t}$$

$$=\frac{1}{L_2^{t-1}(P_1^{t-1}k_2^{t-1}+w^{t-1})}(\frac{L_1^tk_1^tP_1^t}{k_1^tP_1^t+w^t}+\frac{L_2^tk_2^tP_1^t}{k_2^tP_1^t+w^t})>0$$

$B_2C_3-B_3D_4$

$$=\frac{w^t}{L_2^{t-1}(P_1^{t-1}k_2^{t-1}+w^{t-1})}\left[\frac{\alpha_1^tQ_1^tw^t}{(k_1^tP_1^t+w^t)^2}-\frac{\alpha_2^tP_2^tQ_2^tk_2^t}{(k^2P_1^t+w^t)^2}\right]$$

无法确定符号。

第6章　劳资关系对经济增长可持续性的影响分析

一、引　言

劳资关系是指"劳动与资本"的关系，即由资本雇佣劳动所产生的利益关系，这种关系最突出的表现是劳资之间围绕着生产和分配的博弈。因此，劳资关系成为现代市场经济的核心关系。同时，从生产的技术过程看，劳动与资本又是最基本的生产要素。这样，劳资关系对经济可持续增长的影响就是一个值得深入研究的课题。

一般认为，经济增长主要依赖于要素投入和技术选择。在这个意义上，总量生产函数的性质对于解释长期增长具有重要意义。但是，在市场经济中，增长过程取决于分散决策的逐利个体即企业，企业的积累意愿和技术选择从根本上决定了总量生产函数的性质。而企业的积累意愿和技术选择又决定于对企业决策起约束作用的各种实际关系，这些实际关系的核心就是劳资关系。但是，在基于新古典增长理论而构建的理性人跨期抉择的框架下，生产要素由作为劳动和资产所有者的家庭部门提供，家庭部门占有全部工资和利润，而工资和利润则由劳动与资本各自的边际产出决定。同时，给定代表性家庭的效用函数和生产函数，代表性家庭的跨期偏好决定了消费和储蓄的比例，有效的资本市场又会保证储蓄等于投资。显然，在这样一个框架下，劳资关系对生产和分配的影响，从而对经济增长的影响都被抽象掉了。

20世纪90年代以来，一些研究宏观经济和经济增长的学者受知识和人力资本内生化的启发，将收入不平等作为人力资本投资的结果引入增长研究。收入不平等这一异质性因素的引入，拓宽了现代经济增长理论的研究视野。盖勒（O. Galor）和泽拉（J. Zeira，1993）[1]、阿吉翁和博尔顿（P. Aghion & P. Bolton，1997）[2] 在人力资本投资不可分即非凸技术和信贷市场不完美的假定下，运用内生增长的 AK 模型研究了初始财富（禀赋）状态（不平等）与再分配对增长的影响。西纳和罗德里克（A. Alesina &

---

① Galor，O. and J. Zeira，"Income distribution and macroeconomics"，*The Review of Economic Studies*，60. 1 (1993)，pp. 35—52.
② Aghion，P. and P. Bolton，"A Theory of Trickle—Down Growth and Development. "*Review of Economic Studies*，64，no. 2 (1997)，pp. 151—172.

D. Rodrik，1994)[1] 在初始要素禀赋不同，政府只对资本（包括人力资本）征税，并根据"中间人投票定理"决定税率的假定下，研究了具有不同禀赋，即拥有的资本-劳动比不同的异质性个体对经济增长的影响。这些研究证明，初始禀赋、信贷约束、再分配与政府税收会影响异质性个体的人力资本投资水平和人力资本积累，从而肯定了收入不平等对经济增长的影响。但是，这些研究并没有涉及劳资关系。

与主流经济增长理论不同，罗宾逊、卡尔多和帕西内蒂等新剑桥学派经济学家坚持李嘉图传统，在社会分为资本家和工人两个阶级、资本家的储蓄倾向大于工人的储蓄倾向的假定下，将收入分配置于核心地位，构建了与众不同的新剑桥经济增长模型。模型证明了在资本家储蓄倾向一定时，经济增长率的变化引起利润与工资在国民收入份额中相对量的变化，且经济增长率越高，利润所占比重越大；当实际经济增长率偏离哈罗德给定的"自然增长率"时，调整国民收入中利润或工资的比重，就可以使经济沿着"自然增长率"增长。新剑桥经济学家认为，资本主义经济增长的长期趋势有利于资本家，不利于工人。因此，主张对收入分配进行干预，在利润与工资之间建立起适当的比例，并特别强调提高工人的实际收入，以实现经济的稳定增长。[2]

沿袭"斯拉法-里昂惕夫"传统的学者（Kurz & Salvadori，1995[3]；Pasinetti，1977[4]）认为，在线性生产条件下，"均衡增长率"等于"均衡利润率"是由增广的投入产出系数矩阵的"弗罗本尼斯根"决定的。"实际工资向量"中分量的增大，意味着更小的均衡利润率和更小的均衡增长率。然而，这些分析将劳资关系的影响仅限定于"分配领域"，而没有考虑劳资关系对生产的影响。同时，这些分析也未能区分消费和投资两种需求的质的差别及其带来的结构性矛盾。

在第二次世界大战后解释"黄金年代"经济增长中形成的调节学派和积累的社会结构（SSA）学派，基于马克思主义范式，综合了马克思关于决定资本主义经济运动的各种因素，构建了一个关于资本主义长期趋势的分析框架（Aglietta，1987[5]；Bowles，Gordon and Weisskopf，1986[6]）。在这一分析框架中，劳资关系起着重要作用，这对于理解现代经济增长具有重要的启发意义。但是，调节学派和积累的社会结构（SSA）学派更关心的是资本主义的长期趋势和对这种趋势的当代马克思主义解释。因而，并没有对经济增长本身进行更深入的分析。

在马克思的理论分析框架中，劳资关系始终是资本主义经济矛盾运动的核心因素，

① Alesina, A. and D. Rodrik, "Distributive politics and economic growth", *The Quarterly Journal of Economics*, 109, no. 2 (1994), pp. 465—490.
② 刘涤源、王平洲：《后凯恩斯主义》，北京：商务印书馆，1992年。
③ Kurz, H. D. and Salvadori, N., *Theory of production: a long-period analysis*, Cambridge and New York: Cambridge University Press, 1995.
④ Pasinetti, L., *Lectures on the Theory of Production*, New York: Columbia University Press, 1977.
⑤ Aglietta, M., *A Theory of Capitalist Regulation*, London and New York: Verso, 1987.
⑥ Bowles, S. Gordon, D. and T. Weisskopf, "Power and Profits: the Social Structure of Accumulation and the Profitability of the Postwar U. S. Economy", *Review of Radical Political Economics*, Vol. 18 1&2 (1986), pp. 132—167.

贯穿于资本主义再生产的整个过程，它是理解资本积累、增长与波动的重要基础。自费尔德曼的文献被多马（Domar，1957）[1] 重新发现以来，马克思的经济增长理论逐渐引起人们的重视，形成了一些重要研究成果（宋则行，1995[2]；吴易风，2007[3]）。但是，在关于马克思经济增长理论的研究文献中，人们关注的重点是马克思经济增长理论中决定增长的技术方面，劳资关系的作用没有引起足够的重视。[4]

本文将基于马克思的扩大再生产图式，尝试构建一个基于劳资关系的一般性经济增长模型框架，通过分析劳资关系对生产和分配的影响，说明不同劳资关系类型下经济增长的可持续性及其可能面对的问题。本文的逻辑是：在市场经济条件下，经济增长的动力来自企业的资本积累，持续的资本积累是经济增长的条件。而企业作为分散决策的逐利个体，其积累意愿取决于盈利水平。因而，经济增长的可持续性取决于利润率能否维持。同时，由于劳动与资本又是最基本的生产要素，劳资关系的状态和类型会直接影响到作为要素的劳动与资本的实际效率和需求结构，进而从成本和需求两个方面影响利润水平和积累意愿，并由此作用于经济增长。国内学者在相关的实证分析中基于经验数据肯定了劳资关系的这种影响（徐晓红、荣兆梓、张治栋，2007[5]；徐晓红，2009[6]；杨瑞龙等，2011[7]；李晓宁、马启民，2012[8]；张衔、谭光柱，2012[9]）。本文将具体说明资本积累过程中，不同类型劳资关系下的矛盾运动，及其对利润率的影响和可能引发的危机类型，以说明劳资关系对经济增长可持续性的影响机制。

接下来的第二部分讨论不同类型劳资关系下的生产和分配，这是构建本文核心模型的基础；第三部分给出本文的基本假定和模型框架；第四部分讨论不同类型劳资关系对经济增长可持续性的影响；最后是结论和启示。

二、不同类型劳资关系下的生产和分配

劳资关系通过生产与分配影响经济增长，这是马克思经济学中所包含的重要思想。

---

① Domar，E. D.，"A Soviet Model of Growth"，in：Essays in Theory of Economic Growth，Oxford University Press，1957.（多马：《经济增长理论》，商务印书馆，1983 年。）
② 宋则行：《马克思的经济增长理论》，《当代经济研究》1995 年第 1 期。
③ 吴易风：《马克思的经济增长理论模型》，《经济研究》2007 年第 9 期。
④ 例如，宋则行（1995）利用社会总产品价值的划分推导除了单部门的马克思增长模型，还得出了和哈罗德模型类似的增长率形式并与之进行比较。吴易风（2007）、赵峰（2004）和杨继国（2001）也都得出过类似的结论，即均衡的经济增长率等于利润率乘以积累率（g＝rα），这也被称为"剑桥方程"。然而在这些研究中，为了得到一个均衡增长率通常采用了剩余价值率不变、有机构成不变以及积累率不变等苛刻假设。这样就抽象掉了马克思对资本积累的矛盾的动态分析，取消了劳资关系发生作用的可能，阻断了理论通向现实进行逻辑再造的可能，使得模型仅具有思想实验的作用。
⑤ 徐晓红、荣兆梓、张治栋：《包含劳动力市场条件的劳资关系模型及其实证分析》，《经济学家》2007 年第 5 期。
⑥ 徐晓红：《劳资关系与经济增长——基于中国劳资关系库兹涅茨曲线的实证检验》，《经济学家》2009 年第 10 期。
⑦ 杨瑞龙等中国人民大学"宏观经济分析与预测"课题组：《论低端劳动力工资形成机制的变革及其经济效应》，《财贸经济》2011 年第 7 期。
⑧ 李晓宁、马启民：《中国劳资收入分配差距与关系失衡研究》，《马克思主义研究》2012 年第 2 期。
⑨ 张衔、谭光柱：《我国企业劳动关系和谐度的评价与建议——基于问卷调查的实证分析》，《当代经济研究》2012 年第 1 期。

这集中体现在两个方面。

　　首先，与新古典经济学用生产函数来代替整个劳动过程不同，马克思经济学深入分析了作为生产过程核心的劳动过程。通过对劳动力和劳动的区别，马克思证明资本家雇佣工人所获得的仅仅是对工人某段时间内活劳动的控制权和支配权，而不是劳动本身。这首先体现在对"劳动日长度"的博弈上："资本家要坚持他作为买者的权利，他尽量延长工作日……可是另一方面，这个已经卖出的商品的特殊性质给它的买者规定了一个消费的界限，并且工人也要坚持他作为卖者的权利，他要求把工作日限制在一定的正常量内。……权利同权利相对抗，……力量就起决定作用"①。

　　在这样一个"不完全契约"的框架下，企业从劳动过程中能够获得多少有效劳动，进而获得多少产出是不确定的。这取决于企业能否有效控制劳动过程，激励或者威胁工人努力工作。这其中最重要的手段就是通过技术进步，用机器替代劳动。在马克思的理论中，机器替代劳动不仅可以产生超额剩余价值和生产力进步带来的相对剩余价值，还为工作日一定的条件下提高劳动强度创造了物质基础："这是通过两种方法达到的：一种是提高机器的速度，另一种是扩大同一个工人看管的机器数量，即扩大工人的劳动范围"②。马克思对机器大工业的分析，可以看作是对去技能化的技术进步的范例，这使得劳动变得简单，"人员可以迅速地经常地更换"③，从而"工人在技术上服从劳动资料的划一运动以及由各种年龄的男女个体组成的劳动体的特殊构成，创造了一种兵营式的纪律"④。这对生产效率的影响是巨大的。由此可见，在马克思的理论中，劳资关系植根于生产技术与劳动组织形式中，对生产的效率和成本产生重要影响，并进而影响经济增长。

　　其次，与新古典经济学将工资和利润归结为劳动与资本各自的边际产出不同，马克思认为，资本雇佣劳动的生产关系决定着工资与利润的分配关系。在活劳动创造的新价值一定的前提下，两者此消彼长。在积累的最低限度（工资的最大限度）与工资的最低限度（利润的最大限度）之间，存在着劳资双方争取各自最大分配份额而展开的博弈。积累水平从而决定增长的利润率的实际水平就取决于劳资双方的力量对比。⑤

　　马克思对资本积累的分析表明，在一定条件下，如果"资本的积累需要，能够超过劳动力或工人人数的增加，……工资就会提高"⑥。只要工资的提高不影响积累，工资就会继续提高。这对于工人来说是一种较为有利的状况，尽管这并不会改变劳资关系的本质。如果工资的提高妨碍了资本积累，反作用就会发生：资本通过技术进步提高资本有机构成，用机器替代劳动以减少对劳动力的需求，从而使工资降低到有利于资本积累的水平以保证资本的增长。因此"决定工资的一般变动的，不是工人人口绝对数量的变动，

①　马克思：《资本论》第 1 卷，北京：人民出版社，2004 年，第 271—272 页。
②　马克思：《资本论》第 1 卷，北京：人民出版社，2004 年，第 474 页。
③　马克思：《资本论》第 1 卷，北京：人民出版社，2004 年，第 485 页。
④　马克思：《资本论》第 1 卷，北京：人民出版社，2004 年，第 488 页。
⑤　《马克思恩格斯选集》第 2 卷，北京：人民出版社，1972 年，第 200—201 页。
⑥　马克思：《资本论》第 1 卷，北京：人民出版社，2004 年，第 708 页。

而是工人阶级分为现役军和后备军的比例的变动，是过剩人口相对量的增减，是过剩人口时而被吸收、时而又被游离的程度"①。然而，即使没有技术进步制造相对过剩人口，"积累由于劳动价格的提高而削弱，……但是随着积累的减少，使积累减少的原因，即资本和可供剥削的劳动力之间的不平衡，也就消失了……劳动价格重新降到合适资本增殖需要的水平"②。因此，在马克思的理论中，作为更高抽象层次的劳动力商品价值的概念与具体的资本积累动态运动之间存在着相关影响。

由此可见，马克思的分析既包括生产也包括分配，从而表明，劳资关系集中体现在劳资之间围绕着生产和分配的博弈，表现为劳资博弈关系的总和，因而可以抽象地理解为劳资博弈的力量对比。虽然劳资之间的力量对比和作为其结果的利益分配与生产效率都会随着资本积累和景气波动而变化，但是这并不意味着力量对比的变化一定会"等量"地体现为利益分配等的博弈结果上。例如，在组织力量强大或者失业率很低的时候，工会可能并不会利用自身力量的优势要求提高工资、降低工作强度。普莱沃茨基（Przeworski，1980)③ 把这种情况称为劳资双方达成"妥协"。他认为，由于劳资冲突会妨碍资本积累，如果有措施保障工人能在未来分享到经济增长带来的好处，那么工会在当前的分配问题上就会保持克制，从而实现劳资之间的合作。拉佐尼克（2007)④ 认为，技术进步无法完全取消劳动对生产过程的影响，因此，劳资合作可以获得更高的生产效率。这也可以成为劳资妥协的效率基础。在对现实的研究中，戈登（Gordon，1996)⑤ 发现，20 世纪 80 年代后欧美劳资关系的差异是形成其不同积累模式的重要原因。欧洲等国的积累模式是通过合作和分享的方式缓和劳资矛盾，以提高生产率获得竞争优势和维持利润率，这被称作"高路径（high road）"。与此相对应的是美国的"低路径（low road）"，即通过压榨、威胁工人，降低劳动成本，以劳资对立为代价去获取竞争优势，保持利润率水平。但这种方式必然带来"监督"和管理等官僚机构的膨胀，工人收入停滞甚至下降，劳动生产率降低。⑥ 罗伯特·布鲁斯（Robert Buchele）和延斯·克里斯蒂安森（Jens Chritiansen，1999)⑦ 采用计量经济学的实证方法，对 15 个发达资本主义国家 20 世纪 70 年代末至 90 年代中期的劳资关系和劳动生产率增长关系的研究表明，具有"高路径"特征的国家比"低路径"国家有更高的生产率增长，并且在生产率增长、资本生产率增长、

① 马克思：《资本论》第 1 卷，北京：人民出版社，2004 年，第 734 页。
② 马克思：《资本论》第 1 卷，北京：人民出版社，2004 年，第 715—716 页。
③ Przeworski, A., "Material interests, class compromise, and the transition to socialism", *Politics & Society*, 10. 2 (1980), pp. 125—153.
④ 拉佐尼克：《车间的竞争优势》，北京：中国人民大学出版社，2007 年。
⑤ Gordon, D., *Fat and Mean: the Corporate Squeeze of Working Americans and the Myth of Managerial "Downsizing"*, New York: the Free Press, 1996.
⑥ 而且"低路径（low road）"所导致的这一后果有自我强化的机制：停滞或下降的工资水平以及劳资矛盾导致了对前线工人更多的监督和管理需求；监督岗位的扩张和官僚结构的膨胀，会带来成本的提高，这部分资金来自对前线工人的工资挤压。而且管理层的职员解雇成本更高难度更大，这使得臃肿的管理层本身可能形成"变革"的阻力。
⑦ Buchele, R. and J. Chritiansen, "Labor Relations and Productivity Growth in Advanced Capitalist Economies", *Review of Radical Political Economics*, 31, no. 1 (1999), pp. 87—110.

投资绩效、滞胀和就业等方面表现得更好。

基于以上分析，我们将劳资关系划分为两种类型：合作型与非合作型。如果劳资双方缺乏足够的信任，各自利用自身的某种优势以不妥协的方式来争取各自的最大利益，从而无法通过充分的交流达成互利性妥协和稳定的劳资协议，由此形成的劳资关系就是非合作型的，其基本特征是，企业总是用各种方式在压低工人工资的同时，尽可能获取更多的有效劳动，而工人则会利用生产过程中的信息不对称降低自身的劳动支出，同时还可以通过集体谈判和罢工等手段争取更多的分配份额。

在非合作型劳资关系下，企业最根本和最有效的手段是以"解雇"相威胁，其效果取决于失业率的高低。若失业率高，失业后难以在短时间内再就业，从而劳动者在力量对比中处于弱势地位，这会使其更服从管理，更愿意提高劳动强度并接受低工资；而当失业率低的时候，则相反（Bowles，Gordon and Weisskopf，1983）[1]。这样，在技术不变的条件下，随着经济增长的持续，失业率越低，工资就越高。即使企业能够在失业率下降的同时保证工资不上涨，工人则会采取消极生产，使效率降下来。

然而，企业对此并非无能为力。在非合作型劳资关系下，企业可以通过采用"去技能化"的新技术来获取更大的权力，维持较低工资和较高劳动强度。这是因为，如果生产过程主要依赖工人的经验、技艺等劳动投入以及工人间的紧密协作，且企业对此无法控制，则只能通过提高工资来激励工人，这同时也提高了其失业成本（Shapiro&Stiglitz，1984）[2]。在这种情况下，工人不仅工资较高，且可替换性低，解雇风险小。但如果企业采用"去技能"的自动化技术，使劳动过程变成简单、机械性的重复动作，则可以一方面使生产过程易于控制和监督，另一方面提高劳动力的可替代性（Marglin，1974[3]；布雷弗曼，1979[4]；Wright，2000[5]）。此外，自动化技术还可以提高劳动生产率，降低对劳动的需求，从而巩固企业在劳资博弈中的优势地位。

如果劳资双方有足够的信任，通过充分协商，达成互利性妥协和相对稳定的劳资协议，建立起维持这种妥协和稳定的机制，由此形成的劳资关系就是合作型的，其基本特征是，劳资双方不会轻易偏离这种均衡状态。

在合作型劳资关系下，如果技术不变，随着经济增长和失业率下降，虽然劳资双方力量对比会发生变化，但双方能够保持克制，通过协商谈判达成对工资和劳动强度的共识，从而维持相对稳定的收入分配份额和一定水平的劳动生产率。如果企业采用新技术提高了生产效率，并增强了其针对工人的权力，但在工会力量制约和劳资协议的约束下，

[1]　Bowles，S. Gordon，D. and T. Weisskopf，"Hearts and Minds：A Social Model of U. S. Productivity Growth"，*Brookings Papers on Economic Activity*，2（1983），pp. 381—441.

[2]　Shapiro，Carl，and J. E. Stiglitz. "Equilibrium Unemployment as a Worker Discipline Device." *American Economic Review*，74. 3（1984），pp. 433—444.

[3]　Marglin，S. A.，"What do bosses do：the origins and functions of hierarchy in capitalist production"，*The Review of Radical Political Economics*，vol. 6，No. 2（1974），pp. 60—112.

[4]　哈里·布雷弗曼：《劳动与垄断资本》，方生等译，北京：商务印书馆，1979 年。

[5]　Wright，E. O.，2000，"Working—Class Power，Capitalist—Class Interests，and Class Compromise"，*The American Journal of Sociology*，105，no. 4（2000），pp. 957—1002.

企业会保持一定克制，并按照一定规则随效益提高上调工资。此外，由于在合作型劳资关系下，劳动者在生产中更加主动，从而在技术创新过程中会发挥更积极的作用，这有助于企业获得市场竞争优势。这也就是戈登（Gordon，1996）提到的"高路径"的积累模式①。

但是，劳资双方长期稳定的合作型关系并不容易形成，它需要一系列的条件。普莱沃茨基（Przeworski，1980）② 认为，劳资双方达成妥协的条件在于工人确信其在当前工资上的让步会带来高积累和经济的增长并最终惠及其自身。莱特（Wright，2000）③ 认为，工人组织化力量的增强并非只会为资方利益带来负面影响，随着工人组织力量增长到一定程度，也会带来其与企业之间高效的沟通以及工人对技术升级和技能培训更多的投入等，而这些对资方有利的影响最终会超过不利影响，所以合作的形成必须基于工人组织化力量的强大。

基于本文的研究目的，我们不讨论劳资关系类型的形成和影响因素，而是将劳资关系的类型当作一个外生给定的条件，分析不同劳资关系类型下，随着资本积累，劳资分配和生产效率的不同变动规律会对经济增长产生怎样的影响。本文的分析逻辑是：资本积累会改变劳资双方的力量对比，使劳资关系类型发生变化。不同的劳资关系类型体现为劳资分配和生产效率的不同的运动规律。生产效率决定着市场供给，而劳资分配则同时影响着成本和总需求。因此，劳资关系类型带来的生产效率和劳资分配的不同运动特征会通过供给、需求和成本影响企业的利润率水平，进而影响资本积累的意愿和经济增长。对以上机制的深入分析，我们需要一个基于资本积累的模型框架。

三、基本假定和模型框架

本文的基本模型框架是以马克思的再生产理论为基础的。在马克思的分析框架内，再生产理论包括两个基本内容：再生产的本质和实现问题。前者的核心内容之一是积累中的劳资关系和这种关系对积累的影响。就本研究而言，这也就是劳资关系对增长的影响。实现问题的分析是在前者的基础上展开的，核心是再生产正常进行的抽象条件。因此，实现问题的分析不仅蕴含着由特定分配关系决定的、包括资本积累在内的总需求的形成问题，而且蕴含着总需求与生产结构的匹配问题。这样，马克思的再生产图式（模型）就为本文劳资关系与实现问题相统一的技术建模提供了基础。

下面给出本文的基本模型。假设社会生产部门只分为资本品生产部门和消费品生产

① Gordon, D., *Fat and Mean：the Corporate Squeeze of Working Americans and the Myth of Managerial "Downsizing"*, New York：the Free Press, 1996.
② Przeworski, A., "Material interests, class compromise, and the transition to socialism", *Politics & Society*, 10. 2 (1980), pp. 125—153.
③ Wright, E. O., 2000, "Working—Class Power, Capitalist—Class Interests, and Class Compromise", *The American Journal of Sociology*, 105, no. 4 (2000), pp. 957—1002.

部门；社会成员分为资本家和工人；资本家的收入是利润（即使考虑转形问题，这一假设也不受影响），工人的收入是工资；资本家不消费，而工人不储蓄[①]；同时不考虑政府和对外经济联系的影响。基本模型如下。

1. 假定生产技术是线性的，因而生产函数是里昂惕夫式的，即

$$Y_i = \min(\frac{K_i}{\alpha_i}, \frac{L_i}{\beta_i}),\ i = 1, 2 \tag{3.1}$$

其中，Y_i 是第 i 部门的总产值，K_i 是第 i 部门的不变资本（价值量），L_i 是第 i 部门的雇佣量，α_i 和 β_i 是大于零的系数。下标 1 表示资本品部门，下标 2 表示消费品部门。根据生产函数，我们有人均资本 k_i（可近似看作资本有机构成）：

$$k_i = \frac{\alpha_i}{\beta_i} = \frac{K_i}{L_i},\ i = 1, 2 \tag{3.2}$$

劳动生产率 e_i：

$$e_i = \frac{1}{\beta_i} = \frac{Y_i}{L_i}, i = 1, 2, 从而有 Y_i = e_i L_i \tag{3.3}$$

为了简化分析，这里进一步假定不存在固定资本折旧，即固定资本在一个生产周期内全部消耗尽，一次性进入产品成本中，并且通过销售全部收回。

2. 资本品的需求体现为积累意愿，由利润率决定；消费品需求由工人工资总额形成。工资不预付，所以工资总额等于现有劳动力乘以工资率。我们用 D 表示需求，则有：

$$D_1 = f_1(r_1, \varepsilon) + f_2(r_2, \varepsilon) \tag{3.4}$$
$$D_2 = (L_1 + L_2)w \tag{3.5}$$

其中，$f_i(r_i, \varepsilon)$ 是第 i 部门积累额，r_i 是利润率，且 $\partial f_i / \partial r_i \geqslant 0$，这体现的是利润率对积累意愿的影响。参数 ε 代表经济运行状态（经济繁荣或萧条）、心理预期（乐观或悲观）等非利润率因素对资本积累意愿的影响。

本文假设资本积累行为遵循以下准则：给定最低合意利润率水平 $\bar{r}$，当实际利润率 $r \geqslant \bar{r}$ 时，利润率与积累额正相关；如果实际利润率 $r < \bar{r}$，资本家会缩小生产规模，产出水平出现绝对下降。

3. 根据前面的分析，供给和需求的运动是相对独立的，考虑到现实中市场调节能力有限，可能出现市场不出清的"非瓦尔拉斯"均衡态。因而，当供求不等时，市场成交量遵循"短边规则"，即等于较小的那一方。

用上标 * 表示成交量，则有：

$$Y_1^* = \min[Y_1, f_1(r_1, \varepsilon) + f_2(r_2, \varepsilon)] \tag{3.6}$$

[①] "资本家不消费，工人不储蓄"是古典经济学常用的假定。本文采用该假定一方面是因为企业主的消费占总消费的比例非常小，且支出相对稳定。另一方面，现实中工人的储蓄主要是为了未来的消费，而且现实中存在着退休工人没有生产但是维持消费，则若人口年龄结构不变，这相当于工人消费了所有的收入；即使工人没有消费掉全部收入，也只有在足够的积累意愿下储蓄才能转化为投资。从而，这样的假设不仅可以简化分析，而且更有利于暴露该体系下的矛盾。

$$Y_2^* = \min[Y_2, (L_1 + L_2)w] \tag{3.7}$$

由于供求可能不相等，"被动存货"就很难避免。"被动存货"是宏观经济运动的结果，而不是原因。尽管存货的被动增加会使经济低迷时供大于求的情况更严重，但并不会改变本文的结论和内在逻辑。因此，本文抽象掉存货的影响。于是，我们可以得到该模型的动态变化如下：

$$K_1 + \dot{K_1} + K_2 + \dot{K_2} = Y_1^* = \min[Y_1, f_1(r_1, \varepsilon) + f_2(r_2, \varepsilon)] \tag{3.8}$$

其中，$\dot{K_i}$ 是不变资本的变动量，当期不变资本的成交额包含两个部类已有的不变资本量和不变资本的变动量。

4. 以上关系确定后，我们就可以计算遵循"短边规则"代表盈利水平的利润率。

$$r_1 = \frac{Y_1^* - K_1 - L_1 w}{K_1 + L_1 w} \tag{3.9}$$

$$r_2 = \frac{Y_2^* - K_2 - L_2 w}{K_2 + L_2 w} \tag{3.10}$$

令两个部门的"超额需求"分别为 E_1 和 E_2：

$$E_1 = f_1(r_1, \varepsilon) + f_2(r_2, \varepsilon) - Y_1 = f_1(r_1, \varepsilon) + f_2(r_2, \varepsilon) - e_1 L_1 \tag{3.11}$$

$$E_2 = (L_1 + L_2)w - Y_2 = (L_1 + L_2)w - e_2 L_2 \tag{3.12}$$

则，当 $E_1 \geqslant 0$，$E_2 \geqslant 0$ 时，根据公式（6）、（7）、（9）、（10），利润率分别为：

$$r_1 = \frac{Y_1 - K_1 - L_1 w}{K_1 + L_1 w} = \frac{e_1 L_1 - k_1 L_1 - L_1 w}{k_1 L_1 + L_1 w} = \frac{e_1 - k_1 - w}{k_1 + w} \tag{3.9a}$$

$$r_2 = \frac{Y_2 - K_2 - L_2 w}{K_2 + L_2 w} = \frac{e_2 L_2 - k_2 L_2 - L_2 w}{k_2 L_2 + L_2 w} = \frac{e_2 - k_2 - w}{k_2 + w} \tag{3.10a}$$

而当 $E_1 < 0$，$E_2 < 0$ 时，根据公式（6）、（7）、（9）、（10），利润率分别为：

$$r_1 = \frac{f_1(r_1, \varepsilon) + f_2(r_2, \varepsilon) - K_1 - L_1 w}{K_1 + L_1 w} = \frac{f_1(r_1, \varepsilon) + f_2(r_2, \varepsilon) - (k_1 + w)L_1}{(k_1 + w)L_1}$$

$$\tag{3.9b}$$

$$r_2 = \frac{(L_1 + L_2)w - K_2 - L_2 w}{K_2 + L_2 w} = \frac{L_1 w - L_2 k_2}{(k_2 + w)L_2} \tag{3.10b}$$

基于以上模型，我们通过变量对时间求导，可以得到各变量随时间变动的内在联系。超额需求公式（3.11）、（3.12）对时间求导可得：

$$\dot{E_1} = \frac{\partial f_1}{\partial r_1}\dot{r_1} + \frac{\partial f_2}{\partial r_2}\dot{r_2} - e_1 \dot{L_1} - L_1 \dot{e_1} \tag{3.13}$$

$$\dot{E_2} = w\dot{L_1} + (w - e_2)\dot{L_2} + (L_1 + L_2)\dot{w} - L_2 \dot{e_2} \tag{3.14}$$

当 $E_1 \geqslant 0$，$E_2 \geqslant 0$ 时，根据公式（3.9a）、（3.10a），利润率对时间求导可得：

$$\dot{r_1} = \frac{1}{k_1 + w}\dot{e_1} - \frac{e_1}{(k_1 + w)^2}\dot{k_1} - \frac{e_1}{(k_1 + w)^2}\dot{w} \tag{3.15a}$$

$$\dot{r_2} = \frac{1}{k_2 + w}\dot{e_2} - \frac{e_2}{(k_2 + w)^2}\dot{k_2} - \frac{e_2}{(k_2 + w)^2}\dot{w} \tag{3.16a}$$

当 $E_1 < 0$，$E_2 < 0$ 时，根据（3.9b）、（3.10b）式，利润率对时间求导并稍做调整可得：

$$\dot{r}_1 = \frac{\partial f_2/\partial r_2}{B}\dot{r}_2 - \frac{f_1 + f_2}{(k_1 + w)B}\dot{k}_1 - \frac{f_1 + f_2}{(k_1 + w)B}\dot{w} - \frac{f_1 + f_2}{L_1 B}\dot{L}_1 \qquad (3.15b)$$

$$\dot{r}_2 = \frac{w}{(k_2 + w)L_2}\dot{L}_1 + \frac{(L_1 + L_2)k_2}{(k_2 + w)^2 L_2}\dot{w} - \frac{L_1 w}{(k_2 + w)L_2^2}\dot{L}_2 - \frac{(L_1 + L_2)w}{(k_2 + w)^2 L_2^2}\dot{k}_2 \quad (3.16b)$$

其中，$B = (k_1 + w)L_1 - \partial f_1/\partial r_1$，而 $(k_1 + w)L_1$ 是资本品部门的总成本，$\partial f_1/\partial r_1$ 是资本品部门利润率变动引起的积累额的变动。通常而言，总成本在数值上要远大于积累对利润率变动的反应，从而有 $B \geqslant 0$。

四、不同类型劳资关系对经济增长可持续性的影响

限于篇幅，本文只关注以资本有机构成提高为代价来提高劳动生产率的技术进步。因为在政治经济学看来，技术进步是沿着两条线索进行的，一是降低成本、提高效率，以获得市场竞争优势；二是增强资本对生产过程的控制，提高劳动生产率、节约劳动，以获得劳资博弈中资本对劳方的优势。

我们分有无技术进步两种情况讨论"非合作型劳资关系"与"合作型劳资关系"对经济增长可持续性的影响。下文将从一个均衡增长（E_1，$E_2 \geqslant 0$）的起点出发，分析随着经济增长，利润率将如何变化进而影响经济增长的可持续性。

1. 技术不变的情况。技术不变，随着资本积累的增进和经济增长，资本对劳动力的需求增加，就业量增加，产业后备军减少。我们把这种情况抽象为：

$$\dot{L}_1 > 0, \dot{L}_2 > 0, \dot{w} > 0, \dot{e}_1 = \dot{e}_2 = \dot{k}_1 = \dot{k}_2 = 0 \qquad (4.1)$$

显然，失业率的下降提高了工人在劳资谈判上的议价力。在这种情况下，如果劳资关系是"非合作型"的，工人可选择的最优策略是充分利用这种议价力来要求增加工资。于是，我们将公式（4.1）带入需求充足条件下利润率的变动公式（15a）和（16a），得到：

$$\begin{cases} \dot{r}_1 = -\dfrac{e_1}{(k_1 + w)^2}\dot{w} < 0 \\[3mm] \dot{r}_2 = -\dfrac{e_2}{(k_2 + w)^2}\dot{w} < 0 \end{cases} \qquad (4.2)$$

由公式（4.2）可见，在需求充足的情况下，工资上涨带来的需求上升没有体现在利润率上，反而因为提高了劳动力成本而使两个部门的利润率都出现下降。为了分析这种情况下需求会如何变化，我们将公式（4.1）带入公式（3.13）、（3.14），可得：

$$\dot{E}_1 = \frac{\partial f_1}{\partial r_1}\dot{r}_1 + \frac{\partial f_2}{\partial r_2}\dot{r}_2 - e_1\dot{L}_1 < 0 \qquad (4.3)$$

$$\dot{E}_2 = w\dot{L}_1 + (w - e_2)\dot{L}_2 + (L_1 + L_2)\dot{w} \qquad (4.4)$$

由公式（4.1）、（4.2），可知道公式（4.3）的值小于零。这是因为，一方面，两部门的利润率因工资上升而出现下降；另一方面，只要利润率的下降还没有导致资本积累和生产规模扩张的停滞，资本品部门的供给就仍然会增长。但是，如果这种情况持续下去，资本品部门迟早会面临需求不足的问题。从公式（4.4）中可以看出，w 和 L_1 的增长会带来超额需求的增加。但是，随着该增长模式的持续，$w \to e_2$，L_2 增长对该部门超额需求的影响会随其系数越来越小（趋近于零），而 w 和 L_1 增长的系数则越来越大。这意味着不论什么原因导致的消费需求不足都会因为增长的持续而修复。

与此同时，即使消费需求在短期内出现不足（$E_2 < 0$），根据超需求的定义公式（3.12）以及公式（3.10a）、（3.10b），此时的利润率为 $r_2 = \dfrac{(L_1 + L_2)w - K_2 - L_2 w}{K_2 + L_2 w} < \dfrac{e_2 - k_2 - w}{k_2 + w}$。根据该不等式，随着工资上涨（$w \to e_2$），消费品部门利润率最终将趋于下降。根据公式（3.15b），资本品部门的利润率变动如下：

$$\dot{r}_1 = \frac{\partial f_2 / \partial r_2}{B} \dot{r}_2 - \frac{f_1 + f_2}{(k_1 + w)B} \dot{w} - \frac{f_1 + f_2}{L_1 B} \dot{L}_1 < 0 \tag{4.5}$$

由此可见，两部门利润率有持续下降的趋势。一旦利润率持续下降到合意水平之下 $r < \bar{r}$，资本积累便会随之停滞和下降，企业缩减生产规模，失业人数增加，工人工资下降，并停止增长。这一过程会一直持续到工资水平重新适合资本积累的需要即利润率水平恢复到高于合意水平时为止。

以上分析表明，在技术不变的情况下，资本积累中工资超过正常水平而在国民收入中所占份额过高，使利润份额不足以保证资本的积累，即出现 $r < \bar{r}$ 是增长不可持续的主要原因。但这并不意味着如果可以控制工资使之不上涨，就能实现平稳增长。因为，工人就业人数的增长会导致工人失业成本的降低，失业威胁和管理者权威下降，从而导致工人努力程度的下降和离职率的升高，进而造成劳动生产率的持续降低。

劳动生产率降低，意味着每单位产值所需要的劳动投入增加，即 β 增大。根据公式（3.1）、（3.2）、（3.3），若工人的消极行为不增加每单位产值耗费的生产资料，即 α 不变，则有机构成 k 变小。于是，我们可以将该模式抽象为以下情况：

$$\dot{L}_1 > 0, \dot{L}_2 > 0, \dot{w} = 0, \dot{e}_1 < 0, \dot{e}_2 < 0, \dot{k}_1 < 0, \dot{k}_2 < 0 \tag{4.6}$$

根据消费品部门的超额需求变动公式（3.14）中各影响因素的系数变化情况，在 e 下降而 w 不变时，消费部门的需求仍然具有自动修复的能力。而资本品部门的需求则受到两部门的利润率变动的影响。如果需求充足，根据公式（3.15a）、（3.16a），劳动生产率 e 下降会带来利润率下降，而有机构成 k 变小则会引起利润率上升。但是，劳动生产率 e 和有机构成 k 并不是独立变动的，k 的变小正是因为每单位产值所需投入劳动的增加从而摊薄了每单位劳动所需的资本。根据公式（3.2）、（3.3）有：

$$k_i = \alpha_i e_i \quad (i = 1, 2) \tag{4.7}$$

将其代入公式（3.15a）、（3.16a），得

$$\dot{r}_i = \frac{w}{(k_i + w)^2}\dot{e}_i < 0 \ (i = 1,2) \tag{4.8}$$

如果需求不足，根据超额需求的定义公式（3.11）、（3.12）以及需求充足与否条件下的利润率公式（3.9a）、（3.10a）、（3.9b）、（3.10b），并代入公式（4.7），有：

$$\begin{cases} r_1 = \dfrac{f_1(r_1,\varepsilon) + f_2(r_2,\varepsilon) - K_1 - L_1 w}{K_1 + L_1 w} < \dfrac{e_1 - k_1 - w}{k_1 + w} = \dfrac{(1 - \alpha_1)e_1 - w}{\alpha_1 e_1 + w} \\[3mm] r_2 = \dfrac{(L_1 + L_2)w - K_2 - L_2 w}{K_2 + L_2 w} < \dfrac{e_2 - k_2 - w}{k_2 + w} = \dfrac{(1 - \alpha_2)e_2 - w}{\alpha_2 e_2 + w} \end{cases} \tag{4.9}$$

因此，当工资不变而两部门劳动生产率持续下降时，则 $e_i \to w/(1 - \alpha_i)$（利润率小于零则停止积累），$r_i \to 0$。于是，需求不足时两部门的利润率最终也会趋于下降。

由此可见，即使控制工资使之不变，不论需求状况如何，劳动生产率下降导致成本上升，利润率仍然会持续下降直至积累停止。上述分析结论与马克思假定资本有机构成不变时资本积累的分析结论相一致。但是，马克思事实上认为在这种条件下，维持工资不上升是不可能的。同时，在分析中马克思抽象掉了工资上涨对两大部类的影响，本文的分析在一定意义上补充了马克思的分析。

但是，如果劳资关系是"合作型"的，工会和资方能够通过协商达成可置信的协议，使得工会在分享未来技术进步成果的预期下，在一定程度上克制工资的上涨，并维持一定水平的劳动生产率，从而稳定利润率。在这种条件下，我们令需求充足的利润率变动公式（3.15a）、（3.16a）为零，并代入公式（4.7），得 $\dot{r}_i = \dfrac{w}{(k_i + w)^2}\dot{e}_i - \dfrac{e_i}{(k_i + w)^2}\dot{w} = 0$ (i=1, 2)，化简得

$$\frac{\dot{e}_i}{e_i} = \frac{\dot{w}}{W} \tag{4.10}$$

公式（4.10）表明，没有技术进步而在合作型劳资关系下，劳动生产率与工资水平同比例变动，利润率将保持稳定，两部门的需求也会保持稳定，整个经济将因此处于稳定增长路径。显然，这一结果有很强的政策启发意义。

2. 技术进步的情况。现在考虑提高劳动生产率的技术进步。为了突出其特点，先假设产出的增长完全不依赖劳动力的投入，于是失业率保持不变。新技术在全社会的扩散是一个相当长的过程，从而劳动生产率和有机构成的提高也是一个持续的过程。我们把这种情况抽象为：

$$\dot{L}_1 = 0, \dot{L}_2 = 0, \dot{e}_1 > 0, \dot{e}_2 > 0, \dot{k}_1 > 0, \dot{k}_2 > 0 \tag{4.11}$$

如果这种情况发生在"非合作型"劳资关系下，失业率不变，其他条件不变，工人很难获得更多议价优势，从而我们先假定工资率不变，即

$$\dot{w} = 0 \tag{4.12}$$

假设新技术带来的产出效率有足够的提高，以至于扣除增加的人均成本（人均资本）会带来利润率的提高，即公式（3.15a）、（3.16a）的值大于零。这自然会带来投资热情

的高涨，从而资本品部门的需求旺盛。新技术导致劳动生产率大幅提高从而带来产出的扩张，但是，根据假定，工资和就业没有变化，从而消费品需求跟不上产出的扩张。将公式（4.11）、（4.12）代入公式（3.14），可得消费品部门的超额需求变动为：

$$\dot{E}_2 = -L_2 \dot{e}_2 < 0 \tag{4.13}$$

当消费品需求不足时，我们将公式（4.11）、（4.12）代入公式（3.16b）求得消费品部门利润率的变动趋势：

$$\dot{r}_2 = -\frac{(L_1 + L_2)w}{(k_2 + w)^2 L_2} \dot{k}_2 < 0 \tag{4.14}$$

可见，消费品部门因使用新技术而扩张的产出无法实现其全部价值，却必须承担新技术所带来的成本的增加，从而利润率下降。资本品部门不可能依靠部门内循环消耗所有产能。因此，消费品部门利润率下降到一定程度必然减少对资本的需求。当资本品部门需求不足时，将公式（4.11）、（4.12）、（4.14）代入公式（3.15b），可以反映出此时资本品部门的利润率会持续下降：

$$\dot{r}_1 = \frac{\partial f_2 / \partial r_2}{B} \dot{r}_2 - \frac{f_1 + f_2}{(k_1 + w)B} \dot{k}_1 < 0 \tag{4.15}$$

在这种情况下，经济增长的结束主要是因为消费需求的不足。如果技术进步造成了机器替代工人，失业率上升，资本家为了获得更高的市场竞争力并借此进一步压低工人工资，则可能造成更大规模的需求不足危机。

如果上述技术进步过程发生在"合作型"劳资关系背景下，则根据劳资协议，随着生产率的提高，工人的工资按一定比例上涨。于是，我们可以把这种变动模式抽象为：

$$\dot{L}_1 = 0, \dot{L}_2 = 0, \dot{w} > 0, \dot{e}_1 > 0, \dot{e}_2 > 0, \dot{k}_1 > 0, \dot{k}_2 > 0 \tag{4.16}$$

如果一开始工资的增长就和生产率的提高保持一定比例，就可以避免"非合作型劳资关系"条件下出现的"消费需求不足"的问题。同时，为维持一定水平的利润率和资本积累，工资的增长不能过高。为求出具体比例关系，我们令公式（3.14）、（3.15）、（3.16）的值大于等于零，可得：

$$\min\left[(k_1 + w)\frac{\dot{e}_1}{e_1} - \dot{k}_1, (k_2 + w)\frac{\dot{e}_2}{e_2} - \dot{k}_2\right] \geqslant \dot{w} \geqslant \frac{L_2}{L_1 + L_2}\dot{e}_2 \tag{4.17}$$

公式（4.17）成立的前提是技术进步能带来足够高的效率提升。然而，一旦工资上涨没有保持比例，以至于公式（4.17）不能成立，出现了需求不足，如果要让消费品部门利润率不再下降就不能依据上述条件了。我们将公式（4.16）代入公式（3.16b），并令其不为负，得：

$$\frac{\dot{w}}{w} \geqslant \frac{\dot{k}_2}{k_2} \tag{4.18}$$

在这一条件中，工资率上涨的标准是基于消费品部门人均资本提高的速度。因为消费需求不足的时候，只有工资上涨带来的需求效应超过成本效应，利润率才不会下降。

由此可见，只要劳资协议能够有效地按照相应比例调整工资率，就可以实现稳定增长。但是，要维持这样的劳资协议并不容易。与没有技术进步条件下的公式（4.10）相比，公式（4.17）、（4.18）执行起来不仅更复杂，而且依据需求状况不同，"调整规则"也会不同。因此，要形成稳固的"合作型"劳资关系，维持持续增长的局面，需要一系列的制度相互支撑、互相强化，形成一种稳定的结构，才能够调节增长过程中的矛盾（Aglietta，1987[①]；Boyer，1988[②]；Bowles，Gordon and Weisskopf，1986[③]）。

即使在"合作型"劳资关系条件下，也不能避免因技术进步、资本有机构成提高而用机器代替劳动造成的失业和失业率上升，需求下降，并最终使积累下降，经济由增长转入衰退。这是市场机制和"合作型"劳资关系本身所不能解决的。但是，与"非合作型"劳资关系不同，在"合作型"劳资关系条件下，因失业而导致的需求下降可以部分地由在业工人随技术进步而提高的工资所抵销。尽管这种抵销作用会随时间而递减，但仍然可以起到推迟经济转入衰退的时间、延长经济增长过程的作用。

五、结　论

本文的分析表明，劳资关系是影响经济可持续增长的重要因素。"非合作型"劳资关系在没有技术进步的条件下会导致工资挤压利润或者劳动效率下降，从而出现周期性的经济波动；在技术进步的条件下，则会导致消费需求不足从而利润率下降，经济增长无法持续。"合作型"劳资关系不仅在无技术进步时整个经济存在更大的增长空间，而且在技术进步条件下可以实现持续的经济增长；当技术进步导致失业率上升时，能够延缓经济转入衰退的时间。

随着我国农村剩余劳动力转移逐渐完成，经济步入新常态，原有的依靠廉价劳动力竞争优势的增长模式将无法持续。同时，随着我国技术水平的提高和产业升级，高新技术引进的可获得性将越来越小。因此，为了实现经济可持续增长，我国必须一方面大力建设国家创新体系，实现持续的内生技术进步；另一方面，建立和谐的劳动关系和高效协调劳动关系的制度框架。2015 年《中共中央　国务院关于构建和谐劳动关系的意见》从建设和谐社会的高度，对当前劳动关系调整提出了重要指导性意见。只有从法律法规、争议仲裁、公司制度、企业文化等方面都建立起一种合作的、高效的劳资关系协调机制，才能保证技术进步带来的经济增长的持续性，保证经济增长的果实由全国人民共享，实现共同富裕。因此，本文的政策含义在于：为保证我国经济在新常态条件下的持续增长，应当将建立和维持"合作型"劳资关系作为政策重点。根据本文的分析，可执行的互利性的劳资分配协议应当是建立和维持"合作型"劳资关系的核心所在。

①　Aglietta，M.，*A Theory of Capitalist Regulation*，London and New York：Verso，1987.

②　Boyer，R.，"Formalizing Growth Regimes"，In：Dosi，G. Freeman，C. Nelson，R.，Silverberg，G. and Soete，L.，eds.，*Technical Change and Economic Theory*，London and New York：Printer Publishers，1988，pp. 608－630.

③　Bowles，S. Gordon，D. and T. Weisskopf，"Power and Profits：the Social Structure of Accumulation and the Profitability of the Postwar U. S. Economy"，*Review of Radical Political Econonmics*，Vol. 18 1&2（1986），pp. 132－167.

　　此外，本文的模型也为资本积累中的利润率内生性运动提供了一个一般性分析框架。这是本文的一个意外成果。利润率动态一直是马克思经济学的研究热点，围绕这一热点展开研究的大多数学者将导致利润率动态的主要原因归结为技术因素、需求因素和工资因素。但是，已有的文献大都是在假定其他因素不变的前提下，专注于分析某一因素对利润率动态的影响，由此形成了相互竞争的利润率动态理论。与此不同，本文的模型同时考虑了技术变化、产品实现和收入分配及其相互影响，将影响利润率动态的各种因素纳入一个统一的分析框架，从而能够在这一框架内推导出不同条件下利润率动态的不同机制。这样一来，不同的利润率动态理论所描述的利润率动态机制就被统一在了一个理论框架内。在这一框架内，形成不同的利润率动态机制的根本原因在于给定技术条件下劳资关系的类型差异。

第7章　马克思的五部门联系平衡表的现代解释

社会资本再生产理论是马克思对经济学的重大贡献之一。随着经济科学的发展，蕴含在社会资本再生产理论中的许多重要思想被重新发现。由于社会资本再生产理论深刻揭示了资本主义经济在没有国家干预的条件下，市场出清的总量—结构条件，因而这一理论理所当然地被视为现代宏观经济分析的先驱。社会资本再生产理论同时也是马克思经济增长理论的重要组成部分。费尔德曼遵循马克思社会资本再生产理论所包含的经济增长思想，在经济思想史上构建了第一个现代经济增长模型，并对经济的长期增长做出了理论预测。由于费尔德曼的工作，马克思的社会资本再生产理论被确认为是现代经济增长理论的真正思想来源。

本文将要考察的马克思首创的五部门联系平衡表，是马克思最初表达他的社会资本再生产思想的重要组成部分和分析工具。对马克思五部门联系平衡表的现代解释使我们有理由认为，马克思是投入—产出分析的先行者。借助马克思五部门联系平衡表可以实现马克思抽象再生产理论的具体化、应用化，并使之取得现代形式。

一、马克思的五部门联系平衡表

在《1857—1858年经济学手稿》中，马克思剖析了穆勒等人坚持的供给等于需求，从而否定资本主义生产过剩危机的错误教条，深入分析了资本主义经济相对生产过剩危机的必然性。马克思指出：穆勒等人的教条实际上用直接交换代替了资本主义剩余价值的生产和流通，把直接以使用价值而不是以资本为基础的生产当作前提，从而否定了生产的资本主义性质。[1]马克思强调，资本主义一方面具有无限制发展生产力、不断扩大生产领域的内在冲动；另一方面，生产力的发展又不可避免地受到由资本主义生产本身所造成的限制。资本是一个活生生的矛盾，正是这种矛盾导致了资本主义经济必然产生相对生产过剩危机。[2]

针对蒲鲁东将资本主义生产过剩危机归结为工人不能买回自己的产品的论点，马克思指出，蒲鲁东实际上不理解价值和价格，不理解剩余价值是如何实现的。[3]顺便指出，剩余价值的实现问题，即工人怎么会在他购买的商品价格中既支付了利润，又得到了自

---

① 《马克思恩格斯全集》第46卷（上），北京：人民出版社，1979年，第395—396页。
② 《马克思恩格斯全集》第46卷（上），北京：人民出版社，1979年，第390—394页，第399页，第408—410页。
③ 《马克思恩格斯全集》第46卷（上），北京：人民出版社，1979年，第412—424页。

己的必要工资，以及实现剩余价值或利润、资本进行积累的货币的来源问题，一直是困扰经济学的伪问题。[①]

为了说明剩余价值的实现过程，马克思详细分析了各资本之间的交换关系。作为这一分析的重要组成部分和分析工具，马克思创造了一个以生产部门为基础、通过各部门之间的交换关系来说明社会资本再生产实现条件的部门间联系平衡表。[②]

从马克思的论述可以看出，平衡表的出发点是待实现的社会总产品。为了说明剩余价值的实现问题，马克思根据社会总产品在再生产过程中的用途，将社会总产品在使用价值上分为 A、B、C、D、E 五大类。其中，A 和 B 为原料，C 为机器，D 为资本家消费的剩余产品，E 为工人消费的必要生活资料。与此相适应，社会总生产被划分为五个部门（五个资本家）：两个原料生产部门 A 和 B，机器生产部门 C，剩余产品生产部门 D，必要产品生产部门 E。同时，马克思根据他所创立的劳动价值论原理，将社会总产品在价值上划分为 $C+V+M$ 三个部分。为便于分析，马克思假定每个生产部门的总再生产规模均为 100 价值单位（塔勒），社会总再生产规模为 500 价值单位（塔勒）；在每个生产部门中，必要劳动和剩余劳动各占产品价值的 $\frac{1}{5}$，即各为 20 价值单位（塔勒），或 $V=20$，$m'=1$；不变资本价值占产品价值的 $\frac{3}{5}$，即 60 价值单位（塔勒）。由这五个生产部门构成的部门间联系平衡表见表 1。表中的各列之和是各部门生产者的产出价值，各行之和是生产中消耗的原材料、机器设备、劳动力价值和剩余价值。最后一列与最后一行必然相等，因此是一个平衡表。

表 1　五部门联系平衡表

	付给劳动的报酬	原料	机器	剩余产品	产品价值
（A）原料的生产者	20	40	20	20	100
（B）原料的生产者	20	40	20	20	100
（C）机器的生产者	20	40	20	20	100
（E）工人的必要生活资料的生产者	20	40	20	20	100
（D）剩余产品的生产者	20	40	20	20	100
	100	200	100	100	500

注：马克思原表中合计是以 10 为计量单位的。见《马克思恩格斯全集》第 46 卷（上），人民出版社，1979 年，第 435 页。

马克思用部门 E 来说明剩余价值的实现过程，从而说明社会总产品的实现条件。由于 E 生产的是由工人消费的商品，因此"E 只能通过把自己的商品同工资相交换而实现

① 马克思：《资本论》第 2 卷，北京：人民出版社，2004 年，第 364—370 页，第 380 页，第 531—539 页，第 589—590 页。尽管马克思证明了"这个问题本来就是不存在的"，但在帝国主义理论史上还是形成了以这个问题为诱因的资本积累的争论（卢森堡，1913，1915；布哈林，1924；布鲁厄，1980；马健行，1993）。
② 《马克思恩格斯全集》第 46 卷（上），北京：人民出版社，1979 年，第 435 页。在苏联的经济学术语中，部门间联系平衡表就是投入-产出平衡表。这里是根据马克思模型的内容，借用了"部门联系平衡表"来概括马克思的平衡表。

自己的利润"[1]。就是说，首先，部门 E 将其产品价值的 $\frac{1}{5}$（20 塔勒）以货币形式支付给该部门的工人作为工资，工人再用它去购买 E 的产品。这样，部门 E 就实现了总产品价值的 $\frac{1}{5}$，并收回了预付的可变资本，可以再用来雇佣工人。其次，部门 E 再将其产品价值的 $\frac{3}{5}$ 即相当于生产中消耗的原料和机器（不变资本）的价值部分共计 60 塔勒分别与部门 A、B、C 雇佣的工人相交换，这些部门的工人用工资购买部门 E 的产品计 60 塔勒，部门 E 得到收入 60 塔勒并用来按比例购买部门 A、B、C 的产品，以补偿替换生产中消耗掉的原料和机器设备，A、B、C 各有 $\frac{1}{5}$ 的产品得到实现，并由此收回预付的可变资本以便在下一个生产周期雇佣工人；最后，部门 E 将占其产品价值 $\frac{1}{5}$、相当于本部门剩余价值的产品卖给部门 D 的工人，以满足该部门劳动力再生产的需要，部门 E 则用所得货币收入去购买部门 D 的产品供自己消费，部门 D 实现其产品的 $\frac{1}{5}$ 并收回预付的可变资本。

通过上述过程，部门 E 的产品得到了实现，完成了价值补偿和实物替换，可以进行再生产。与之相交换的各部门实现了各自产品的 $\frac{1}{5}$，并收回预付可变资本。如果令 W_a、W_b、W_c、W_d、W_e 分别为各部门的总产出，C_a、C_b 分别为生产中消耗的 A、B 两种原料，C_c 为生产中消耗的机器，V 和 M 为各部门的可变资本和剩余价值，则部门 E 的抽象实现条件可表示为

$$EV = EV$$
$$EC_a = AV$$
$$EC_b = BV$$
$$EC_c = CV$$
$$EM = DV$$

加总得到 $W_e = AV + BV + CV + DV + EV$，即部门 E 的产出应等于全社会对必要生活资料的需求。

部门 A、B、C、D 也和部门 E 一样，按比例交换自己的产品。因此，部门 A 的实现条件为

$$AC_a = AC_a$$
$$AC_b = BC_a$$
$$AC_c = CC_a$$
$$AV = EC_a$$
$$AM = DC_a$$

① 《马克思恩格斯全集》（第 46 卷）（上），北京：人民出版社，1979 年，第 432 页。

即 $W_a = AC_a + BC_a + CC_a + DC_a + EC_a$，部门 A 的产出应等于全社会对原料 A 的需求。

部门 B 的实现条件为

$$BC_a = AC_b$$
$$BC_b = BC_b$$
$$BC_c = CC_b$$
$$BV = EC_b$$
$$BM = DC_b$$

即 $W_b = AC_b + BC_b + CC_b + EC_b + DC_b$，部门 B 的产出应等于全社会对原料 B 的需求。

同理，部门 C 的实现条件为

$$CC_a = AC_c$$
$$CC_b = BC_c$$
$$CC_c = CC_c$$
$$CV = EC_c$$
$$CM = DC_c$$

即 $W_c = AC_c + BC_c + CC_c + EC_c + DC_c$。部门 D 的实现条件为

$$DC_a = AM$$
$$DC_b = BM$$
$$DC_c = CM$$
$$DV = EM$$
$$DM = DM$$

即 $W_d = AM + BM + CM + EM + DM$。

如果生产者消费掉了自己的全部剩余产品，生产过程结束时的情况同这个过程开始时一样，"资本的剩余价值就好象没有生长出来"[①]。在这种情况下，生产是简单再生产。

这样，马克思就说明了在简单再生产条件下，剩余价值是在各资本家彼此之间进行的交换中实现的，从而说明了社会总产品实现所必须遵循的比例关系即实现条件。

为便于理解上述交换过程和实现条件，我们把表 1 做技术性调整得到表 2，再将表 2 抽象化得到表 3。将前述各部门再生产实现条件代入表 3 就得到一个五部门再生产图式（图 1）。

表 2　五部门联系平衡表

	原料	原料	机器	付给劳动的报酬	剩余产品	产品价值
（A）原料的生产者	20	20	20	20	20	100
（B）原料的生产者	20	20	20	20	20	100
（C）机器的生产者	20	20	20	20	20	100

---

① 《马克思恩格斯全集》第 46 卷（上），北京：人民出版社，1979 年，第 435 页。马克思并未同时展开讨论扩大再生问题（第 435－436 页）。

续表2

	原料	原料	机器	付给劳动的报酬	剩余产品	产品价值
（E）工人的必要生活资料的生产者	20	20	20	20	20	100
（D）剩余产品的生产者	20	20	20	20	20	100
	100	100	100	100	100	500

表 3　五部门联系平衡表

	原料 A	原料 B	机器 C	V	M	W
部门 A	C_a	C_b	C_c	V	M	W_a
部门 B	C_a	C_b	C_c	V	M	W_b
部门 C	C_a	C_b	C_c	V	M	W_c
部门 E	C_a	C_b	C_c	V	M	W_e
部门 D	C_a	C_b	C_c	V	M	W_d
	W_a	W_b	W_c	W_e	W_d	

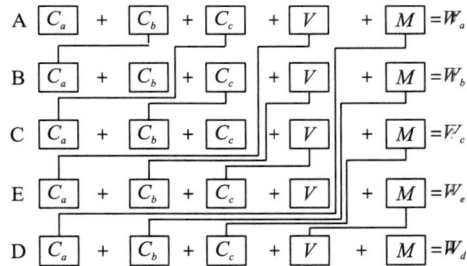

图 1　五部门再生产图式

分析马克思给出的五部门再生产实现条件我们可以发现，其中已经蕴含了《资本论》第二卷以两大部类为基础的社会资本再生产分析的基本思想和方法，蕴含了两大部类的交换关系和实现条件。事实上，将部门 A、B、C 归并加总，就得到第 Ⅰ 部类及其产出，将部门 E、D 归并加总就得到第 Ⅱ 部类及其产出。平衡条件 $AC_a = AC_a$，$BC_b = BC_b$，$CC_c = CC_c$，$BC_a = AC_b$，$CC_a = AC_c$，$CC_b = BC_c$ 属于第 Ⅰ 部类内部的交换，其中 $AC_a = AC_a$，$BC_b = BC_b$，$CC_c = CC_c$ 则属于第 Ⅰ 部类内部的部门内交换；$EV = EV$，$DM = DM$，$EM = DV$ 属于第 Ⅱ 部类内部交换，其中 $EV = EV$，$DM = DM$ 属于第 Ⅱ 部类内部的部门内交换；$EC_a = AV$，$EC_b = BV$，$EC_c = CV$，$DC_a = AM$，$DC_b = BM$，$DC_c = CM$ 是两大部类之间的交换，即如图 2 所示。

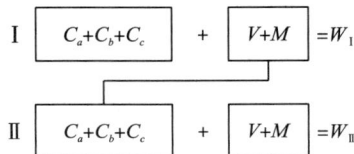

图 2　两大部类交换关系

令 $IC_a+C_b+C_c=IC$，$IIC_a+C_b+C_c=IIC$，就可以得到著名的两大部类图式。

上述考察表明，马克思在《1857—1858 年经济学手稿》中创造的五部门联系平衡表在马克思社会资本再生产理论的形成中有不容忽视的重大价值。不仅如此，进一步考察可以发现，五部门联系平衡表实际上蕴含着投入－产出分析的基本思想。

二、五部门联系平衡表中的投入－产出分析

为便于分析，我们根据表 2 展开讨论。由表 2 可知，主栏各行是生产部门，宾栏各列是生产中消耗的不变资本价值和新创造的价值，表的最后一列是各部门的总产值。根据价值补偿和实物替换原理，生产中消耗的不变资本价值和新创造的价值都必须通过与相应部门的交换才能实现。因此，表的宾栏可以用相应的各部门来表示。实际上，我们从马克思的分析中可知，马克思所揭示的社会资本再生产实现条件正是各部门之间的交换关系和交换比例。于是，表 2 可改写成表 4。

表 4　5×5 部门联系平衡表

	部门 A	部门 B	部门 C	部门 E	部门 D	W
部门 A	20	20	20	20	20	100
部门 B	20	20	20	20	20	100
部门 C	20	20	20	20	20	100
部门 E	20	20	20	20	20	100
部门 D	20	20	20	20	20	100
Q	100	100	100	100	100	500

显然，马克思给出的部门间联系平衡表实际上是一个正规的 5×5 部门联系平衡表。表 4 中的各行所表示的就是各生产部门在生产本部门产品和实现本部门剩余价值而对各部门产品的购买即需求，其中第 1~4 列是各部门为生产一定量总产品而必须进行的要素投入。表 4 中的各列表示的是各部门产品的分配去向即供给，也就是产出。表 4 中各部门既是需求者，又是供给者。最后一列是总产值，最后一行是总产品。各列之和的总产值（W）衡等于各行之和的总产品（Q）。因此，马克思的五部门联系平衡表实际上是一个投入－产出平衡表。将表 4 形式化，令 x_{ij} 为第 i 部门使用的第 j 部门以价值计算的产品数量，部门 A、B、C、E、D 用 $i=j=1$，…，5 来表示，如表 5 所示。

表 5　5×5 投入－产出平衡表

	部门 1	部门 2	部门 3	部门 4	部门 5	W
部门 1	x_{11}	x_{12}	x_{13}	x_{14}	x_{15}	W_1
部门 2	x_{21}	x_{22}	x_{23}	x_{24}	x_{25}	W_2
部门 3	x_{31}	x_{32}	x_{33}	x_{34}	x_{35}	W_3

续表5

	部门1	部门2	部门3	部门4	部门5	W
部门4	x_{41}	x_{42}	x_{43}	x_{44}	x_{45}	W_4
部门5	x_{51}	x_{52}	x_{53}	x_{54}	x_{55}	W_5
Q	Q_1	Q_2	Q_3	Q_4	Q_5	

其数学模型是：

$$\begin{cases}W_1=x_{11}+x_{12}+x_{13}+x_{14}+x_{15}\\W_2=x_{21}+x_{22}+x_{23}+x_{24}+x_{25}\\W_3=x_{31}+x_{32}+x_{33}+x_{34}+x_{35}\\W_4=x_{41}+x_{42}+x_{43}+x_{44}+x_{45}\\W_5=x_{51}+x_{52}+x_{53}+x_{54}+x_{55}\end{cases}$$

即

$$W_i=\sum_{j=1}^{5}x_{ij}\quad(i=1,\cdots,5)$$

$$\begin{cases}Q_1=x_{11}+x_{21}+x_{31}+x_{41}+x_{51}\\Q_2=x_{12}+x_{22}+x_{32}+x_{42}+x_{52}\\Q_3=x_{13}+x_{23}+x_{33}+x_{43}+x_{53}\\Q_4=x_{14}+x_{24}+x_{34}+x_{44}+x_{54}\\Q_5=x_{15}+x_{25}+x_{35}+x_{45}+x_{55}\end{cases}$$

即

$$Q_j=\sum_{i=1}^{5}x_{ij}\quad(j=1,\cdots,5)$$

并且有

$$\sum_{i=1}^{5}\sum_{j=1}^{5}x_{ij}\equiv\sum_{j=1}^{5}\sum_{i=1}^{5}x_{ij}\ \text{或}\sum_{i=1}^{5}W_i=\sum_{j=1}^{5}Q_j$$

模型的核心是5×5交易矩阵：

$$[X]=\begin{bmatrix}x_{11}&x_{12}&x_{13}&x_{14}&x_{15}\\x_{21}&x_{22}&x_{23}&x_{24}&x_{25}\\x_{31}&x_{32}&x_{33}&x_{34}&x_{35}\\x_{41}&x_{42}&x_{43}&x_{44}&x_{45}\\x_{51}&x_{52}&x_{53}&x_{54}&x_{55}\end{bmatrix}$$

矩阵反映了各部门彼此互为生产者与消费者的经济关系。这种关系的实质是社会为进行生产而发生的产业关联，即投入-产出关系。

如果令 $a_{ij}=\dfrac{x_{ij}}{W_i}$ 为 i 部门生产单位产出所需购买的 j 部门的产品，就可以由交易矩阵得到模型的技术系数矩阵：

$$[A] = \begin{pmatrix} a_{11} & a_{12} & a_{13} & a_{14} & a_{15} \\ a_{21} & a_{22} & a_{23} & a_{24} & a_{25} \\ a_{31} & a_{32} & a_{33} & a_{34} & a_{35} \\ a_{41} & a_{42} & a_{43} & a_{44} & a_{45} \\ a_{51} & a_{52} & a_{53} & a_{54} & a_{55} \end{pmatrix}$$

根据马克思的假定，这个模型中的各部门有完全相同的技术系数，即

$$[A] = 0.2$$

如果在马克思 5×5 模型的基础上增加一个最终需求象限（消费＋积累）和一个新创造价值象限，就得到一个典型的、由马克思五部门联系平衡表发展来的投入－产出模型。模型结构见表6。

表6　5×5 投入－产出模型

		中间消耗					新创造价值		
		部门1	部门2	部门3	部门4	部门5	V	M	W
中间需求	部门1	x_{11}	x_{12}	x_{13}	x_{14}	x_{15}	V_1	M_1	W_1
	部门2	x_{21}	x_{22}	x_{23}	x_{24}	x_{25}	V_2	M_2	W_2
	部门3	x_{31}	x_{32}	x_{33}	x_{34}	x_{35}	V_3	M_3	W_3
	部门4	x_{41}	x_{42}	x_{43}	x_{44}	x_{45}	V_4	M_4	W_4
	部门5	x_{51}	x_{52}	x_{53}	x_{54}	x_{55}	V_5	M_5	W_5
最终需求	消费	Y_1	Y_2	Y_3	Y_4	Y_5			
	积累	K_1	K_2	K_3	K_4	K_5			
	Q	Q_1	Q_2	Q_3	Q_4	Q_5			

模型的数学方程是：

$$\begin{cases} W_1 = x_{11} + x_{12} + x_{13} + x_{14} + x_{15} + V_1 + M_1 \\ W_2 = x_{21} + x_{22} + x_{23} + x_{24} + x_{25} + V_2 + M_2 \\ W_3 = x_{31} + x_{32} + x_{33} + x_{34} + x_{35} + V_3 + M_3 \\ W_4 = x_{41} + x_{42} + x_{43} + x_{44} + x_{45} + V_4 + M_4 \\ W_5 = x_{51} + x_{52} + x_{53} + x_{54} + x_{55} + V_5 + M_5 \end{cases}$$

即

$$W_i = \sum_{j=1}^{5} x_{ij} + V_i + M_i \quad (i=1,\cdots,5)$$

$$\begin{cases} Q_1 = x_{11} + x_{21} + x_{31} + x_{41} + x_{51} + Y_1 + K_1 \\ Q_2 = x_{12} + x_{22} + x_{32} + x_{42} + x_{52} + Y_2 + K_2 \\ Q_3 = x_{13} + x_{23} + x_{33} + x_{43} + x_{53} + Y_3 + K_3 \\ Q_4 = x_{14} + x_{24} + x_{34} + x_{44} + x_{54} + Y_4 + K_4 \\ Q_5 = x_{15} + x_{25} + x_{35} + x_{45} + x_{55} + Y_5 + K_5 \end{cases}$$

即
$$Q_j = \sum_{i=1}^{5} x_{ij} + Y_j + K_j \quad (j=1,\cdots,5)$$

且
$$\sum_{i=1}^{5}\sum_{j=1}^{5} x_{ij} + V_i + M_i \equiv \sum_{j=1}^{5}\sum_{i=1}^{5} x_{ij} + Y_j + K_j$$

$$或 \sum_{i=1}^{5} W_i = \sum_{j=1}^{5} Q_j$$

由于模型是简单再生产，因此：

$$\begin{bmatrix} Y_1 & Y_2 & Y_3 \\ K_1 & K_2 & K_3 \end{bmatrix} = 0, \quad \begin{bmatrix} K_4 & K_5 \end{bmatrix} = 0$$

又由于部门 4 和部门 5 生产的分别是工人的必要生活资料和资本家的消费资料（剩余价值），不能用作中间消耗，因此：

$$\begin{bmatrix} x_{14} & x_{15} \\ x_{24} & x_{25} \\ x_{34} & x_{35} \\ x_{44} & x_{45} \\ x_{54} & x_{55} \end{bmatrix} = 0$$

将上述条件代入表 6，就可以得到与马克思的原表在理论上和内容上都是等价的投入－产出模型。

显然，马克思的五部门联系平衡表可以很容易推广至 $n \times n$ 个部门。

三、结　论

综合以上分析，我们有如下结论：

第一，马克思《1857—1858 年经济学手稿》中所创造的五部门联系平衡表在马克思社会资本再生产理论的形成上有重要的研究价值。众所周知，从社会总产品出发来考察社会资本再生产和流通的实现条件、社会总产品的双重补偿问题，即实现问题是研究社会资本再生产的核心问题，将社会总产品在实物上按照它们在社会资本再生产过程中的最终用途划分为两大类，与此相适应，将社会总生产划分为两大部类，在价值上将社会总产品划分为 $C+V+M$ 三个部分，是马克思社会资本再生产理论的基本原理。如前所述，这些基本原理在五部门联系平衡表的分析中已经存在。这使得马克思《1857—1858年经济学手稿》中围绕剩余价值的实现问题而展开的社会总再生产的实现分析，在马克思社会资本再生理论的形成中有了特殊而重要的意义。

第二，马克思创造的五部门联系平衡表应该是经济思想史上的第一次。平衡表不仅成功地揭示了社会资本再生产所必须遵循的客观条件，而且清楚地表达了处于相互联系中的各生产部门之间是一种由再生产的比例关系决定的投入－产出关系的思想，一旦这种关系被破坏，经济危机就不可避免。对平衡表的技术解析证明了平衡表是一个投入－产出模型。这使我们有理由把马克思视为现代投入－产出分析的真正先驱和先行者。这是马克思对经济学的一个重大而又被人们忽视的贡献。

应当承认，由于有了里昂惕夫的工作，马克思的这一重大贡献才被我们重新发现。

第三，如何将马克思经济学原理具体化、应用化，是进一步发展马克思主义政治经济学的重大课题。这一课题再度引起了人们的重视。就马克思社会资本再生产理论的具体化、应用化而言，马克思创造的五部门联系平衡表将起着重大作用。

根据马克思经济学方法论，将社会资本再生产理论具体化、应用化，必须满足从抽象上升到具体的逻辑要求。自从里昂惕夫的投入－产出经济学引起社会主义经济学界的兴趣以来，一些学者就把投入－产出模型看作马克思社会资本再生产理论的一种具体化，并沿着这一思路进行了有益的探索。这些探索大多集中在如何用马克思经济学原理改造投入－产出的经济学基础，并创造出以马克思经济学为基础的投入－产出模型。兰格最早发现可以用投入－产出模型来解读马克思的两大部类图式，并构建了一个两大部类投入－产出模型（2×2模型）；涅姆钦诺夫构建了一个由三部类构成的投入－产出模型（3×3模型），从而为将抽象的再生产两大部类图式转化（上升）为具体的投入－产出模型做出了贡献。此后，人们在探索连接社会资本再生产两大部类图式与投入－产出模型的中介模型方面长期没有进展。没有这样的中介模型，马克思社会资本再生产理论的具体化就是不完美的。而被人们长期忽视的马克思的五部门联系平衡表则正是这样的中介模型。

如前所述，五部门平衡表一方面可以通过归并而抽象化为两大部类图式及其实现条件，另一方面，五部门平衡表本身所蕴含的投入－产出关系可以经推广而逻辑地转化为可直接操作的投入－产出模型。容易理解，从具体的、可直接操作的投入－产出模型，可以抽象为马克思的部门联系平衡表并进而抽象化为社会资本再生产两大部类图式（图2）。

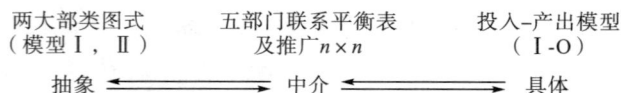

两大部类图式 （模型Ⅰ，Ⅱ）	五部门联系平衡表 及推广 $n \times n$	投入–产出模型 （Ⅰ-O）
抽象 ⟵	中介 ⟵	具体

图 2　社会资本再生产两大部类图式

可见，马克思五部门联系平衡表是内生于马克思经济学而使马克思社会资本再生产理论具体化、应用化并取得现代形式的中介

第 8 章　马克思社会资本再生产模型的一个技术性补充

对马克思创立社会资本再生产理论过程的考察表明，马克思的社会资本再生产理论是马克思对经济学的一个原创性贡献。在这一理论中，马克思对第Ⅱ部类的分解及其交换关系的分析，进一步揭示了资本主义再生产如果要顺利进行必须遵循的更为复杂的条件。其中完全迂回性交换过程表明，资本家的个人消费偏好及其变化不仅是决定资本积累的一个因素，而且是破坏再生产比例关系的一个因素。虽然马克思提出了第Ⅱ部类分解问题，并对分解后的社会资本简单再生产的规律做了理论分析，但马克思没有给出完整的模型，也没有在社会资本扩大再生产的分析中对两大部类进行同样的分解。这就需要根据马克思的部类分解原理进行技术性补充，以便更完整地理解马克思的社会资本再生产理论和资本主义再生产危机的必然。

一、引言：马克思社会资本再生产理论与古典经济学的关系

马克思的社会资本再生产理论是马克思经济学的重要组成部分。通常认为，这一理论与马克思整个经济理论一样，是在批判继承古典经济学关于社会资本再生产理论的基础上创立的。尽管这种看法十分普遍，但并不完全符合实际。从马克思创立其社会资本再生产理论的过程看，可以认为这一理论应当属于马克思的独创。

马克思社会资本再生产理论的创立，是与马克思对资本主义经济危机的观察与思考结合在一起的。早在 19 世纪 40 年代末，马克思在《哲学的贫困》《雇佣劳动与资本》等著作中就已经提出了资本主义的生产与市场之间的矛盾问题，初步证明了资本主义提高劳动生产率以获取更多利润的竞争，会使社会分工和生产规模不断深化和扩大，使工人贫困，从而造成生产的不断扩大与市场愈加狭窄的矛盾，造成周期性经济危机。

1851 年，在题为《反思》的手稿中，马克思认为斯密将社会产品的交换分为实业家之间的贸易和实业家与消费者之间的贸易，前者是资本的转移，后者是收入同资本的交换的区分是重要的，但斯密没有说明这两种贸易、两种货币之间的联系。斯密之所以不能说明这种联系，是因为斯密将全部产品都归结为收入，从而断定实业家与消费者之间的贸易额等于实业家之间的贸易额。一些经济学家正是根据斯密的理论认为这两种贸易

必然平衡，从而否定生产过剩危机。马克思指出：所有的危机事实上都表明，实业家之间的贸易总会超出实业家与消费者之间贸易为它设定的界限。因此，这两种贸易之间是不平衡的。经济学家用来证明不可能发生普遍生产过剩危机的一切论断，只涉及实业家之间的贸易，没有看到这种贸易受实业家与消费者之间贸易的限制，而后者又受到构成消费者最大部分的工人阶级收入的限制。同时，实业家之间的贸易又会造成实业家与消费者之间的贸易。于是，又可以发现，实业家与消费者之间的贸易大多在实业家之间的贸易面前碰壁，危机总是最先发生在实业家与消费者之间的贸易中。因此，生产过剩不只是归因于生产的不合比例，也归因于资本家阶级与工人阶级之间的关系。[①] 马克思同时还分析了资本实现过程中的货币流通问题，这实际上涉及的是资本的价值实现问题。[②] 这些情况表明，尽管马克思的分析是在斯密两种贸易划分的前提下展开的，但体现的是马克思关于社会总产品实现问题的思想。

在《1857—1858 年经济学手稿》中，马克思初步构建了从理论上再现资本主义生产方式的逻辑体系，并明确将"资本在其流通过程中的再生产和积累"作为"资本章"第二篇"资本的流通过程"的研究内容。在手稿中，马克思从资本主义生产过程和流通过程相统一的视角研究了社会总产品的实现问题。马克思指出：资本是所使用的资本的价值保存过程、资本的价值增殖过程和生产出来的产品的价值实现过程的统一。但是，这三个过程在时间和空间上是分开的。虽然这三个过程有内在的统一性，但它们是彼此独立存在的，并且每一个过程都是另一个过程的前提。因此，生产过程结束后，资本必须进入流通。作为商品，资本必须是使用价值，必须同货币进行交换。为了更新，全部产品即社会总产品必须转化为货币，必须全部实现。马克思提出了商品实现的两个限制条件：第一个条件是消费本身，即对该商品的需求；第二个条件是对该商品来说，必须有等价物存在。[③] 为了说明社会总产品的实现，马克思将社会总产品在价值上分为不变资本、可变资本和剩余价值，在实物上根据产品的用途分为原料（A、B）、机器（C）、必要生活资料（E）和剩余产品即资本家的消费品（D）五大类。按照产品的用途，马克思将社会再生产分为五大部门，建立了一个由五大生产部门构成的资本主义经济体。马克思以部门 E 的剩余价值的实现过程为例，详尽地分析了社会总产品各个组成部分的价值补偿和实物替换过程，并给出了社会总产品的实现条件。[④] 如果将同属于生产资料生产部门的 A、B、C 和同属于消费资料生产部门的 D、E 分别按部门合并加总，再将五部门实现条件按部门合并的性质加总，就得到马克思在《资本论》第二卷定义的第 I 部类和第 II 部类及其相应的产出，以及社会资本再生产的三大交换要点和三个基本实现条件。这表明，马克思已经解决了社会资本再生产的基本问题。顺便指出，马克思的五部门再生

① 《马克思恩格斯全集》第 44 卷，北京：人民出版社，1982 年，第 154—156 页。
② 《马克思恩格斯全集》第 44 卷，北京：人民出版社，1982 年，第 156—159 页。
③ 《马克思恩格斯全集》第 46 卷（上），北京：人民出版社，1979 年，第 383—390 页。
④ 《马克思恩格斯全集》第 46 卷（上），北京：人民出版社，1979 年，第 432—437 页。

产模式实际上是一个具有投入−产出性质的部门间联系平衡系统。[①]

在《1861—1863 年经济学手稿》中，马克思对斯密的商品价值构成理论即斯密教条进行了深入的批判。在此基础上，马克思将社会生产分为消费品生产（A）和生产资料（B）两大部类，并采用一种递推方法构建了一个由 729 个 $\left(I=1+2(1+\sum_{i=1}^{5}3^i)，I\right.$ 为生产领域）不同生产领域组成的资本主义经济体来分析社会总资本简单再生产的实现问题。通过分析，马克思解决了两大部类之间的交换问题（资本与收入的交换）和 B 部类不变资本的实现问题，提出了资本主义简单再生产实现条件的三大交换要点。[②] 在手稿中，马克思对魁奈的经济表做了科学解读。[③] 同时，马克思以自己的再生产理论为基础，对魁奈的经济表图式进行了改造，构建了一个以消费资料生产为第 I 部类、生产资料生产为第 II 部类的两大部类再生产图式。[④] 在《资本论》第二卷手稿中，马克思放弃了带有魁奈痕迹的经济表，采用了自己独创的社会资本再生产公式和两大部类图式。

上述简要回顾表明，从科学术语到理论内容可以认为，马克思的社会资本再生产理论应当是马克思的独创。这一理论与古典经济学的关系主要是批判关系，这种批判是建立在马克思对资本主义再生产内部矛盾的深刻认识和马克思劳动价值论基础之上的。

克莱因认为马克思的再生产和积累图式是理论建模的先驱。[⑤] 马克思社会资本再生产理论对当代经济学的重大影响之一是费尔德曼以这一理论为基础建立的现代经济增长理论。本文的任务是在马克思社会资本再生产理论的基础上，遵循马克思对第 II 部类分解的方法，再对第 I 部类进行分解，从部类分解角度对马克思社会资本再生产模型做一个技术性补充。这一补充的意义在于，尽管马克思对两大部类分解（分割）后的分部类产品的实现过程做了理论说明，但没有给出相应的公式和模型。考虑到两大部类分解后社会总产品实现条件的复杂性，这种复杂性对理解资本主义危机的重要性，本文认为有充分的理由进行这一技术性补充。在下文，我们将马克思经济学语境中的再生产图式称为再生产模型。

二、第 II 部类分解条件下的第 I 部类分解及两大部类的交换关系

马克思对社会资本简单再生产的分析有如下假定：第一，两个部类的资本构成（不变资本与可变资本的比例）都是 4：1；第二，两个部类的剩余价值率都是 100%。用公式表示为：

$$\begin{aligned} & \text{I}.\ 4000c+1000v+1000m=6000 \\ & \text{II}.\ 2000c+500v+500m=3000 \end{aligned} \tag{2.1}$$

---

① 张衔：《马克思的五部门联系平衡表：一个现代解释》，《海派经济学》，2007 年第 18 期。
② 《马克思恩格斯全集》第 26 卷（I），北京：人民出版社，1972 年，第 236—258 页。
③ 《马克思恩格斯全集》第 26 卷（I），北京：人民出版社，1972 年，第 6 章。
④ 《马克思恩格斯全集》第 48 卷，北京：人民出版社，1985 年，第 166—168 页。
⑤ 克莱因：《经济计量学在社会主义经济中的作用》，《经济学译丛》，1982 年第 7 期。

在给出了两大部类的三大交换要点，并分析了两大部类之间的交换关系和实现条件以后，马克思认为有必要专门讨论第Ⅱ部类内部的交换问题。马克思指出："在第Ⅱ部类商品产品的价值中，$v+m$ 这一组成部分还要加以研究。"[①] 这涉及可变资本怎样流回它的起点。马克思仍然根据商品的最终用途，进一步将第Ⅱ部类的产品分为两大分部类：[②]

分部类（a），即Ⅱa：消费资料。它们进入工人阶级的消费，但因为它们是必要生活资料，所以也构成资本家阶级的消费的一部分，但就其质量和价值来说，往往和工人的必要生活资料不同。为了研究的目的，马克思把它们都归为必要消费资料的项目。

分部类（b），即Ⅱb：奢侈消费资料。它们只进入资本家阶级的消费，所以只能和花费的剩余价值交换，而剩余价值是绝对到不了工人手中的。

由于分部类Ⅱa的价值产品 $v+m$ 是以必要消费资料的形式存在的，因此，Ⅱa 的可变资本 v 可以直接回流。马克思指出："就前一个项目来说，很明显，为了生产该项目的种种商品而预付的可变资本，一定以货币形式直接流回到第Ⅱ部类中生产这些必要生活资料的那部分资本家（即Ⅱa 的资本家）手中。……尽管各有关产业部门的资本家之间的交易是很频繁的，并且通过这种交易流回的可变资本是按比例分配的，但对第Ⅱ部类资本家阶级的整个分部类 a 来说，这种回流是**直接**进行的。这是靠工人支出的货币直接提供流通手段的流通过程。"[③]

但是分部类Ⅱb的价值产品 $v+m$ 的实物形态是奢侈品，该分部类的可变资本 v 不能直接回流。"我们这里考察的价值产品的整个部分，即Ⅱb$(v+m)$，是以奢侈品的实物形式存在的，就是说，这种奢侈品，同以生产资料形式存在的商品价值 $Ⅰv$ 一样，工人阶级是无法购买的，尽管这种奢侈品和那种生产资料都是这些工人的产品。因此，这一分部类预付的可变资本以它的货币形式再回到资本主义生产者手中的那种回流，不能直接进行，而是象 $Ⅰv$ 一样，必须间接进行。"[④] 事实上剩余价值的实现也有类似的问题。

为了说明第Ⅱ部类内部的交换过程，马克思假定整个第Ⅱ部类的价值产品为1000，即Ⅱ$(v+m)=500v+500m$，其中必要消费资料的价值是 $v=400,m=400$，构成必要消费资料的商品量的价值是 $400v+400m=800$，或者是Ⅱa$(400v+400m)$。奢侈品的价值是 $100v+100m=200$，或者是Ⅱb$(100v+100m)$。假定资本家的剩余价值中有 60% 用于必需品消费，40% 用于奢侈品消费。Ⅱ$(v+m)$分解为

$$Ⅱa(400v+240m+160m)$$
$$Ⅱb(100v+60m+40m)$$

(2.2)

其实现过程如下：其中Ⅱa$(400v+240m)$共 640 的实物形态即供给是必需消费品，价值形态即需求是工人用于个人消费的工资和资本家用于必需品消费的一部分剩余价值。供求在总量和结构上是平衡的，可以在本分部类内部实现，资本家预付的 v 可以直接回

① 马克思：《资本论》第 2 卷，北京：人民出版社，2004 年，第 447 页。
② 马克思：《资本论》第 2 卷，北京：人民出版社，2004 年，第 448 页。
③ 马克思：《资本论》第 2 卷，北京：人民出版社，2004 年，第 448 页。
④ 马克思：《资本论》第 2 卷，北京：人民出版社，2004 年，第 448—449 页。

流。$IIb(40m)$ 的实物形态是奢侈品，价值形态是资本家用于奢侈品消费的一部分剩余价值。供求在总量与结构上也是平衡的，也可以在本分部类内部实现。但是，$IIa(160m)$ 的实物形态是必需消费品，价值形态是资本家用于奢侈品消费的剩余价值，需求是奢侈品，不是必需品。尽管总量是平衡的，但供求结构不匹配，是失衡的。同样，$IIb(60m)$ 在实物上是奢侈品，但在价值上是资本家用于个人必需品消费的剩余价值，需求的是必需品，不是奢侈品。尽管奢侈品的价值总量与资本家对必需品需求的价值总量相等，但结构同样是不匹配的。因此，这两部分产品在供求关系上具有互补性，必须交换，通过分部类间的交换使各自的实物得到替换，价值得到补偿，从而 $IIb(v)$ 只能间接回流。马克思将上述实现过程用公式描述为[1]

$$(a)\quad \frac{v}{400v(a)} + \frac{m}{240m(a)+100v(b)+60m(b)} = 800$$
$$(b)\quad \frac{v}{100m(a)} + \frac{m}{60m(a)+40m(b)} \cdots\cdots = 200$$
$$\overline{1000}$$

(2.3)

其中括号中的符号表示交换关系。

由于第 II 部类分成了两个分部类，这必然会影响到两大部类之间的交换关系。为了简单起见，马克思假定第 II 部类的两个分部类的资本构成（不变资本与可变资本的比例）也是 4∶1，于是两个分部类的构成如下：

$$(IIa)1600c+400v+400m=2400$$
$$(IIb)400c+100v+100m=600$$

(2.4)

根据两大部类的基本实现条件式 $I(v+m)=IIc$，马克思指出：以消费资料形式存在的、要和 2000 $I(v+m)$ 交换的 2000 IIc，其中有 1600 用来交换生产必要生活资料的生产资料，400 用来交换生产奢侈品的生产资料。于是，2000 $I(v+m)$ 也要分割为 $I(800v+800m)=1600$ 作为生产必要生活资料的生产资料；$I(200v+200m)=400$ 作为生产奢侈品的生产资料。其中 $I(800v)+I(200v)=1000$ 都由于工资用在消费资料 $II(1000c)$ 上而实现，为支付工资而预付的货币资本在回流时，会在第 I 部类各资本主义生产者之间均衡分配，再以货币形式补偿各自预付的可变资本。$I(800m)+I(200m)=1000$ 会均衡地从剩下的 $II(1000c)$ 中取出具有消费资料形式的 600 IIa 和 400 IIb，因此，为 IIa 补偿不变资本的资本家要从 $600c(IIa)$ 中取出 480 并从 $400c(IIb)$ 中取出 320 共 800；为 IIb 补偿不变资本的资本家要从 $600c(IIa)$ 中取出 120，并从 $400c(IIb)$ 中取出 80，共 200，两种补偿总计 1000，整个产品得到实现。[2]

但是，马克思给出的第 II 部类内部交换关系的公式显然不如两大部类交换关系的公式更容易理解。同时，马克思给出了在第 II 部类分解成两个分部类情况下，$I(v+m)$ 的分解

① 马克思：《资本论》第 2 卷，北京：人民出版社，2004 年，第 451 页。
② 马克思：《资本论》第 2 卷，北京：人民出版社，2004 年，第 452—453 页。

和Ⅰ($v+m$)＝Ⅱc 的交换关系，但马克思没有给出相应的模型。下面我们根据马克思社会资本再生产理论原理和马克思对第Ⅱ部类分解条件下两大部类实现条件的分析，做一个技术性的模型补充。

马克思给出的第Ⅱ部类内部的交换过程可以用交换模型（图1）表示为

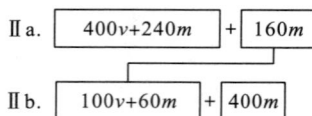

图1 第Ⅱ部类内部交换模型

如果令 x_a 为资本家用于生活必需品消费的剩余价值的比例，x_b 为用于奢侈品消费的剩余价值的比例，则第Ⅱ部类内部交换的基本实现条件可以用公式表示为

$$Ⅱa. mx_b = Ⅱb.(v+mx_a), \quad x_a + x_b = 1 \tag{2.5}$$

由于第Ⅱ部类分解成了两个分部类，因此，第Ⅰ部类也应当与此相适应地分解为两个分部类：一个是生产必需消费资料的生产资料生产分部类Ⅰ(a)，一个是生产奢侈品的生产资料生产分部类Ⅰ(b)。按照马克思的假定，分解成两个分部类后的第Ⅰ部类可以用公式表示为

$$Ⅰa. 3200c + 800v + 800m = 4800$$
$$Ⅱb. 800c + 200v + 200m = 1200 \tag{2.6}$$

两大部类简单再生产模型可表示为

$$Ⅰa. 3200c + 800v + 800m = 4800$$
$$Ⅰb. 800c + 200v + 200m = 1200$$
$$Ⅱa. 1600c + 400v + 400m = 2400$$
$$Ⅱb. 400c + 100v + 100m = 600 \tag{2.7}$$

采用马克思的假定，各分部类的资本家的 $x_a = 0.6$，即剩余价值的 60% 用于必需品消费。于是 Ⅰ(a) 和 Ⅰ(b) 进一步分解为

$$Ⅰa. 3200c + 800v + 480m + 320m = 4800$$
$$Ⅰb. 800c + 200v + 120m + 80m = 1200 \tag{2.8}$$

马克思较详细地分析了分解条件下第Ⅱ部类内部两个分部类之间的交换关系，说明了预付在Ⅱb的可变资本 v 的实现，但没有分析分解条件下两大部类的交换关系。分析表明，在部类分解条件下，两大部类的交换关系将变得十分复杂。现在给出分解条件下两大部类的交换关系 Ⅰ($v+m$)＝Ⅱc。

第一，Ⅰa(800v+480m)。Ⅰa是生产必需消费品的生产资料分部类，Ⅰa(800v+480m)在实物形态上是生产必需消费品的生产资料，在价值形态上是工人和资本家对必需消费品的需求。Ⅱa(c) 的实物形态是必需消费品，但价值形态是该分部类生产中消耗掉的不变资本价值，需要的是生产资料。因此，只能与Ⅰa(800v+480m) 交换。通过交换，使双方在实物上得到替换，价值上得到补偿。

第二，$Ib(80m)$。Ib 是生产奢侈品的生产资料分部类。IIb（$80m$）在实物形态上是生产奢侈品的生产资料，在价值形态上是资本家对奢侈品的需求。$IIb(c)$ 在实物形态上是满足资本家需要的奢侈品，在价值形态上是生产中消耗的不变资本价值，代表着 IIb 对生产奢侈品的生产资料的需求。因此，两者可以通过交换使产品得到实现，价值得到补偿。

第三，$Ia(320m)$。这部分产品在实物形态上是生产必需消费品的生产资料，在价值形态上代表着资本家对奢侈品的需求，只能从 $IIb(c)$ 购买，但 $IIb(c)$ 并不需要产品 $Ia(320m)$，需要的是 Ib 的产品。

第四，$Ib(200v+120m)$。这部分产品在实物形态上是生产奢侈消费品的生产资料，在价值形态上代表着工人和资本家对必需消费品的需求，只能从 $IIa(c)$ 购买，但 $IIb(c)$ 并不需要产品 Ib（$200v+120m$），需要的是 Ia 的产品。

产品 $Ia(320m)$ 和 $Ib(200v+120m)$ 的情况表明，与之相关的流通或实现过程出现了供给（产品的实物形态）与需求（产品的价值形态）的非同期性和非互补性，价值补偿和实物替换不能同时实现，表现出结构性矛盾，因而只能通过迂回方式来实现。具体过程如下：

首先，$Ia(320m)$ 将产品卖给 $IIa(c)=320$，但不购买 $IIa(c)$，而是用得到的货币购买奢侈品 $IIb(c)=320$ 以满足本分部类资本家的奢侈消费需求，$Ia(320m)$ 因此实现了实物替换和价值补偿。其次，$IIb(c)$ 用得到的货币 320 向分部类 Ib 购买价值 Ib（$200v+120m$）$=320$ 的生产资料，以替换生产中消耗掉的价值 320 的生产资料，$IIb(c)$ 因此实现了实物替换和价值补偿。最后，$Ib(200v+120m)$ 再用得到的货币 320 购买 $IIa(c)=320$ 的必需消费品以满足工人和资本家的消费需求，$Ib(200v+120m)=320$ 和 $IIa(c)=320$ 都得到实现，完成了双重补偿。货币回到起点，满足货币必须回流的原则。上述过程可以用交换模型 1（图 2）来表示

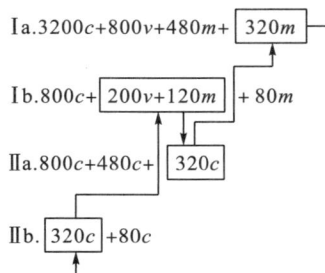

图 2　交换模型 1

其中，箭头方向为货币流，箭根方向为实物流。完整的两大部类之间的交换关系可以用交换模型 2（图 3）表示为

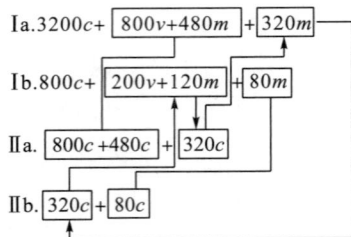

图 3　交换模型 2

　　顺便指出，本文是从 $Ia(320m)$ 开始分析完全迂回性交换过程的。这不是必需的分析程序。事实上，分析可以从完全迂回性交换过程的任意环节开始，且都可以揭示这一交换过程的复杂性。

　　显然，两大部类条件下社会资本简单再生产的基本实现条件即两大部类的交换关系 $I(v+m) = IIc$ 已经变得十分复杂。如果令 $IIa.800c + 480c = 1280c$ 为 $IIa.c_1$，$IIa.320c$ 为 $IIa.c_2$，$IIb.320c$ 为 $IIb.c_1$，$IIb.80c$ 为 $IIb.c_2$，同时用上标 s 和 d 表示供给（分部类产品的实物形态 w）和需求（分部类产品的价值形态 g），则两大部类条件下简单再生产的基本平衡条件 $I(v+m) = IIc$ 进一步发展为四个分部类条件下社会资本简单再生产的基本实现条件：

$$Ia.v + mx_a = IIa.c_1$$
$$Ib.mx_b = IIb.c_2$$
$$Ia.mx_b^s = IIa.c_2^d$$
$$Ia.mx_b^d = IIb.c_1^s \tag{2.9}$$
$$IIb.c_1^d = Ib.(v+mx_a)^s$$
$$Ib.(v+mx_a)^d = IIa.c_2^s$$

其中 $Ia.mx_b^s = IIa.c_2^d$、$Ia.mx_b^d = IIb.c_1^s$、$IIb.c_1^d = Ib.(v+mx_a)^s$ 和 $Ib.(v+mx_a)^d = IIa.c_2^s$ 等四个条件是由非同期性和非互补性供求关系决定的完全迂回性交换过程所必须遵循的平衡条件。分部类条件下，简单再生产的基本实现条件虽然不改变两大部类之间的基本关系，但会导致社会总产品实现过程的复杂化。

　　将第 II 部类内部分部类之间的交换关系加入上述模型 2，并注意到 $Ia.c$ 和 $Ib.c$ 在本分部类内部实现，则四个分部类社会资本简单再生产的完整交换模型 3（图 4）为

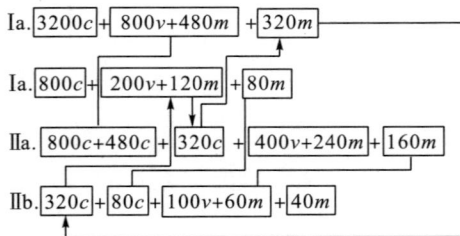

图 4　交换模型 3

在上述基本实现条件的基础上，可以推导出如下四个派生条件：

$$Ia.\ 3200c + 800v + 480mx_a + 320mx_b = Ia.\ 3200c + IIa.\ (800c + 480c + 320c)$$

$$Ib.\ 800c + 200v + 120mx_a + 80mx_b = Ib.\ 800c + IIb.\ (320c + 80c) \qquad (2.10)$$

$$IIa.\ 1600c + 400v + 240mx_a + 160mx_b = Ia.\ (800v + 480mx_a) + Ib.\ (200v + 120mx_a)$$
$$+ IIa.\ (400v + 240mx_a) + IIb.\ (100v + 60mx_a)$$

$$IIb.\ 400c + 100v + 60mx_a + 40mx_b = Ia.\ 320mx_b + Ib.\ 80mx_b + IIa.\ 160mx_b + IIb.\ 40mx_b$$

这四个派生条件表明，各分部类之间存在着互为条件、相互制约的关系。分部类 Ia 和分部类 Ib 的全部产品恰好必须满足简单再生产条件下全社会对生产中消耗掉的生产必需消费品的生产资料的补偿需求和生产奢侈消费品的生产资料的补偿需求，以及为生产必需品的生产资料的生产而消耗的生产资料的补偿需求（Ia.c）和为生产奢侈品的生产资料的生产而消耗的生产资料的补偿需求（Ib.c），而分部类 IIa 和分部类 IIb 的全部产品必须恰好满足工人和资本家对必需消费品的需求，以及资本家对奢侈消费品的需求。

如同在两部类社会资本简单再生产的场合，上述四个派生条件也会造成一些假象：对分部类 Ia 和分部类 Ib 来说，似乎全部产品都是由转移的旧价值构成的，没有当年的新劳动创造的新价值；相反，对分部类 IIa 和分部类 IIb 来说，似乎全部产品价值都是由当年创造的新价值构成的。这类假象是由价值补偿和实物替换过程造成的。因此，在分部类条件下，"斯密的教条"同样是错误的。

需要指出的是，隐含在派生条件 $IIb.\ 400c + 100v + 60mx_a + 40mx_b = Ia.\ 320mx_b + Ib.\ 80mx_b + IIa.\ 160mx_b + IIb.\ 40mx_b$ 中的平衡条件 $IIb.\ (100v + 60mx_a) = IIa.\ 160mx_b$ 是在分部类条件下第 II 部类内部交换的基本实现条件。

尽管马克思在社会资本扩大再生产的研究中，没有对扩大再生产条件下的两大部类从最终消费品的角度进行分解，但是马克思对简单再生产的部类分解原理同样适用于扩大再生产的场合。为说明这一点，我们以马克思给出的第一例扩大再生产的发端公式为例，对扩大再生产条件下的两大部类进行分解。马克思给出的扩大再生产发端公式如下：

$$I.\ 4000c + 1000v + 1000m = 6000$$
$$II.\ 1500c + 750v + 750m = 3000 \qquad (2.11)$$

由公式（2.11）可知，两大部类的资本有机构成分别为 4:1 和 2:1。按照马克思的研究，积累由第 I 部类开始。马克思假定第 I 部类的积累率为 50%，即有 500m 用于积累。这里进一步假定第 I 部类的 a、b 分部类的比例是 4:1，分部类 Ia 的资本家用于生活必需品消费的剩余价值的比例即消费偏好 $x_a = 0.3$，用于奢侈品消费的剩余价值的比例为 $x_b = 0.7$。为实现积累，并将两大部类构成的资本主义再生产体系分解为由四个分部类构成的再生产体系，两大部类的调整过程可用公式表示如下：

$$Ia.\ 3200c + 320\Delta c + 800v + 80\Delta v + 120mx_c + 280mx_b$$
$$Ib.\ 800c + 80\Delta c + 200v + 20\Delta v + 60mx_a + 40mx_b$$
$$\qquad (2.12)$$
$$IIa.\ 1200c + 80\Delta c + 600v + 40\Delta v + 288mx_a + 192mx_b$$
$$IIb.\ 300c + 20\Delta c + 150v + 10\Delta v + 32mx_a + 88mx_b$$

两大部类之间在分部类条件下扩大再生产的实现过程如模型 4（图 5）：

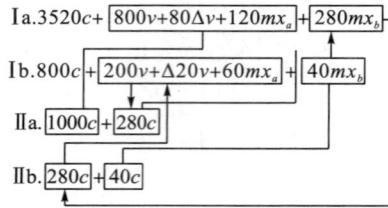

图 5　交换模型 4

其中完全迂回性交换过程的原理与分部类条件下简单再生产的交换过程相同。

第Ⅱ部类内部在分部类条件下的实现过程如模型 5（图 6）：

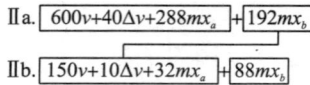

图 6　交换模型 5

这样，在分部类条件下，为实现积累，社会总产品的实现过程可用模型 6（图 7）表示为

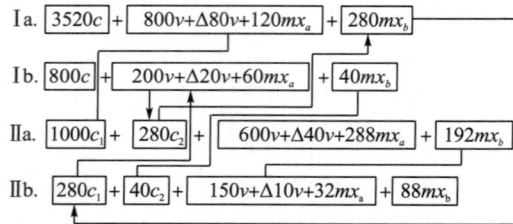

图 7　交换模型 6

于是，两大部类条件下扩大再生产的基本平衡条件 $\mathrm{I}.\left(v+\Delta v+\dfrac{m}{x}\right)=\mathrm{II}.(c+\Delta c)$ 进一步发展为四个分部类条件下扩大再生产的基本平衡条件：

$$\mathrm{Ia}.(v+\Delta v+mx_a)=\mathrm{IIa}.c_1$$
$$\mathrm{Ib}.mx_b=\mathrm{IIb}.c_2$$
$$\mathrm{Ia}.mx_b^s=\mathrm{IIa}.c_2^d$$
$$\mathrm{Ia}.mx_b^d=\mathrm{IIb}.c_1^s \qquad (2.13)$$
$$\mathrm{IIb}.c_1^d=\mathrm{Ib}.(v+\Delta v+mx_a)^s$$
$$\mathrm{Ib}.(v+\Delta v+mx_a)^d=\mathrm{IIa}.c_2^s$$

在这六个条件中，条件 $\mathrm{Ia}.mx_b^s=\mathrm{IIa}.c_2^d$、$\mathrm{Ia}.mx_b^d=\mathrm{IIb}.c_1^s$、$\mathrm{IIb}.c_1^d=\mathrm{Ib}.(v+\Delta v+mx_a)^s$ 和条件 $\mathrm{Ib}.(v+\Delta v+mx_a)^d=\mathrm{IIa}.c_2^s$ 是由非同期性和非互补性供求关系决定的完全迂回性交换过程所必须遵循的平衡条件。

同样，根据分部类扩大再生产的基本实现条件，可以推导出分部类扩大再生产的四个派生条件：

$$Ia. 3520c +800v +80\Delta v +120mx_a +280mx_b = Ia. 3520c + IIa.(1000c_1 +280c_2)$$

$$Ib. 800c +200v +20\Delta v +60mx_a +40mx_b = Ib. 800c + IIb.(280c_1 +40c_2)$$

$$IIa. 1280c + 600v + 40\Delta v + 288mx_a + 192mx_b = Ia.(800v + 80\Delta v + 120mx_a) +$$
$$Ib.(200v +20\Delta v +60mx_a) + IIa.(600v +40\Delta v +288mx_a) + IIb.(150v +10\Delta v +32mx_a)$$

$$IIb. 320c +150v +10\Delta v +32mx_a +88mx_b = Ia. 280mx_b +Ib. 40mx_b +IIa. 192mx_b +IIb. 88mx_b$$

$$(2.14)$$

这些条件给出了在分部类条件下，社会资本扩大再生产各分部类之间通过资源再配置实现平衡所必须遵循的条件。这些条件表明，各分部类之间存在相互依赖、相互制约的关系：一方面，分部类 Ia 和 Ib 各自的全部产品必须能够补偿全社会在生产中消耗的各类生产资料，并为各分部类扩大再生产提供追加的生产资料；另一方面，分部类 IIa 和 IIb 各自的全部产品必须能够满足工人和资本家对必需消费品的需求、资本家对奢侈消费品的需求，以及扩大再生产追加的工人对必需消费品的需求。

条件 $IIb. 150v +10\Delta v +32mx_a = IIa. 192mx_b$ 是隐含在派生条件 $IIb. 320c +150v + 10\Delta v +32mx_a +88mx_b = Ia. 280mx_b + Ib. 40mx_b + IIa. 192mx_b + IIb. 88mx_b$ 中的关于分部类条件下第 II 部类内部交换的基本实现条件。

三、资本主义再生产危机

马克思的部类分解理论是马克思社会资本再生产理论的重要组成部分。但是，人们常常对这一理论缺乏足够的重视。马克思通过部类分解进一步说明了资本主义再生产实现条件的复杂性，进而从一个特定的视角进一步证明了资本主义再生产危机的必然性。

由分部类简单再生产和分部类扩大再生模型可以看出，当资本主义再生产体系由两大部类分解为四个分部类以后，再生产的实现条件的复杂程度随之提高。在两大部类条件下，无论是简单再生产还是扩大再生产，基本实现条件只有一个，但在四个分部类条件下，简单再生产和扩大再生产的基本实现条件均上升为六个。在两大部类条件下，需要间接回流的是第 I 部类预付的可变资本 Iv，在分部类条件下，除预付在 $IIa.v$（简单再生产）和 $IIa.(v+\Delta v)$（扩大再生产）上的可变资本，其余分部类预付的可变资本，无论是简单再生产还是扩大再生产，都要间接回流。不仅如此，在部类分解的条件下，还产生了非互补性供求关系的结构性矛盾，并由此引出了两大部类条件下不存在的完全迂回性交换过程。并且，完全迂回性交换过程的交换环节与部类分解的分部类数目相等。在本文，分部类的数目为四个，完全迂回性交换过程的交换环节也是四个。这些情况表明，在部类分解的条件下，社会资本再生产的实现条件变得更加复杂，资本主义要保持再生产的正常进行会变得更加困难，资本主义再生产的危机更加不可避免。

根据马克思的部类分解理论，在分部类简单再生产条件下，整个社会再生产会受到资本家消费偏好或消费结构的约束，即受到剩余价值按 x_a 和 x_b 而分解为 mx_a 和 mx_b 的约束，特别是受到资本家奢侈品消费数量 mx_b 的约束。按照分部类简单再生产模型，Ⅰa.mx_b 和Ⅰb.mx_b 的数量决定了Ⅱb.c 的规模。在资本有机构成不变的条件下，各分部类的预付可变资本就是一个常数，即 $\dfrac{dv}{dt}=0$，从而，Ⅱa.c 的规模就取决于由资本家个人消费偏好 x_a 所决定的Ⅰa.mx_a 的数量，也就是存在函数关系Ⅱa.$c = f($Ⅰa.$mx_a)$。这样，在分部类简单再生产条件下，就单纯的数量关系而言，由资本家个人消费偏好或消费结构约束的正常比例关系应当是

$$\frac{Ⅰa.(v+mx_a+mx_b)}{Ⅱa.(c_1+c_2)} = \frac{Ⅰb.(v+mx_a+mx_b)}{Ⅱb.(c_1+c_2)} = 1 \tag{2.15}$$

但是，在经济均衡条件方面，与新古典经济学和凯恩斯经济学不同，马克思经济学根据经济运行的内部规律，不仅要求数量或总量均衡，而且要求结构均衡。在上述以数量关系为基础的正常比例关系中，分别看 $\dfrac{Ⅰa.(v+mx_a)}{Ⅱa.c_1}$ 和 $\dfrac{Ⅰb.mx_b}{Ⅱb.c_2}$，在结构上也是均衡的，但 $\dfrac{Ⅰa.mx_b}{Ⅱa.c_2}$ 和 $\dfrac{Ⅰb.(v+mx_a)}{Ⅱb.c_1}$ 在结构上是不均衡的。Ⅰa.mx_b、Ⅱa.c_2、Ⅰb.$(v+mx_a)$ 和Ⅱb.c_1 属于非互补性供求关系，只能通过完全迂回性交换过程来解决结构均衡问题，即通过待实现产品Ⅰa.mx_b、Ⅰb.$(v+mx_a)$、Ⅱa.c_2 和Ⅱb.c_1 的单向买或单向卖所形成的交换关系来实现结构均衡（图8），即

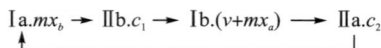

$$Ⅰa.mx_b \longrightarrow Ⅱb.c_1 \longrightarrow Ⅰb.(v+mx_a) \longrightarrow Ⅱa.c_2$$

图 8　结构均衡

这种完全迂回性交换关系贯穿于各个分部类，因此，可以认为完全迂回性交换关系是分部类条件下简单再生产的核心实现条件，只要这个条件被破坏，整个再生产就无法实现。而供求互补性交换关系Ⅰa.$(v+mx_a)=$Ⅱa.c_1、Ⅰb.$mx_b=$Ⅱb.c_2 和Ⅱa.$mx_b=$Ⅱb.$(v+mx_a)$ 则是分部类Ⅰa 和Ⅱa、Ⅰb 和Ⅱb、Ⅱa 和Ⅱb的基本平衡条件。并且，对于Ⅱa.mx_b而言，如下条件必须成立：

$$Ⅱa.mx_b \leqslant Ⅱb.(v+m) \tag{2.16}$$

即Ⅱb.$(v+m)$ 是分部类Ⅱa 资本家奢侈性消费的最大数量。在这些条件中，马克思特别分析了平衡条件Ⅱa.$mx_b=$Ⅱb.$(v+mx_a)$，指出这一条件在决定生产结构方面有重要意义。[①] 容易理解，Ⅰa.mx_b + Ⅰb.mx_b 必须在数量和结构上等于Ⅱb.c，Ⅱb.c 内部的分解比例由 Ⅰa.mx_b∶Ⅰb.mx_b 决定，同时，在数量上必须保证Ⅰb.$(v+mx_a)^d=$Ⅱa.c_2^s，Ⅱa.c 内部的分解则由Ⅰa.$(v+m_a)$∶Ⅰa.mx_b 决定。

这些情况清楚地表明，分部类条件下的社会资本再生产结构是由资本家的消费偏好和消费结构来调节的。正如马克思所指出的："必要消费资料的生产和奢侈品的生产之间

---

① 马克思：《资本论》第 2 卷，北京：人民出版社，2004 年，第 453—454 页，第 457 页。

的比例关系，是以 $Ⅱ(v+m)$ 在 Ⅱa 和 Ⅱb 之间的分割为条件的，从而也是以 $Ⅱc$ 在（Ⅱa）c 和（Ⅱb）c 之间的分割为条件的。因此，这种分割从根本上影响着生产的性质和数量关系，对生产的总形态来说，是一个本质的决定因素。"[①] 而必要消费资料的生产和奢侈品的生产之间的比例关系显然取决于资本家的消费偏好和消费选择。并且，任何一个分部类的资本家对奢侈品消费偏好的变化，都会在整个再生产体系内引起系统性调整。因此，要保证再生产的正常进行，资本家的个人消费选择就必须遵循前述简单再生产的各种条件。

但是，资本家之间的个人消费偏好和消费选择没有必然联系，资本家个人基于效用最大化的偏好选择不会考虑这种选择所产生的再生产后果。社会再生产的比例要求与资本家个人选择行为的矛盾必然会破坏社会再生产的比例关系。同时，完全迂回性交换关系必须排除资本家作为消费者的需求选择，与资本家作为生产者的商品供给之间的任何冲突。然而，由资本主义基本矛盾决定的资本主义的标准的决策体制是由资本家个人决定的。作为商品供给者的资本家只能根据市场价格来判断市场供求变化，并据此来推测作为消费者的资本家的消费偏好及其变化。因此，资本家只能采用马克思所说的"推测估计"[②] 的方法进行决策。决策过程因此成为一个资本家相互预期（e）的不确定过程，由这一过程自发决定的再生产比例关系（B^e）显然只能是依一定概率（p）而形成的关于再生产正常进行所要求的客观比例关系（B）的某种期望（$E(B|p)$），即 $B^e = E(B|p)$。因此，分部类简单再生产的基本实现条件在资本家个人决策下表现为一种期望形式：

$$Ⅰa.(v+mx_a)^e = E(Ⅱa.c_1|p)$$
$$Ⅰb.(mx_b)^e = E(Ⅱb.c_2|p)$$
$$Ⅰa.(mx_b^s)^e = E(Ⅱa.c_2^d|p)$$
$$Ⅰa.(mx_b^d)^e = E(Ⅱb.c_1^s|p) \qquad (2.17)$$
$$Ⅱb.(c_1^d)^e = E(Ⅰb.(v+mx_a)^s|p)$$
$$Ⅰb.((v+mx_a)^d)^e = E(Ⅱa.c_2^s|p)$$

这就不能从根本上排除资本家作为消费者的需求选择，与资本家作为生产者的商品供给之间的冲突。再生产比例被破坏是必然的。

马克思明确指出：在分部条件下，从量的方面说，年产品各部分之间的交换，只有在生产规模和价值关系保持静止状态，并且这些严格的比例关系不会由于对外贸易而有所改变的情况下，才能按比例进行。[③] 但是，资本家的选择偏好具有动态性，剩余价值用

于 a 类消费品和 b 类消费品的比例是随时间变化的，即 $x_a(t) + x_b(t) = 1$，但 $\dfrac{\mathrm{d}\left(\dfrac{x_a}{x_b}\right)}{\mathrm{d}t} \neq 0$。

---

① 马克思：《资本论》第 2 卷，北京：人民出版社，2004 年，第 457 页。
② 《马克思恩格斯全集》第 44 卷，北京：人民出版社，1982 年，第 156 页。
③ 马克思：《资本论》第 2 卷，北京：人民出版社，2004 年，第 454 页。

同时，资本家的消费不仅会受到剩余价值量及其分割比例的约束，而且会受到相应的实物形态的数量与结构的约束。但是，资本家不会考虑这些对整个再生产具有约束意义的条件而调整自己的选择偏好。结果，"生产规模和价值关系保持静止状态"这一再生产按比例进行的条件就无法维持。

因此，资本家之间按比例的消费选择是保证再生产正常进行的条件，但资本家又不可能自觉遵循消费选择的比例要求。同时，资本家出于个人效用最大化的消费偏好选择的变化所引起的系统性调整又是资本家所不能控制的。这样一来，再生产危机就不可避免。

在分部类扩大再生产条件下，再生产的规模不仅取决于资本积累率（k），而且取决于资本家的消费偏好。根据马克思的社会资本再生产理论，分部类条件下扩大再生产的前提条件应当是 Ⅰa. $(v+m)>$ Ⅱa. c 和 Ⅰb. $(v+m)>$ Ⅱb. c，以便为分部类条件下整个社会再生产提供可追加的生产资料，这是条件 Ⅰ$(v+m)>$Ⅱc 的展开。为了实现扩大再生产，分部类 Ⅰa 或 Ⅰb 必须进行积累，以便按照扩大再生产的要求对资源进行再配置，即必须遵循如下平衡条件进行积累：

$$\text{Ⅰa.} (v+\Delta v+mx_a+mx_b) = \text{Ⅱa.} (c+\Delta c)$$
$$\text{Ⅰb.} (v+\Delta v+mx_a+mx_b) = \text{Ⅱb.} (c+\Delta c)$$

(2.18)

其中

$$\text{Ⅰa.} (v+\Delta v+mx_a) = \text{Ⅱa.} c_1$$
$$\text{Ⅰb.} mx_b = \text{Ⅱb.} c_2$$
$$\text{Ⅰa.} mx_b^s = \text{Ⅱa.} c_2^d$$
$$\text{Ⅰa.} mx_b^d = \text{Ⅱb.} c_1^s$$
$$\text{Ⅱb.} c_1^d = \text{Ⅰb.} (v+\Delta v+mx_a)^s$$
$$\text{Ⅰb.} (v+\Delta v+mx_a)^d = \text{Ⅱa.} c_2^s$$
$$\text{Ⅱa.} (c_1+c_2) = \text{Ⅱa.} (c+\Delta c)$$
$$\text{Ⅱb.} (c_1+c_2) = \text{Ⅱb.} (c+\Delta c)$$

而交换关系 Ⅰa. $mx_b^s=$Ⅱa. c_2^d、 Ⅰa$mx_b^d=$Ⅱb.c_1^s、 Ⅱb.$c_1^d=$Ⅰb. $(v+\Delta v+mx_a)^s$ 以及交换关系 Ⅰb. $(v+\Delta v+mx_a)^d=$Ⅱa. c_2^s 则属于完全迂回性交换过程（图 9）。

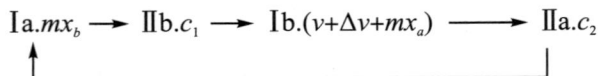

Ⅰa.mx_b → Ⅱb.c_1 → Ⅰb.$(v+\Delta v+mx_a)$ ⟶ Ⅱa.c_2

图 9　完全迂回性交换过程

可以看出，分部类 Ⅰa 和 Ⅰb 的资本家基于个人效用最大化的消费决策，直接决定了分部类 Ⅱa 和 Ⅱb 的积累规模。同时，分部类 Ⅰa 和 Ⅰb 的资本家的积累率和消费偏好或消费结构的变化，会通过完全迂回性交换过程使整个社会再生产发生系统性调整。这就要求单个资本之间必须在资本积累和消费选择方面建立起符合再生产实现条件的相互联系。

但是，一方面，生产的资本主义性质决定了资本家之间不可能建立这种联系，而由资本家相互预期而形成的自发性联系只能是再生产正常进行所要求的客观联系的某种期望 $B^e = E(B \mid p)$。因此，扩大再生产的基本实现条件只能采取期望形式，而期望性质的自发联系与客观联系之间必然存在冲突。另一方面，独立决策的资本家的积累偏好 (k) 和消费偏好 (x_a、x_b) 都是随时间变化的，即

$$k(t) + x_a(t) + x_b(t) = 1, \quad \frac{\mathrm{d}\left(\frac{x_a}{x_b}\right)}{\mathrm{d}t} \neq 0 \tag{2.19}$$

积累动态同样只能是预期形式的 $\dot{K}^e_{a,b} = f[t, K(t), x_{a,b}(t), u(t)]$（$u(t)$ 是资本家关于资本存量变化率的决策变量）。但独立决策的资本家既不会关心基于最大化考虑的积累与消费行为所产生的再生产后果，也没有能力控制这种后果。这使得再生产比例的破坏具有必然性。

无论是分部类简单再生产还是扩大再生产，资本家出于最大考虑的决策行为决定了资本主义的再生产过程不是一个渐进稳定体系，其稳定性具有鞍点性质：只有保持再生产所要求的比例关系（稳定臂、稳定路径），体系才是稳定的。但资本家的个人决策又不能保证再生产按比例进行，一旦偏离再生产所要求的比例关系（偏离稳定臂、偏离稳定路径），再生产危机就迟早要发生。

上述分析表明，在分部类条件下，资本家的个人消费偏好和消费选择行为是资本主义再生产危机的一个内在因素。这个因素从一个特定角度，进一步揭示了资本主义再生产比例必然会受到破坏的某种内在机制，而这一机制很少在研究马克思经济学的文献中看到。

第 9 章　有机构成提高导致利润率下降的条件及其背后的矛盾关系

马克思的利润率趋向下降的理论是其理论体系中争议较大的部分。对利润率趋向下降理论的质疑主要集中于新技术导致劳动生产率提高，从而在有机构成提高的同时也提高了剩余价值率。而剩余价值率的提高可能会超过有机构成的提高，从而导致利润率不会下降，甚至也不会上升。"置盐定理"更是在"李嘉图－斯拉法均衡价格体系下"证明了若实际工资不变，在原有价格体系下节省单位成本的新技术必然使得利润率上升。从而，他认为利润率下降的原因不是技术进步，而是实际工资的变动。且不论"置盐定理"假设条件存在的问题，本文认为该定理和其他的基于剩余价值率提高而否定利润率下降理论的观点并未对马克思的利润率下降理论构成真正的挑战。

虽然马克思的利润率下降趋势是在假定剩余价值率不变的前提下得出的，但是马克思紧接着就在后面说明了"阻碍利润率下降的因素"，其中大部分都是通过提高剩余价值率来发挥作用的。而剩余价值率受到实际工资和单位消费品价值量的共同影响。实际工资和单位消费品价值量之间也并不总是独立运动的，随着生产力的进步和消费品单位价值量的下降，实际工资也有上涨的长期趋势。然而，不管这种运动的内部结构怎样，在总体上体现为新增价值量在劳资之间的分配关系。分配关系体现的是劳资之间的权力对比，在资本积累和景气波动过程中，剩余价值率所体现的分配关系也会相应波动。马克思在得出利润率下降趋势这一结论的时候，显然是将体现收入分配关系的剩余价值率的影响抽象掉了，这意味着利润率下降理论作为一个长期趋势的理论将资本积累的短期动态抽象掉了。从而，将利润率下降趋势仅仅看作一个周期性现象，并不应该是"利润率下降理论"的本意。

从这个意义上看，剩余价值率变动对利润率下降趋势的影响，并不是马克思所忽略的因素，而是马克思在更高的抽象层次分析利润率长期趋势时所抽象掉的因素。但是，如果技术构成提高必然导致有机构成的提高，则利润率下降似乎变成技术进步的一个必然结果。一方面，这难以解释历史上技术进步带来的持续资本积累和经济增长。另一方面，生产力（技术）进步导致利润率下降从而激化资本主义矛盾，这貌似印证了资本主义为自身灭亡准备条件的辩证逻辑，但是如果资本主义适应并促进生产力发展，其内在矛盾就不应该在此时激化甚至引致消亡。从生产力生产关系的辩证逻辑出发，资本主义内在矛盾的激化应该是资本主义不再适应生产力发展的表现。

本文认为，解决上述问题的关键在于技术构成的提高导致价值构成提高的条件上。马克思在阻碍利润率下降的因素中也提到生产资料变得便宜这一因素，这意味着技术构成的提高并不在逻辑上等同于价值构成的提高。因此，即使在分析利润率长期趋势的时候，抽象掉资本积累的短期动态和收入分配变化，技术进步带来的生产率的提高仍可以发挥抵消利润率下降的作用。然而，现有的文献对有机构成的提高的讨论主要集中于经验数据方面。本文的分析将说明，技术变动并不必然意味着生产力的进步，有机构成提高恰恰是生产力发展迟缓的表现。为了对此进行说明，我们首先要引入一个关于技术变动的模型，以区分技术变动的两种类型。

一、技术变动的机制和两种技术变动类型

弗雷（Foley）等人试图通过一个单部门实物量模型绕开劳动价值论来分析技术变化的内在结构。实物量模型通常面临加总难题，但是单部门模型中，投入和产出都是同一种产品，所以回避了价值理论的选择。也正因为如此，我们发现该模型在厘清技术变动中各参数的影响时，并没有真正反映出马克思关于资本主义的矛盾和技术变动之间的关系。

该模型基于一个固定系数生产函数：$Q = \min[eL, \rho K]$，其中 Q 为总产量，L 为所投入劳动，K 为所投入的资本数量，$e = \dfrac{Q}{L}$ 为劳动生产率，$\rho = \dfrac{Q}{K}$ 为资本产出率。总产出可分为实物量表示的总工资 W 和总利润 Z，于是有 $Q = W + Z$。等式左右两边除以总劳动，写成人均的形式有 $e = w + z$，其中 w 是人均工资，z 是人均利润。令实物量利润率 $r = \dfrac{Z}{K}$，人均资本量 $k = \dfrac{K}{L} = \dfrac{e}{\rho}$，可得

$$w = e - z = e - kr = e\left(1 - \frac{r}{\rho}\right) \tag{1.1}$$

于是，工资和实物量利润率之间存在着负相关的线性关系，其斜率的绝对值就是实物量意义上的人均资本，如图 1 所示。

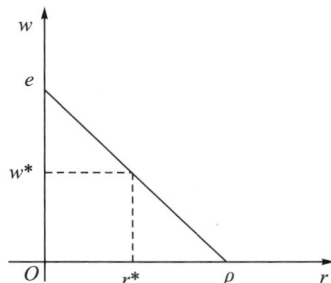

图 1　工资－利润率曲线与技术变动（a）

令剩余价值率为 $\mu = \dfrac{Z}{W}$，则 $wL = Q \dfrac{1}{1+\mu}$，左右两边同时除以总劳动有

$$w = e\,\frac{1}{1+\mu} \tag{1.2}$$

由式（1.2）可见，在剩余价值率或者说劳资分配比例不变的前提下，随着劳动生产率的提高，实际工资必然上升。弗雷认为工资上涨的原因正是技术的变化，因为工资提高之后新技术的利润率相对更高。整个机制如图2所示。

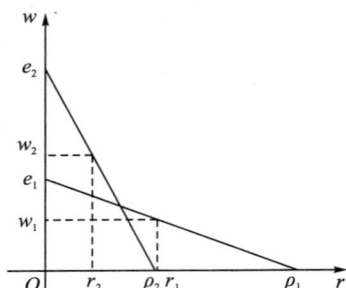

图2　工资－利润率曲线与技术变动（b）

图2中有两种技术，(e_2,ρ_2) 相对于 (e_1,ρ_1) 劳动生产率更高而资本产出率更低，这意味着技术2的技术构成更高。当工资上升到一定程度，新技术利润率更高，从而资本逐利还会导致技术变迁。弗雷等人将劳动生产率提高的同时资本产出率下降的新技术称为"马克思式"的技术变革。从图中易见，该新技术满足技术构成（人均资本量）提高，同时（实物量）利润率下降。

以上机制不失为对技术变迁微观机制分析的有益尝试，但是如果将该机制作为理解马克思利润率下降趋势理论背后的逻辑过程就未免有失偏颇。

首先，马克思对技术进步的假设并没有涉及资本产出率的变动。马克思所提出的技术构成提高并不等同于劳动生产率提高的同时资本产出率下降。根据定义，劳动生产率的增长只要高于资本产出率的提高，都意味着技术构成的提高。其次，他们认为（实物量）利润率的变动由技术进步的特定模式决定，从而忽略了资本主义制度对技术进步的影响，以及利润率变动所体现的资本主义的矛盾。因此，该模型将利润率下降趋势理解为特定技术进步类型的结果，而不是资本主义内在矛盾的体现。最后，在总量（单部门）模型中，实物量利润率的分子、分母同时乘以单位商品价值量就得到了价值量利润率，因此两者的变动趋势应该是一致的。按照该模型的定义，实物量利润率下降的条件仅仅依赖于资本产出率下降，而不是技术构成的提高，更不论有机构成了。我们对此做简单证明，根据式（1.1），我们有 $r=\left(1-\dfrac{w}{e}\right)\rho$，再根据式（1.2），得

$$r=\left(1-\frac{1}{1+\mu}\right)\rho=\frac{\mu\rho}{1+\mu} \tag{1.3}$$

由式（1.3）可见，给定剩余价值率不变，利润率的变动仅仅取决于资本产出率。因此，脱离对劳动价值论和资本主义内在矛盾的分析，是无法理解利润率下降趋势真正的理论内涵的。在后文中，我们将基于劳动价值论说明，资本产出率下降恰恰是有机构成

提高的条件。而资本有机构成的提高恰恰是资本应对积累和增长带来的对劳动力的持续需求和劳动者博弈地位提高的手段，其通过增加足够多的机器使用相对减少资本积累所带来的劳动需求。因此，只有基于劳动价值论，才能理解技术变化背后的资本主义逻辑。

为了说明以上问题，我们必须考虑两种技术进步的模式及其对应的函数表达。线性生产技术由劳动生产率（e）和资本产出率（ρ）两个参数决定，按其变化的组合有四种。首先，排除掉 e 和 ρ 都减小的变化，该技术会导致利润率在任何工资水平下都下降。其次，考虑随着经济增长劳动力需求会持续上升，同时经济社会发展必然提高劳动力再生产所需的实际工资，那么 e 下降且 ρ 上升（和图 2 相反）的新技术即使在当前工资水平下利润率更高，也会随着实际工资上涨而被淘汰。因此，我们主要分析 e 上升、ρ 下降，以及两者同时上升这两种技术变化及其背后的矛盾因素。

如果我们将这两种技术进步下的单位产出要素投入关系对应起来，就可以得到图 3。图 3 描述的是 e 上升同时 ρ 下降的技术变化。

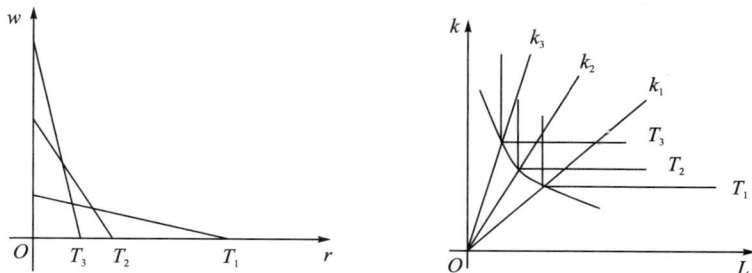

图 3　技术变动类型（a）

从图 3 可以看到，实际工资上升可以使技术从 T_1 逐步变化到 T_3，这个过程中劳动生产率 e 提高，而资本产出率下降。从右边的单位产出等产量曲线的变化可以看出，随着技术变化，技术构成（即人均资本数量 k）不断提高。因为企业数量众多，当其中的一部分已经采用新技术的时候，一部分还在沿用老技术。从而，行业总体的单位产出要素组合就会沿着不同技术下要素投入组合的"凸组合"向上移动，形成一条近似的凸向原点的"等产量曲线"，该现象也被称为"化石生产函数（fossil production function）"[①]。该曲线上方的部分，就是能够生产出单位产出及其以上产量的"要素投入集"。

从图 4 可见，我们令该类型的技术变化仍然保持了技术构成的提高，但是技术变动并不依赖实际工资水平上升这一条件。

[①]　弗雷等人将这样的曲线称为"化石生产函数（fossil production function）"，也就是说这只是技术变动的历史记录，而不是当前技术的体现。我们这里也沿用了这一说法。

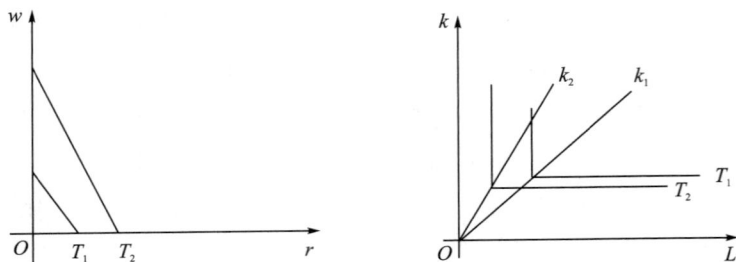

图 4　技术变动类型（b）

从单位产出的要素投入情况来看，该类型的技术进步使得要素投入集向下和左下"扩展"。由此，从要素投入的角度看，技术进步的两种类型可以总结为图 5 中的两个方向。

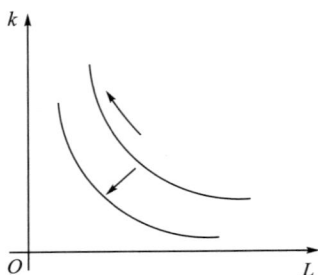

图 5　两种技术变动

我们用函数 $Q = F(A, K, L)$ 来描述投入－产出关系的变化。当 A 不变时，意味着技术变动沿着"化石等产量曲线"变动；而系数 A 的增大描述的是技术进步带来的当前要素投入集的"扩展"，以至于原有要素投入下产出水平更高，也就是 $\dfrac{\partial F}{\partial A} \geqslant 0$。同时，因为"化石等产量曲线"是线性技术要素投入的凸组合，所以一方面，产出是要素的非减函数[①]，即 $\dfrac{\partial F}{\partial K} \geqslant 0, \dfrac{\partial F}{\partial L} \geqslant 0$；另一方面，每一个要素投入组合代表一种线性生产技术，这意味着函数 $F(A, K, L)$ 关于 K 和 L 是一次齐次的，即 $F(A, \alpha K, \alpha L) = \alpha F(A, K, L)$。

基于以上设定，我们可以得到技术变动中劳动生产率 e（人均产出）和技术构成 k（人均资本量）之间的关系：

$$e = \frac{Q}{L} = F\left(A, \frac{K}{L}, \frac{L}{L}\right) = F(A, k, 1) = f(A, k) \tag{1.4}$$

由式（1.4）可见，沿着"化石等产量曲线"进行的技术变化对应的是 A 不变，依

---

① 在线性生产技术条件下，单一要素增加并不能带来产出的增加。但是一旦有两个线性技术做凸组合，要素增加则意味着该要素投入组合可以是两种技术下，更高产量的要素投入的凸组合，从而单一要素增加是可以带来产量的上升的。由此可见，当要素处于两种线性技术要素凸组合的范围内，产量是单一要素投入的严格增函数。同时，虽然在线性技术要素投入集的"顶点"处产量关于要素左右导数不相等，但是除开这些"顶点"，其他部分都是连续可导的。因此，为了方便分析，我们仍然用导数表示其非减函数的关系。

靠 k 的积累提高劳动生产率 e，而 A 的增大则对应要素投入集的扩展。按照马克思的观点，从历史经验来看，技术进步在现象上体现为采用了更多更新的机器和自动化生产。于是，我们进一步假设 A 的增长源于技术构成的提高，即 $A = A(k)$，且 $\dfrac{\mathrm{d}A(k)}{\mathrm{d}k} \geqslant 0$。当然，并不是所有技术构成的提高都能带来 A 的变大和要素投入集的扩展。

二、有机构成提高条件及其与生产力进步的关系

弗雷等人的模型已经对实物量关系的变动进行了说明，为了弥补其模型缺陷，我们考察该模型的价值量变量的关系。考虑固定资本折旧的问题[①]，本期总产品价值量为本期投入的总劳动和固定资本折旧的价值之和。因此，单位产品价值量为

$$\lambda = \frac{L + \delta K \lambda}{Q}$$

解得：

$$\lambda = \frac{L}{Q - \delta K} = \frac{1}{e - \delta k} = \frac{1}{f(A, k) - \delta k} \tag{2.1}$$

其中，δ 为折旧率。因为当期活劳动可分为必要劳动和剩余劳动，所以 $L = m + v$，有机（价值）构成 θ 可写作

$$\theta = \frac{c}{v} = \frac{K\lambda}{\dfrac{v}{v+m}L} = \frac{K}{L}\lambda \, \frac{v+m}{v} = k\lambda(1+\mu) \tag{2.2}$$

其中，μ 为剩余价值率。将单位产品价值量代入式 2.2，得

$$\theta = k\lambda(1+\mu) = (1+\mu)\frac{k}{f(A, k) - \delta k} \tag{2.3}$$

基于以上设定，我们可以得出以下两个命题。

命题 1：若没有要素投入集的扩展（即 A 不变），则技术构成的提高一定会导致价值构成的提高，从而体现为有机构成的提高。

证明：令 $A = \overline{A}$，则 $f(\overline{A}, k) = f(k)$，价值构成为 $\theta = (1+\mu)\dfrac{k}{f(k) - \delta k}$ $\tag{2.4}$

于是，用价值构成对技术构成求导，得

$$\frac{\mathrm{d}\theta}{\mathrm{d}k} = (1+\mu)\frac{f(k) - \delta k - k\left[\dfrac{\mathrm{d}f(k)}{\mathrm{d}k} - \delta\right]}{[f(k) - \delta k]^2}$$

$$= \frac{1+\mu}{[f(k) - \delta k]^2}\left[f(k) - k\,\frac{\mathrm{d}f(k)}{\mathrm{d}k}\right] \tag{2.5}$$

---

① 首先，该模型并没有考虑折旧，但是即使将折旧加进模型，其分析仍然成立。因为模型中最重要的工资和（物量）利润率的负相关关系依旧成立，而且依旧是线性关系。其次，对"折旧"的考虑可以替代"中间产品"的影响。因为给定折旧率，则折旧和资本存量保持固定比例，如果中间投入品和资本存量之间也保持一定比例不变，那么中间投入品的影响就可以纳入折旧一并考虑。

由 $Q=Lf(k)$，有 $\dfrac{\partial Q}{\partial L}=f(k)-k\dfrac{\mathrm{d}f(k)}{\mathrm{d}k}\geqslant 0$，于是 $\dfrac{\mathrm{d}\theta}{\mathrm{d}k}\geqslant 0$。

命题 2：若技术构成提高带来要素投入集的扩展，即 $A=A(k)$，且 $\dfrac{\mathrm{d}A}{\mathrm{d}k}>0$，则资本的平均产出持续增长意味着技术构成提高不会带来价值构成的提高。从而，技术构成的提高不会体现为有机构成的提高，也不会导致利润率的下降。

证明：若技术构成提高不带来价值构成的提高，这意味着

$$\frac{\mathrm{d}\theta}{\mathrm{d}k}=\frac{1+\mu}{[f(A,k)-\delta k]^2}\left[f(A,k)-k\frac{\mathrm{d}f(A,k)}{\mathrm{d}k}\right]\leqslant 0 \tag{2.6}$$

该条件等价于 $f(A,k)-k\dfrac{\mathrm{d}f(A,k)}{\mathrm{d}k}\leqslant 0$ （2.7）

而 $\dfrac{\mathrm{d}\left[\dfrac{f(A,k)}{k}\right]}{\mathrm{d}k}=\dfrac{1}{k^2}\left[k\dfrac{\mathrm{d}f(A,k)}{\mathrm{d}k}-f(A,k)\right]$ （2.8）

易见，式（2.7）恰恰是 $\dfrac{\mathrm{d}\left[\dfrac{f(A,k)}{k}\right]}{\mathrm{d}k}\geqslant 0$ 的条件。从而，当技术进步带来要素投入集扩展时，如果资本的平均产出持续增长，则技术构成的提高不会带来价值构成的提高。

以上结论，也恰恰和弗雷等人的实物量利润率变动条件保持了一致。然而，这似乎意味着，有机构成提高导致利润率下降能否发生取决于技术进步的类型。这又回到了本文对前面实物量模型的批评上，也就是利用技术因素来解释经济规律，而不是资本主义内在矛盾。对此，我们基于劳动价值论可以发现以上两种技术进步类型并不仅仅是技术参数的不同。下文将证明，在要素投入集无法有效扩展的技术进步类型下，生产力的发展是不可持续的。这意味着，两种技术进步类型所体现的生产力与生产关系之间的关系是不同的。

我们用人均净产出（扣除折旧之后的人均产出）来代表生产力的发展。于是，假设劳动力总量不变，则人均有效产出为

$$\frac{(Q-\delta K)}{L}=e-\delta k=f(A,k)-\delta k \tag{2.9}$$

那么，劳动力总量不变时，技术构成提高能否带来人均净产出的持续增长，取决于下式是否大于零：

$$\frac{\mathrm{d}[f(A,k)-\delta k]}{\mathrm{d}k}=\frac{\mathrm{d}f(A,k)}{\mathrm{d}k}-\delta \tag{2.10}$$

由此可见，人均净产出的持续增长与否取决于技术变动中技术构成的提高能否带来劳动生产率的提高程度足够大，至少超过折旧率。如果我们将此作为生产力进步与否的标准，那么可以提出以下命题。

命题 3：带来要素投入集扩展且资本平均产出持续提高的技术变化（即技术构成提高不带来价值构成提高）能保证生产力的持续进步，而要素投入集不扩展的技术变动则难以带来生产力的持续进步。

证明：技术变化如果不能带来要素投入集的扩展，则根据式（2.10）大于零有 $\dfrac{f(A,k)}{k} \geqslant$

$\dfrac{\mathrm{d}f(A,k)}{\mathrm{d}k}$。再根据式（12），有 $\dfrac{\mathrm{d}\left[\dfrac{f(A,k)}{k}\right]}{\mathrm{d}k} \leqslant 0$，即资本平均产出随技术构成提高而下降。这

说明，由技术构成提高所带来的劳动生产率的提高要小于资本的平均产出，而资本平均产出
又是因为该类技术进步而不断下降的。从而，该类技术进步在长期中必然导致技术构成的提
高所带来的劳动生产率的提高呈下降趋势。除非这个下降趋势最终会收敛到大于折旧率的水
平值，否则难以满足式（14）大于零的条件。

如果技术构成提高不带来价值构成的提高，则根据式（2.7）有 $\dfrac{f(A,k)}{k} \leqslant \dfrac{\mathrm{d}f(A,k)}{\mathrm{d}k}$ 且

$\dfrac{\mathrm{d}\left[\dfrac{f(A,k)}{k}\right]}{\mathrm{d}k} \geqslant 0$。这意味着，技术构成提高带来的劳动生产率的上升大于资本平均产出，

而资本平均产出又是持续上升的。从一个满足资本积累的初始条件出发[①]，生产力持续发展
的条件，即式（2.10）大于零是一定能满足的。

三、有机构成提高的条件与资本主义内在矛盾

以上分析表明，如果技术变动中，技术构成提高不会表现为价值构成提高，也就是
有机构成提高导致利润率下降规律不发挥作用的时候，恰恰意味着人均产出因为技术构
成的提高持续增长，即生产力的持续发展。如果技术变动中，技术构成的提高体现为价
值构成的提高，而且剩余价值率的变动无法抵消该趋势，则利润率下降。此时即使还能
持续积累，随着积累的进行和技术构成的提高，劳动生产率的提高会越来越慢，最终可
能在扣除折旧之后所剩无几。这意味着生产力进步的迟缓。因此，我们可以看到技术构
成能否体现为价值构成的提高，取决于技术变动本身是否能带来生产力的持续发展。

由此可见，有机构成提高导致利润率下降规律能否发挥作用，取决于生产关系是否适应
并推动生产力的持续发展。从而，利润率下降规律所体现的资本主义生产的目的和手段的矛
盾从属于生产力-生产关系的矛盾运动。也就是说，并不是生产力越进步，利润率反而越低，
而是生产力持续进步的时候利润率下降规律会得到抑制，生产力发展受阻时，则利润率下降
作为现实的规律会进一步激化矛盾。

更进一步，我们从图 3、图 4 中可以看到，虽然两种技术变动都是利润导向的行为，
但是图 3 所示的会导致价值构成上升的技术变动的前提是实际工资的上涨。这背后体现

[①]　根据索洛的人均资本积累的动态方程 $\dot{k} = sf(A,k) - k(\delta+n)$，在总人口不变的前提下（即人口增长率 $n=0$），人均
资本（本文也称技术构成）要能够提高，必须满足 $\dfrac{f(A,k)}{k} > \dfrac{\delta}{s}$。也就是说，考虑 $0<s<1$，若技术构成要提高则满
足 $\dfrac{\mathrm{d}f(A,k)}{\mathrm{d}k} \geqslant \dfrac{f(A,k)}{k} \geqslant \dfrac{\delta}{s} \geqslant \delta$。根据正文的分析，随着技术构成的提高，$\dfrac{f(A,k)}{k}$ 持续增长，条件必然得到满足。

的恰恰是资本主义生产方式下的劳资矛盾。在马克思的理论中，价值构成的提高在资本积累和景气循环中确实发挥着不可忽略的作用。随着资本积累的进行，失业率持续下降会带来工资水平的上升，从而为了抑制工资上涨，资本家会通过机器替代劳动，生产"相对过剩人口"以相对减少资本积累对劳动力的需求。然而，若技术构成的提高无法带来价值构成的提高，则无法减少资本积累中预付可变资本所占比重，从而无法相对减少资本积累对劳动力的需求，也就无法阻碍工资水平的提高。这一过程虽然伴随着生产力的巨大进步和剩余生产效率的持续提高，但是无利于资本权威的维持。从而，当工资上涨到一定程度，就会挤压利润，导致资本积累停滞甚至发生经济危机。也就是通过资本存量的毁灭来减少生产和资本积累对劳动力的需求。这就是马克思所说的"一种情况是，劳动力价格继续提高，因为它的提高不会妨碍积累的进展；……另一种情况是，积累由于劳动价格的提高而削弱，因为利润的刺激变得迟钝了，积累减少了。但是随着积累的减少，使积累减少的原因，即资本和可供剥削的劳动力之间的不平衡，也就消失了。所以，资本主义生产过程的机制会自行排除它暂时造成的障碍。劳动价格重新降到合适资本增值需要的水平，而不管这个水平现在是低于、高于还是等于工资提高前的正常水平。"①

我们可以看到在资本主义生产方式下，技术构成的提高不引起价值构成的提高就难以通过制造相对过剩人口来强化资本权力。即使存在生产力的巨大进步，也难以维持在资本强权的生产方式下的持续资本积累。而通过技术构成的提高引起价值构成的提高，从而相对减少资本积累对劳动力的需求，则可强化资本对劳动的权威，然而这会造成利润率下降。因此，从这个意义上讲，资本主义生产方式也是充满矛盾的。

---

① 马克思：《资本论》第 1 卷，北京：人民出版社，2004 年，第 715—716 页。

第10章 利润率趋向下降规律新一轮争论的数理与经验考察

马克思的利润率趋向下降规律，自问世以来一直处于争议之中。2013 年 4 月的《每月评论》（*Monthly Review*）刊发了德国学者迈克尔·海因里希（Heinrich，2013a）关于马克思的手稿和危机理论的论述，文中认为利润率趋向下降规律是一个失败的理论，不能被作为危机理论的基础，"规律本身"是不确定的，此规律是不能被经验证明的。这一观点引发了又一轮争论，克莱曼等（Kliman, et. al., 2013）、梅基（Mage, 2013）、卡尔凯迪和罗伯茨（Carchedi & Roberts，2013）等分别对其提出批评，海因里希（Heinrich，2013b）也做出了回应。

海因里希对利润率趋向下降规律的否定，涉及两个方面的问题：（1）资本主义生产方式下劳动生产力的发展，会同时导致资本构成的上升和剩余价值率的提高，二者以相反的方向影响利润率，前者的增速不一定大于后者，二者的共同作用是否会造成利润率趋向下降；（2）能否以及如何对一般利润率进行实证检验，这牵涉到如何严格地按照马克思主义概念来衡量变量并分析衡量结果。

关于第一个问题的争论，由来已久。早在 1907 年，鲍特凯维兹（Bortkiewicz，1907）就提出，马克思的论证忽视了劳动生产率和剩余价值率的数学关系。斯威齐（Sweezy，1942）也认为，马克思假定剩余价值率不变，是主观地分离了生产率提升的同时给利润率带来的降低因素（资本有机构成提高）和提升因素（剩余价值率提高），如果同时考虑这两方面的因素，利润率的变动方向就是不确定的。罗宾逊（Robinson，1966）也对马克思假定剩余价值率不变的做法提出批评，同时认为资本有机构成并不一定持续提高。有许多马克思主义者反驳这些质疑，罗斯多尔斯基（Rosdolsky，1977）是其中的杰出代表，他全面而深入地考察了相关文本，说明了马克思并未将其规律局限于不变的剩余价值率，剩余价值率的增长受限于工作日长度和劳动力再生产的需要，同时不变资本要素的贬值并不能阻挡资本有机构成的提高。克莱曼等（Kliman, et. al., 2013）在此次争论中也采用类似的路径对海因里希提出批评，他们强调利润率趋向下降规律并不是要预测一般利润率必然下降，而是为了解释一般利润率下降这一经验事实。然而，这种反驳并没有正面回答，生产率的提升是否会给利润率带来趋向下降的净效应；当剩余价值率的增速大于资本构成提高的速度时，利润率是否依然会趋于下降。海因里希在一百多年后又对利润率趋向下降规律提出与鲍特凯维兹类似的质疑，正反映了马克思主义者对这种质疑的反驳不够充分。

第二个问题是马克思主义实证检验所面临的共同问题。现行的国民经济核算以西方主流经济学为基础，其中的许多指标在含义和范围上都与相应的马克思主义概念有所区别。利用这些指标来实证分析马克思主义的理论问题，如利润率趋向下降规律等，有其局限性。一些马克思主义学者对此进行研究，试图弥补这一缺陷。梅基（Mage，1963）梳理了马克思主义体系的基本范畴，区分了生产性劳动和非生产性劳动，并分别对价格形式和价值形式的利润率进行了经验分析。沃尔夫（Wolff，1975）则在对剩余价值率的实证研究中，将投入-产出表转化为一个与马克思主义理论相适应的统计框架。谢克和托纳克（Shaikh & Tonak，1994）在前人研究的基础之上，结合投入产出表（I-O）与国民收入和产品账户（NIPA），构建出一个马克思主义的国民经济核算体系。这一体系已为一些学者所认可和借鉴，如克罗宁（Cronin，2001）、马尼亚蒂斯（Maniatis，2005）、高伟（2009）、赵峰等（2012）、（Paitaridis & Tsoulfidis，2012）等，它也为实证检验利润率趋向下降规律，提供了一种可能的进路。

本文试图考察海因里希的观点所涉及的这两个问题，首先以数学形式阐述马克思关于利润率趋向下降规律的思想，分析资本构成和剩余价值率对利润率长期动态的不同决定作用；接着讨论如何对它们进行实证检验，先考察谢克和托纳克的马克思主义核算体系，比较其与现行国民经济核算对剩余价值、可变资本和不变资本等指标的不同衡量，然后讨论如何去除短期效应，并以第二次世界大战后美国经济为案例，探讨剩余价值率、资本构成和利润率的实际表现；最后给出一个简短的总结。

一、劳动的社会生产力和一般利润率之间的关系

利润率趋向下降规律阐述的是在资本主义生产方式下劳动生产力与一般利润率之间的关系[①]。马克思首先说明，资本主义生产方式下劳动的社会生产力的不断发展，表现为总资本有机构成的不断提高，由此造成"在劳动剥削程度不变甚至提高的情况下，剩余价值率会表现为一个不断下降的一般利润率"（马克思，2004b：237）。然后，他讨论了起反作用的各种原因，认为这些原因阻挠和抵消一般规律的作用，使之只有趋势的性质。

价值形式的年度利润率是年剩余价值（s）与全部预付资本之比，其中全部预付资本分为预付的不变资本（C）和预付的可变资本（V，即生产工人的工资基金）。可变资本（v），即生产工人的年度总工资，是预付的可变资本（V）与其年周转率（n）[②] 的乘积。

[①] "一般利润率日益下降的趋势，只是劳动的社会生产力的日益发展在资本主义生产方式下所特有的表现。"（马克思：《资本论》第3卷，北京：人民出版社，2004年，第237页）

[②] 可变资本和不变流动资本的周转率，其变动的幅度是受到严格限制的，本文参照马克思的做法，在讨论利润率的长期趋势时，抽象掉周转率的变动。

参照马克思（2004b：88）的公式，可以用年剩余价值率 $\left(\dfrac{s}{v}\right)$ 和资本价值构成 $\left(\dfrac{C}{V}\right)$，将价值形式的利润率（$r$）表示为

$$r = \frac{s}{C+V} = \frac{\left(\dfrac{s}{v}\right) \cdot n}{\left(\dfrac{C}{V}\right)+1} \tag{1.1}$$

海因里希（Heinrich，2013b）重申了下述观点，劳动生产率的提高会同时造成资本价值构成的上升和剩余价值率的提高，二者以相反的方式影响一般利润率。他（Heinrich，2013a）认为，只知道利润率的分子和分母的变动方向是不够的，要讨论利润率的趋势，就必须比较二者的增速，而马克思并没有说明资本价值构成的增速会超过剩余价值率的增速，因而从马克思的论证里不能够得出利润率的长期趋势。

梅基（Mage，2013）对海因里希提出反驳，他认为在长期中，资本有机构成的上升给利润率带来的下降效应，显然会超过剩余价值率的提高给利润率带来的提升效应，无论二者的增速如何。随着固定资本与劳动的比率以及非生产性劳动与生产性劳动比率的不断上升，预付的可变资本在总预付资本中所占的份额较小而且在不断减小；可变资本的周转也远快于不变资本的周转；而且，在现实中，企业的可变资本账户的资金存量几乎可以看作零①。故梅基认为可以抽象掉预付的可变资本，利用不变资本存量作为总预付资本，将总体利润率表示为

$$r = \frac{s}{C} = \frac{s}{s+v} \cdot \frac{s+v}{C} = \frac{\dfrac{s}{v}}{\left(\dfrac{s}{v}\right)+1} \cdot \frac{l}{C} = \frac{\dfrac{s}{v}}{\left(\dfrac{s}{v}\right)+1} \cdot \frac{1}{\dfrac{C}{l}} \tag{1.2}$$

其中，l 表示活劳动创造的价值，包括剩余价值（s）和必要劳动创造的价值即生产工人的工资（v）。梅基认为 $\dfrac{C}{l}$ 表示的就是资本有机构成。由上述公式可以看出，在资本主义的长期演化进程中，资本有机构成的上升带给利润率的下降效应，将超过剩余价值率提高带给利润率的上升效应。

关于资本的构成，马克思论述道："资本的构成要从双重的意义上来理解。从价值方面来看，资本的构成是由资本分为不变资本和可变资本的比率，或者说，分为生产资料的价值和劳动力的价值即工资总额的比率来决定的。从在生产过程中发挥作用的物质方面来看，每一个资本都分为生产资料和活的劳动力；这种构成是由所使用的生产资料量和为使用这些生产资料而必需的劳动量之间的比率来决定的。我把前一种构成叫作资本的价值构成，把后一种构成叫作资本的技术构成。二者之间有密切的相互关系。为了表达这种关系，我把由资本技术构成决定并且反映技术构成变化的资本价值构成，叫作资

---

① 雇员们总是在一个支付周期结束后的几天内，被支付工资。可变资本账户平时的存量可以为零，企业只需在这几天内将工资打入此账户。而在这几天里，此账户的余额又会和企业的负债项目"应付工资"相抵消。

本的有机构成。"（马克思，2004a：707）

$\frac{C}{l}$表示的是在生产过程中发挥作用的生产资料的价值与活劳动创造的价值之比，梅基将其作为资本有机构成，是有道理的。但为了避免混淆，本文参照谢克（Shaikh，1987a）的表述，将其称为"资本物化构成"。资本物化构成的倒数$\frac{l}{C}$，是活劳动创造的价值和在生产过程中发挥作用的生产资料的价值之比。如果考虑固定资本和不变流动资本的周转，那么$\frac{l}{C}$与产品中所包含的活劳动创造的价值和转移的生产资料的价值之比，不一定相同，因为特定年份里在生产过程中发挥作用的固定资本的价值，可能只有一部分转移到产品当中。同样，如果也考虑可变资本的周转，那么资本价值构成$\frac{C}{V}$，即在生产过程中发挥作用的生产资料的价值和劳动力的价值之比，与产品中包含的转移而来的生产资料价值与必要劳动创造的价值之比，也可能不相同。

梅基说明了剩余价值率和资本构成对于一般利润率长期趋势的不同作用。但他的分析有两点不足：一是他改变了利润率的公式，抽象掉了预付的可变资本；二是他没有证明资本物化构成随着劳动生产力的发展而提高。生产资料的数量与活劳动的数量之比，即资本技术构成随着生产力的发展而不断增大。然而，它并一定意味着生产资料的价值与活劳动创造的价值之比（即资本物化构成）也不断提高，因为随着生产力的提升，生产资料的价值会不断下降。这两点不足的存在，降低了梅基所做分析的说服力。

谢克（Shaikh，1978）给出了另一种更为直观的阐述方法。价值形式的利润率，其分子即剩余价值（s），是活劳动创造的价值（l）与必要劳动创造的价值（v）之差，因而必然小于活劳动创造的价值；其分母是总预付资本，因而必然大于预付的不变资本。故利润率的上限是活劳动创造的价值与预付的不变资本之比$\left(\frac{l}{C}\right)$，即资本物化构成的倒数），而其下限显然为零。随着资本物化构成的提高，利润率的上限不断下降，而下限保持不变，所以利润率的变动空间被不断地挤压。

$$r=\frac{s}{C+V}=\frac{l-v}{C+V}<\frac{l}{C} \tag{1.3}$$

这种方法以数学形式表现了马克思的下列论述："资本主义生产，随着可变资本同不变资本相比的日益相对减少，使总资本的有机构成不断提高，由此产生的直接结果是：在劳动剥削程度不变甚至提高的情况下，剩余价值率会表现为一个不断下降的一般利润率。……在资本主义生产方式的发展中，一般的平均的剩余价值率必然表现为不断下降的一般利润率。因为所使用的活劳动的量，同它所推动的对象化劳动的量相比，同生产中消费掉的生产资料的量相比，不断减少，所以，这种活劳动中对象化为剩余价值的无酬部分同所使用的总资本的价值量相比，也必然不断减少。而剩余价值量和所使用的总资本价值的比率就是利润率，因而利润率必然不断下降。"（马克思，2004b：237）

　　谢克的这一阐述说明了，随着资本物化构成的提高，一般利润率的变动空间将被挤压。它弥补了梅基所做分析的第一点不足。接下来的问题是，劳动生产力的提升是否会带来资本物化构成的提高。谢克（$Shaikh$，1978；$Shaikh$，1987a）着重讨论了资本价值构成和资本物化构成随着资本技术构成提高（机械化）的变动情况，并证明了资本价值构成随着技术构成的提高而提高。然而，他却没能直接证明资本物化构成（价值形式的最大化利润率 $\frac{l}{C}$ 的倒数）也随着技术构成的提高而提高，只能略显牵强地引用谢弗尔德（Schefold，1976）对于货币形式最大化利润率的分析作为旁证。

　　在笔者看来，谢克之所以没能证明资本物化构成和资本技术构成的联动关系，是因为他没能建立起活劳动创造的价值和生产资料的价值之间的联系。笔者试图对他的方法（Shaikh，1987a）进行改进，以直接表现资本物化构成与资本技术构成之间的关系。

　　首先，用数学符号表示出资本物化构成。用 t 表示年份，第 0 年表示基期年份。l_t 表示在第 t 年里活劳动创造的价值，C_t 表示第 t 年里生产资料的价值，二者之比 $\frac{l_t}{C_t}$ 是资本物化构成的倒数。用 C_t' 表示单个工人对应的生产资料价值，即生产资料的价值与工人数量之比，用 l_t' 表示单个工人在第 t 年里创造的价值，$\frac{l_t}{C_t}$ 可以转化为 $\frac{l_t'}{C_t'}$。

　　接着，利用生产资料的基期单位价值表示出资本技术构成的价值形式。令 k_{jt} 表示第 t 年里每个工人对应的第 j 种生产资料数量，向量 $[k_{jt}]$ 表示每个工人对应的所有生产资料数量，也就是资本技术构成。令 λ_{jt} 表示第 t 年里第 j 种生产资料的单位价值，其中 λ_{j0} 表示第 j 种生产资料在基期年份的单位价值。假设不考虑生产资料和生活资料的产品创新，则用生产资料的基期单位价值，可以把第 t 年的资本技术构成表示为如下的价值形式

　　第 t 年里的资本技术构成　　$TC_t = \sum_j \lambda_{j0} k_{jt}$ 　　　　　　　　　　（1.4）

　　然后，建立起资本物化构成与资本技术构成之间的关系。

　　用 θ_1 表示资本品的单位价值变动指数，则单个工人对应的生产资料价值为

$$C_t' = \sum_j \lambda_{jt} k_{jt} = \frac{\sum\limits_j \lambda_{jt} k_{jt}}{\sum\limits_j \lambda_{j0} k_{jt}} \cdot \sum_j \lambda_{j0} k_{jt} = \theta_1 \cdot TC_t \qquad (1.5)$$

　　关于活劳动创造的价值和劳动力再生产成本之间的关系，马克思论述道："比社会的平均劳动较高级、较复杂的劳动，是这样一种劳动力的表现，这种劳动力比普通劳动力需要较高的教育费用，它的生产要花费较多的劳动时间，因此它具有较高的价值。既然这种劳动力的价值较高，它也就表现为较高级的劳动，也就在同样长的时间内对象化为较多的价值。"（马克思，2004a：230）

　　马克思的这段论述，意味着活劳动每小时创造的价值将与其劳动力的再生产成本成

比例。① 克莱曼（Kliman，2011）以工程师和普通工人为例，说明了企业（劳动力的需求方）、学校（培养复杂劳动力，收取学费）和工人（选择成为复杂劳动力或者简单劳动力）等的利己行为，将促使工程师每小时创造的价值与其劳动力再生产成本之比和普通工人每小时创造的价值与其劳动力再生产成本之比，趋于相等；如果前者小于后者，假设工程师和培养工程师的院校都是同质的，那么企业就会减少对工程师的需求，费用较高的工程师院校将关闭，工程师的再生产成本就会降低，直至上述两个比值相等，反之亦然。克莱曼同时指出，现实世界并不会以如此整齐和光滑的方式运行，但马克思的成比例思想是对世界表象的一个有用的近似。

令 h 表示平均单个工人每年的劳动时间，假定它在不同年份里保持不变。令 μ_t 表示第 t 年里，单个工人平均每小时创造的价值，其中 μ_0 表示基期年份里单个工人平均每小时创造的价值。在第 t 年里，单个工人平均创造的价值为

$$l_t' = h \cdot \mu_t \tag{1.6}$$

工人的劳动力再生产成本，即劳动力的价值，"就是维持劳动力占有者所必要的生活资料的价值"（马克思，2004a：199）。令 ms_{it} 表示第 t 年里单个工人所必要的第 i 种生活资料的数量，用 λ_{it} 表示它的单位价值，则第 t 年里单个工人所必要的全部生活资料价值为 $\sum_i \lambda_{it} ms_{it}$，也即第 t 年里单个工人的劳动力再生产成本为 $\sum_i \lambda_{it} ms_{it}$。其中，在基期年份，单个劳动力的再生产成本为 $\sum_i \lambda_{i0} ms_{i0}$。根据马克思的论述，令 σ_t 表示第 t 年中单个工人平均每小时创造的价值与劳动力再生产成本的比例指数，则可以得出

$$\mu_t = \sigma_t \cdot \sum_i \lambda_{it} ms_{it} \tag{1.7}$$

$$\mu_0 = \sigma_0 \cdot \sum_i \lambda_{i0} ms_{i0} \tag{1.8}$$

$$\frac{\mu_t}{\mu_0} = \frac{\sigma_t \cdot \sum_i \lambda_{it} ms_{it}}{\sigma_0 \cdot \sum_i \lambda_{i0} ms_{i0}} = \frac{\sigma_t}{\sigma_0} \cdot \frac{\sum_i \lambda_{it} ms_{it}}{\sum_i \lambda_{i0} ms_{it}} \cdot \frac{\sum_i \lambda_{i0} ms_{it}}{\sum_i \lambda_{i0} ms_{i0}} = \frac{\sigma_t}{\sigma_0} \cdot \theta_2 \cdot ms' \tag{1.9}$$

$$\mu_t = \frac{\sigma_t}{\sigma_0} \cdot \theta_2 \cdot ms' \cdot \mu_0 \tag{1.10}$$

其中，$ms' = \dfrac{\sum_i \lambda_{i0} ms_{it}}{\sum_i \lambda_{i0} ms_{i0}}$，表示劳动力再生产所必要的生活资料数量的变动指数，

$\theta_2 = \dfrac{\sum_i \lambda_{it} ms_{it}}{\sum_i \lambda_{i0} ms_{it}}$，表示生活资料的单位价值变动指数。利用以上的表达式，可以将活劳

---

① 《资本论》的英文版本直接翻译为复杂劳动"在同样长的时间内，成比例地对象为较多的价值"："All labour of a higher, or more complicated, character than average labour is expenditure of labour-power of a more costly kind, labour-power whose production has cost more time and labour than unskilled or simple labour-power, and which therefore has a higher value. This power being of higher value, it expresses itself in labour of a higher sort, and therefore becomes objectified, during an equal amount of time, in proportionally higher values."（Marx, 1990, p. 305）

动创造的价值与生产资料的价值比率，即资本物化构成的倒数，表示为

$$\frac{l_t}{C_t} = \frac{l_t'}{C_t'} = \frac{h \cdot \mu_t}{\theta_1 \cdot TC_t} = \frac{h \cdot \dfrac{\sigma_t}{\sigma_0} \cdot \theta_2 \cdot ms' \cdot \mu_0}{\theta_1 \cdot TC_t}$$

$$= \frac{1}{TC_t} \cdot \frac{\theta_2}{\theta_1} \cdot \frac{\sigma_t}{\sigma_0} \cdot h \cdot ms' \cdot \mu_0 \tag{1.11}$$

这样就建立起了资本物化构成和资本技术构成之间的数学关系式，接下来依次讨论上述关系式中涉及的变量。

（1）$\dfrac{\theta_2}{\theta_1}$：劳动生产力的提升会造成资本品的单位价值指数 θ_1 与生活资料的单位价值指数 θ_2 下降，但 $\dfrac{\theta_2}{\theta_1}$ 近似等于 1。正如梅基（Mage，2013）指出的那样，由于资本品产业很大比例的投入与消费品产业的投入一致，在资本主义发展的整个历史进程里，资本品产业和消费品产业的平均社会劳动生产率是不能被区分的。

（2）$\dfrac{\sigma_t}{\sigma_0}$ 和 ms'：这两个变量都与劳动力再生产成本（即劳动力价值）有关，而"劳动力的价值规定包含着一个历史的和道德的要素。但是，在一定的国家，在一定的时期，必要生活资料的平均范围是一定的。"（马克思，2004a：199）σ_t 是工人平均每小时创造的价值与其劳动力再生产成本的比例指数，不同时期的平均劳动力的这一指数之间的对比，与同一时期内不同复杂程度的劳动力的这一指数之间的对比，是相类似的，因而可以假设 $\dfrac{\sigma_t}{\sigma_0}$ 近似等于 1。ms' 是劳动力再生产所必要的生活资料数量的变动指数。劳动生产率的提升拓展了必要生活资料的空间，因而 ms' 有增大的趋势。在价值规律的作用下，劳动力的价格（即工人的工资）围绕着劳动力的价值波动。马克思认为不能用工资的增长来解释利润率的下降，他论述道："利润率趋向下降，和剩余价值率趋向提高，从而和劳动剥削程度趋向提高是结合在一起的。因此，最荒谬的莫过于用工资率的提高来说明利润率的降低了，虽然这种情况在例外的场合也是存在的。"（马克思，2004b：267）因此，本文也抽象掉 ms' 的变动。

（3）h 和 μ_0：公式中的另两个量，每个工人每年的劳动时间 h 和基期年份单个工人平均每小时创造的价值 μ_0，是已定的。

这样，活劳动创造的价值与生产资料的价值比率 $\dfrac{l_t}{C_t}$（资本物化构成的倒数，利润率的上限）就只取决于资本技术构成 TC_t，它随着资本技术构成的提高而不断下降。上述论证强化了梅基和谢克的分析，将它们结合在一起可以证明"规律本身"是成立的，即资本主义生产方式下劳动生产力的发展，无论其引发的资本构成上升和剩余价值率提高的增速如何，都将会挤压利润率的变动空间，造成利润率趋于下降。

起反作用的因素可能对利润率产生长期影响，也可能只产生短期影响。马克思给出了五种主要的起反作用的因素："劳动剥削程度的提高""工资被压低到劳动力的价值以

下""不变资本各要素变得便宜""相对过剩人口"以及"对外贸易"。梅基（Mage，1963：86-96，2013）对此进行了精彩的分析：第一个和第三个因素具有长期效应，其他因素则只有短期效应；因为利润率趋向下降规律考察的是利润率的长期变动趋势，所以超短期效应的因素可以被排除；第一个因素，剩余价值率，实际上不能左右利润率的长期趋势；第三个因素会影响资本物化构成，但它会被包含于对资本物化构成的分析之中。因此，起反作用的因素并不会给利润率的长期下降趋势带来不确定性。

上文的论述以数学形式表现了利润率趋向下降规律，从中可以明显地看出，资本构成和剩余价值率对于利润率长期趋势发挥着不同的决定作用，因为不能判断二者的增速而对此规律进行的否定，是不能成立的。海因里希做出的这种否定，是对马克思的误解。

但同时从中也可以看出此规律面临的一些问题：第一，一般利润率的变动空间被挤压，并不意味着一般利润率必然下降。在利润率的上限不断下降而下限保持不变的情况下，利润率仍然可能呈现出上升趋势，如图 1 所示。从数学形式上来看，这种可能性是不存在的。随着资本物化构成的提高，$\lim\limits_{t\to\infty}\frac{l}{C}=0$。上限不断下降到零，下限一直为零，则利润率必然趋向下降。但在现实经济中，这种质疑所描述的情况则可能出现。利润率在实际经济运行中的下限是利息率，如果利息率不变或者下降，且与趋于下降的 $\frac{l}{C}$ 不断接近，则利润率必然趋于下降，否则并不能判断利润率的必然趋势。谢克（Shaikh，2016：729）衡量了美国经济在 1947—2011 年间一般利润率和最大化利润率（即产能/资本比率）的变动状况，发现二者均趋向下降且有着相当大的一致性。即便如此，二者显然存在着不一致甚至趋势相反的可能性。

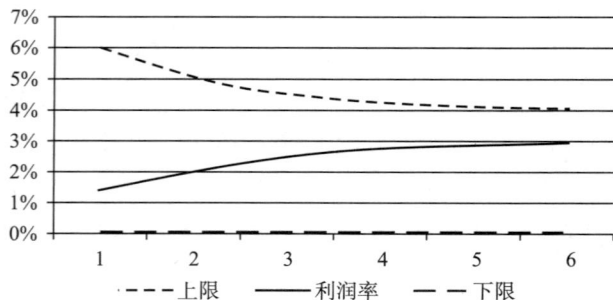

图1 不断下降的上限，保持不变的下限和趋于上升的利润率

第二，马克思对于利润率趋向下降规律的分析，没有考虑产品创新。技术选择与利润率的关系，是关于利润率趋向下降规律的另一个争论。围绕置盐定理，马克思主义学者们进行了长久的论战。近来，有学者（Sinha，2014）指出，利润率趋向下降规律涉及的技术选择，是在资本积累过程中对劳动力和已有技术的选择，而不是对是否进行技术创新的选择，提升资本的"产业利润率"的新技术会抵消利润率的下降。然而，根据马克思的论述，无论是技术创新，还是对已有技术的选择，只要它们带来了资本技术构成的提高，都将会促使利润率趋于下降。问题在于技术创新不一定会提高资本技术构成。技术创新可以分为工艺创新和产品创新。工艺创新很可能会带来资本相对于劳动力的增多，产品创新则不然，而且产品创新会给资本物化构成和资本技术构成之间的关系带来一定的改动。

这些问题的存在，表明利润率趋向下降规律有待于发展，比如引入产品创新，讨论长波中资本物化构成和利息率的关系等，甚至有可能意味着需要为一般利润率下降寻求其他的解释方法。但是，不能因为误解这一规律，而对其进行否定。资本构成是劳动生产力的表现，而剩余价值率与利润率则是同一个量的两种不同的计算方法[①]。资本构成和剩余价值率对一般利润率的长期趋势具有不同的决定作用，一般利润率的长期变动空间只取决于资本构成。接下来，本文讨论如何对资本构成、剩余价值率和一般利润率之间的关系进行实证检验。

二、马克思主义核算体系和现行国民经济核算对剩余价值、不变资本和可变资本的不同衡量

关于利润率趋向下降规律的实证检验，海因里希（Heinrich，2013a）认为此规律是一个广泛的、存在主义的命题，它不能由经验来证明或者反驳。他指出，此规律阐述的是资本主义模式下的生产力发展在长期中导致的利润率下降，利润率在过去的下降不能构成证据，因为此规律指向未来，过去的事实并不能说明未来；利润率在过去的上升也不能构成反驳，因为此规律并不需要利润率持续下降，只需要其"倾向于"下降。

卡尔凯迪和罗伯茨（Carchedi & Roberts，2013）批评海因里希割裂了过去与未来的关系，认为如果决定过去的发展进程的核心因素在未来仍将发挥作用，那么就能够预测过去的发展将在未来中重现。海因里希（Heinrich，2013b）同意这种看法，但他认为，决定因素必须在未来保持同样的数量关系，当过去的生产率提升导致资本价值构成 $\frac{C}{V}$ 的

增速超过剩余价值率 $\frac{s}{v}$ 的增速时，必须阐明同样的数量关系在未来必然发生，才能说明利润率趋向下降。但"这样的论证在哪里呢"？他同时指出，实证检验利润率趋向下降规律，面临着两个主要问题，一个是统计数据与马克思的概念不符，另一个是数据的统计口径会不断变动。

本文的上一部分说明，利润率的长期变动空间只取决于资本物化构成的动态，无论剩余价值率和资本物化构成二者的增速如何，而且这种关系在过去和未来是一以贯之的，这恰好是海因里希所寻找的论证。海因里希指出的两个问题，其中数据的统计口径变动，

---

① "用可变资本来计算的剩余价值的比率，叫作剩余价值率；用总资本来计算的剩余价值的比率，叫作利润率。这是同一个量的两种不同的计算法，由于计算的标准不同，它们表示的是同一个量的不同的比率或关系。"（马克思，《资本论》第 3 卷，北京：人民出版社，2004 年，第 51 页）

要求对数据进行调整，这是所有的实证分析都需要面对的；而统计数据与马克思的概念不符，则长期困扰着马克思主义实证研究。一些学者专门对此进行分析，谢克和托纳克（Shaikh & Tonak，1994）构建的马克思主义核算体系，为实证研究利润率趋向下降规律提供了一种可能路径。本文接下来首先审视这一体系的理论基础的合理性，然后比较此体系和现行国民经济核算对不变资本、可变资本和剩余价值等指标的衡量，讨论采用此体系的必要性。

谢克和托纳克（Shaikh & Tonak，1994：）认为，现行国民经济核算的根本问题在于把一些本应该归类于社会消费的行为归类于"生产"。由辨别生产和社会消费出发，谢克和托纳克系统地阐释了生产性劳动和非生产性劳动的概念，并按照社会经济各部门在创造与实现使用价值、价值和剩余价值过程中的不同功用，划分了初级部门和次级部门。本文依次对这三个方面进行审视。

第一，审视谢克和托纳克对生产和社会消费的辨别。现行国民经济核算，把一切市场行为都视作生产行为。谢克和托纳克（Shaikh & Tonak，1994：2-18）认为，生产行为是使用财富并创造新的财富（属生产性结果），个人消费是使用财富来维持和再生产个体（属非生产性结果）。军队、警察和私人保镖保护财产和社会结构，公务员和律师管理规则和法律，商品和证券的交易者帮助流通财富或者所有权，这些行为是在使用财富来获取保护、分配和管理等非生产性结果，它们与生产行为不同，而与个人消费类似，故可将它们称作社会消费。社会消费和个人消费一样，属于非生产行为。

他们还指出：（1）区别生产和非生产行为，并不是区分产品和服务。服务行为的很大一部分（运输、仓储、娱乐、维修等）将会归类于生产；其他部分（批发/零售、金融服务、法律服务、广告、国防、行政事务等）将会归类于非生产行为。（2）区别生产和非生产行为，也并不否定非生产行为是社会必要的。非生产行为的结果可能是社会所期待的，但并不是产品。（3）区分生产和社会消费（非生产行为）的标准，是看其结果是不是产品。生产行为的结果是产出（output），非生产行为的结果只是结果（outcome）。（4）一旦确认一些行为属于社会消费，而不是生产，就有两个重要的推论。一个是，就业的增长并不一定代表生产的增长，它可能表示社会消费的增长；另一个是，社会消费在净产出中份额的增长，是对社会积累率的减少，这倾向于降低整个经济体的增长率。

第二，审视谢克和托纳克对生产性劳动和非生产性劳动的区分。为了分析再生产的总过程，谢克和托纳克（Shaikh & Tonak，1994：21-22）区分了社会行为的四种主要类型：（1）生产，即利用使用价值创造新的使用价值的过程；（2）分配，即将使用价值从最初的占有者转移到想要使用它们的人的手中的过程；（3）社会维持，即使用价值被政府、法律机构、军队、企业安全人员等用于对社会秩序的私人和公共管理、维持和再生产的过程；（4）消费，即使用价值被个体消费者直接消费的过程。

其中，个人消费不是劳动，生产中的劳动属于生产劳动，分配和社会维持中的劳动属于非生产劳动。通过对不同经济理论的比较，他们（Shaikh & Tonak，1994：25）强调，既要区别劳动和个人消费，也要区分劳动中的生产劳动和非生产劳动。一切经济理论都区分劳动和消费，并认可只有劳动创造新的使用价值，或者说创造新的国民财富。古典经济学家认识到只区别劳动和非劳动是不够的，还有必要区分生产劳动和非生产劳动，因为不是所有的劳动都创造新财富。谢克和托纳克认为，古典经济学对于生产劳动和非生产劳动的区分是富有洞察力的，它发现非生产劳动与消费行为有着共同的特征，即都使用了一部分已有财富，却并不直接创造新财富。

在辨别"劳动和消费""生产劳动和非生产劳动"的基础上，谢克和托纳克（Shaikh & Tonak，1994：29-30）定义了"生产性劳动"和"非生产性劳动"。他们将生产性劳动按照其目的分为三种类型，一是为了直接使用其产出的生产劳动，如家庭和社区生产，它只产出使用价值；二是为了出售其产出以获得收入的生产劳动，如小商品生产，它产出使用价值，同时也产出价值（抽象劳动时间的物质化）；三是为了出售其产出以获得利润的生产劳动，它代表资本主义商品生产中的劳动，不仅产出使用价值和价值，而且产出剩余价值。他们将第三种类型的生产劳动定义为资本视角下的"生产性劳动"。"生产性劳动"包括两个显著特征：（1）它是被资本雇佣的工资劳动；（2）它是创造或转变使用价值的生产劳动。简而言之，资本视角下的"生产性劳动"，即被资本雇佣的生产劳动，或者说，资本主义条件下被雇佣的生产劳动。除"生产性劳动"以外的其他劳动，是"非生产性劳动"，它包括生产直接使用价值或商品而非商品资本的生产劳动，以及非生产劳动（包含被资本雇佣的非生产劳动）。

谢克和托纳克认为其"生产性劳动"符合马克思的定义，事实也正是如此。关于"生产性劳动"，马克思给出了两个定义：（1）"如果整个过程从其结果的角度，从产品的角度加以考察，那么劳动资料和劳动对象二者表现为生产资料，劳动本身则表现为生产劳动。"（马克思，2004a：211）同时，马克思还指出"这个从简单劳动过程的观点得出的生产劳动的定义，对于资本主义生产过程是绝对不够的"（马克思，2004a：211）。（2）"随着劳动过程的协作性质本身的发展，生产劳动和它的承担者即生产工人的概念也就必然扩大。为了从事生产劳动，现在不一定要亲自动手；只要成为总体工人的一个器官，完成他所属的某一种职能就够了。……但是，另一方面，生产劳动的概念缩小了。资本主义生产不仅是商品的生产，它实质上是剩余价值的生产。工人不是为自己生产，而是为资本生产。因此，工人单是进行生产已经不够了，他必须生产剩余价值。只有为资本家生产剩余价值或者为资本的自行增值服务的工人，才是生产工人"（马克思，2004a：582）。

马克思的第一个定义表明生产劳动是生产产品的劳动，第二个定义表明资本视角下的"生产性劳动"是为资本生产剩余价值的生产劳动。谢克和托纳克的"生产性劳动"概念，显然与这两个定义一致。而且，他们对此概念系统而详尽阐述，是对马克思的定义的具体化。

第三，审视谢克和托纳克对初级部门和次级部门的划分。衡量社会再生产时，谢克和托纳克（Shaikh & Tonak，1994：39）把社会经济各部门分为初级部门、次级部门、国际贸易部门和非资本主义部门，主要区分了初级部门和次级部门。直接参与总商品生产和国内实现的部门，如生产和贸易部门，被称作初级部门。参与源自初级部门的价值和货币流的再循环的部门，如金融、土地租售和政府等部门，被称作次级部门。他们对此的解释是，这种区分扎根于马克思主义对于资本主义再生产的研究路径，其合理性会在利用它进行分析的过程中明显地展现出来。

在笔者看来，这一分类的依据是社会经济各部门在创造和实现使用价值、价值和剩余价值过程中的不同功用。生产部门①创造出使用价值、价值和剩余价值，然后把商品以"生产者价格"出售给贸易部门，贸易部门再以"购买者价格"出售给消费者。商品的使用价值、价值和剩余价值都决定于生产部门，其他部门的运行依赖于对生产部门创造的剩余价值的占有。从这个意义上来说，只应当区分社会经济中生产部门和非生产部门。但生产者价格只体现了价值的一部分，购买者价格才是全部价值的体现。投入－产出表（I-O）与国民收入和产品账户（NIPA）依照西方主流经济学的思想，统计了生产、分配和社会维持各部门的"收入"和利润。然而贸易部门的"收入"却不是商品的购买者价格，而是贸易差额（即生产者价格和购买者价格之间的差别）。所以，生产部门的"收入"（即生产者价格）与贸易部门的"收入"之和才体现了商品价值的购买者价格。由此可见，有必要把生产部门和贸易部门放在一起考虑。由于其他部门不牵涉商品价值的"加成"，只涉及源自生产和贸易部门的价值和货币流的再循环，因而可以将它们归为另一个分类，即次级部门。

以上述三方面理论为基础，谢克和托纳克首先建立起马克思主义指标和投入－产出表指标的对应关系，然后利用投入－产出表（I-O）和国民收入与产品账户（NIPA）的数据，计算出马克思主义指标的数据值。他们将投入－产出表中的各部门划分为初级部门、次级部门、国际贸易部门和非资本主义部门，并依次做了分析。初级部门包括生产部门和贸易部门两大部分。次级部门由于其收入可被看作其他部门支付的使用费②，而被笼统地称为"使用费部门"。投入－产出表虚拟了一个"政府产业"来表示政府对劳动力的购买（即政府对其雇员的工资支付），也虚拟了一个家庭产业表示对女仆、司机和照看孩子的保姆等的家庭劳动的支付，谢克和托纳克将二者与海外账户（ROW，rest-of-world accounts）合称为"虚拟部门"，单列出来考虑。对于家庭产业等非资本主义部门，他们（Shaikh & Tonak，1994：71）认为需要将其与资本主义部门区分开，在对总价值和总资本主义产品进行衡量时，应当排除非资本主义部门。他们也对国际贸易部门进行

---

① 生产劳动创造使用价值，其中自给自足的生产劳动只创造使用价值；小商品生产劳动创造使用价值和价值，但不创造剩余价值；只有被资本雇佣的生产劳动（即资本视角下的生产性劳动）才同时创造使用价值、价值和剩余价值。换言之，市场中的价值，源自生产性劳动和小商品生产劳动；而市场中的剩余价值，则只源自生产性劳动。在比较生产部门与其他社会经济部门时，为了论述的方便，可以先不考虑生产部门内部的区别，只将其统称为生产部门。

② 比如利息是为了获取资金和信贷而支付的使用费，土地租金是为了获取土地而支付的使用费，税收是为了获取政府服务而支付的使用费。

分析，重点讨论了国际贸易造成的国际间的价值转移[1]。

基于对社会再生产各部门的分析，谢克和托纳克（Shaikh & Tonak, 1994：76）建立起了马克思主义账户和投入－产出表的对应关系。其中，总价值、不变资本、可变资本和剩余价值等马克思主义指标与相应的投入－产出表指标的对应关系，如表 1 所示。马克思主义的总价值只包括生产部门和贸易部门的总产出，而投入－产出表的总产出则包括生产、贸易、使用费和虚拟部门的总产出。不变资本是生产部门的中间投入，投入－产出表中与其相对应的量则是各部门的中间投入和使用费支付之和。可变资本是生产部门的工资，与其相对应的量则是各个部门的工资之和。总价值、不变资本和可变资本显然都小于其对应的西方主流指标，增加值和剩余价值与其相应指标之间的关系则不确定。

表 1　马克思主义指标和投入－产出表指标的对应关系

马克思主义指标	关系	投入－产出表指标
总价值＝总产出$_{生产}$＋总产出$_{贸易}$	＜	总产出＝总产出$_{生产}$＋总产出$_{贸易}$＋总产出$_{使用费}$＋总产出$_{虚拟}$
不变资本＝中间投入$_{生产}$	＜	中间投入＝（中间投入$_{生产}$＋使用费$_{生产}$）＋（中间投入$_{贸易}$＋使用费$_{贸易}$）＋（中间投入$_{使用费}$＋使用费$_{使用费}$）＋（中间投入$_{虚拟}$＋使用费$_{虚拟}$）
增加值＝增加值$_{生产}$＋增加值$_{贸易}$＋（使用费$_{生产}$＋使用费$_{贸易}$＋中间投入$_{贸易}$）	－	增加值＝增加值$_{生产}$＋增加值$_{贸易}$＋（增加值$_{使用费}$＋增加值$_{虚拟}$）
可变资本＝工资$_{生产}$	＜	工资＝工资$_{生产}$＋工资$_{贸易}$＋工资$_{使用费}$＋工资$_{虚拟}$
剩余价值＝（利润$_{生产}$＋利润$_{贸易}$）＋（间接税$_{生产}$＋间接税$_{贸易}$）＋（使用费$_{生产}$＋使用费$_{贸易}$）＋（工资$_{贸易}$＋中间投入$_{贸易}$）	－	利润形式的收入＝（利润$_{生产}$＋利润$_{贸易}$＋利润$_{使用费}$＋利润$_{虚拟}$）＋（间接税$_{生产}$＋间接税$_{贸易}$＋间接税$_{使用费}$＋间接税$_{虚拟}$）

资料来源：Shaikh & Tonak, 1994, p.76, Table 3.12。

利润率、资本构成和剩余价值率是由不变资本、可变资本和剩余价值来量度的，这些马克思主义指标与其相应的投入－产出表指标的不同，必然导致对这几个变量的不同衡量。谢克和托纳克核算体系的理论基础是对马克思相关思想的继承。此体系的核算指标符合马克思主义的概念。在实证分析利润率趋向下降规律时，采用这些马克思主义指标来衡量主要变量，无疑是更好的选择。

---

[1]　谢克和托纳克（Shaikh & Tonak, 1994：65—71）认为，在开放经济下，需要区分国内生产的价值和国内实现的价值，二者的区别在于国际间的价值转移。国际间的价值转移有三个基本原因：（1）国际贸易中出口和进口的差额，这会转移价值；（2）购买者的价格和价值之间的偏离，这也会转移价值；（3）工资、薪酬、分红和利息等的国际流动，会以货币的形式直接转移价值。前两种转移涉及货物贸易账户（merchandise trade accounts）中的国际商品贸易，第三种涉及海外账户（ROW, rest-of-world accounts）中的"要素服务"国际支付。谢克和托纳克的目标是衡量一个给定国家的国内生产总值（GDP）指标，而不是他们采用的是国内生产总值指标，而不是国民生产总值（GNP）。NIPA 和 I-O 表中的部门账户都是依照 GDP 的概念构造的，所以不用考虑海外账户，由工资、薪酬、分红和利息等的国际流动造成的价值转移也因此而不用考虑。于是，谢克和托纳克构建了一个囊括前两种转移的国际价值转移指标，并对其进行估计。

三、第二次世界大战后美国经济的资本构成、剩余
价值率和一般利润率动态

在讨论利润率趋向下降规律时，人们直接使用以马克思主义指标度量的利润率，仍有其局限性。此规律研究的是利润率的长期趋势，而不是短期波动。采用包含短期波动的利润率数据对其进行分析，会带来不必要的干扰。谢克和托纳克（Shaikh & Tonak，1994：122-124）指出，利润率回应的可能是剩余价值率和资本有机构成的长期结构变动，以及战争、干旱等特殊历史事件和经济周期带来的短期波动，后者将由资本存量的利用率来反映，而资本存量的利用率又表现为利润量的相应波动。他们用利润量除以产能利用率[①]，来消除短期波动效应。谢克（Shaikh，1999：107-108）还强调，必须区分利润率的长期趋势和短期波动，因为它们有不同的决定因素和含义，古典经济学和马克思主义理论通常关注长期因素，要想合理地检验这些理论，就必须区分"一般产能"利润率和观测到的利润率。

使用产能利用率来调整利润率，首先有必要准确地衡量产能利用率。谢克（Shaikh，1992）认为，一个好的产能利用率指标，不仅要能表现萧条和战争等灾难性事件引起的巨大波动，以及与短周期（3~5年的存货周期）有关的比较大的波动，而且要能体现较为缓慢的周期（7~10年固定资本周期）和一般的更换工作的长期趋势带来的轻微波动。谢克（Shaikh，1987b）指出，常用的一些产能利用率指标，如美联储的产能利用指数等，倾向于关注产能利用的短期波动，利用这些指标所进行的调整，不能去除产能利用的中长期波动效应。唯一的例外是由福斯（Foss）开发并由其他人改进的产能利用指数，它基于驱动资本设备的电动马达的使用率，因而同时囊括了产能利用的短期波动和中长期波动。可惜这一数据在1963年之后被中断了。

麦格劳-希尔（McGraw-Hill）商业计划年度调查中"产能的年度增加"和"总投资用于扩张产能的年度比率"这两项数据，可以被用来构建一个新的产能利用率衡量方法。美联储的产能利用指数是工业产值与工业产能之比，谢克的这个新方法和它的不同之处在于，谢克使用麦格劳-希尔调查数据来计算工业产能。在1947—1963年间，谢克新构建的产能利用率与福斯的电动马达使用率非常相像，说明了其可信性。谢克还把这两个指数与美联储的产能利用指数相比较，发现在短期中三者类似，但在长期中，美联储的产能利用指数与另两者相分离，谢克认为这体现出美联储指数在衡量产能利用的中长期波动方面的不足。谢克（Shaikh，1992）采纳改进后的福斯衡量方法[②]，测算了1899—

---

① 产能利用率通过影响在生产过程中发挥作用的资本存量来影响利润率，与其说是用利润量除以产能利用率，倒不如直接说是用资本存量乘以产能利用率。
② 谢克在此处使用的方法对调查数据的依赖性较强。谢克和穆杜德（Shaikh & Moudud，2004）发展出了一种只通过计量分析产出和资本存量两项数据来估算产能利用率的方法，并使用它测算了经济合作与发展组织（OECD）成员国的产能利用率，这种方法比较简单且适用范围较广。

1963 年间的产能利用率；利用麦格劳-希尔数据，度量了 1947—85 年间的产能利用率；谢克和托纳克（Shaikh & Tonak，1994：125—127）还使用美联储的产能利用指数将其扩展到 1989 年（由于麦格劳-希尔数据在 1986 年被中断）。

　　鉴于谢克和托纳克测算了美国 1948—1989 年间的马克思主义各指标年度数据，并推算了产能利用率；而且，这一区间包含了繁荣的第二次世界大战后黄金年代，陷入衰退与危机的 20 世纪 70 年代，以及似乎重新走向繁荣的 80 年代，比较适合于讨论利润率动态及利润率趋向下降规律。故本文就以这段区间内的美国经济作为案例，来考察利润率趋向下降规律的实际表现。

　　根据本文第一部分的分析，利润率趋向下降规律涉及的三个核心变量是利润率、资本物化构成和剩余价值率。实证检验此规律，需要先衡量这些变量，然后利用产能利用率对它们进行调整，并比较其长期趋势。依照马克思对这些变量的定义进行衡量时，面临着一个问题，即当前的统计没有关于不变流动资本和可变资本的周转率的合适数据。年剩余价值率由年剩余价值和生产工人年度总工资来衡量，可以不考虑周转率。利润率、资本价值构成和资本物化构成则受到周转率的影响。

　　一些学者试图弥补这种不足，吉尔曼（Gillman，1957：54）利用存货表示预付不变流动资本，高峰（2014：302）在此基础上假定可变资本和不变流动资本的周转一致，以估算预付可变资本。但利用存货作为不变流动资本，也有其局限性。克莱曼（Kliman，2012：81）指出，在国民收入账户中，存货不仅包括原材料、半成品和在制品的存量，还包括尚未出售的产品，后者显然不属于马克思所说的预付资本。因为可变资本和不变流动资本的周转远快于固定资本的周转，所以除一些特殊的行业[1]以外，固定资本都构成了预付总资本的主体，在衡量利润率时，利用固定资本代替预付总资本作为利润率的分母，也是一种可行且相对合理的路径。同理，也利用固定资本的价值与活劳动创造的价值之比，作为资本物化构成。然而，资本的价值构成是预付不变资本与预付可变资本之比，二者分别涉及不变流动资本的周转和可变资本的周转。因为预付可变资本和可变资本的差别可能较大，所以，固定资本与可变资本之比，或者实际耗费的不变资本与可变资本之比都只是对资本价值构成的估计。

　　在具体计算时，由于经济分析局统计的是 NIPA 的年度数据和 I-O 表的特定年份的数据，故谢克和托纳克（Shaikh & Tonak，1994：92—94）测算马克思主义各指标的年度数据的方法是：（1）直接采用 NIPA 的总增加值、利润、工资、间接税、固定资本存量等年度数据。（2）利用 I-O 表计算各基准年份的中间投入、使用费等与相应总增加值的比率，接着对其进行线性插值，得到各年度的比率；用这些各年度比率乘以 NIPA 中其相应的总增加值，就得到中间投入、使用费等的年度数据。（3）通过数学运算得到马克思主义账户各指标的年度数据。

---

[1]　如银行业中储备金占总预付资本的较大比重，金融行业中金融资产占较大比重，批发零售行业中（用于买入商品的）预付商业货币资本占较大比重。

在测算可变资本和剩余价值时，他们首先计算出马克思主义增加值，然后测算出可变资本，再用增加值减去可变资本得到剩余价值。他们（Shaikh & Tonak，1994：108）采用 NIPA 中的"从事生产的个人"作为衡量总就业的指标，它包括雇员以及自我雇佣的个人（即企业的业主和合伙人）。采用"雇员报酬（EC）"作为衡量工资的指标。雇员报酬包括雇员的工资和薪金，也包括雇主缴纳的社会保险。它表示资本家在劳动力方面的总成本，因而是对可变资本的一个合理估算。

NIPA 数据没有区别生产性工人和非生产性工人，而美国劳动统计局（BLS）的数据则有所区分，列出了每个部门的"总就业"与"生产和非监管工人"。于是，谢克和托纳克采用生产部门的"生产和非监管工人"作为对生产性工人数量的估算。他们利用美国劳动统计局的数据来计算每个生产部门中生产性劳动在总劳动中所占的比重，然后把这些比率应用于 NIPA 中的总劳动数据，以得到生产性劳动量和非生产性劳动量。然后利用生产性工人的平均工资数据乘以推算的生产性工人数量，计算出生产性工人的总工资（即可变资本）。用 NIPA 的总工资数据减去可变资本，就得到非生产性工人的工资。用马克思主义增加值减去可变资本，就得到剩余价值。他们还利用生产中投入的原材料和生产性固定资本的折旧之和计算出实际消耗的不变资本。

剩余价值率等于剩余价值和可变资本之比 $\left(\dfrac{s}{v}\right)$，以现行国民经济核算指标对其的衡量是利润形式的收入与雇员报酬之比 $\left(\dfrac{P}{EC}\right)$，二者如图 2 所示。实际消耗的不变资本和可变资本之比 $\left(\dfrac{c}{v}\right)$，是对资本价值构成的一种估算，以现行国民经济核算指标对其的衡量是中间投入与雇员报酬之比 $\left(\dfrac{M}{EC}\right)$，二者如图 3 所示。

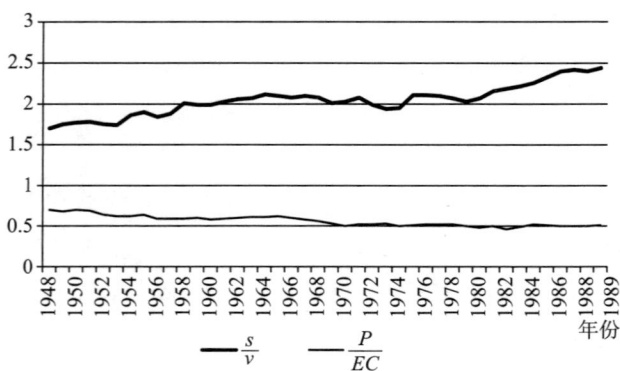

图 2　马克思主义指标和现行国民经济核算指标衡量的剩余价值率

（美国，1948－1989）

数据来源：Shaikh & Tonak，1994，pp. 120－121，Table 5.7。

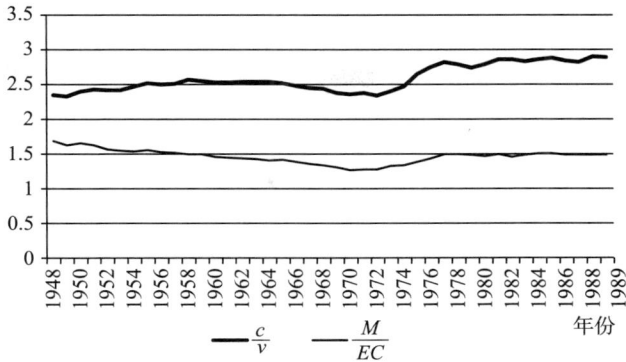

图 3　马克思主义指标和现行国民经济核算指标衡量的资本价值构成

（美国，1948－1989）

数据来源：Shaikh & Tonak, 1994, pp.120－121, Table 5.7。

由图 2 和图 3 可以明显看出，马克思主义指标衡量的剩余价值率和资本价值构成呈上升趋势，而以现行国民经济核算指标做出的衡量则呈现略微的下降趋势，它们的不同，凸显了采用马克思主义指标进行衡量的必要性。

活劳动创造的价值和固定资本的价值之比 $\left(\dfrac{l}{C_f}\right)$，也是利润率的一个上限[①]。固定资本的价值和活劳动创造的价值之比 $\left(\dfrac{C_f}{l}\right)$，可以被看作一种资本物化构成。在分析其长期趋势时，需要以产能利用率对固定资本（C_f）进行调整，也就是利用固定资本与产能利用率的乘积（$C_f{}'$）作为分子。图 4 展现了剩余价值率 $\left(\dfrac{s}{v}\right)$ 和调整后的资本物化构成 $\left(\dfrac{C_f{}'}{l}\right)$，从中可以看出，资本物化构成和剩余价值率都呈现出上升趋势，且后者的增速略高于前者。

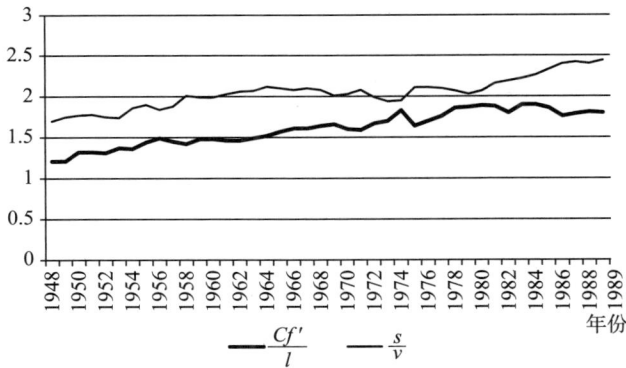

图 4　第二次世界大战后美国经济中的剩余价值率和资本物化构成（1948－1989）

数据来源：Shaikh & Tonak, 1994, pp.125－127, Table 5.8。

---

①　$r = \dfrac{s}{C+V} = \dfrac{l-v}{C+V} < \dfrac{l}{C} < \dfrac{l}{C_f}$

利润率是剩余价值（s）与固定资本（C_f）之比。以产能利用率来调整固定资本，或者说是调整剩余价值量，可以获得利润率的长期趋势。图 5 展示了以产能利用率调整前后的利润率（分别是 $r^* = \frac{s}{C_f}$，$r^{*\prime} = \frac{s}{C_f'}$），以及用产能利用率调整后的活劳动创造的价值与生产资料的价值比率（$\frac{l}{C_f'}$，即资本物化构成的倒数）。从中可以看出，利润率的变动曲线较为平缓；但以产能利用率调整后的利润率却呈现出明显的下降趋势；而活劳动创造的价值与生产资料的价值比率的变动曲线，则在利润率变动曲线的上方，且呈现出幅度更大的下降趋势。

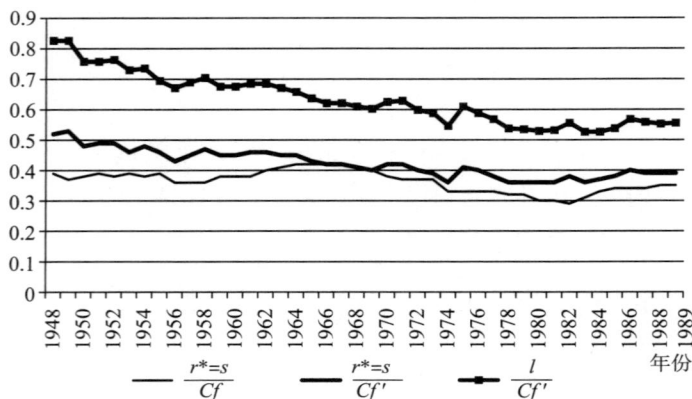

图 5   活劳动创造的价值与生产资料的价值比率和利用产能利用率调整前后的利润率（美国，1948－1989）

数据来源：Shaikh & Tonak，1994，pp. 125－127，Table 5.8。

由以上对战后美国经济的探讨可知，在这一时期，虽然资本物化构成和剩余价值率都趋于上升，且后者的增速略大于前者，但利润率仍然呈现出长期的下降趋势。这印证了本文第一部分对"规律本身"的理论推导，同时作为一个反例，否定了海因里希以不能推断资本构成增速和剩余价值率增速之间的关系为由对利润率趋向下降规律的否定。

四、总　结

劳动生产力的提升会同时导致资本构成的上升和剩余价值率的提高。但是，利润率的长期趋势其实只取决于资本物化构成（生产资料的价值与活劳动创造的价值之比）。起反作用的因素，要么是短期因素，要么被包含在对资本物化构成和剩余价值率的分析当中。劳动生产力的提升伴随着资本技术构成的提高，但这并不表示资本物化构成（生产资料的价值和活劳动创造的价值之比）也一定提高。要分析资本物化构成和技术构成的关系，就必须建立起活劳动创造的价值和生产资料的价值之间的联系，而这种关系的建立则需要引入马克思对于活劳动创造的价值和劳动力再生产成本之间关系的分析。对资本物化构成与技术构成之间的关系的论证，与梅基和谢克的分析相结合，说明了劳动生产力的提升将带来资本物化构成的提高，从而会挤压一般利润率的变动空间。

谢克和托纳克构建的马克思主义核算体系，为实证分析资本构成、剩余价值率和一般利润率之间的关系提供了一种可能性。这一体系的理论基础是对马克思相关思想的继承，它核算的指标和马克思主义的概念一致。比较分别以马克思主义指标和现行国民经济核算指标做出的衡量，发现二者差异明显，在实证检验利润率趋向下降规律时，采用马克思主义指标是更好的选择。利润率趋向下降规律研究的是利润率的长期趋势，因而有必要用产能利用率调整利润率和资本物化构成等变量，以去除其短期波动。在战后美国经济中，资本物化构成和剩余价值率均呈现出上升趋势，且后者的增速略大于前者，但利润率仍然表现出长期的下降趋势，这作为一个反例，构成了对于海因里希观点的一个否定。

然而，无论是在理论上从文本解读和数学推导的角度进行的反驳，还是以实证经验进行的反驳，都存在着一些问题，并不足以将自鲍特基维茨以来对利润率趋向下降规律的否定驳倒。实际上，这一规律既存在着一些问题，又显然有其价值所在。与其完全的否定或者完整的维护这一规律，倒不如对其进行发展。在理论上，考虑资本主义的基本矛盾，纳入剩余价值的实现问题，对这一规律进行再讨论，是一个发展方向。在实证上，则有必要将经验考察扩展到更长的时期和更广的范围。

第 11 章 利润率下降理论是合理的吗?[①]

马克思的利润率下降理论主要出现在他著作中的两个地方。首先出现在《资本论》第一卷的第二十三章,标题是"资本主义积累的一般规律";之后,在《资本论》第三卷的第三篇中,这一理论被进一步发展,此篇的标题是"利润率趋向下降的规律"。在本文中,我将勾勒出体现在这两卷《资本论》中的这一理论的结构;再查看一些学者对它提出的批评,我认为这些批评源自这些学者对马克思假设的一些动态因果机制的误解;然后我将给出资本积累方程组的一个动态解,并说明在什么情况下它们将导致利润率下降;这一动态模型在文中会被用于分析一些现代资本主义经济体的发展轨迹,并帮助人们理解当前世界经济的结构。

一、《资本论》第一卷中的理论

马克思在《资本论》第一卷和第三卷中对这一理论的阐述都以资本积累为背景。在第一卷中,他首先关注资本积累与劳动人口的相互作用。我认为他在第三卷中仍然保持着同样的关注,虽然表现得不是那么明显。根据马克思的观点,理解资本积累所带来的影响的一个核心要素是资本的构成。

马克思论述道:"资本的构成要从双重的意义上来理解。从价值方面来看,资本的构成是由资本分为不变资本和可变资本的比率,或者说,分为生产资料的价值和劳动力的价值即工资总额的比率来决定的。从在生产过程中发挥作用的物质方面来看,每一个资本都分为生产资料和活的劳动力;这种构成是由所使用的生产资料量和为使用这些生产资料而必需的劳动量之间的比率来决定的。我把前一种构成叫做资本的价值构成,把后一种构成叫做资本的技术构成。"[②]

如果资本的价值构成保持不变,那么资本存量的增加就必然意味着雇佣劳动的增多。"因此,资本的积累就是无产阶级的增加。"[③]

然而,如果劳动力的供给增长缓慢,对劳动力的需求就可能会超过供给,工资就会

---

① 本文系英国格拉斯哥大学(University of Glasgow)计算机科学学院教授保罗·考克肖特(Paul Cockshott)于 2012 年 5 月 25—27 日在墨西哥城市自治大学霍奇米尔科分校举行的世界政治经济学学会第七届论坛提交的会议论文。其中文译本的译者为李亚伟。
② 马克思:《资本论》第 1 卷,北京:人民出版社,2004 年,第 707 页。
③ 马克思:《资本论》第 1 卷,北京:人民出版社,2004 年,第 709 页。

上升,这反过来可能会倾向于降低利润率。虽然这是一种对劳动者阶层最有利的状况,但马克思相信它只是暂时的,并且有自身局限性。

马克思论述道:"由资本积累而引起的劳动价格的提高不外是下列两种情况之一:一种情况是,劳动价格继续提高,因为它的提高不会妨碍积累的进展;这没有什么值得奇怪的地方,因为,亚·斯密说过,'即使利润下降,资本还是能增长,甚至增长得比以前还要快⋯⋯利润小的大资本,一般也比利润大的小资本增长得快。'[1] 在这种情况下,很显然,无酬劳动的减少决不会妨碍资本统治的扩大⋯⋯另一种情况是,资本积累由于劳动价格的提高而削弱,因为利润的刺激变得迟钝了。资本积累减少了。但是随着资本积累的减少,使积累减少的原因,即资本和可供剥削的劳动力之间的不平衡,也就消失了。所以,资本主义生产过程的机制会自行排除它暂时造成的障碍。"[2]

该系统经过了一个周期。快速的资本积累用尽了劳动力的供给,这会允许工资上涨。工资的上涨反过来又降低利润、减少资本积累。所以我们又回到了起点。在这里,我们发现一个基本机制,通过这一机制,失业表现为对工资上涨的中止,充分就业表现为对资本积累的中止。19 世纪英国的商业周期清晰地显示了这种过程的存在。图 1 和图 2 展示了,从 1881 年到 1883 年间,资本积累率如何快速增长到了超过 7% 的利润被用于积累。这使得失业率保持在低水平。但这一过程在 1883 年遭遇了一次危机,因为对劳动力的竞争导致资本积累减缓。在接下来的五年里,资本积累减少,失业增加。一旦失业率达到顶峰值 10% 时,下降的工资就会促使资本积累逐渐加速,从而开启一个新的周期。

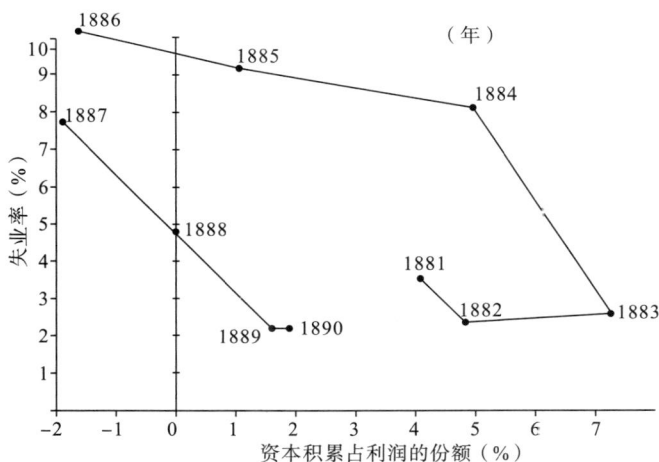

图 1　19 世纪英国的商业周期中资本积累与失业的关系
资料来源 W. P. Cockshott, "The Recession and Socialist Strategy", *Conference of Socialist Economists*, 1977。

---

[1]　亚·斯密:《国民财富的性质和原因的研究》(两卷集,又译《国富论》)(Smith, A.: An inquiry into the nature and causes of the wealth of nations. In 2 vol. London, 1776) 第 1 卷, 1776 年 (伦敦版),第 189 页。
[2]　马克思:《资本论》第 1 卷,北京:人民出版社,2004 年,第 715 页。

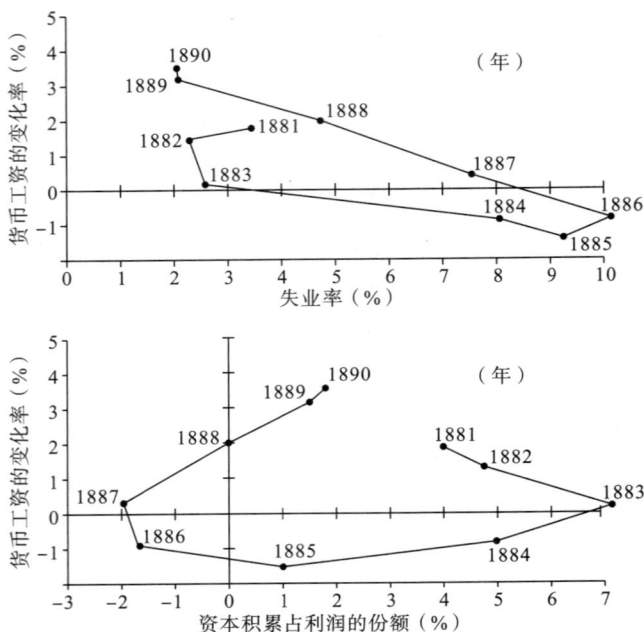

图 2　资本积累、失业和工资变化率之间的关系

但马克思强调，当人口的自然增长不能够满足资本积累的需要时，一个进一步的机制就会开始发挥作用。在劳动力短缺时期，企业会尝试用机器替代工人。这创造了新的劳动后备军，并为积累开启了进一步的机会。在这一过程中，资本的有机构成 $\frac{c}{v}$ 上升，资本的每个额外的增加都只需要更少的工人。

所以，《资本论》第一卷中的相关理论阐述的是一个周期过程，资本积累根据劳动力的供给来调整它的节奏，并反过来调节劳动力的供给。

马克思论述道："如果工人阶级提供的并由资本家阶级所积累的无酬劳动量增长得十分迅速，以致只有大大追加有酬劳动才能转化为资本，那么，工资就会提高，而在其他一切情况不变时，无酬劳动就会相应地减少。但是，一旦这种减少达到这样一点，即滋养资本的剩余劳动不再有正常数量的供应时，反作用就会发生：收入中资本化的部分减少，积累削弱，工资的上升运动受到反击。可见，劳动价格的提高被限制在这样的界限内，这个界限不仅使资本主义制度的基础不受侵犯，而且还保证资本主义制度的规模扩大的再生产。"[①]

二、《资本论》第三卷中的理论

在《资本论》第三卷中，马克思关注了资本价值构成变动的另一种含义。他已经关注过这一变动如何影响劳动力的需求，现在他观察这一变动对利润率 $\rho' = \frac{s}{c+v}$ 的影响。

---

① 马克思：《资本论》第 1 卷，北京：人民出版社，2004 年，第 716 页。

从这一公式可以明确地看出，在剩余价值量 s 保持不变的情况下，如果 c 或 v 的变动，让我们把它们叫作 Δc、Δv，满足 $\Delta c + \Delta v \geq 0$ 时，利润率会下降或者不变，否则，利润率会上升。如果 s 上升，c 和 v 保持不变，那么利润率也会上升。

如果劳动价值论是对的，那么每个工人每日新增价值总和 $s + v$，就会受到工作日长度的限制。如果我们假设实际工作日最长为 12 小时，那么就有 $s + v \leq 12$。另外，每个工人所使用的不变资本设备 c 却不受类似的限制。既然工资永远不可能下降到零，那么日利润率的最大值 $\hat{r}$ 就会受到 $\hat{r} < \dfrac{12}{c}$ 的限制。

马克思断言，随着时间的推移，每个工人所使用的不变资本会倾向于增加，在任何一个给定的剥削率水平之下，这种增加都会趋向于降低利润率。他给出了下列例子。

"假定剩余价值率为 100%：如果 $c = 50$，$v = 100$，那么 $\rho' = 100/150 = 66$ (2/3)%；如果 $c = 100$，$v = 100$，那么 $\rho' = 100/200 = 50\%$；如果 $c = 200$，$v = 100$，那么 $\rho' = 100/300 = 33$ (1/3)%；如果 $c = 300$，$v = 100$，那么 $\rho' = 100/400 = 25\%$；如果 $c = 400$，$v = 100$，那么 $\rho' = 100/500 = 20\%$。这样，在劳动的剥削程度不变时，同一个剩余价值率会表现为不断下降的利润率，因为随着不变资本的物质量的增加，不变资本、总资本的价值量也会增加，虽然不是按相同的比例增加。

如果我们进一步假定，资本构成的这种逐渐变化，不仅发生在个别生产部门，而且或多或少地发生在一切生产部门，或者至少发生在具有决定意义的生产部门，因而这种变化就包含某一个社会的总资本的平均有机构成的变化，那么，不变资本同可变资本相比的这种逐渐增加，就必然会有这样的结果：在剩余价值率不变或资本对劳动的剥削程度不变的情况下，一般利润率会逐渐下降。"[①]

马克思相信这一趋势是存在的，首先是因为《资本论》第一卷中所描述的机制；其次，他认为在长期中，投入积累的不断增多的大量资本会超过无产阶级的增长。

马克思论述道："只要为了资本主义生产目的而需要的追加资本=0，那就会有资本的绝对生产过剩。但是，资本主义生产的目的是资本增殖，就是说，是占有剩余劳动，生产剩余价值，利润。因此，只要资本同工人人口相比已经增加到既不能延长这些人口所提供的绝对劳动时间，也不能增加相对剩余劳动时间（后一点在对劳动力的需求相当强烈从而工资有上涨趋势时，本来就是不可能的）；就是说，只要增加以后的资本同增加以前的资本相比，只生产一样多甚至更少的剩余价值量，那就会发生资本的绝对生产过剩；这就是说，增加以后的资本 $C + \Delta C$ 同增加 ΔC 以前的资本 C 相比，生产的利润不是更多，而是更少了。在这两个场合，一般利润率也都会急剧地和突然地下降，但这是由资本构成的这种变化引起的，这种变化的原因不是生产力的发展，而是可变资本货币价值的提高（由于工资已经提高），以及与此相适应的、剩余劳动同必要劳动相比的相对减少。"[②]

---

① 马克思：《资本论》第 3 卷，北京：人民出版社，2004 年，第 235-236 页。
② 马克思：《资本论》第 3 卷，北京：人民出版社，2004 年，第 280 页。

马克思很注重他对于这种利润率下降趋势的叙述方式。他把它看作一个"规律",但它同时拥有起反作用的因素。尤其是,不变资本商品的贬值会倾向于抵消利润的下降;剥削率的提高也会对利润率的下降起反作用。这些因素会表现为对利润率下降的长期趋势的部分抵消。

三、对这一理论的批评

这些不确定因素——剥削率的变动和不变资本要素的贬值使马克思的理论受到质疑。

对这一理论最严峻的挑战来自置盐信雄,他在一篇具有里程碑意义的论文[①]里指出,任何一个能够使个别资本家节约成本的技术革新,都必定会提高经济体的整体利润率。这篇论文把不变资本贬值和剥削率提升这两个过程归入了一个单一的数学框架。它试图表明,资本家做出的任何在经济上合理的投资都将倾向于提高利润率。著名经济学家罗默也做出过类似的论述。[②]

置盐信雄所使用的数学运算相当复杂,所以我们用一些处理过的例子来阐述他的要点,不再展现他的数学推导。

假设存在一个资本主义体系,它的技术结构如表1所示。

表1　最初的技术表(各个产业的资本价值构成相同)

产业	资本品	所使用的劳动	产出
奢侈品	1	2	3
必需品	1	2	3
资本品	1	2	3

这里有三个产业,分别生产奢侈品、必需品和资本品。为了生产3单位奢侈品,需要2单位劳动和1单位资本品。相似的生产条件适用于所有三个产业。如果愿意的话,我们也可以查看产出的具体形式。这样的话,我们可以用"吨食品"来衡量必需品产出,用"人年"来衡量劳动投入,用机器数量来衡量资本品。但这仅仅是对想象的一种辅助。在一个真实的经济体里,这些产业中的任何一个都会生产出大量不同类型的机器、食品和服装等。

我们仍然假设最初的剩余价值率为100%,所以一个工人在每个工作年里都将会被以工资的形式支付其所创造价值的一半。从这些关于技术工资的假设,我们可以得到表2,它描述了整个经济体。因为我们讨论的是整个经济体,所以如果我们愿意的话,

① 　N. Okishio, "Technical change and the rate of profit", *Kobe University Economic Review*, 1961 (7): 86—99.

② 　J. Roemer, 《*Should marxists be interested in exploitation?*》, Cambridge: Cambridge University Press, 1986.

我们可以把单位想象为"百万人年"而不是"人年"。

表 2　经济的初始状态

整个经济体	C	v	s	产出的价值	每单位产品的价值	每单位产品的成本
奢侈品	1	1	1	3	1	0.67
必需品	1	1	1	3	1	0.67
资本品	1	1	1	3	1	0.67
总计	3	3	3	9		
价值形式的工资		0.5				
实际形式的工资		0.5				
利润率		0.5				
资本价值构成		1				

因为工资是 0.5，每个产业的两（百万人年）劳动就转变为一（百万人年）可变资本。这样，总剩余价值就等于三（百万人年）。

这三（百万人年）剩余价值，对应着奢侈品产业的产出价值也是三（百万人年）。这反过来告诉我们，在假设经济体的六（百万人年）劳动中，三（百万人年）被用于为上层阶级生产奢侈品。这个以劳动价值形式所进行的计算，告诉了我们如何分配劳动人口。它意味着一半的劳动人口将直接或间接地为满足上层阶级的需要而工作：两百万人在奢侈品产业工作，一百万人在资本品产业工作。

在本文的例子中，资本价值构成等于 1，因为总可变资本和总不变资本相等。资本价值构成等于 1，在实际形式上意味着什么呢？

它意味着，在当前的剥削率水平之下，对于每两个工人而言，他们所使用的厂房、机器和原材料需要利用一年时间的劳动去制造。

设定表 2 时满足了再生产所需要的一些限制条件。马克思在《资本论》第二卷第二十章里研究简单再生产时，对这些限制条件进行了分析。我们尤其需要保证总剩余价值等于奢侈品总产出，总工资等于必需品总产出，以及被作为投入来购买的资本品等于被作为产出来出售的资本品。

现在假设资本家重组了生产过程，并发现他们可以用一单位工人和一单位机器生产出三单位必需品，不再需要两单位工人和一单位机器。在当时普遍的交换价值之下，这看起来是一个非常有利可图的革新。这个部门的企业预计能够节约 25％ 的总成本，并预期能够以相同的价格进行销售。

他们期待着情况能够如表 3 所示。

表3 生产必需品的资本家希望在他们削减劳动成本以后发生的状况

整个经济体	C	v	s	产出的价值	每单位产出的价值
奢侈品	1.00	1.00	1.00	3.00	1.00
必需品	1.00	0.50	1.50	3.00	1.00
资本品	1.00	1.00	1.00	3.00	1.00
总计	3.00	2.50	3.50	9.00	
价值形式的工资		0.50			
实际形式的工资		0.50			
利润率		0.64			
资本价值构成		1.20			

但这一状况是不可持续的。做出这项生产技术变革的资本家，在进行变革时假定价格会保持不变，即他们仍然可以利用所生产的三单位必需品来获得三单位货币。但是他们能够以原有的价格售出所有产品吗？

他们已经解雇了一百万工人。如果我们讨论的是19世纪的资本主义，这些工人可能已经在贫困的驱使下移民了。生产率的提高，使他们节约了劳动成本，但同时也剥夺了他们的一些市场。这些工人绝不可能利用二点五百万的收入购买价值三百万的消费品。所以他们的实际销售额最多是二点五百万，并且消费品的价格必定会下降。一旦我们允许消费品价格下降到收缩的市场能够达到的水平，我们就得到了表4所呈现的状况。

表4 采用能够提升利润的技术变革的经济体在稳定后的状态（单位：百万人年）

整个经济体	C	v	s	产出的价值	每单位产出的价值
奢侈品	1.00	0.80	1.20	3.00	1.00
必需品	1.00	0.40	0.60	2.00	0.67
资本品	1.00	0.80	1.20	3.00	1.00
总计	3.00	2.00	3.00	8.00	
价值形式的工资		0.40			
实际形式的工资		0.60			
利润率		0.60			
资本价值构成		1.50			
就业数量		5.00			

现在整个经济体的利润率已经上升，因为剩余价值率更高了，达到120%，这抵消了资本的价值构成的提高。但利润率的上升量并没有消费品产业的资本家期望的那样多。

在没有不变资本净积累时［不变资本在变动前和变动后都是三（百万人年）］，劳动生产率提升所带来的影响为：

①剥削率上升；

②工作职位数量的减少；

③资本价值构成的提高；

④实际工资增多（从 0.5 到 0.6）；

⑤整个经济体的利润率提高。

这就是置盐信雄设想的众多技术变革中的一种，这些技术变革会同时提高资本价值构成和利润率。

对于以上所用方法的说明：

除非遵循明确的规则，否则对这种表格的绘制就会有一定的任意性。利用电子数据表中的线性方程组求解包，可以从表 3 得到表 4。线性规划方案被设定为在新的技术条件和下列约束条件下使总利润最大化。

①消费品的总销售额≤总工资；

②奢侈品的总销售额≤总剩余价值；

③资本品的总销售额≤用于消费的总资本品。

方程的解允许不同产业的工资和相对规模有所不同。

我在上文中所举的例子是一个使用等量不变资本和较少的劳动生产等量产出的技术变革。如果我们引进一个需要较多的不变资本和较少的劳动来生产等量产出的技术变革，会出现什么样的状况呢？我们假设，在技术变革以后，对三单位消费品的生产，不再减少所需劳动的 50%，而是减少 15%，与此同时，所需的不变资本增加 10%。

从消费品产业资本家的视角来看，这个较为温和的变革仍然能节约成本。表 5 展现了这一变革对整个经济体带来的影响。

表 5　节约成本的技术变革降低利润率的情况

整个经济体	C	v	s	产出的价值	每单位产出的价值	利润率
奢侈品	0.935	0.95	0.92	2.81	0.94	0.49
必需品	1.065	0.81	0.84	2.71	0.90	0.45
资本品	1	0.95	1.05	3.00	1.00	0.54
总计	3	2.71	2.81	8.52		
价值形式的工资	0.48					
实际形式的工资	0.53					
利润率	0.49					
资本价值构成	1.11					
就业数量	5.52					

整个经济体的利润率现在已经下降，尽管最初的变革能够节约成本。

置盐信雄的方法是可靠的，所以我如何能够构造出一个反例呢？

我能够做到这一点，因为置盐信雄在他的模型中施加了额外的、非常严格的约束条件——所有产业的利润率相同而且工资恒定。而在表 5 中不同产业的利润率并不相同，工资也发生了变动。如果对一个数学模型施加额外的约束条件，就会限制它可能得出的结论。问题是置盐信雄在模型中使用的约束条件是否能够精确地反映现实？

置盐信雄自己在之后的一篇论文[①]中也认识到，如果资本存量的快速增多允许工资上涨，那么他反对利润率下降趋势的观点可能是站不住脚的。

我相信对于一个资本主义经济而言，置盐信雄的另一个约束条件"不同产业的利润率相同"同样是不切实际的。生产价格理论家如罗默和置盐信雄，并没有回答利润率通过什么样的动态机制去实现均衡。

近年来，在这方面有许多尝试，但他们却得到了截然相反的结论[②][③]，分别宣称已经证明了这样的收敛不可能发生，或者能够发生。在后一种情况下，作者证明利润率的均衡会通过利息率来实现。在法杰恩和麦克弗的著作[④]中，他们论证了在做模型时必须考虑资本主义经济的无序性。无序性意味着严格均衡条件的假设是误导，比如假设所有部门的利润率相同。他们的反驳是通过经验研究[⑤][⑥]得出的，经验研究表明，不仅不同部门的利润率不同，而且价值构成 $\frac{c}{v}$ 越高的产业越倾向于拥有更低的利润率。这些结论质疑了置盐的假设，支持了马克思的基本理论，它们为资本的价值构成对利润率的决定性作用提供了经验证据。撇开劳动价值论，这种决定性作用是不可理解的。

四、一个动态解

对于置盐信雄和罗默的研究，除了这些偏技术的质疑，我认为还有一个更为根本的反对理由。这一理由是，他们与马克思和古典政治经济学家讨论的并不是同一个问题。马克思关注的是整个经济体总的资本积累动态，讨论的是如果资本以一定的比率进行积累会出现什么状况，比如全部利润的 25% 被再投资为新增资本。在他看来，这种积累的资本会涌向不同的商业领域，并与那些领域的原有资本进行竞争。最终，过多的资本积累瓦解了资本积累的目的本身——利润的增加。

置盐信雄把这种争论转变成了一个不同的问题：个别资本家对技术的最佳选择。在上文中我所给出的例子中，节约成本的技术变革导致了利润率的下降，其中对成本的衡量用的是价值而不是生产价格。本质区别在于，我仅仅以不变资本的购买价格作为它的

① N. Okishio, "Constant and variable capital", in *The New Palgrave - Marxian Economics*, John Eatwell, Murray Milgate, and Peter Newman, eds., New York and London: W. W. Norton and Company, 1990: 91—103.
② A. Sinha and M. S. Dupertuis, "Sraffa's system: Equal rate of profits and the notion of center of gravitation", *Journal of Economic Behavior & Organization*, 71 (2009), No. 2: 495—501.
③ I. Wright, "Classical macrodynamics and the labor theory of value", *Open Discussion Papers in Economics* (2011)
④ Emmanuel Farjoun and Moshe Machover, *Laws of chaos, a probabilistic approach to political economy*, London: Verso, 1983.
⑤ Paul Cockshott and Allin Cottrell, "A note on the organic composition of capital and profit rates", *Cambridge Journal of Economics*, 27 (2003): 749—754.
⑥ David Zachariah, "Labour value and equalisation of profit rates", *Indian Development Review*, 4 (2006), No. 1: 1—21.

成本。如果你像置盐信雄那样使用生产价格理论，你就必须以资本加上期望平均利润作为不变资本的成本。这会倾向于资本密集型创新看起来并不是那么有利可图。

如果企业按照置盐信雄的计算方法，估算出在他们自己的商业链条中并没有适合投资的盈利机会，那么他们又怎么会试图把利润用作资本积累呢？

如果他们只是简单地把利润放在银行里，不进行再投资，那么投资需求的不足就会导致衰退，利润率也将会由于市场的不景气而下降。或者，作为单个企业，他们可以将利润投入资本市场，这会倾向于抬高股票价格并减少红利。股票红利是企业衡量一般回报率的主要指标，所以由纯粹的财务考虑所带来的股票红利下挫，将导致企业调低他们的不变资本成本。依据置盐信雄的标准所进行的看起来无利可图的投资，现在看来似乎是值得的，资本积累也能够恢复。

但是，这接着就引发了一个新的问题：按照马克思的理论进行预测，利润率会下降到什么程度？

我们能够利用马克思的理论去预测利润率在不久的将来的水平吗？

《资本论》中并没有现成的答案，但我们可以相对简单地把马克思的理论框架扩展为一个能为这些问题提供答案的动态模型。

按照马克思在我所提及的《资本论》章节中的论述，我们感兴趣的变量包括剩余价值在收入和资本积累之间的分配、不变资本的贬值以及剥削率。我将观察它们如何影响利润率下降的终点：[①]

从一个简单的设想开始，假设一个人口零增长并且所有利润都被用于投资的经济体。按照马克思的逻辑，这个经济体的利润率会趋于零，因为资本存量的增长没有限制，而剩余价值却有一个固定的上限。图 3 给出了资本积累在不同设想之下的数值模拟结果，其中处于底部的曲线显示了这种状况。

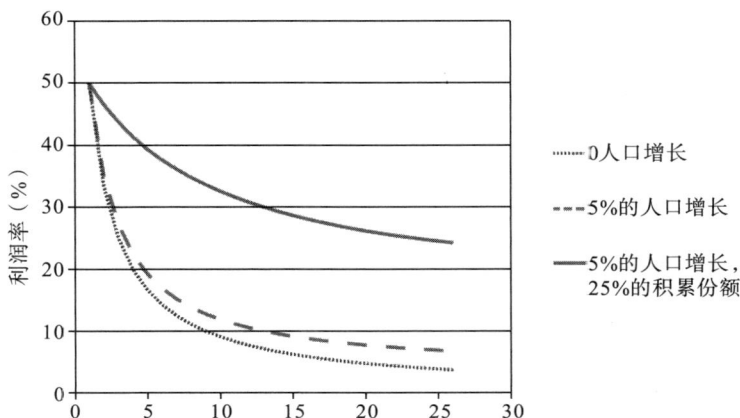

图 3 在不同的人口增长率和积累份额之下，利润率下降的方式

---

① 下文是在论文 "P. Cockshott，A. Cottrell，G. Michaelson，I. Wright，and V. Yakovenko，*Classical econo-physics：Essays on classical political economy，thermodynamics and information theory*，Routledge，2008." 中所做分析的浓缩版。

在所有情况下，起点都是一个 $c=v=s$ 的点。

接着考虑劳动人口每年增长 5％，并且所有利润都用于积累的情况。在这种状况之下，利润率会下降直至它达到 5％，为什么？

因为当利润率为 5％时，所有利润都用于再投资，资本存量和劳动人口以相同的比率进行增长，此时资本价值构成保持稳定。这种设想被显示为图 3 中处于中间的曲线。

最后设想只有 25％的利润用于再投资，其余的被用作非生产性消费。在这种情况下，最终的利润率是多少呢？

显然它会是 20％，因为当利润率是 20％时，其中的四分之一用于再投资，资本存量仍然会以 5％的比率增长，与劳动人口的增长保持一致。因此，定义均衡利润率 r_e 的基本表达式是：

$$r_e = \frac{g}{\alpha} \tag{1}$$

其中 g 是雇佣劳动力的增长率，α 是利润中用于积累的份额。

此处遗漏了马克思论述的一个因素——不变资本要素的贬值。我们可以假设它与劳动生产率提升的比率相同，我们把这一比率叫作 t，用来表示技术进步。

不变资本贬值所带来的影响是使现存的资本存量贬值。劳动生产率每年提高 5％，会使现存的厂房和机器等的价值每年下降 5％。因而，它对利润率的影响与人口增长所带来的影响相同。假设没有人口增长，但技术进步的比率为 5％，并假设所有的利润都用于资本积累，显然利润率会稳定在 5％。因为在这个比率之下，再投资刚好足够用于抵消资本存量的技术性贬值。所以在这个比率之下，资本价值构成保持稳定。

在马克思的假设之下，长期利润率的最终表达式为：

$$r_e = \frac{g+t}{\alpha} \tag{2}$$

利润率 r_e 是利润率下降规律推动实际利润率下降的水平。它告诉我们：

①均衡利润率随着劳动人口的增长而上升。这很重要，因为在出生率低的发达资本主义国家，人口趋于稳定。这个理论表明，如果人口开始下降，而且技术进步率停滞，那么利润率会倾向于负数。

②均衡利润率会随着技术进步而提高。技术进步通过对不变资本贬值的影响来发挥作用。

③均衡利润率并不依赖于剥削率。剥削率的各种提高可以带来利润率的短期上升，但它们不能影响利润率将会下降的最终水平，它们只能推迟这种下降。

④快速的资本积累倾向于降低长期利润率。这也很重要，因为它表明了资产阶级与生产力发展的对抗性关系以及在长期中的反动关系。如果资本家非生产性地消费剩余价值，而不是把它用于投资，那么长期利润率会更高。资本家的经济利益逐渐变得与生产力的进一步发展直接冲突，他们将更加关注寻租行为——通过知识产权、商标和获取土地所有权等来确保垄断。

五、这一理论与现实的比较

一个科学的理论也只是同它产生的预测一样好。如果马克思提出的资本积累基本模型是正确的，我们就应该能够利用它来预测利润率在真实资本主义经济中的演变。

表达式（2）的右边有三个变量：积累份额、劳动生产率的增长率和劳动人口的增长率。给定一个国家的这三个变量，就可以轻松地计算出 r_e。如果这个理论是正确的，那么实际利润率就会趋向于 r_e。实际利润率的短期变动也受 $\frac{s}{v}$ 变动的影响，所以我们不能指望这些预测百分之百准确，但它们应该在大多数时候都正确，因为 $\frac{s}{v}$ 的突然变动并不常见。在图 4 中，我们展示了四个国家的 r_e 和实际利润率的时间序列。值得注意的是，r_e 几乎完美地预测了实际利润率在几年之后的水平。

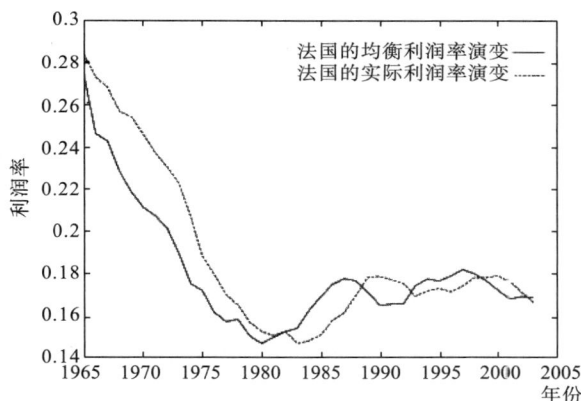

图 4　加拿大、美国、日本和法国的利润率演变情况

实线是 r_e，虚线是实际利润率。注意这一理论如何提前两到三年预测出实际利润率。数据来自宾州世界表[1]，由塔梅尔兰进行了数据处理。

均衡利润率自身的变动，主要是由于两个原因[2]。在第一个时期里，我们看到劳动后备军的耗竭带来了 r_e 的下降，而劳动后备军的耗竭又是出生率下降和大陆移民的终结所产生的后果。在人口自然增长率低且移民被严格限制的日本，利润率持续下滑。在另外三个国家中，利润率保持在一个稍高的水平，可能是因为外来移民和积累份额下降的组合效应。新自由主义政策中一个很矛盾的效应（比如在美国），就是通过将剩余产品由生产性使用转变为非生产性使用实现了利润率的复苏。人们会天真地认为，对剩余价值的非生产性消费将不利于利润率，但本文的动态分析却获得了相反的结论。

---

[1] Adalmir Marquetti, Extended Penn World Tables: Economic Growth Data on 118 Countries, http://homepage. newschool. edu/~foleyd/epwt/, 2009.
[2] 译者注：作者在此处所指的应该是人口增长率的变动和积累份额的变动。

六、结 论

马克思阐明的利润率趋向下降规律理论是非常有见地和富有成果的。它抓住了资本主义经济中资本积累的核心特征，它可以被放入一个数学模型，这个数学模型允许人们估算一个资本主义国家的利润率的未来演变，并且这个数学模型给出的预测非常好。

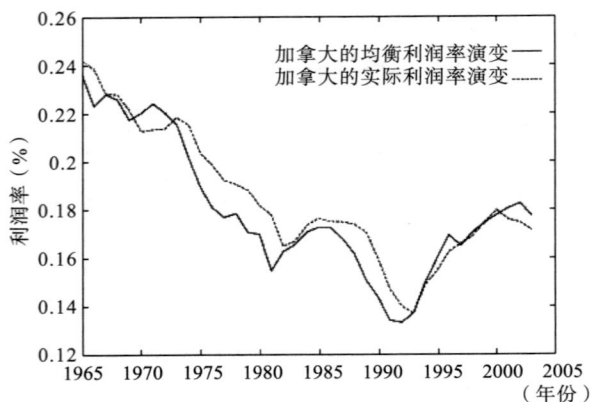

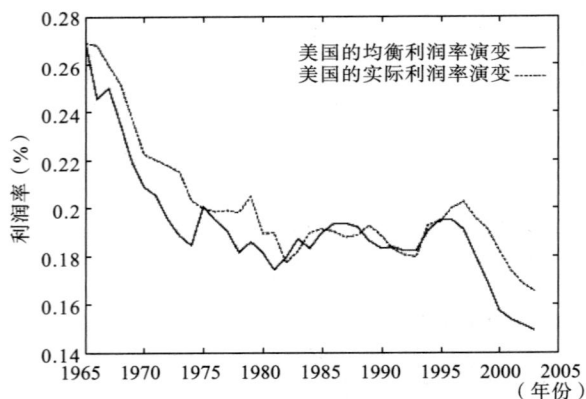

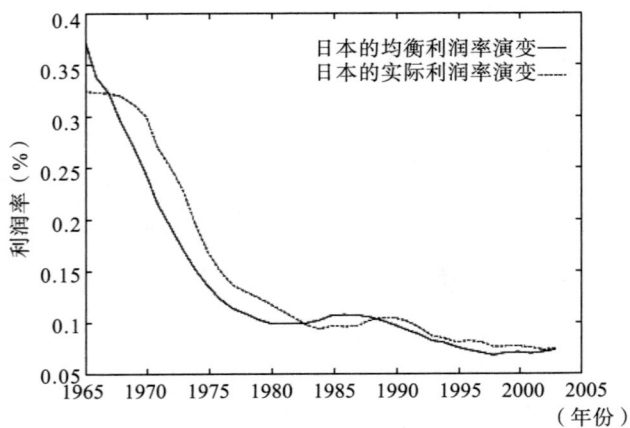

第12章 "调整利润率"平均化进路的量度模型与经验考察

利润率趋向于平均化的理论是生产价格和一般利润率等概念及相关理论的基础。然而，一系列经验研究的结果却似乎使这一基础产生了动摇。比如穆勒（Mueller）分析了美国制造业中 600 个企业在 1950—1972 年间的利润率状况，发现利润率差异在企业层面上持续存在。谢克（Shaikh）、萨里奇与赫克特（Sarich & Hecht）分别研究了美国制造业和世界范围内领头企业及其所处行业的利润率状况，发现在产业之间也存在着持续的利润率差异。

利润率是否会平均化、如何平均化，因而成了亟待解决的问题。一些学者对此进行了研究。迪梅尼尔和列维（Duménil & Lévy）讨论了资本流动和利润率平均化的发生领域。谢克对直接参与利润率平均化过程的资本本身进行分析，提出"调整资本"的概念，认为"趋向于平均化的，并不是总资本的利润率，而是调整资本的利润率"，并采用增量利润率作为调整资本利润率的度量指标。他的这种分析进路和度量方法，为苏欧菲迪斯与查立基（Tsoulfidis & Tsaliki）、巴希与伊尔斯（Bahce & Eres）、维欧纳（Vaona）、泰斯卡里与维欧纳（Tescari & Vaona）、萨里奇与赫克特（Sarich & Hecht）等学者所认可和应用。但是，增量利润率这一度量方式虽然简便易用，却不够准确，并且其测算结果与对调整资本利润率的理论分析不尽相符。

本文尝试在已有研究的基础上探讨此问题。首先，考察马克思对部门内和部门之间竞争的理论分析，审视谢克等学者发展出的"调整利润率"平均化进路；然后，分析关于调整利润率度量模型的争论，提出一种更为准确的调整利润率度量方式；接着，以美国制造业为案例，检验调整利润率的平均化状况，并将其与平均利润率的经验事实相比较；最后，给出一个总结。

一、利润率在部门之间的平均化和部门内的"非平均化"

马克思区分了部门内和部门之间的竞争，认为部门内的竞争倾向于使商品形成统一的市场价格，部门之间的竞争才会使利润率平均化。他论述道"竞争首先在一个部门内实现的，是使商品的不同的个别价值形成一个相同的市场价值和市场价格。但只有不同部门的资本的竞争，才能形成那种使不同部门之间的利润率平均化的生产价格。这后一过程同前一过程相比，要求资本主义生产方式有更高的发展。"

部门之间的竞争，导致的是一种动态的和混乱的利润率平均化过程。随着资本的流动，不同部门的利润率，并不会像新古典经济学所分析的那样收敛于平均利润率。围绕着整体平均利润率而不断波动，才是各部门利润率的常态。

马克思写道："竞争使不同生产部门的利润率平均化为平均利润率，并由此使这些不同部门的产品的价值转化为生产价格。而这是通过资本从一个部门不断地转移到利润暂时高于平均利润的另一个部门来实现的；可是，这里还要考虑到一定产业部门在一定时期内同收益少的年份和收益多的年份的更替结合在一起的利润波动。资本在不同生产部门之间这样不断地流出和流入，引起利润率上升和下降的运动，这种运动会或多或少地互相平衡，因此有一种使利润率到处都化为同一个共同的和一般的水平的趋势。"

关于部门之间的利润率平均化过程，值得注意的是，交通、通信、电力和燃气等资本高度密集型部门并不直接参与这一过程。迪梅尼尔和列维从实证研究中发现了这种现象，但没有给出明确的解释。苏欧菲迪斯与查立基提供了对此现象的理论分析。他们认为，对于资本高度密集型产业而言，进入和退出的成本非常高，需求的变动将会更多地反映为产能利用率的变动，而不是（像其他产业那样由资本的进入和退出所导致的）价格的变动。换言之，当需求变动时，资本高度密集型产业倾向于通过调整产能利用率和就业来应对，较少地依赖调整价格。所以，对于任何给定的销售额变动而言，资本高度密集型产业的利润边际（利润与总销售额之比）变动较小，从而利润率的变动也比较小。

在部门内，企业为了追求更多的利润和更高的市场份额而斗争。[1]马克思将部门内竞争假设为同质化商品之间的价格竞争。[2]企业竞争的手段是通过采用新技术来提高劳动生产率和降低成本，进而降低商品的价格，抢占更多的市场份额。他写道："竞争斗争是通过使商品便宜来进行的。在其他条件不变时，商品价格的降低取决于劳动生产率，而劳动生产率又取决于生产规模。"

采用新技术的企业降低了商品的价格，迫使其他企业也只能降低价格以售出商品。最终，部门内的所有企业都只能以大致相同的价格出售同质化的商品。这就是马克思所论述的"一价定律"，他说："竞争只能使同一个生产部门内的生产者以相等的价格出售他们的商品"。不同的企业有着多种生产条件，同一的市场价格意味着企业之间的利润率并不相同。也即是说，在部门内，企业之间的竞争会导致利润率的"非平均化"。

竞争在部门之间促使利润率平均化，而在给定部门内却造成利润率"非平均化"，这看起来是矛盾的。谢克认为，此矛盾被"调整资本"概念所解决。依据马克思的相关分析，他把调整资本定义为采用"在通常可再生产的条件下成本最低的操作方法"的资本，

---

① 谢克将马克思的竞争描述为战争，它是一种对抗性的和毁灭性的过程，各个部门是不同的战场，技术是战斗的武器，企业之间的对抗正是战役本身。
② 马克思所描绘的部门内竞争格局，可被称为"部门内竞争的动态平面结构"，孟捷和冯金华纳入演化经济学的视角对其进行发展，构建了一个"部门内竞争的动态层级结构"。

从而将产业内的资本划分为调整资本和非调整资本。采用成本较高的方法或者独特的生产条件的资本，被归入非调整资本。成本较高的方法通常表现为较旧的技术，它们虽然是可再生产的，但不具有竞争力。特殊位置等独特的生产条件，则是不可再生产的。

谢克指出，在某个时点，可以用于新投资的资本，面临着选择。对于它而言，单位成本较高的生产方法是不具有吸引力的，而特权资本的非再生产条件则是不可获取的。它感兴趣的是各个部门中的调整利润率（即调整资本的利润率）。如果一个给定部门的调整利润率高于整体经济的平均水平，这一部门的生产就因而会加速，直至其供给比需求增长得更快；不断增加的过多供给会反过来拉低这一部门的相对价格，故而降低其调整利润率；相反，如果给定部门的调整利润率低于平均水平，其生产就会减速，直至供给小于需求，相对价格升高，调整利润率回升。部门之间的竞争所平均化的只是调整资本的利润率，非调整资本不直接参与这种利润率平均化过程。

调整资本概念和调整利润率平均化进路，面临着三个问题：（1）将部门内的资本划分为调整资本和非调整资本以后，商品的生产价格该如何确定；（2）调整利润率和马克思所说的一般利润率是否矛盾，如何看待二者的关系；（3）调整资本如何界定，调整利润率如何度量。

第一个问题复杂且涉及面广，可以暂且通过对比调整资本和非调整资本进行一定程度的解释。商品的生产价格由调整资本来决定。调整资本的商品成本加上调整利润率，构成商品的生产价格。非调整资本是这种生产价格的接受者，生产价格扣除其商品成本以后，剩余的部分是非调整资本从单个商品中获得的利润。如果非调整资本采用的是成本较高的落后技术，那么其利润率就可能会低于调整利润率。如果非调整资本采用的是依赖于特殊生产条件的成本较低的技术，那么其利润率就可能会高于调整利润率。

第二个问题表面看来似乎是个新问题，其实不然。马克思曾论述道："不同生产部门中占统治地位的利润率，本来是极不相同的。这些不同的利润率，通过竞争而平均化为一般利润率，而一般利润率就是所有这些不同利润率的平均数。"调整利润率就是在部门内占统治地位的利润率，一般利润率就是所有的调整利润率的平均数，二者在理论上是统一的。平均利润率的意义在于能够反映资本总体的盈利情况，实证研究中通常采用平均利润率作为一般利润率，是对问题的简化。将调整利润率和平均利润率对比，可以讨论调整资本的收益状况和总资本的收益状况之间的关系。

第三个问题是这种分析进路的难点。可再生产的成本最低的生产条件，是一个相对概念。这也就意味着，调整资本和非调整资本的界限，是不断变动的和难以确定的。难以界定调整资本，也就难以度量调整利润率。一种办法是用新增投资的利润率作为调整利润率，但如何在总利润中将新增投资的利润分离出来，是这种办法需要首先解决的难题。接下来我们通过考察谢克衡量调整利润率的方法及其受到的质疑，探讨如何度量调整利润率。

二、调整利润率的度量

谢克利用增量利润率来估算调整利润率，迪梅尼尔和列维则对他的做法提出质疑。本节分析他们之间的争论，并试图发展出一种更为准确的调整利润率度量模型。

谢克将总资本的利润率（r_t），定义为总利润（P_t）与资本存量的当前成本（K_t）之比，即

$$r_t = \frac{P_t}{K_t} \tag{2.1}$$

其中下标 t 表示第 t 期。总利润包括新增投资的当前利润（P_t^I）和原有资本在当前的利润（P_t^O）：

$$P_t = P_t^I + P_t^O \tag{2.2}$$

由此，可以将新增投资的利润，表示为总利润的增量和一个"调整项"之和：

$$P_t^I = (P_t - P_{t-1}) + (P_{t-1} - P_t^O) = \Delta P_t + P_{t-1}\left(1 - \frac{P_t^O}{P_{t-1}}\right) \tag{2.3}$$

谢克令 p_t、w_t、wr_t 和 T_t 分别表示产出价格指数、名义工资、实际工资和间接企业税率；令 Y_t、L_t 和 y_t 分别表示实际产出、就业量和劳动生产率；令 Y_t^O、w_t^O 等表示与原有资本相对应的实际产出、名义工资等；令 Y_t^*、L_t^* 和 y_t^* 表示经济产能及与之相对应的就业量和劳动生产率；最后，令 $u_t = \frac{Y_t}{Y_t^*} = $ 产能利用率，如果当产能利用率变化时，就业和产出的变动一致，那么 $\frac{L_t}{L_t^*} = u_t$。因为利润等于产出的货币值减去间接税和工资，所以谢克将原有资本在当前的利润与前一期总利润之比，分解为四项，各项上面的正负号表示它对整体值的影响：

$$\frac{P_t^O}{P_{t-1}} = \frac{p_t Y_t^O (1 - T_t) - w_t^O L_t^O}{p_{t-1} Y_{t-1}(1 - T_{t-1}) - w_{t-1} L_{t-1}}$$

$$= \left(\frac{p_t}{p_{t-1}}^+\right)\left(\frac{Y_t^{O*}}{Y_{t-1}^*}^-\right)\left(\frac{u_t^O}{u_{t-1}}^\pm\right)\left(\frac{m_t^O}{m_{t-1}}^\pm\right) \tag{2.4}$$

$$m_t^O = \left(1 - T_t - \frac{wr_t^O}{y_t^O}\right) = \text{原有资本的当前利润边际}$$

$$m_{t-1} = \left(1 - T_{t-1} - \frac{wr_{t-1}}{y_{t-1}}\right) = \text{全部资本在前一期的利润边际}$$

第一项是总价格的变动率，在一个常出现通货膨胀的环境里，它很可能大于1。第二项是原有资本的当前产能与总资本在前一期的产能之比，由于一些资本的折旧和耗费，它倾向于小于1。第三项是原有资本和前一期总资本的产能利用率之比，如果原有资本和新增投资在给定年份里有大致相似的产能利用率，此比率就等于产能利用率的总变动率 $\left(\frac{u_t}{u_{t-1}}\right)$，在一个足够使产能利用率被吸引回其正常水平的时期内，它将围绕着1波动。

第四项是两个利润边际之比，如果工人的实际工资与利润率进而劳动生产率相关联，而且税率倾向于保持稳定，此项就可能接近于 1。

因此，第一项倾向于提升利润比率，使之超过 1；第二项倾向于降低利润率比率，使之小于 1；其余两项则倾向于使利润比率围绕着 1 波动。谢克列举了一个例子，对于 1987—2005 年间的美国整个私营经济部门而言，估算的利润比率 $\left(\dfrac{P_t^O}{P_{t-1}}\right)$ 的平均值等于 1.003，而且在各年份里此比率均在这一数值的 5% 之间变动。所以他认为，假设这一比率大致等于 1，是一个很好的初步估计。在此情形下，新增投资的利润就可以估算为总利润的变动量，新增投资的利润率（即调整利润率，r_t^I），也因而被估算为总利润的变动量与新增投资之比（即增量利润率，$IROR_t$）：

$$P_t^I \approx \Delta P_t \tag{2.5}$$

$$r_t^I \approx \frac{\Delta P_t}{I_{t-1}} = IROR_t \tag{2.6}$$

增量利润率有一些优点：第一，它容易估算，总利润和投资两项数据在不同的国家和不同的时期里都广泛存在，总利润通常采用"总操作剩余"指标，投资则可以被直接观测到，不像测算平均利润率所必需的资本存量那样，需要采用被艰难构建的方法来衡量；第二，它可以被直接解释为资本的"边际"收益，像所有真正的"边际"一样，它是混乱的、不均衡和不连续的；第三，在一项较早的研究中，谢克比较了非金融类企业部门的增量利润率和股票市场收益率，发现二者的水平很接近，而且相互围绕着波动，它们的均值和标准差也基本上相同。

基于上述优点，这种使用增量利润率来代表调整利润率的做法，为许多学者所接纳和采用：苏欧菲迪斯与查立基将其应用于希腊的制造业；巴希与伊尔斯将其应用于土耳其制造业；萨里奇与赫克特将其应用于世界范围的领头企业。

迪梅尼尔和列维对"采用增量利润率来代表调整利润率"的做法提出质疑，认为总利润的变动不仅依赖于新增投资产生的额外利润，还依赖于总资本的产能利用率水平，原有资本的折旧状况以及产能利用率和相应的工资水平的变动情况。他们采用一个数学模型来比较调整利润率和增量利润率，发现增量利润率的表达式中包含调整利润率和上述四个因素，而且这四个因素的变动会给增量利润率带来较大影响，不能被忽略。泰斯卡里与维欧纳基于迪梅尼尔和列维的模型，提出了另一种衡量调整利润率的方法，即利用考虑产能利用率、资本折旧和工资变动的数学模型表示出调整利润率。

在迪梅尼尔和列维看来，技术由两个参数来定义，即劳动生产率 $\left(\dfrac{Y_t^*}{L_t^*}\right)$ 和产能资本比率 $\left(\dfrac{Y_t^*}{K_t}\right)$，等价地也就是由 $a_t = \dfrac{Y_t^*}{K_t}$ 和 $b_t = \dfrac{L_t^*}{K_t}$ 这两个参数来定义，其中 Y_t^* 表示产能。[①]考虑产能

---

① 迪梅尼尔和列维在其论文中，只是用符号 Y_t 表示产出，并没有讨论产能和价格问题，但他们的推导只有在 Y_t 表示实际产能（即不变价格下的产能）时才成立。其他与价格有关的变量，也需要采用不变价格进行衡量。

利用率，并假设就业量可变而且与产出成比例，则总资本的利润率为

$$r_t = \frac{u_t(Y_t^* - w_t L_t^*)}{K_t} = u_t(a_t - w_t b_t) \tag{2.7}$$

迪梅尼尔和列维认为可以假设新增投资的产能利用率等于 1，他们因而将新增投资的利润率（即调整利润率）表示为

$$r_t^I = a_t - w_t b_t \tag{2.8}$$

在此处，迪梅尼尔和列维实际上做出了一个很强的假设，即假设新增投资的技术参数与总资本的技术参数相同，也就是说，新增投资的劳动生产率和产能资本比率，与原有投资的相关比率等同。这是一个明显不合理的假设，下文中将对此进行分析。

在表示出调整利润率以后，迪梅尼尔和列维接着表示出增量利润率。他们用 δ 表示折旧率：

$$Y_t^* = (1-\delta)^t A_t \tag{2.9}$$

$$L_t^* = (1-\delta)^t B_t \tag{2.10}$$

其中：

$$A_t = \sum_{n=0}^{\infty} \frac{I_{t-n}}{(1-\delta)^{t-n}} a_{t-n}, B_t = \sum_{n=0}^{\infty} \frac{I_{t-n}}{(1-\delta)^{t-n}} b_{t-n}$$

因而，他们将利润表示为：

$$P_t = u_t(Y_t^* - w_t L_t^*) = u_t(1-\delta)^t(A_t - w_t B_t) \tag{2.11}$$

在讨论利润的变动时，可使用下列两个由 A_t 和 B_t 的表达式得到的方程式：

$$A_t = A_{t-1} + \frac{I_t}{(1-\delta)^t} a_t \tag{2.12}$$

$$B_t = B_{t-1} + \frac{I_t}{(1-\delta)^t} b_t \tag{2.13}$$

泰斯卡里与维欧纳以迪梅尼尔和列维的上述模型为基础，在推导增量利润率的过程中，得出了调整利润率的表达式。将利润的表达式代入增量利润率的表达式，得到：

$$IROR_t \equiv \frac{P_t - P_{t-1}}{I_{t-1}} = \frac{u_t(1-\delta)^t(A_t - w_t B_t)}{I_{t-1}} - \frac{P_{t-1}}{I_{t-1}} \tag{2.14}$$

将 A_t 和 B_t 的表达式代入上式得到：

$$\frac{P_t - P_{t-1}}{I_{t-1}}$$

$$= \frac{u_t(1-\delta)^t \left\{ A_{t-1} + \frac{I_t}{(1-\delta)^t} a_t - w_t \left[B_{t-1} + \frac{I_t}{(1-\delta)^t} b_t \right] \right\}}{I_{t-1}} - \frac{P_{t-1}}{I_{t-1}}$$

$$= \frac{u_t I_t(a_t - w_t b_t) + u_t(1-\delta)^t(A_{t-1} - w_t B_{t-1})}{I_{t-1}} - \frac{P_{t-1}}{I_{t-1}} \tag{2.15}$$

然后，考虑 $r_t^I = a_t - w_t b_t, Y_t^* = (1-\delta)^t A_t, L_t^* = (1-\delta)^t B_t$，得到：

$$\frac{P_t - P_{t-1}}{I_{t-1}} = \frac{u_t I_t}{I_{t-1}} \cdot r_t^I + \frac{u_t(1-\delta)}{I_{t-1}} \cdot (Y_{t-1}^* - w_t L_{t-1}^*) - \frac{P_{t-1}}{I_{t-1}} \tag{2.16}$$

等式两边同时约去 $\dfrac{P_{t-1}}{I_{t-1}}$，并移项得到：

$$r_t^I = \frac{P_t}{u_t I_t} - \frac{(1-\delta)}{I_t} \cdot (Y_{t-1}^* - w_t L_{t-1}^*) \tag{2.17}$$

泰斯卡里与维欧纳的上述推导较为烦琐。实际上，基于迪梅尼尔和列维的模型可以直接推导出调整利润率的表达式，不需要借助于推导增量利润率。根据利润的表达式：

$$P_t = u_t(1-\delta)^t(A_t - w_t B_t) = u_t(1-\delta)^t \left\{A_{t-1} + \frac{I_t}{(1-\delta)^t}a_t - w_t\left[B_{t-1} + \frac{I_t}{(1-\delta)^t}b_t\right]\right\} =$$

$$u_t I_t(a_t - w_t b_t) + u_t(1-\delta)^t(A)_{t-1} - w_t B_{t-1}) = u_t I_t r_t^I + u_t(1-\delta)(Y_{t-1}^* - w_t L_{t-1}^*) \tag{2.18}$$

由此可得：

$$r_t^I = \frac{P_t}{u_t I_t} - \frac{(1-\delta)}{I_t} \cdot (Y_{t-1}^* - w_t L_{t-1}^*) \tag{2.19}$$

上述表达式中的利润、产能利用率、投资、折旧率、产能、工资和与产能相对应的就业量等指标，可以直接采用国民收入核算中的数据，或者通过对已有数据进行一些运算而得到。因此，利用上述表达式能够测算调整利润率。从表面上看来，这种衡量方式考虑了产能利用率、折旧率和工资的变动，似乎比第一种衡量方式更为准确。

然而，它的问题在于，其调整利润率的基本表达式所依赖的假设不合理。前文中曾提到，迪梅尼尔和列维将调整利润率表示为 $r_t^I = a_t - w_t b_t$，实际上是假设新增投资的技术参数与总资本的技术参数相同。这也就意味着，假设新增投资的劳动生产率和产能资本比率，等于原有资本的相应比率。新增投资往往代表着可再生产的最优生产条件，假设它的技术参数与原有投资的技术参数相同，显然不合理。

本文提出调整利润率的第三种衡量方式，即基于原有资本的技术参数推导调整利润率的表达式。采纳迪梅尼尔和列维的技术参数，利用参数 $a_t = \dfrac{Y_t^*}{K_t}$ 和 $b_t = \dfrac{L_t^*}{K_t}$ 可表示出劳动生产率 $\left(\dfrac{Y_t^*}{L_t^*}\right)$ 和产能资本比率 $\left(\dfrac{Y_t^*}{K_t}\right)$。[①]

同样利用 P_t、I_t、L_t 和 Y_t 分别表示利润、投资、就业和实际产出；[②] p_t、w_t、pt_t、u_t 和 δ_t 分别表示产出价格指数、名义工资、生产税税率、产能利用率和折旧率；Y_t^I 和 L_t^I 表示新增投资对应的产出和就业；Y_t^O 和 L_t^O 表示原有资本对应的实际产出和就业。

调整利润率即新增投资的利润率，指的是第 $t-1$ 期的投资与它在第 t 期所对应的利润之间的关系。考虑通货膨胀和通货紧缩带来的影响，需要将第 $t-1$ 期的投资也采用第 t 期的价格指数来表示，以使利润率的分子和分母都采用同一期的水平，从而抵消价格指

---

① 依旧假设就业量可变，而且与产出成比例。
② 在美国的国民收入和产品账户（NIPA）中，总操作剩余 = 增加值 −（生产和进口税减去补贴）− 雇员薪酬，将"生产和进口税减去补贴"简称为生产税，并以"总操作剩余"作为利润，则与利润的表达式 $P_t = p_t Y_t (1-pt_t) - w_t L_t$ 相对应的实际产出 Y_t，指的是第 t 期的实际增加值。

数的变动。这样，利润率可以表示为：

$$r_t^I = \frac{p_t Y_t^I (1 - pt_t) - w_t L_t^I}{\frac{p_t}{p_{t-1}} \cdot I_{t-1}} \tag{2.20}$$

其中 $Y_t^I = Y_t - Y_t^O$，$L_t^I = L_t - L_t^O$。

第 t 期的原有资本，即第 $t-1$ 期的总资本。假设它的技术参数保持不变。也就是说，第 t 期的原有资本的产能－资本比率和就业－资本比率，等于第 $t-1$ 期总资本的这两项技术参数：

$$\frac{\frac{Y_t^O}{u_t}}{K_{t-1}(1-\delta_t)} = \frac{\frac{Y_{t-1}}{u_{t-1}}}{K_{t-1}} \quad 即 \quad Y_t^O = \frac{u_t}{u_{t-1}} \cdot (1-\delta_t) \cdot Y_{t-1} \tag{2.21}$$

$$\frac{\frac{L_t^O}{u_t}}{K_{t-1}(1-\delta_t)} = \frac{\frac{L_{t-1}}{u_{t-1}}}{K_{t-1}} \quad 即 \quad L_t^O = \frac{u_t}{u_{t-1}} \cdot (1-\delta_t) \cdot L_{t-1} \tag{2.22}$$

将它们代入调整利润率的表达式，得到：

$$r_t^I = \frac{p_t \left[Y_t - \frac{u_t}{u_{t-1}} \cdot (1-\delta_t) \cdot Y_{t-1} \right](1-pt_t) - w_t \left[L_t - \frac{u_t}{u_{t-1}} \cdot (1-\delta_t) \cdot L_{t-1} \right]}{\frac{p_t}{p_{t-1}} \cdot I_{t-1}}$$

$$= \frac{p_t Y_t (1-pt_t) - w_t L_t - \frac{u_t}{u_{t-1}} \cdot (1-\delta_t) \cdot \left[p_t Y_{t-1}(1-pt_t) - w_t L_{t-1} \right]}{\frac{p_t}{p_{t-1}} \cdot I_{t-1}}$$

$$= \frac{P_t - \frac{u_t}{u_{t-1}} \cdot (1-\delta_t) \cdot \left[p_t Y_{t-1}(1-pt_t) - w_t L_{t-1} \right]}{\frac{p_t}{p_{t-1}} \cdot I_{t-1}} \tag{2.23}$$

这样就得到了一个考虑产能利用率、折旧、税收、工资和物价指数的调整利润率衡量方式。比较本节所述的三种衡量方式，第二种所依赖的假设不合理，因而不可取；第一种衡量方式较为简便，但不够准确；第三种衡量方式更为准确，也更为复杂。如果能够获得相关的数据，采用第三种衡量方式是更好的选择。

三、以美国制造业为案例的经验考察

关于调整利润率的已有实证研究，大多采用增量利润率来估算调整利润率，事实上检验的是增量利润率的平均化情况。泰斯卡里与维欧纳采用上节所述的第二种模型度量了调整利润率，并检验了其平均化情况。本节试图采用上节所述的第三种衡量方式，即一个考虑产能利用率、折旧、税收、工资和价格指数变动的调整利润率度量模型，来对调整利润率进行经验分析。

本节的经验考察包括三个方面的内容：第一，调整利润率和平均利润率在产业部门之间是否平均化；第二，利润率平均化的模式，是收敛还是围绕着中心波动；第三，调整利润率和平均利润率之间的关系如何。

考虑到各项数据的可获得性和一贯性，我们以 1999—2015 年间的美国制造业为案例。[1]涉及十九个产业部门，分别为木制品，非金属矿物制品，初级金属，金属制品，机械，计算机和电子产品，电气设备、家电及零部件，机动车辆、车身结构和拖车及零件，其他运输设备，家具及相关产品，杂项制造业，食品饮料及烟草制品，纺织和纺织品，服装和皮革及相关制品，纸制品，印刷业及相关支持活动，石油和煤炭产品，化工产品，塑料和橡胶制品等部门。

数据来源主要为美国经济分析局的部门 GDP 数据以及国民收入和产品账户（NIPA）。产能利用率的数据，取自美国联邦储备委员会网站上公布的经济数据。采用上节中得到的调整利润率表达式：

$$r_t^I = \frac{P_t - \dfrac{u_t}{u_{t-1}} \cdot (1-\delta_t) \cdot [p_t Y_{t-1}(1-pt_t) - w_t L_{t-1}]}{\dfrac{p_t}{p_{t-1}} \cdot I_{t-1}}$$

各变量采用的具体衡量指标为：P_t 为总操作剩余（GOS_t）；u_t 为产能利用率（$CAPUTL_t$）；δ_t 为私营固定资产的当前成本折旧（DEP_t）与总资本存量（GCS_t）之比，总资本存量为净资本存量（NCS_t，即私营固定资产的当前成本净存量）与当前成本折旧（DEP_t）之和；p_t 为部门增加值的价格指数（PI_t）；第 $t-1$ 期的实际产出 Y_{t-1}，为第 $t-1$ 期的增加值（VA_{t-1}）与价格指数（PI_{t-1}）之比；生产税率 pt_t 为"生产和进口税减去补贴"（本文将其简称为生产税，PT_t）与增加值（VA_t）之比；工资率 w_t 为雇员薪酬（CE_t）与全部生产人员（PEP_t）之比；L_{t-1} 为第 $t-1$ 期的全部生产人员（PEP_{t-1}）；第 $t-1$ 期的总投资 I_{t-1}，为私营固定资产投资（I_{t-1}）。[2]

---

① 美国经济分析局在 1997 年前后对数据统计口径进行了调整。本文采用 1997 年至今的现有可用数据进行整理和运算，得到了 1999—2015 年间的相关数据。

② 增加值（VA_t）、雇员薪酬（CE_t）、总操作剩余（GOS_t）、生产和进口税减去补贴（PT_t）取自美国经济分析局的部门 GDP 数据中的 "Components of Value Added by Industry"，部门增加值的价格指数（PI_t）取自 Chain-Type Price Indexes for Value Added by Industry；当前成本折旧（DEP_t）取自国民收入和产品账户（NIPA）Table 3.4ESI. Current-Cost Depreciation of Private Fixed Assets by Industry；净资本存量（NCS_t）取自 Table 3.1ESI. Current-Cost Net Stock of Private Fixed Assets by Industry；全部生产人员（PEP_t）取自 Table 6.8D. Persons Engaged in Production by Industry；私营固定资产投资（I_{t-1}）取自 Table 3.7ESI. Investment in Private Fixed Assets by Industry；产能利用率（$CAPUTL_t$）取自美国联邦储备委员会网站数据中的 Industrial Production and Capacity Utilization — G.17。

这样，调整利润率的实际度量表达式为：

$$rl = \frac{GOS_t - \frac{CAPUTL_t}{CAPUTL_{t-1}} \cdot \left(1 - \frac{DEP_t}{NCS_t + DEP_t}\right) \cdot \left[\frac{PI_t}{PI_{t-1}} \cdot VA_{t-1} \cdot \left(1 - \frac{PT_t}{VA_t}\right) - CE_t \cdot \frac{PEP_{t-1}}{PEP_t}\right]}{\frac{PI_t}{PI_{t-1}} \cdot I_{t-1}}$$

$$(3.1)$$

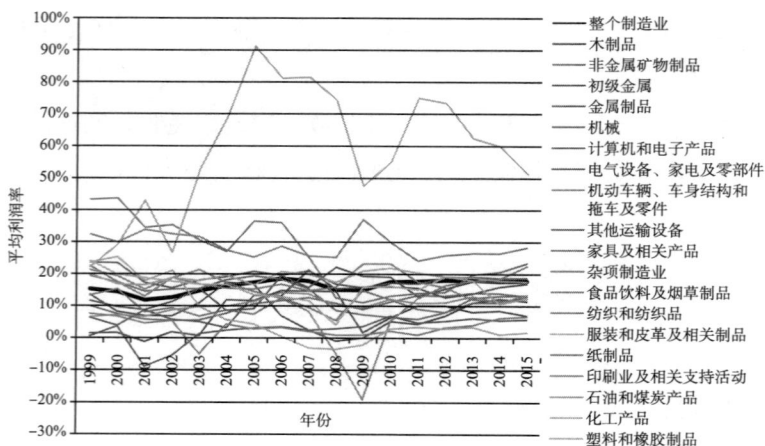

图 1　美国制造业各部门的平均利润率，1999—2015 年

数据来源：美国经济分析局公布的国民收入和产品账户（NIPA）、部门 GDP 数据，美国联邦储备委员会发布的产能利用率数据。

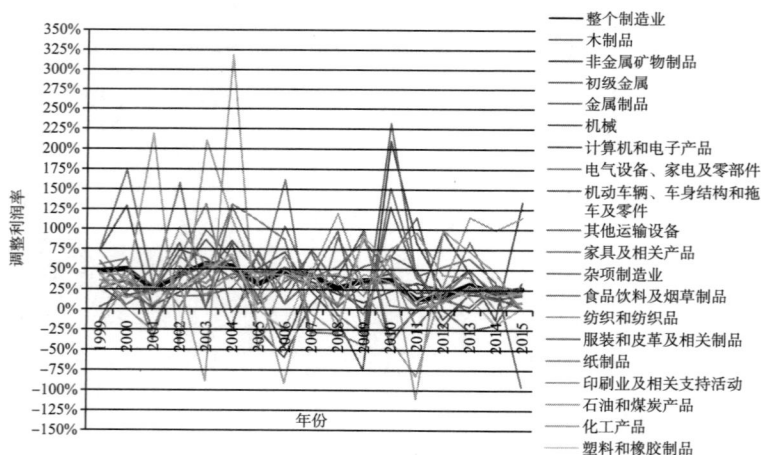

图 2　美国制造业各部门的调整利润率，1999—2015 年

数据来源：美国经济分析局公布的国民收入和产品账户（NIPA）、部门 GDP 数据，美国联邦储备委员会发布的产能利用率数据。

参考谢克的做法，平均利润率被定义为净操作剩余与净资本存量之比。其中净操作剩余为总操作剩余（GOS_t）与当前成本折旧（DEP_t）之差，净资本存量为私营固定资产的当前成本净存量（NCS_t）。

　　图 1 展现了制造业各部门的平均利润率。石油和煤炭产品、食品饮料及烟草制品等部门的平均利润率一直高于整体的平均利润率。纺织和纺织品、初级金属、计算机和电子产品、木制品、印刷业及相关支持活动、机械等部门的平均利润率持续低于整体的平均利润率。其他的部门平均利润率曲线与整体平均利润率曲线交叉一次或两次的较多，交叉三次以上的较少。由此可见，制造业各部门的平均利润率之间没有呈现出平均化的趋势。

　　调整利润率的平均化状况，则呈现出另外一番景象。图 2 描绘了制造业各部门的调整利润率。从中可以看出，各部门的调整利润率曲线与整个制造业的调整利润率曲线大量地、混乱地交叉。各部门的调整利润率不断地波动，有些部门的调整利润率甚至是大幅度地波动，但均围绕着整体的调整利润率，表现出对于整体利润率的向心趋势。

　　利润率的平均化有两种模式，一种是各个利润率呈现出向平均值的收敛趋势，另一种是各个利润率呈现出对于平均值的向心趋势。从调整利润率的图形中可以看出，各部门的调整利润率并没有表现出向一个平均值收敛的趋势，而是表现为围绕着整体调整利润率而混乱地波动。因此，根据图 2，调整利润率表现出了平均化的趋势，但平均化的模式不是收敛于均值，而是各部门的调整利润率围绕着整体的调整利润率不断地、混乱地波动，呈现出对于均值的向心趋势。

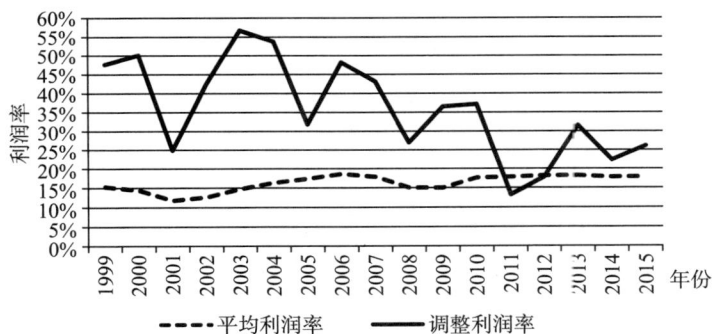

图 3　美国制造业整体的平均利润率和调整利润率，1999－2015 年

数据来源：美国经济分析局公布的国民收入和产品账户（NIPA）、部门 GDF 数据，美国联邦储备委员会发布的产能利用率数据。

　　以上是经验考察的前两个方面，第三个方面是调整利润率和平均利润率之间的关系。图 3 展现了整个制造业的调整利润率和平均利润率。从中可以看出：（1）平均利润率在 1999－2001 年间下降，2001－2006 年间上升，在 2006－2008 年下降，在 2008 年以来先上升而后保持平稳。（2）调整利润率在 1999－2008 年间，呈现出较为明显的下降趋势；2008－2011 年，出现回升后又进一步下降；2011 年以后，呈现出缓慢回升的态势。（3）平均利润率的波动幅度较小，调整利润率的波动幅度较大，二者在整体趋势和波动方向上存在着区别，却也有着一定程度的一致性，不同的阶段（1999－2001，2001－2006，2006－2008，2008－2010，2010－2015）里，调整利润率的变动在一定程度上引领平均利润率的变动。

对美国制造业的经验考察表明，制造业各部门的平均利润率没有表现出平均化的迹象，各部门的调整利润率却呈现出平均化的趋势；调整利润率平均化的方式，不是收敛于均值，而是围绕着均值不断地混乱地波动，呈现出对于均值的向心趋势。调整利润率与平均利润率有着明显的区别，但也有着一致性，在多个阶段里，调整利润率对平均利润率有着引领作用。

四、总　结

由竞争带来的利润率平均化，是生产价格和一般利润率等理论的基础。马克思明确区分了部门内竞争和部门之间的竞争。部门之间的竞争促使利润率平均化，平均化的模式不是收敛于一个平均值，而是围绕着平均值而混乱地波动。部门内的竞争，则倾向于形成同一的商品价格，由于不同企业有着不同的生产条件，相同的价格意味着不同的利润率。利润率在部门内部"非平均化"，却在部门之间平均化，这看起来是矛盾的。谢克等学者给出的调整资本概念和调整利润率平均化路径，尝试解决这一矛盾。竞争在不同部门之间平均化的，只是调整资本的利润率，而不是部门内所有资本的利润率。

调整利润率平均化进路的难点，在于调整利润率的度量。谢克以增量利润率来近似衡量调整利润率。迪梅尼尔和列维对他的做法提出质疑，认为增量利润率没有考虑产能利用率、折旧和工资水平变动，不是调整利润率的合理近似指标。然而，由迪梅尼尔和列维的数学形式而得到的调整利润率度量方式，却有着明显不符合实际的假设。本文在分析相关争论的基础上，发展出了一种考虑产能利用率、折旧、税收、工资和价格指数变动的调整利润率度量方式。

采用这种度量方式，并以美国制造业为案例，本文考察了调整利润率的平均化状况，并将其与平均利润率相对比。从中发现，制造业各部门的平均利润率没有表现出平均化的迹象，各部门的调整利润率却呈现出平均化的趋势。调整利润率平均化的方式，不是收敛于均值，而是围绕着均值不断地混乱地波动。这些经验事实，验证了马克思的利润率平均化模式和谢克等学者的调整利润率平均化进路。

本文还考察了调整利润率和平均利润率之间的关系，发现调整利润率和平均利润率在利润率水平和变动幅度上明显不同，但二者在整体趋势和波动方向上又呈现出一定程度的一致性。此现象一方面反映出调整资本的利润率与总资本的利润率之间的差别，另一方面则表现出了调整资本的利润率对整体利润率的影响力。分析调整资本和非调整资本相互作用的过程，以及调整利润率影响平均利润率的机制，是进一步研究的方向。

第 13 章　如何在经验研究中界定利润率
——基于现代马克思主义文献的分析

利润率是衡量资本积累的核心指标，利润率趋向下降规律是马克思资本积累理论的重要组成部分。2008 年经济－金融危机发生以后，利润率的长期动态，尤其是新自由主义时期的利润率动态，一直是学者们关注的热点。学者们采取不同方法度量了美国经济自 20 世纪 80 年代初期以来的利润率，得出了不同的结果：迪梅尼尔和列维测算了五种利润率，其中四种指标呈现出不同幅度的上升，在 20 世纪 80 年代和 90 年代上升尤为明显；谢克根据他的方法度量的利润率，则表现为平稳的趋势；而克莱曼以及巳基尔等人分别测算的利润率却在波动中呈现出下降的趋势。

利润率的经验测算，是对其进行理论分析的前提。当代马克思主义经济学家在度量利润率时得出的不同结果，为利润率的理论分析造成了困难。在这种情况下，如何在经验研究中合理地界定利润率，就显得格外迫切，并具有重要的意义。

本文由以下各节组成：第一节回顾了马克思研究利润率的进路，并评述了沃尔夫对马克思的批评。第二节从思想史的角度评价了吉尔曼的开拓性贡献，以及其他学者在吉尔曼之后陆续展开的经验研究。这些研究成果之间的差异和由此产生的争论，在第三节中得到了较为深入的分析。根据我们的梳理，当代马克思主义经济学家在利润率定义上的分歧涉及以下四个维度[①]：（1）应该衡量价值利润率还是价格利润率；（2）在度量资本存量时，应该采用历史成本还是当前成本；（3）是否应该区分以及如何区分生产性劳动和非生产性劳动；（4）是否应该与资本家的主观意识形式相对应。本文在逐一考察上述争论的基础上，对利润率的经验界定最终给出了一个方向性的意见。

一、马克思的分析进路和沃尔夫的批评

在《资本论》第三卷，马克思在成本价格概念的基础上进一步讨论了剩余价值率向利润率的转化。他指出，在资本家的心目中，不变资本和可变资本是等量齐观的，在此基础上就出现了所谓成本价格的概念。资本家获利的程度不取决于利润和可变资本的比

---

① 本文暂不考虑金融化对利润率的影响，关于二者之间关系的论述，参见孟捷、李亚伟、唐毅南《金融化与利润率的政治经济学研究》，经济学动态 2014 年第 6 期，第 50—59 页。

率，而是取决于利润和成本价格（或总资本）的比率。"用可变资本来计算的剩余价值的比率，叫作剩余价值率；用总资本来计算的剩余价值的比率，叫作利润率。这是同一个量的两种不同的计算法，由于计算的标准不同，它们表示的是同一个量的不同的比率或关系。"用 S 表示剩余价值，C 表示预付不变资本，V 表示预付可变资本，利润率可以被表示为 $r=\dfrac{S}{C+V}$。

在马克思看来，利润率是与剩余价值率相对应的表面现象；进入个别资本家主观意识形式的只是利润率，而不是剩余价值率。马克思的这个看法在方法论上提出了一个重要的问题，既然只有利润率进入资本家的主观意识形式，在经验研究中定义利润率时就应当以进入资本家主观意识形式的价格范畴来衡量，而不是以处于资本家主观意识形式之外的价值范畴来度量。然而，在马克思的文本中虽然包含了这个问题，马克思本人却从未予以明确。

上述问题在鲍特基维茨所开启的围绕价值转形问题的争论中，进一步凸显出来。在鲍特基维茨的转形方案中，经由价值转形而形成的利润率是一个以生产价格定义的利润率。这个利润率和马克思的转形方案中以价值定义的利润率是不同的。在马克思看来，生产价格是一种进入资本家主观意识形式的价格形态，在此意义上，像鲍特基维茨那样主张严格以生产价格来定义利润率就有理论上的合理性。

在 20 世纪 70 年代的一篇文献里，美国学者沃尔夫进一步讨论了价值利润率和生产价格利润率的差别，并对马克思的观点提出了批评。他假设每个部门的周转期都是一年，并令 a = 产业间系数矩阵，l = 劳动系数行向量，N = 总就业，m = 每个工人的平均消费列向量，X = 部门总产出列向量，k = 资本系数矩阵，则劳动价值向量 λ 为

$$\lambda=l\,(I-a)^{-1}$$

其中 I 是单位向量，λ_i 应释为部门 i 的（当前价格下）每美元产出所需的直接和间接劳动之和。劳动力的价值，即每个工人的预付可变资本，等于 λm。故剩余价值率等于

$$\varepsilon=\frac{1-\lambda m}{\lambda m}$$

它可被看作未补偿的（剩余的）劳动时间与得到补偿的（必要的）劳动时间之比。总可变资本 V 和总剩余价值 S 分别为

$$V=N\lambda m$$
$$S=N\lambda m\varepsilon=N(1-\lambda m)$$

资本有机构成或价值构成 σ 是

$$\sigma=\frac{\lambda(k+a)X}{N\lambda m}$$

所以，沃尔夫将价值利润率 π_v 表示成

$$\pi_v=\frac{S}{C+V}=\frac{\varepsilon}{\sigma+1}=\frac{N(1-\lambda m)}{\lambda(k+a)X+N\lambda m}$$

然后，他利用联立方程组求解生产价格利润率（即其文中的一般利润率）。他以产业

间系数矩阵 a、资本系数矩阵 k、劳动系数行向量 l 和实际工资 ω 来求解生产价格行向量 ρ 和生产价格利润率 π，方程式如下

$$(\rho a + \rho k + \omega l)(1 + \pi) = \rho$$

其中 ω 是生产价格形式的货币工资[①]，它等于 ρm，因此上述方程式可以转变为

$$\rho (a + k + ml) = \left(\frac{1}{1 + \pi}\right)\rho$$

据此方程可解出生产价格行向量 ρ 和生产价格利润率 π。基于价值利润率 π_v 和生产价格利润率 π 的不同表达式，沃尔夫采用美国的投入产出表数据对二者进行了测算，测算结果显示其在量值上也有着明显的区别。由此，沃尔夫对马克思不区分二者的做法提出批评[②]。他认为，马克思相信当劳动价值转形为生产价格时，总剩余价值、总可变资本和总不变资本都保持不变，生产价格利润率 π 会等于价值利润率 π_v；但是，这种不变性实际上只有在非常严格的条件下才可能成立。

沃尔夫的上述研究具有积极的意义。在马克思的文本中，正如我们已经指出的，事实上存在着价值利润率和价格利润率的潜在差异。在鲍特基维茨那里，这种差异明确体现为以价值定义的平均利润率和以生产价格定义的平均利润率的差异。沃尔夫的贡献在于，他利用美国的投入产出表数据，在数量上度量了这两种利润率。由于这两种利润率在数量上存在明显的差异，这就迫使研究者在利润率的经验研究中必须对二者进行取舍。

二、吉尔曼的开拓性贡献及其他学者的研究

在马克思主义经济分析史上，美国学者吉尔曼第一次对利润率的长期动态开展了经验研究。[③]

为了清晰地界定马克思主义范畴和获得长期连贯数据，吉尔曼选取美国制造业作为考察对象。他首先考察了流量利润率，认为它并不符合利润率的定义，利润率的分母应当是投资的资本即资本存量，而不是耗费的资本。随着机械化程度和原材料利用效率的提高，不变资本存量中的固定资本部分将相对增多，原材料部分相对减少，甚至可能绝对减少。由于固定资本存量的周转速度明显低于原材料存货的周转速度，所以不变资本总存量的增多，反而可能表现为耗费的总不变资本量的减少。采用流量指标测算的利润率，可能会掩盖不变资本存量的增多。

资本存量包括不变资本存量和可变资本存量，但吉尔曼决定不考虑后者。他给出了

---

① 此处假设所有工人都是同质的，因而实际工资相同。
② 沃尔夫对利润率趋向下降规律还提出了另两点质疑：第一，资本有机构成并不一定随着技术构成的提高而上升；第二，不能独立于剩余价值率的变动而讨论有机构成的变动，二者是正相关的。本文专注于对利润率定义的讨论，暂不评论沃尔夫的这两点质疑。
③ 吉尔曼的著作发表以后，美国的《科学与社会》杂志开辟专栏，刊发了罗宾逊、多布、马蒂克等学者对其所做的评论，其中多布将吉尔曼的著作视作一个具有挑战性的开拓性研究，并希望人们以类似的方法做进一步的探讨，参见 DOBB, M. The Falling Rate of Profit [J]. Science& Society, 1959, 23 (2): 97—103.

两条理由：一方面，可变资本的周转难以准确测算，因而难以构造现实的可衡量的工资资本存量；另一方面，可变资本存量相对于不变资本存量而言，几乎是可以忽略的。

吉尔曼利用厂房和设备在当前价格下的再生产成本扣除折旧，作为固定资本存量。他给出的理由是，利润和工资都是以当前价格来衡量的，因而不变资本也应当以当前价格来衡量。他采用存货作为不变流动资本存量。虽然知道存货的一部分由尚未出售的制成品构成，但他认为除了危机时期以外，这部分在存货中所占的比重在不同时间里不会大范围的变化，它们的存在并不会严重扭曲度量结果的变动趋势。分别采用固定资本和固定资本加存货作为分母，并利用"扣除生产工人工资和折旧以后的增加值"作为分子，吉尔曼测算了 1880－1952 年间美国制造业的两种存量形式的利润率，测算公式分别为

$$固定资本存量利润率 = \frac{增加值 - 生产工人工资 - 折旧}{固定资本}$$

$$计入存货的存量利润率 = \frac{增加值 - 生产工人工资 - 折旧}{固定资本 + 存货}$$

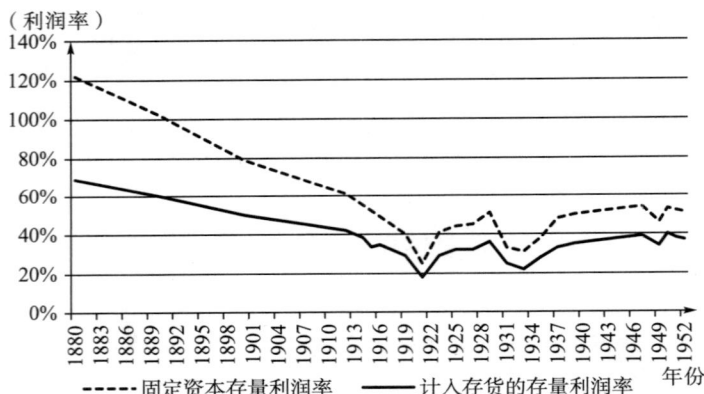

图 1　吉尔曼测算的两种存量利润率（美国制造业，1880－1952 年）

数据来源：GILLMAN, J. M. The Falling Rate of Profit [M]. London：Dennis Dobson, 1957, Table D &E.

图 1 展示了上述两种存量利润率的测算结果，二者的变动均可被划分为两个阶段。1880－1919 年间的利润率变动趋势，支持马克思的利润率趋向下降规律，而 1919－1952 年间的变动趋势则与之相背离。吉尔曼提出了两种可能性：一是在大规模的机械化完成以后，利润率趋向下降规律不再适用；另一种可能性，则是利润率度量公式不再适用于这一时期的资本主义生产状况。吉尔曼倾向于后者。他指出，在第一次世界大战以后，随着垄断资本的兴起，美国的资本主义生产总过程出现了新特点：（1）仪表化以及电力对蒸汽动力的替代等技术变革，提升了劳动生产率，却没有带来不变资本的大规模相对增加；（2）产业合并和垄断，一方面增加了企业的规模和复杂性，提高了企业的监管费用；另一方面，促使企业之间进行垄断竞争，包括互相之间抢夺顾客和一起抢夺顾客的美元等，造成销售、广告和促销等流通费用提高。

扣除折旧和生产工人工资以后的增加值，包含监管费用和流通费用，然而它们却不

属于资本家的收益。在马克思时代的英国和 1880—1919 年间的美国，这两部分费用相对较小，将它们计为资本家的利润，不会对利润率带来大的影响。但当它们明显提高时，通过计入它们而得到的利润和资本家的实际收益将大不相同。显然，资本家所唯一关心的和指导资本家进行商业决策的，是资本家的实际收益。因此，吉尔曼认为，对于 1919—1952 年间的美国制造业，应当度量与资本家的实际收益相对应的利润率。

吉尔曼以使用工具和机械的工人作为生产性工人，对应统计数据中的"生产工人"，相应地将其他雇员作为非生产性工人。他用符号 u 表示非生产性支出，包括非生产性工人的薪酬、其他的监管支出以及销售和广告等支出。采用吉尔曼的符号，用 s 表示扣除生产工人工资和折旧的增加值，用 C 表示不变资本存量即固定资本加上存货，他的这种利润率为存量净利润率

$$r = \frac{s-u}{C} = \frac{增加值 - 生产工人工资 - 折旧 - 非生产性支出}{固定资本 + 存货}$$

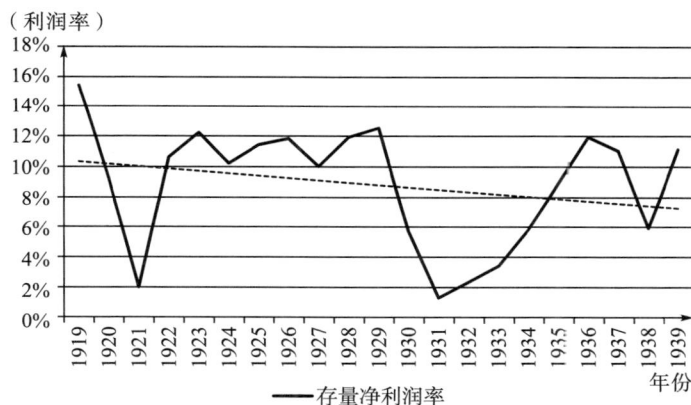

图 2　吉尔曼测算的存量净利润率（美国制造业，1919—1939 年）

数据来源：GILLMAN, J. M. The Falling Rate of Profit [M]. London：Dennis Dobson，1957，Table H.

吉尔曼测算的美国制造业在 1919—1939 年间的存量净利润率，如图 2 所示。从中可以看出，存量净利润率呈现出下降趋势。吉尔曼开启了关于利润率的实证研究，他在利润率定义方面的贡献在于：第一，将对生产性支出和非生产性支出的区分，引入利润率度量公式；第二，提出在大规模机械化过程完成以后，利润率的度量应当同时考虑剩余价值的生产和实现；第三，结合经验数据比较了流量利润率和存量利润率，说明了采用存量利润率作为一般利润率具体定义的合理性。

在吉尔曼对利润率的定义中，是否区分生产性劳动和非生产性劳动占据重要地位。在吉尔曼以后，一些学者接受了吉尔曼的这一观点，如美国学者梅基和国内学者高峰。但是，不同学者在具体处理方法上，也存在微妙的差别（对此问题的详细讨论，见本文第三节）。

梅基将对利润率的实证研究扩展到 1900—1960 年间的美国非农业私营企业部门。他也像吉尔曼一样，采用当前成本下的不变资本存量作为利润率的分母，即生产者耐用品、

构筑物、存货以及燃料和矿物储备等的总和。对于利润率的分子，梅基采用扣除直接税以后的净财产性收入，包括企业账面利润、高管薪酬、存货估值调整、净利息和净租金等。在计算时，他排除了金融、保险和房地产部门，以避免重复计算，因为这些部门的净利润已被包含于其他私营企业部门的净利息和净地租之中。与吉尔曼的存量净利润率的分子相比，税后净财产性收入也去除了非生产性雇员工资等非生产性支出，但它包括了高管薪酬，梅基认为马克思将企业高管也视作资本家。他的测算方法可以用公式表示为

$$\text{非农业私营企业部门利润率} = \frac{\text{税后净财产性收入}}{\text{全部资本存量}}$$

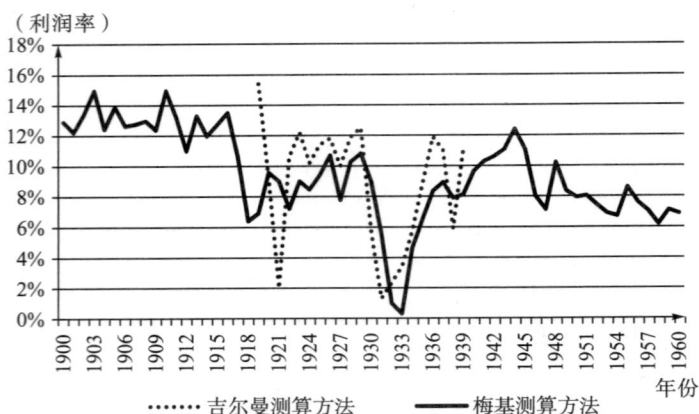

图 3　梅基的利润率和吉尔曼的存量净利润率

数据来源：MAGE，S. The "Law of the Falling Tendency of the Rate of Profit"：Its Place in the Marxian Theoretical System and Relevance to the U. S. Economy [D]. New York：Columbia University，1963：174−175，Table VI−1；GILLMAN，J. M. The Falling Rate of Profit [M]. London：Dennis Dobson，1957，Table H.

图 3 比较了梅基的利润率和吉尔曼的存量净利润率，发现二者的变动趋势较为一致，在波动幅度上有所区别。梅基的利润率定义是对吉尔曼的存量净利润率的扩展，二者度量的都是经验形式的价格利润率，均采用当前成本来测算不变资本存量，均区分生产性支出和非生产性支出，并考虑资本家的实际收益。二者的区别在于，吉尔曼认为非生产性支出是剩余价值的一部分，而梅基则将其归入不变资本，本文下一节将对此进行详细论述。

国内学者高峰认为，吉尔曼采用固定资本与存货之和作为利润率的分母，是相对合理的，但利润率是利润与预付总资本之比，而不仅仅是与不变资本之比。因此，他在计算 1929−1984 年间美国制造业的利润率时，将预付可变资本也纳入利润率的分母。

首先，他用增加值减去折旧作为制造业活劳动所创造的新价值，用生产工人工资加上 50% 的非生产雇员薪金作为生产性雇员工薪收入即可变资本，然后从新价值中减去生产性雇员工薪收入得到剩余价值；其次，他取制造业各年的固定资本净存量和存货之和

作为预付不变资本，用制造业各年的产品价值减去制造业增加值得到年不变流动资本，接着用年不变流动资本除以存货得到流动资本的年周转次数，再用生产性雇员工薪收入除以流动资本的年周转次数得到预付可变资本，然后用预付不变资本加上预付可变资本得到预付总资本；最后，他利用剩余价值与预付总资本之比得到利润率。高峰对利润率的定义可以表示为

$$考虑预付可变资本的存量利润率 = \frac{增加值 - 折旧 - 生产性雇员工薪收入}{固定资本净存量 + 存货 + 预付可变资本}$$

物质生产部门中不直接从事生产的雇员的一部分，属于整体生产工人，也是生产劳动者。高峰把他们的薪金计入可变资本，是合理的。但是，选取 50% 作为比例值，存在着一定的随意性，有待进一步研究。谢克和托纳克建立起了马克思主义指标与投入产出表指标的对应关系，对于剩余价值和可变资本等马克思主义指标进行了严格的度量。谢克还强调，必须区分利润率的长期趋势和短期波动，因为它们有不同的决定因素和含义，古典经济学和马克思主义理论通常关注长期因素，要合理地检验这些理论，就必须区分"一般产能"利润率和观测到的利润率。

自吉尔曼以来，大多数学者均采用当前成本测算资本存量。但在近年来的研究中，美国学者克莱曼对此做法提出了质疑，转而主张以历史成本衡量固定资本存量。克莱曼认为，无论是按照公众的普遍看法，还是按照马克思的概念，利润率都是利润与资产的账面价值之比，其中账面价值是在购置资产时实际预付（投资）的货币（即资产的历史成本）减去折旧以及类似的费用。因此，他将利润率定义为年利润与以历史成本计价的年初固定资本存量之比，并用这一定义测算了美国企业部门在 1929－2009 年间的利润率。

其利润率定义式的分母，是以历史成本计价的固定资产，等于"初始年份"的（以历史成本计价的）固定资产，加上在特定年份之前每年增加的（以历史成本计价的）固定资产净投资之和。克莱曼利用价格指数和 MELT（劳动时间的货币表现）对它们进行调整。对于利润率的分子，克莱曼采用了多种指标。财产性收入，是新增总价值减去雇员报酬和以历史成本计价的固定资产折旧。公司的净营业剩余，是财产性收入减去"生产和进口税减去补贴"。税前利润，是净营业剩余减去"净利息和杂项付款"和"目前的转移支付"。税后利润，是税前利润减去"公司所得税"。其中，财产性收入最接近马克思的剩余价值概念，利用财产性收入测算的利润率，可以表示为

$$历史成本利润率（财产性收入） = \frac{财产性收入}{以历史成本衡量的固定资产}$$

通过比较美国公司部门的历史成本利润率（财产性收入）和积累率（净投资与历史成本固定资产之比），克莱曼发现自 20 世纪 70 年代以来，二者均呈现下降趋势，利润率的变动几乎总是比积累率的变动早一年或几年；计量分析结果显示，利润率的变动解释了（随后一年的）积累率变动的 83%。

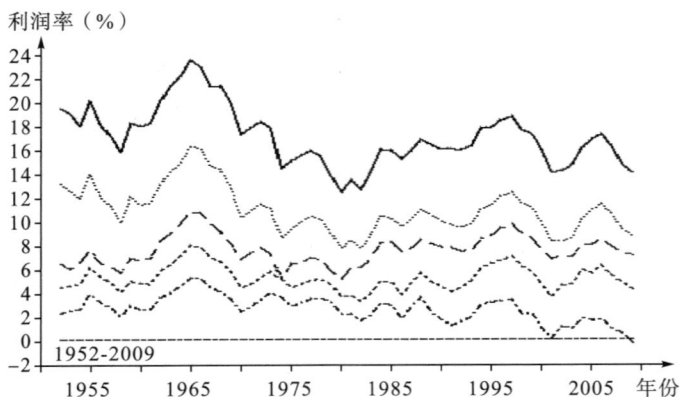

图 4　美国非金融类企业部门的五种利润率（百分比，年度数据）

资料来源：DUMENIL，G. and LEVY，D.　The Crisis of the Early 21st Century：A Critical Review of Alternative Interpretations［J］．Preliminary draft，2011：25，Figure 12.

　　迪梅尼尔和列维则对克莱曼的定义提出质疑，本文下一节将详细探讨他们之间的争论。迪梅尼尔和列维分析了利润率影响资本积累和经济运行的两种主要机制，一种是刺激积累意愿，另一种是为积累提供资金。他们并认为，合适的利润率定义，需要使其能够直接通过上述机制来影响资本积累。他们测算了五种利润率，如图 4 所示，自上而下的五条曲线依次为：（1）马克思意义上的利润率，分子是总收入减去劳动报酬，分母是以当前成本测算的固定资本存量；（2）扣除生产税的利润率，分子是总收入减去劳动报酬和生产税，分母是以当前成本测算的固定资本存量；（3）扣除全部税收的利润率，分子是总收入减去劳动报酬和全部税收，但仍然包括净利息支付，分母是以当前成本测算的固定资本存量；（4）扣除全部税收以及利息的利润率，分子是总收入减去劳动报酬、全部税收以及净利息支付，分母是企业净资产，即总资产减去债务；（5）企业自留利润率，分子是总收入减去劳动报酬、全部税收、净利息支付以及股息，分母是企业净资产。

　　自 20 世纪 80 年代初期以来，美国非金融类企业部门的前四种利润率均表现出一定程度的上升，而企业自留利润率则呈现出下降的趋势。在同一时期里，美国非金融类企业的资本积累率，即当前成本下的净投资与固定资本存量之比，是趋向下降的。迪梅尼尔和列维发现马克思意义上的利润率和资本积累率差别明显，前者比后者大约高五倍，而企业自留利润率和资本积累率则在量值和波动上紧密相关。从刺激积累意愿的视角，他们认为决定投资行为的是扣除全部税收以后的利润。从为积累提供资金的视角，他们发现自留利润与总税后利润之间的差距（即利息和股息之和）呈增大的态势，新自由主义的公司治理制度致使税后利润更多地成为股息，从而不利于投资。所以，他们认为企业自留利润率才是衡量资本积累的合适指标。[①]

---

① 迪梅尼尔和列维的企业自留利润率与谢克的企业利润率不同，后者指的是利润率与利息率的差额，参见安瓦尔·谢克，《21 世纪的第一次大萧条》，《当代经济研究》2014 年第 1 期，第 24—31 页。

关于利润率的分母：大多数学者都以固定资本存量定义利润率的分母，这样做的理由在于，不变流动资本和可变资本的周转次数难以度量。吉尔曼试图用存货作为不变流动资本的代理指标，这种做法有其相对合理和便利之处，并为梅基和高峰等学者所沿用。在可变资本存量较小的经济体中，比如大多数工人都支取周薪，则只使用不变资本存量作为利润率的分母，不会对利润率带来较大的影响。但是，如果可变资本存量较大（比如大多数工人都按月支薪）而且变动显著时，这种影响就较为明显。正是基于这种考虑，高峰主张将可变资本存量纳入利润率的分母。

关于利润率的分子：迪梅尼尔和列维的企业自留利润率、吉尔曼的存量净利润率、梅基测算的利润率以及克莱曼的历史成本利润率，都试图度量资本家的实际收益。与他们不同，高峰、谢克和托纳克等学者则主张在利润率的分子中包含非生产性支出。本文下一节将对此进一步考察。

三、对利润率分子和分母定义的进一步讨论

利润率定义差异的第二个维度，是在衡量资本存量时采用历史成本还是当前成本。对于以固定资产和折旧的当前成本（重置成本）来测算利润率的做法，克莱曼提出了四点批评：（1）当前成本比率不能准确地衡量企业和投资者的未来期望收益率，它不是企业和投资者试图去最大化的比率。当前成本"利润率"的测算，利用今天的价格计算当前的投资支出和未来的收益，但未来期望收益率的测算，则是利用今天的价格计算当前的投资支出，利用预期的未来价格计算未来收益。（2）当前成本"利润率"不能准确地衡量企业和投资者的实际收益率，即利润与初始投资量之比。（3）当前成本"利润率"与资本积累率没有明显的关系。（4）当前成本"利润率"似乎与股票市场收益率没有关系。克莱曼衡量了不同的利润率对标准普尔指数（S&P）记录的 500 家公司的市盈率的预测能力。他发现，以决定系数 R^2 作为利润率预测能力的衡量标准，历史成本利润率的预测能力远超过当前成本的预测能力。他认为这一结果表明，历史成本利润率更接近资本主义企业和投资者所关注的和通常所说的利润率。

迪梅尼尔和列维则认为克莱曼是在摆弄定义。他们指出，在一个价格呈上涨趋势的世界里，历史成本数据将低估资本存量的价值；历史成本利润率不能反映在给定生产线上持续投资所能够预期的利润率，因为进行新投资所面临的价格水平，是给定年份里的普遍价格，而不是以往的价格。

克莱曼正确地指出了资本存量的历史成本和重置成本之间的差别。历史成本利润率反映了利润与资产的账面价值之本，也即是资本家的实际收益率，因此克莱曼对当前成本利润率的第二点批评是成立的，但另外三点批评却不够有说服力。首先，迪梅尼尔和列维的企业自留利润率也与资本积累率密切相关。其次，克芾曼仅仅拿历史成本利润率和当前成本利润率，与股票市场收益率相比较，并没有对它们的相互关系进行分析，单

凭数据上的相关关系，就否定当前成本利润率，肯定历史成本利润率，是不能令人信服的。再次，第一点批评也存在着问题，因为企业和投资者可以用当前成本利润率和对市场的预期，来得到未来期望收益率。对于估算预期收益率而言，当前成本利润率显然是一个比历史成本利润率更好的指标。总而言之，采用历史成本来衡量资本存量，测度出了资本家的账面收益率，但它不能反映在给定生产线上持续投资所能够获得的利润率，因而不是一个反映资本积累的合适指标。

资本存量的指标有两种，一种是总资本存量，另一种是净资本存量，即总资本存量扣除折旧。在一个技术进步不断地促使固定资本贬值的世界里，以当前成本测算的、不考虑折旧的总资本存量数据会高估资本存量值。布伦纳采用净资本存量作为利润率的分母。谢克对其提出批评，认为企业会选择资产的总存量指标，以评估这项资产在其整个生命周期中的利润率变动状况；实证数据显示，净资本存量的增速慢于总存量的增速，谢克认为这意味着采用净存量指标会低估不变资本存量的增多，进而高估利润率。

事实上，企业意图评估的往往是资本存量在当前的盈利状况，这就需要采用净资本存量指标。即使企业尝试评估一项投资在其整个生命周期的盈利状况，他们也可以分别评估净资本存量在当前的盈利，以及计提为折旧的资金所获得的盈利，比如将这部分资金再投资于固定资产或者金融资产等获得的收益。净资本存量，才是资本在当前价格下的重置成本。采用总资本存量会高估资本存量值，当总资本存量的增速大于净资本存量的增速时，这种高估会被加剧，也即是加剧了对利润率的低估。

利润率定义差异的第三个维度，即是否应该区分以及如何区分生产性劳动和非生产性劳动，实际上是应该如何定位非生产性支出（即监管费用和流通费用）。方案一是将其与生产性支出等同，即不区分生产性劳动和非生产性劳动，迪梅尼尔和列维在测算五种利润率指标时遵循这种方案；方案二是将其归入剩余价值，区分生产性劳动和非生产性劳动的学者通常采取此思路；方案三是将其归入不变资本，梅基是该做法的提出者。

斯威齐是方案二的代表人物，他认为，商人的各种开销和用于买入商品的货款，都带有资本的性质；商品的买入价与售出价之间的差额，不仅要提供货款所要求的平均利润，而且需要补偿各种费用支出以及这些支出的正常利润；整个这些构成对剩余价值的一种扣除。吉尔曼也类似地认为，监管费用和销售成本都是剩余价值的组成部分。这种方案的直接依据，是马克思在《资本论》第二卷中的论述：

"一般的规律是：一切只是由商品的形式转化而产生的流通费用，都不会把价值追加到商品上。这仅仅是实现价值或价值由一种形式转变为另一种形式所需的费用。投在这种费用上的资本（包括它所支配的劳动），属于资本主义生产上的非生产费用。这种费用必须从剩余产品中得到补偿，对整个资本家阶级来说，是剩余价值或剩余产品的一种扣除，就像对工人来说，购买生活资料所需的时间是损失掉的时间一样。"[1]

---

[1] 马克思：《资本论》第2卷，北京：人民出版社，2004年，第167页。

梅基对方案二提出批评，认为它误解了剩余价值的含义。他指出，非生产性劳动者也和生产性工人一样向资本家出售劳动力，他们的工资也是资本家的支出；剩余价值指的仅是为财产所有者阶级所占有的社会剩余劳动的价值，它由三个部分构成，即企业主收入、利息和租金。梅基认为，马克思将流通费用视为剩余价值或剩余产品的一种扣除，只是从资本家的视角而言，并不是立足于整体资本主义生产过程；事实上，用于非生产性支出的资本，是社会总资本的一个必要的组成部分。他引用了马克思在《资本论》第三卷中的论述：

"这些支出固然会形成追加资本，但不会生产任何剩余价值。它们必须从商品的价值中得到补偿；这些商品的一部分价值必须再转化为这种流通费用；但由此不会形成任何追加的剩余价值。就社会总资本来看，这事实上无非就是说，总资本的一部分是那些不加入价值增值过程的次一级的活动所需要的，并且社会资本的这个部分必须为这些目的而不断地再生产出来。"①

马克思的这两段论述有矛盾之处。前者说流通费用不会把价值追加到商品上，而后者则说流通费用必须从商品的价值中得到补偿。按照前一段论述，非生产性支出的再生产就会成为问题。事实上，《资本论》第三卷也表露出了关于如何再生产非生产性支出的疑问："商人作为单纯的流通当事人既不生产价值，也不生产剩余价值（因为他由自己的费用加到商品上的追加价值，不过是原先已有的价值的追加，尽管这里还有一个问题：他究竟怎样保持和保存他的不变资本的这个价值？）。"②

梅基提出的方案三，解决了这一问题。他提出：一方面，非生产性支出虽然不生产新价值，但它们是对社会资本的一部分的消费，以这种方式被消费的价值，为了保持其持续再生产，必须进入生产出的商品的总价值；另一方面，不变资本和可变资本的区别，基于它们向商品中转化价值的不同方式，不变资本的特征方式是附加原本已存在的价值，因此，对待非生产性支出的合理方式，是将它们视作不变资本的组成部分。

方案一得到的利润率表达式，与方案三恰好一致。方案一将非生产性支出等同于生产性支出，也即是将其中用于劳动力的部分归入可变资本，将其他部分归入不变资本。方案三是将非生产性支出全部归入不变资本。利润率的分母是预付的不变资本和可变资本之和，因此两种方案得到的利润率分母是一致的，二者得到的分子也都是不包括非生产性支出的剩余价值。然而，方案一的问题在于，它得到的可变资本和不变资本进而剩余价值率和资本有机构成，不严格符合马克思的概念，因此不利于对利润率进行解释。

四、总　结

综上所述，本文讨论了围绕利润率定义的四个方面的争论。图 5 试图直观地表现这

---

① 马克思：《资本论》第 3 卷，北京：人民出版社，2004 年，第 326 页。
② 同上。

些争论，从图中可以看出，这些争论涉及：第一，在利润率定义中，采纳价格利润率还是价值利润率；第二，在利润率分母的定义中，是以历史成本衡量资本存量，还是以当前成本衡量资本存量；第三，在利润率的定义中，是否区分和如何区分生产性劳动与非生产性劳动；第四，是否考虑资本家的主观意识形式对利润率定义的影响。

在图中，以阴影标识的图域代表笔者赞同的观点，具体而言，我们赞成以价格范畴定义利润率；赞成以当前成本度量资本存量；赞成区分生产性劳动和非生产性劳动，并主张将非生产性支出纳入利润率的分母；十分重要的是，资本家的主观意识形式是在定义利润率时需要考虑的重要因素，在图中，资本家的主观意识形式分别影响到对价值利润率和价格利润率的选择，以及对于生产性劳动和非生产性劳动问题的处理。

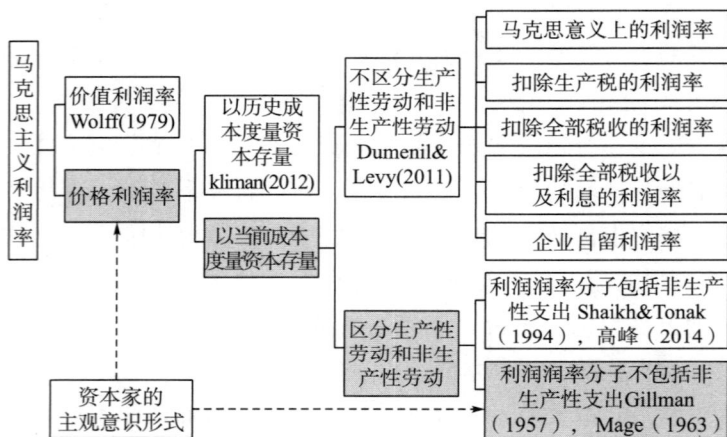

图5　马克思主义利润率的多种定义

注：图中的阴影区域表示笔者赞同的观点。

还可指出的是，现行的国民经济核算以西方主流经济学为基础，其中的许多指标在含义和范围上都与相应的马克思主义概念有所区别。直接利用这些指标来度量利润率，就不可避免地有其局限性。谢克和托纳克在前人研究的基础之上，结合投入产出表（I-O）与国民收入和产品账户（NIPA），给出了一个核算马克思主义指标的体系。这一体系已为一些学者所认可和借鉴。我们认为，根据本文提出的利润率定义标准，参考该体系的核算方法，可以较为严格地衡量利润率，并为马克思主义对于利润率动态的理论解释奠定基础。

第 14 章 韦斯科普夫对利润率动态的研究及其局限

在 20 世纪 70 年代，马克思主义经济学关于利润率下降和危机的研究产生了三个流派。第一个流派主张，利润率下降和危机的爆发可归因于资本有机构成的提高。该流派的主要代表是曼德尔和谢克（也译赛克）。第二个流派则把利润率下降和危机归于实现困难，该流派的主要代表是以斯威齐为首的"《每月评论》派"。第三个流派的观点往往被称作"利润挤压论"，认为工资成本上涨侵蚀利润份额，是造成利润率下降和危机的主要原因。这一流派的人数在三派中最多，调节学派、社会积累结构学派、日本宇野学派的主要人物都隶属于这一流派。

1979 年，美国学者韦斯科普夫提出了一个分析利润率变动的框架，试图整合上述三种理论，并利用相关数据对三种理论进行了实证检验。他的研究结论维护了"利润挤压论"的观点，即工资成本上升是造成利润份额下降和利润率下降的主要原因。韦斯科普夫的研究产生了一定影响，赢得了一些追随者，如内尔和谢尔曼（Hahnel & Sherman）、亨利（Henley）、米希尔（Michl）、巴基尔和坎贝尔（Bakir & Campbell）、谢富胜、卡马拉（Cámara）等。但也因其方法的局限引发了一些学者的争论。本文试图梳理围绕韦斯科普夫的研究所产生的争论，探究其研究进路的长处和局限性。本文由以下四部分组成：第一部分介绍韦斯科普夫的基本观点；第二部分讨论芒利对韦斯科普夫的质疑，以及韦斯科普夫对其分析所做的修正；第三部分评述莫斯里和韦斯科普夫围绕生产性劳动问题的争论；第四部分是一个批判的总结。

一、韦斯科普夫对利润率变动原因的研究

按照韦斯科普夫的观点，利润率可定义为利润量和资本存量的比率。该比率又可进一步分解为以下三项不同的因素，即利润份额、产能利用率和产能资本比率。

$$\rho = \frac{\Pi}{K} = \frac{\Pi}{Y} \cdot \frac{Y}{Z} \cdot \frac{Z}{K} = \sigma_\pi \varphi \zeta \qquad (1.1)$$

其中 Π 是利润量，K 是资本存量，Y 是实际产出（或收入），Z 是潜在产出（或产能）。这样一来，利润率 ρ 就等于利润份额 σ_π、产能利用率 φ 和产能资本比率 ζ 这三者的乘积。

方程式（1.1）通过将利润率分解为三项不同因素，概括了前述三种马克思主义危机

理论。诞生于 20 世纪 70 年代的"利润挤压论"认为，长期高速的资本积累会增加劳工的谈判力量，打破劳动与资本之间的力量平衡，增加工资在国民收入中的份额 σ_w。工资份额的提高将缩减利润份额，在产能利用率和产能资本比率不变时也将导致利润率下降。实际产出 Y 可以看作利润量 Π 和工资 W 之和，利润份额可以表述为

$$\sigma_\pi = \frac{\Pi}{Y} = \frac{Y-W}{Y} = 1 - \sigma_w \tag{1.2}$$

把利润率下降和危机归于实现困难的"实现失败论"假定，长期持续的资本积累将导致商品的需求落后于商品的生产，由此产生的需求不足将迫使资本家限制产出水平或者降低产品价格，以减少未售出产品的库存。由于在当代资本主义经济的许多部门中都有限制降价的制度，所以资本家主要依靠减少生产，降低产能利用率以应对需求不足。产能利用率 φ 的下降带来了利润率的下降。

韦斯科普夫指出，把利润率下降和危机归于资本有机构成提高的理论有两个基本假设，一是资本积累或迟或早会导致资本有机构成提高；二是剥削率在这一过程中并无显著变动。他将资本有机构成 γ 定义为 $\gamma = \frac{K}{W}$，其中 K 为净资本存量，W（$Y-\Pi$）为工资总额，Π 为利润量。与方程式（1.1）相联系，资本有机构成 γ 可以分解为

$$\gamma = \frac{K}{W} = \frac{K}{Z} \cdot \frac{Z}{Y} \cdot \frac{Y}{W} = \frac{1}{\zeta} \cdot \frac{1}{\varphi} \cdot \frac{1}{\sigma_w} \tag{1.3}$$

按照韦斯科普夫的理解，上述"资本有机构成提高论"事实上假定剥削率 $\varepsilon = \frac{\Pi}{W}$ 为常数，这意味着利润份额 $\sigma_\pi = \frac{\Pi}{Y}$ 以及工资份额 $\sigma_w = \frac{W}{Y}$ 保持不变。同时，这一理论也不依赖于对剩余生产能力的利用，即假定产能利用率 $\varphi = \frac{Y}{Z}$ 也保持不变。这样一来，资本有机构成 $\gamma(\frac{K}{W})$ 的提高，只是引起产能资本比率 ζ 的下降。换言之，式（1.1）中的第三项即产能资本比率 ζ 的下降构成了利润率下降的根源。

根据上述分析，对利润率进行分解而得到的式（1.1）囊括了三种马克思主义危机理论在解释利润率下降时所依赖的主要因素。可以设想，这三个因素各自的变化对利润率下降造成的影响，分别反映了三种不同理论的解释力。为了验证这一点，韦斯科普夫把方程式（1.1）转变为一个核算方程

$$\dot\rho = \dot\sigma_\pi + \dot\varphi + \dot\zeta \tag{1.4}$$

在利用方程式（1.1）时，韦斯科普夫选取了美国非金融类公司部门（NFCB）作为考察对象，考察期为 1949 年第四季度至 1975 年第一季度。这一期间正好涵盖五次完整的经济周期。几个主要变量的具体指标是：利润率 $\rho = \frac{\Pi}{K}$，Π 是税前净资本收入（包括公司利润和净利息），K 是净资本存量总额（包括固定资本和库存）；W 是全部雇员报酬，Π 与 W 合计等于 Y（即 NFCB 部门的净收入）；Z 为潜在净产出（或产能）。

韦斯科普夫在分析中使用了三组数据：第一组是在整个时期和历次周期之间基本变量的增长率，第二组是在周期的每个阶段[①]的基本变量增长率的平均值，第三组是在各次周期 B 阶段的基本变量增长率。表 1 展示的是第一组数据，从中可以明显地看出三个不同变量对利润率变化的各自影响，其中利润份额的变动对利润率的变化起着主要作用。在韦斯科普夫看来，与"实现失败论"和"有机构成提高论"相比，"利润挤压论"更有效地解释了战后美国 NFCB 部门利润率下降的原因。

表 1　基本变量增长率：整个时期和周期之间（全部数字均代表平均每年增长率%）

	整个时期	周　期			
		Ⅰ－Ⅱ	Ⅱ－Ⅲ	Ⅲ－Ⅳ	Ⅳ－Ⅴ
利润率 $\dot{\rho}$	−1.20	−3.2	−1.5	+2.2	−4.7
利润份额 $\dot{\sigma}_\pi$	−1.24	−2.1	−1.1	+0.7	−3.4
产能利用率 $\dot{\varphi}$	+0.02	−0.5	−1.3	+0.9	−0.4
产能资本比率 $\dot{\zeta}$	+0.02	−0.5	+0.9	+0.6	−0.9

资料来源：韦斯科普夫. 马克思主义的危机理论和战后美国经济中的利润率［A］//外国经济学说研究会. 现代国外经济学论文集（第六辑）［C］. 北京：商务印书馆，1984：173.

上述分析虽能解释利润率下降的原因，但在韦斯科普夫看来仍有缺陷。他指出，第一，利润率 ρ 的三个基本构成变量，即利润份额 σ_π、产能利用率 φ 和产能资本比率 ζ，并非是以唯一的或排他的方式与某一种危机理论的假设联系在一起的。比如，利润份额的变化并不只与劳工实力增强有关，它也可能反映产品实现的困难程度。第二，即使某一个构成变量的变化可以精确反映某派理论的假设，却未必能区分这一派理论下属的各种不同的解释。比如，因劳工实力增强而导致的利润份额下降，究竟是由于实际工资的增速高于生产率增速，还是由于工资品价格的提高快于产出价格，在上述分析中无从了解。为了弥补这些不足，韦斯科普夫还提出了以下更为精细的分析。

韦斯科普夫认为，某些工作如行政管理、工头等，其雇佣量是由企业的生产能力或潜在产出所决定的，可以称之为"间接劳动"；而另一些劳动的雇佣量则由企业的实际产量来决定，可以称之为"直接劳动"。当产品实现遇到困难，产能利用率下降时，直接劳动可以被削减到与实际产量成比例的程度，而间接劳动却一时难以被削减。由于间接劳动的存在，产能利用率的下降也和劳工实力的增强一样，可能引起工资份额的上升或利润份额的下降[②]。

---

① 韦斯科普夫把每个周期分为三个阶段，A 阶段是从 $\bar{Y}$ 波谷到 ρ 波峰，B 阶段是从 ρ 波峰到 $\bar{Y}$ 波峰，C 阶段是从 $\bar{Y}$ 波峰到 $\bar{Y}$ 波谷。

② 在一篇未发表的论文中，芒利开创性地分析了产能利用率如何影响工资份额的特殊机制。他发现，在美国制造业者年度统计中，雇员报酬分为工资和薪金，薪金与增加值之比和周期性变动的产能利用率高度（反向）相关，而工资与增加值的比率则并不呈现周期性变动。与之相对应，芒利把雇员划分为生产工人和支薪雇员，生产工人获得工资，支薪雇员获得薪金，他发现产能利用率的降低会带来对生产工人的解雇，却很少会带来对支薪雇员的解雇，因而会导致工资份额提高。受芒利的启发，韦斯科普夫注意到把雇员报酬区分为薪金和工资。在美国制造业者年度统计中，并对间接劳动引致的产能利用效应展开了分析。参见 Hahne、& Sherman 和 Weisskopf 所做的介绍。

为了进一步区分产能利用率和劳工实力对工资份额的影响，韦斯科普夫把工资份额分解为"真正需要的工资份额"和"产能利用效应"两部分：$\sigma_w = \dfrac{\sigma_w^*}{\eta_w}$。其中$\eta_w = \dfrac{W^*}{W}$，$W^*$被定义为真正需要的工资（等于直接劳动的工资加上真正需要的间接劳动的工资），W是总工资，η_w表示产能利用效应，即产能利用率的变化对工资份额的影响。因为W受到产能利用率的影响，所以η_w与产能利用率有关。σ_w^*被定义为真正需要的工资份额，它与产能利用率无关，只取决于劳工实力。

关于工资份额变动的原因，韦斯科普夫认为"利润挤压论"给出了两种解释，一是实际工资份额的变动，二是工资品和产品价格的相对变动。为了检验这两种观点，韦斯科普夫把真正需要的名义工资份额σ_w^*进一步分解为两部分：

$$\sigma_w^* = \frac{W^*}{Y} = \frac{P_w \overline{W}^*}{P_y \overline{Y}} = \frac{P_w}{P_y} \cdot \frac{\overline{w}^*}{\overline{y}^*} \tag{1.5}$$

其中，P_w是工资品的价格指数，P_y是NFCB部门产出的价格指数，$\dfrac{P_w}{P_y}$表示工资品和产出价格的相对变化，韦斯科普夫认为这个比率代表的是"处于守势的劳工实力"。$\overline{w}^*$是真正需要的实际工资率，$\overline{y}^*$是真正需要的实际劳动生产率，$\dfrac{\overline{w}^*}{\overline{y}^*}$是真正需要的实际工资份额$\left(\dfrac{\overline{W}^*}{\overline{Y}}\right)$的转化形式，韦斯科普夫认为它代表的是"处于攻势的劳工实力"。

在做了这些区分之后，韦斯科普夫对增长核算方程式（1.4）进行了修改，从利润份额的变动中剔除产能利用率的变动，并把利润份额的变动分解为两部分，一部分表示攻势劳工实力的变动，一部分表示守势劳工实力的变动。这样就有了方程式（1.6）

$$\dot{\rho} = \dot{\rho}_l + \dot{\rho}_r + \dot{\rho}_c \tag{1.6}①$$

利用方程式（1.6）进行计量运算，韦斯科普夫发现，劳工实力的变动依然是利润率变动的主要影响因素，"利润挤压论"对美国战后NFCB部门的利润率下降更具解释力。韦斯科普夫同时还发现，在劳工实力的变动中，对利润率下降发挥主要作用的是守势劳工实力的增强，即工资品价格相对于产品价格的提升。

二、劳工实力的衡量指标及其修正

韦斯科普夫的论文发表后，一位名叫芒利的作者针对韦斯科普夫采用的劳工实力概念及其衡量指标提出了三点意见。

第一，芒利认为，韦斯科普夫以名义工资份额σ_w^*②衡量劳工实力是不准确的。在芒

---

① 其中$\dot{\rho}_l$衡量劳工实力变动对利润率的影响，$\dot{\rho}_r$衡量实现条件变动的影响，$\dot{\rho}_c$衡量资本有机构成变动的影响。$\dot{\rho}_l$包括两部分，一部分衡量攻势劳工实力变动的影响，另一部分衡量守势劳工实力变动的影响。

② 在韦斯科普夫那里，加"*"的变量均表示"真正需要的……"，为了表述的方便，下文均省去"真正需要的"这几个字。比如σ_w^*表示真正需要的名义工资份额，此处及下文均直接表述为名义工资份额σ_w^*。

利看来，劳工实力是一个多元化概念，既包括取得更高的工资、更高的实际消费以及更好的工作条件的能力，又包括对政府和公众的影响力。考虑劳工实力的复杂性质，任何对它的单一定义都可能在某些方面存在缺陷，仅用名义变量来定义就更是如此。在通货膨胀期间，工人的名义工资可能增加，但实际购买力可能不变甚至下降，所以有必要以实际变量来衡量劳工实力。

第二，芒利认为，韦斯科普夫用来衡量攻势劳工实力的指标即实际工资份额$\bar{\sigma}_w^* = \frac{\overline{w}^*}{\overline{y}^*}$，看起来与劳工的福利状况联系最为密切，但代表生产率的$\overline{y}^*$却不是一个衡量劳工实力的显而易见的指标。在韦斯科普夫界定的经济周期 B 阶段（即从 ρ 波峰到 Y 波峰），可能会出现追加雇佣缺乏足够培训的新工人、囤积劳动力和工人抗争等现象。在这三种现象中，前两者都与劳工实力无关。缺乏培训、劳动力囤积以及工人抗争都有可能阻碍生产率增长，但三者带来的影响难以彼此区分。此外，在工作场所推行民主化也是劳工实力增强的标志，但这一民主化有助于提高而不是降低生产率，因而也有利于资本。在芒利看来，只有实际工资率$\overline{w}^*$才是一个衡量劳工实力的显而易见的指标。

第三，芒利认为，韦斯科普夫所定义的守势劳工实力及其衡量指标$\frac{P_w}{P_y}$，所代表的仅仅是名义工资份额和实际工资份额之间的差别而已，并不能构成一种特殊类型的劳工实力。值得强调的是，鉴于韦斯科普夫的研究最终把利润率下降主要归因于守势劳工实力的增强，芒利对守势劳工实力概念的这一点批评在理论上就显得尤为重要（后文还将涉及这一点）。

韦斯科普夫承认，名义工资份额 σ_w^* 不是一个好的指标，但他也不认同实际工资率$\overline{w}^*$是一个好的指标。在他看来，劳工实力是一个相对概念，表示的是两个阶级在就分配进行斗争时，相对于资本实力而言劳工实力的变化。对这一概念的衡量，应采用表示相对比率的工资份额，而不是表示绝对值的实际工资。实际工资衡量的是工人真正带回家的福利，但它并不能表示相对于资本而言的劳工福利或权力。韦斯科普夫所寻找的劳工实力增强的证据并不仅仅是生产率自身的变动，而是实际工资增速与生产率增速之比的变动。因而，他认为应当以实际工资份额即$\bar{\sigma}_w^* = \frac{\overline{w}^*}{\overline{y}^*}$作为衡量劳工实力的指标。

面对芒利的第二点批评，韦斯科普夫还做出了下列回应：（1）芒利关于工作场所民主化导致生产率上升的例子，并不与韦斯科普夫对劳工实力的解释相矛盾。如果工作场所民主化导致生产率的提高超过实际工资的提高，那么劳工实力就会被减弱。只有当工作场所民主化导致实际工资增速超过生产率增速时，才意味着劳工实力的增强。（2）在经济周期 B 阶段，伴随实际产出的增长，会追加雇佣新的工人。韦斯科普夫承认，这些新工人因缺乏必要的培训和技能，的确会导致劳动生产率的增长减速。但与此同时，这些新雇员的工资也比原有的工人要低。综合来看，即从新增雇员对实际工资份额（$\bar{\sigma}_w^*$）的影响来看，新增雇员给生产率增长带来的负面影响可能因其低工资而大致抵消。（3）

韦斯科普夫承认，在 B 阶段囤积熟练工人的现象不能用劳工实力增强来解释，也承认在 B 阶段对生产工人和支薪雇员的囤积都比 A 阶段和 C 阶段更为普遍，囤积的生产工人不能由被解雇的支薪雇员所抵消。韦斯科普夫认为他在 B 阶段低估了产能利用效应（即真正需要的工资所占的比率 η_w），在 A 阶段和 C 阶段高估了这一效应。

面对芒利对劳工实力概念的批评，韦斯科普夫最终做出了让步。他将衡量整体劳工实力的指标由名义工资份额改为实际工资份额，并对攻势劳工实力和守势劳工实力进行了重新界定。在式（1.7）中，实际工资份额被分解为两个部分：

$$\bar{\sigma}_w^* = \frac{\overline{W}^*}{\overline{Y}^*} = \frac{\overline{W}^*}{\overline{Q}^*} \cdot \frac{\overline{Q}^*}{\overline{Y}^*} = \frac{\overline{w}^*}{\overline{q}^*} \cdot \frac{P_y}{P_q} \tag{2.1}$$

韦斯科普夫以 Q^* 表示产出的名义价值，Y^* 表示所对应收入的名义价值，二者相等，即有 $Q^* = Y^*$。P_q 是产出平减指数，以美国 NFCB 部门所生产商品的不变价格为基础，$\overline{Q}^* = \frac{Q^*}{P_q}$。$P_y$ 是收入平减指数，以收入（包括工资和利润）所购买的商品的不变价格为基础，$\overline{Y}^* = \frac{Y^*}{P_y}$。由于 $Q^* = Y^*$，所以 $\frac{\overline{Q}^*}{\overline{Y}^*} = \frac{P_y}{P_q}$。$\overline{w}^*$ 表示实际工资率，$\overline{q}^*$ 表示实际生产率（以前用 $\overline{y}^*$ 表示，现在用 $\overline{q}^*$ 表示，以强调它是由产品价格指数 P_q 平减后的产出来衡量，而不是由收入平减指数 P_y 平减后的收入来衡量），$\frac{\overline{W}^*}{\overline{Q}^*} = \frac{\overline{w}^*}{\overline{q}^*}$。

韦斯科普夫用 $\frac{\overline{w}^*}{\overline{q}^*}$ 衡量攻势劳工实力，用 $\frac{P_y}{P_q}$ 衡量守势劳工实力。计算 P_q 所涉及的商品是美国 NFCB 部门的产品，可以近似地由美国国内生产的产品来代表。计算 P_y 所涉及的商品既包括国内生产的产品，又包括进口的产品。因此，$\frac{P_y}{P_q}$ 的变动也与贸易条件有关。

在韦斯科普夫看来，即便以收入平减指数代替产出平减指数，名义工资份额的变动与实际工资份额的变动也是大体一致的。在运用收入平减指数时，名义工资份额可以写为

$$\sigma_w^* = \frac{W^*}{Y^*} = \frac{P_w \overline{W}^*}{P_y \overline{Y}^*} = \frac{P_w}{P_y} \cdot \bar{\sigma}_w^* \tag{2.2}$$

在数学上，收入平减指数 P_y 近似地等于 $P_w^{\sigma_w} P_\pi^{\sigma_\pi}$，其中 P_w 表示以工资购买的商品的价格指数，P_π 表示以利润购买的商品的价格指数。韦斯科普夫收集到的经验数据表明，σ_w 平均接近 80%，σ_π 接近 20%。利用 P_k（资本品价格指数）作为 P_π 的近似指标，[①] P_y 就可以粗略地估算为 $P_w^{\frac{4}{5}} P_k^{\frac{1}{5}}$，$\frac{P_w}{P_y}$ 就等于 $\left(\frac{P_w}{P_k}\right)^{\frac{1}{5}}$。同时，经验数据还表明，$P_w$ 与 P_k 的基本时间序列密切相关，从而 $\left(\frac{P_w}{P_k}\right)^{\frac{1}{5}}$ 就近似地等于一个接近 1 的常数。换言之，实际工资份额的变动就大体等于名义工资份额的变动。这样一来，韦斯科普夫就认为不必再把平减

---

① P_π 与 P_k 的区别在于资本家以利润购买的商品既包括资本品又包括生活用品。

指数的改换应用到他的经验分析当中，因为这一改换不会给经验结果带来较大影响。

韦斯科普夫舍弃了先前采用的守势劳工势力的衡量指标 $\frac{P_w}{P_y}$，改以 $\frac{P_y}{P_q}$ 来衡量。但韦斯科普夫所做的这一改变，在我们看来并没有使得芒利的批评失效。$\frac{P_y}{P_q}$ 所表示的依然只是实际工资份额 $\bar{\sigma}_w$ 与 $\frac{\bar{w}^*}{\bar{q}^*}$ 之间的差别而已。$\frac{P_y}{P_q}$ 本身是一个受到贸易条件影响的价格比率，其变动有诸多复杂的原因，与劳工实力并无直接的联系。只是因为在数学表达式上 $\frac{P_y}{P_q}$ 是实际工资份额 $\bar{\sigma}_w$ 的一个组成部分，韦斯科普夫就宣布 $\frac{P_y}{P_q}$ 代表守势劳工实力，这是十分牵强的。在现实中若以 $\frac{P_y}{P_q}$ 表达某种特殊类型的劳工实力，很容易得出荒谬的结论。譬如，美国从中国进口廉价的日用品会使 P_y 下降，美国劳工阶层的生活质量也会因此得到一定程度的提升。然而，如果 P_q 没有同时发生明显的变化，与中国的这种贸易就会降低 $\frac{P_y}{P_q}$。在韦斯科普夫那里，该比率的下降就直接代表着美国劳工实力的减弱。这显然是难以让人信服的。

三、区分生产劳动和非生产劳动对估算利润率的影响

韦斯科普夫在估算利润份额时未区分生产劳动和非生产劳动，莫斯里对此提出了一个批评。莫斯里认为，韦斯科普夫把利润份额作为衡量马克思剩余价值率的指标，但韦斯科普夫估算的利润份额在 1949—1975 年下降了 28%，这与马克思的预期（剩余价值率将在长期中上升）相矛盾。按照马克思的论述，在资本主义条件下劳动生产率呈上升趋势，而劳动后备军的增长却会给工资增长带来下行的压力，因此劳动生产率的增速会超过实际工资的增速，剩余价值率在长期中将会上升。在莫斯里看来，韦斯科普夫的估算之所以与马克思的预期相矛盾，是因为他没有考虑到马克思对于生产劳动和非生产劳动的区分。为此，莫斯里回顾了马克思对生产劳动和非生产劳动的定义，并在区分这两者的前提下对剩余价值率进行了估算，结果发现美国经济的剩余价值率在 1949—1975 年增长了 15%。

基于马克思对生产劳动和非生产劳动的区分，莫斯里试图构造一种对战后美国经济利润份额下降的替代性解释。他所关注的是利润—工资比率 $\frac{\Pi}{W}$，而不是利润份额 $\frac{\Pi}{Y}$。$\frac{\Pi}{W}$ 和 $\frac{\Pi}{Y}$ 的变动方向和变动原因显然是一致的，但 $\frac{\Pi}{W}$ 的变动更大一些。

引入生产劳动和非生产劳动的区别后，工资（W）等于可变资本（V）与非生产劳动

的薪金（U）之和；利润（Π）等于剩余价值（S）与非生产劳动的薪金（U）之差。利润－工资比率可以表示为

$$\frac{\Pi}{W}=\frac{(S-U)}{(V+U)}=\frac{\left(\dfrac{S}{V}-\dfrac{U}{V}\right)}{\left(1+\dfrac{U}{V}\right)} \tag{3.1}$$

等式（3.1）表明，利润－工资比率 $\dfrac{\Pi}{W}$ 和剩余价值率 $\dfrac{S}{V}$ 成正比，和非生产劳动的薪金与可变资本的比率 $\dfrac{U}{V}$ 成反比。利润－工资比率 $\dfrac{\Pi}{W}$ 的下降可能有两个原因，分别是剩余价值率的下降和 $\dfrac{U}{V}$ 的上升。在 1949－1975 年，剩余价值率不仅没有下降，反而增长了 15%；而非生产薪金与可变资本的比率 $\dfrac{U}{V}$ 则增长了 65%，从 1949 年的 0.57 增长到了 1975 年的 0.94。因此可以得出结论：利润－工资比率下降的原因是非生产薪金与可变资本的比率 $\dfrac{U}{V}$ 的大幅度上升。

非生产薪金与可变资本的比率 $\dfrac{U}{V}$ 等于

$$\frac{U}{V}=\left(\frac{L_u}{L_p}\right)\left(\frac{U_a}{V_a}\right) \tag{3.2}$$

其中 L_u 表示非生产雇员的数量，L_p 表示生产工人的数量，U_a 表示非生产雇员的平均工资，V_a 表示生产工人的平均工资。根据等式（10），$\dfrac{U}{V}$ 的上升有两个原因，即 $\dfrac{L_u}{L_p}$ 的上升或者 $\dfrac{U_a}{V_a}$ 的上升。在 1949－1975 年，$\dfrac{U_a}{V_a}$ 不仅没有上升，反而下降了 2%，而 $\dfrac{L_u}{L_p}$ 则上升了 68%。非生产雇员的数量在这一时期里增长了一倍还多，而生产工人则只增长了 30%，故 $\dfrac{L_u}{L_p}$ 大幅度上升。所以，在莫斯里看来，利润－工资比率下降（和利润份额的下降）的深层次原因是 $\dfrac{L_u}{L_p}$ 的大幅度上升。

韦斯科普夫对莫斯里的批评做了如下回应。他首先申明，自己并未以利润份额作为衡量马克思剩余价值率的指标，他分析利润份额的目的并不是为了严格地以马克思的方式来测量剩余价值率，而是为了分析美国经济中利润率的变动。和难以观测的剩余价值率相比，利润份额这一变量对经济行为有着更加直接的影响。关于利润份额下降的原因，韦斯科普夫认为莫斯里的证据仅仅是核算方程中相关变量的时间序列数据，但核算方程并不能表明变量之间的因果关系。莫斯里的数据虽然与他的结论 $\left(\dfrac{L_u}{L_p}$ 是利润份额下降的根本原因$\right)$ 相一致，但利润份额的下降仍然可能有其他的原因。

韦斯科普夫还认为，应该更细致地分析引发 $\dfrac{L_u}{L_p}$ 上升的原因。一种可能性是，非生产

劳动对生产劳动的替代，是因为生产工人的工资相对于其他成本和价格趋于上升。另一种可能性是，这种替代是为了回应生产工人在生产过程中对管理和控制的挑战，这种挑战使非生产雇员对生产工人的更高程度的监督和控制成为必要。无论是哪种可能性，$\frac{L_u}{L_p}$ 的上升都不能被看作是"根本原因"，需要寻找生产工人工资上涨或其斗争性提高背后的原因。一个非常可信的原因在于，生产工人的权力相对于管理层而言增强了，这种权力的增强是由产业后备军的耗尽所带来的。这样，韦斯科普夫就捍卫了他所隶属的"利润挤压论"的观点。

韦斯科普夫的回应有两点值得肯定。第一，$\frac{L_u}{L_p}$ 的上升是和利润份额的下降相伴随的，但还不足以作为对后者的因果解释；第二，$\frac{L_u}{L_p}$ 上升的原因也需要有进一步的解释。尽管如此，引入生产劳动和非生产劳动的区别在估算利润份额和利润率时却是必要的。考虑到韦斯科普夫不仅是要计算利润率，而且是要验证马克思主义关于利润率下降的理论，他所采用的指标在多大程度上符合马克思对利润率的界定，就是一个不容回避的问题。

在评价韦斯科普夫和莫斯里的争论时，高峰教授指出，韦斯科普夫把作为剩余价值转化形式的利润等同于资产阶级纳税前的财产收入，把作为可变资本的工资等同于企业的全部雇员报酬，把上述二者之和等同于企业的净收入。这就从两方面低估了作为剩余价值转化形态的利润量及其增长程度。一方面，企业生产的净产值在转化为雇员报酬和雇主收入之前，有一部分要用于与销售有关的开支上，它们属于非生产性的"不变"费用，只能从剩余价值中补偿；另一方面，企业雇员中有一部分人从事与纯购销职能和监督职能有关的活动，他们的薪金报酬属于非生产性的"可变"费用，也只能从剩余价值中得到补偿。这两部分非生产费用实际上属于剩余价值或与其相当的利润范畴，韦斯科普夫却把他们排除在利润量之外，这就低估了利润量。由于这两部分非生产费用会随着资本主义的发展趋于增大，韦斯科普夫的计算方法也必然低估了利润量的增长程度。由于大大低估了利润量，尽管用不变资本代替全部资本作为分母，韦斯科普夫的计算仍然缩小了利润率的实际水平。由于缩小了剩余价值量和利润量，并夸大了可变资本量，所以他的计算也不能反映利润份额以及剩余价值率的变动趋势。

四、韦斯科普夫研究进路的局限性

韦斯科普夫的研究代表了马克思主义经济学对利润率动态进行理论和实证相结合的分析的重大尝试。他的研究进路具有一些明显的优势：第一，他力图在一个统计的架构里概括三种不同的马克思主义流派的观点，并对各种观点的有效性分别进行实证检验。第二，这一研究所涉及的各种变量，可以较为容易地在官方统计中取得相应的数据，便于进行计量运算。基于这些原因，韦斯科普夫的论文引起了较大的反响，赢得了不少追随者。最近几年来，还有一些学者利用他的方法研究了 2008 年危机之前美国的利润率长期动态。在此意义上，完全可以认为形成了一个关于利润率研究的韦斯科普夫学派。[①]

巴基尔和坎贝尔、谢富胜等和卡玛拉等延续了韦斯科普夫的研究，他们按照与韦斯科普夫相同的方法计算利润率并将其分解为利润份额、产能利用率和产能资本比率。在进一步分解工资份额时，他们与韦斯科普夫的方法略有区别。韦斯科普夫因为考虑了由于间接劳动的存在所导致的产能利用率对工资份额的影响，故在进一步分解工资份额之前，先从中分离出了产能利用率所带来的影响。他们则直接把工资份额分解为两部分，一部分是实际工资率与实际劳动生产率之比，另一部分是工资品价格指数与产品价格指数之比。他们发现，在新自由主义时期[②]里，利润率的变动依然主要归因于利润份额或工资份额的变动，而工资份额的变动也仍然主要取决于工资品价格指数与产品价格指数之比的变动，也即是取决于韦斯科普夫所定义的守势劳工实力。

另一方面，韦斯科普夫的研究进路也存在一些局限性。在理论上，韦斯科普夫的观点隶属于 20 世纪 70 年代形成的"利润挤压论"。该理论认为，20 世纪 60 年代末美国制造业部门的利润率下降，是由于劳工实力增强、工资成本上升过快造成的。这种单纯以劳资关系的变化来解释利润率下降的理论，受到了许多马克思主义者的批评。在其最初发表于 20 世纪 90 年代末的著作中，美国学者布伦纳就全面批判了"利润挤压论"，在学术界产生了广泛影响。与此同时，和"利润挤压论"有竞争关系的其他理论流派，也在发展自己的理论。其中最为突出的大概是"《每月评论》派"，它把利润率下降的危机归因于剩余价值生产和剩余价值实现的矛盾。另一方面，所谓"资本有机构成提高论"也发展了自己的实证研究。克莱曼提出，1947—2007 年，美国公司部门的雇员报酬和利润在公司收入中所占的份额并没有发生明显的变化，而利润率却出现了大幅度的下降，这一下降几乎全部归因于资本有机构成的提高。

在实证方法上，韦斯科普夫的研究也存在一些缺陷。首先，韦斯科普夫在概念界定和有关指标的选择上并未严格遵从马克思的概念，这大致体现在：（1）他以产能资本比率的变动来代表资本有机构成；（2）他没有区分生产劳动和非生产劳动；（3）他所计算的是以现行成本（重置成本）衡量的利润率，而不是以历史成本衡量的利润率。由于上文已经讨论过第（2）点，这里只就其他各点略做讨论。

关于第（1）点。高峰教授曾指出，只有在劳动生产率（即产量/劳动比率）不变时，产量/资本比率的上升才意味着资本/劳动比率的下降，1949—1975 年，美国的劳动生产率增长迅速，韦斯科普夫所计算的产能资本比率的相对稳定，只能表明资本/劳动比率存在着提高的趋势。所以，韦斯科普夫利用产能资本比率的变动来代表资本有机构成的变

---

① 追随韦斯科普夫的早期学者有：Hahnel & Sherman, Henley, Michl。近年来，把韦斯科普夫的分析方法运用于新自由主义时代利润率动态的研究，则有 Bakir & Campbell，谢富胜，Cámara 等。

② 不仅包括完全的新自由主义时期（20 世纪 80 年代初期以来），而且包括向新自由主义转型的时期（20 世纪 70 年代中后期）。

动，是不合适的。

关于第（3）点。克莱曼对这种做法提出了质疑。他认为以现行成本衡量的利润率，所测算的并不是利润与预付资本之比，因为以现行成本衡量的固定资本净存量，是对预付固定资本的重新估算，而不是预付固定资本本身。以现行成本衡量的利润率既不能准确地测算企业和投资者的实际收益率（即利润与初始投资量之比），也不能准确地测算企业和投资者的未来期望收益率，严格地说，它并不是通常所说的利润率中的任何一种。而以历史成本来衡量利润率则既与通常所说的利润率概念一致，又符合马克思对利润率的定义。克莱曼测算了以历史成本衡量的利润率，发现以历史成本衡量的利润率和以现行成本衡量的利润率自 20 世纪 80 年代以来具有明显不同的变动趋势，以它们作为实证基础将会得出截然不同的结论，所以必须对二者进行取舍。克莱曼还指出，利用存货替代预付不变流动资本也是有问题的，因为在国民收入账户中，存货不仅包括原材料、半成品和在制品的存量，还包括尚未出售的产品，后者显然不属于马克思所说的预付资本。

在笔者看来，韦斯科普夫在其实证分析中最为失败的，莫过于他对两种劳工实力的区分。正如上文已经指出的，所谓守势劳工实力，不管在定义上如何改变，事实上都是不成功的。这个问题不解决，即便其他分析环节都是正确的，也将使工资或利润份额变动的原因在相当大的程度上处在黑箱之中。如何打开这个黑箱，还有待于在理论和实证研究中探寻新的出路。

第15章 新自由主义时期的利润率动态及其成因：韦斯科普夫学派的视角

马克思主义经济学把利润率作为衡量宏观经济运行状况的指标，并用以分析经济危机，利润率的动态及其成因受到广泛的关注。在 20 世纪 70 年代，对于利润率动态的解释形成了三个理论流派：曼德尔和谢克把利润率的下降和经济危机的爆发归因于资本有机构成的提高；以斯威齐为首的"《每月评论》派"则把利润率下降和危机归因于实现困难；以调节学派、社会积累结构学派和日本宇野学派的主要人物为代表的"利润挤压论"流派，则认为造成利润率下降和危机的主要原因是工资成本上涨侵蚀利润份额。

美国学者韦斯科普夫于 1979 年提出了一个分析框架，将利润率分解为利润份额、产能利用率和产能资本比率，这三个指标对应着以上三种理论，这样就对三者进行了整合。基于这一框架，韦斯科普夫利用相关数据进行了实证检验。韦斯科普夫的研究代表了马克思主义经济学对利润率动态进行理论和实证相结合的分析的重大尝试。他的研究进路具有一些明显的优势，引起了较大的反响，赢得了不少追随者①，可以认为形成了一个研究利润率动态及其成因的韦斯科普夫学派。作为韦斯科普夫学派的代表人物，巴基尔、谢富胜和卡玛拉等研究了 2008 年危机之前美国的利润率长期动态，并重点分析了新自由主义时期②的利润率动态及其成因。

一、巴基尔和坎贝尔对美国非金融企业部门利润率的研究

巴基尔和坎贝尔继承了韦斯科普夫衡量利润率的方法，把利润率定义为利润量和净资本存量总额之比。其中，利润量指的是以当前成本测算的、从资产中获得的全部收入，等于含有存货估价调整（IVA）和资本消耗补偿（CCA）的企业利润，加上净利息。净资本存量总额则指的是以当前成本测算的资本存量，等于以特定方法计算的固定资本存量和存货之和。

巴基尔和坎贝尔计算了 1949—2001 年的九个经济周期里美国非金融公司部门（NF-

---

① 追随韦斯科普夫的早期学者有 Hahnel & Sherman，Henley，Michl。近年来，把韦斯科普夫的方法运用于新自由主义时代利润率动态的研究，则有 Bakir & Campbell，谢富胜，Cámara 等。
② 不仅包括完全的新自由主义时期（20 世纪 80 年代初期以来），而且包括向新自由主义转型的时期（20 世纪 70 年代中后期）。

CB）的利润率。他们发现在 1975 年以后的四个周期里，利润率和实际产出之间的一般关系与在前五个周期里的表现相同。每个周期都可以分为三个阶段，A 阶段是从实际产出的波谷到利润率的波峰，B 阶段是从利润率的波峰到实际产出的波峰，C 阶段是从实际产出的波峰到实际产出的波谷。A 阶段是"扩张初期"，利润率和产出同时上升；B 阶段是"扩张后期"，利润率下降，但产出依然上升。

巴基尔和坎贝尔也把利润率分解为利润份额、产能利用率和产能资本比，并计算了它们在各个周期 B 阶段的变化率。他们发现，利润率的下降主要归因于利润份额的下降，也就是说，"利润挤压论"对 B 阶段利润率的下降更有解释力。

总结而言，巴基尔和坎贝尔采用韦斯科普夫的分析框架，将研究的时间范围扩展到 2001 年，并重点分析了新自由主义时期的利润率变动。他们发现在 1949—2001 年的九个经济周期里，利润份额的变动都对利润率的变动起着主要的解释作用。在 1975—2001 年的三个 B 阶段①里，利润份额的下降分别解释了利润率下降的 68.3%、77.1% 和 103.5%。

为了分析利润份额和工资份额的变动原因，他们也把工资份额解构为两部分：一部分是工资品价格指数与产品价格指数之比；另一部分是实际工资与实际劳动生产率之比。他们发现，在 1949—1975 年的五个周期中，工资份额的变动主要取决于实际工资与实际劳动生产率之比的变动；而在新自由主义时期里，工资份额的变动则主要取决于工资品价格指数与产品价格指数之比的变动，实际工资与实际劳动生产率之比的变动只发挥着次要的作用。在 1975—2001 年的三个 B 阶段里，工资品价格指数与产品价格指数之比的变动分别解释了工资份额变动的 95.8%、140% 和 85%。巴基尔和坎贝尔回避了对攻势劳工实力和守势劳工实力的划分，但他们的结论仍然是把利润率的变动归因于价格比率的变动，也就是把利润率的下降归因于韦斯科普夫所定义的守势劳工实力的增强。

二、谢富胜等人对美国经济利润率的研究

谢富胜等人延续韦斯科普夫的研究，测算和分解了 1975—2008 年美国非金融公司部门（NFCB）的季度利润率。NFCB 部门的实际产出和利润率的变动，在 1975—2008 年形成了五个周期，每个周期都分为三个阶段，分别对应韦斯科普夫以及巴基尔和坎贝尔所指的 A、B、C 阶段。

他们按照韦斯科普夫的方法，把利润率分解为利润份额、产能利用率和产能资本比。为了分析利润率及其影响因素的变化，他们计算了利润率及其三个组成变量随时间的增长率。他们发现：（1）利润份额是利润率周期波动的最主要原因，解释了 A 阶段利润率上升的 74.37%，B 阶段利润率下降的 80.10%，C 阶段利润率下降的 61.23%。B 阶段

---

① 1975—2001 年是巴基尔和坎贝尔描述的九个周期中的 Ⅵ、Ⅶ、Ⅷ、Ⅸ 周期，但 Ⅶ 周期由于持续时间较短而没有 B 阶段。

利润份额的下降印证了马克思关于工资和工资份额在危机的准备时期会普遍提高的判断。（2）产能利用率是利润率周期波动的第二个原因，但在第二周期 A 阶段与利润率的上升出现了微弱的不一致。（3）产能资本比与利润率的周期波动在大部分阶段中并不一致，其原因需要进一步分解说明。

接着他们进行了进一步的理论分析，把工资份额分解为两部分：一是工资品价格指数与产品价格指数之比；另一部分是实际工资与实际劳动生产率之比。他们发现，在第一、三、四、五周期的 B 阶段里，工资份额的变动几乎全部归因于价格比率的变动，实际工资与实际劳动生产率之比的变动对工资份额变动的影响，在第四、五周期里为很小的正值，在第一、三周期里则为负值。

根据谢富胜等人的计算结果，利润率的变动主要归因于利润份额（进而工资份额）的变动，而工资份额的变动则主要归因于工资品价格指数与产品价格指数之比的变动。也即是说，他们按照韦斯科普夫的方法对 1975－2008 年美国经济利润率的研究，得出了与韦斯科普夫相同的结论。他们详细分析了各周期的 B 阶段，试图揭示实际和价格因素导致利润率下降的具体过程。他们对工资品价格指数与产品价格指数之比变动的解释，主要是通货膨胀或者对通货膨胀的控制带来的工资品价格指数的变动。实际工资率的变动，主要取决于失业率的变动；实际劳动生产率的变动，归因于福特制危机和生产过程向弹性化转型；产能利用率的变动，则取决于经济形势的演变。

在另一篇论文中，谢富胜等人按照韦斯科普夫的"更精密的理论分析"方法考察了生产和非生产劳动带来的效应，分离出产能利用率对工资份额的影响，进而把工资份额分解为"实际需要的工资份额"和"一个包含产能利用率的表达式"。然后，再把实际需要的工资份额分解为实际工资与实际劳动生产率之比和工资品价格指数与产品价格指数之比两部分。

通过进一步分析，他们发现利润率变动的主要原因是利润份额和产能利用率的变动，而利润份额的显著影响也在很大程度上得自于产能利用率的变动。产能利用率的变动则主要归因于生产工人和非生产工人劳动时数和报酬比例的变化，这与美国资本主义劳动过程的历史变迁有关。20 世纪 70 年代至 90 年代，资本家通过机器替代劳动的方法来摆脱福特制危机，自 20 世纪 80 年代末 90 年代初以来，美国资本主义劳动过程趋于弹性化。他们同时也发现，利润份额在第 B、C 阶段的下降在很大程度上是由于工资品价格指数与产品价格指数之比的不利变化引起的，工人并没有在利润份额下降时得到实际利益。

三、卡玛拉对美国企业部门和非金融公司部门利润率的研究

卡玛拉采用韦斯科普夫的方法计算和分解利润率，并讨论利润率变动与危机之间的关系。按照他的计算结果，1947—2011 年包含 10 个从低谷到低谷的商业周期，如图 1 所示。从中可以看出：（1）B 阶段平均持续大约八个季度，意味着利润率下降早于产出收

缩的时间跨度，是相当长的、值得考虑的。（2）利润率的周期性下降平均起来大约有一半发生在 B 阶段。（3）A 阶段的平均经济增速高于 B 阶段。

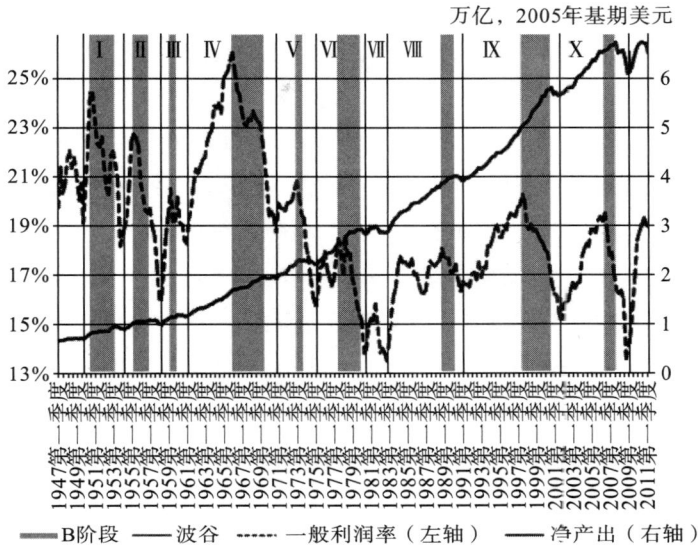

图 1　产出和利润率的商业周期
（企业部门，1947 年第一季度至 2011 年第一季度）

　　卡玛拉把利润率分解为利润份额、产能利用率和产能资本比，并测算了它们的变化率，发现在 B 阶段平均而言，超过四分之三的利润率下降归因于利润份额的下降。他也把工资份额分解为实际工资率、实际劳动生产率和价格比率（工资品价格指数与产出价格指数之比），并计算了这些变量在各个周期 B 阶段里的变化率。他发现：（1）在六个利润率于 B 阶段明显下降的周期（Ⅰ、Ⅱ、Ⅳ、Ⅵ、Ⅸ、Ⅹ）中的五个（周期 Ⅵ 除外）里，实际工资增速都高于生产率增速。周期 Ⅵ 的 B 阶段开始于 1977 年下半年，并持续了几年时间。在这段时间里，第二次石油危机和结构性低生产率导致了高通胀，实际工资和生产率均下降，工资品和产出相对价格的变动是工资份额上升的主要原因。（2）在前四个周期里，实际工资率和实际劳动生产率的变动，是工资份额提高的主要原因，工资品和产出相对价格的变动是次要原因；但在接下来的几个周期里，工资品和产出相对价格的变动，成了工资份额提高的主要原因；在最后一个周期 Ⅹ 中，工资品和产出相对价格的变动也对工资份额的提高有较大的解释力。

　　如果只考虑在 B 阶段里利润率明显下降的周期（Ⅰ、Ⅱ、Ⅳ、Ⅵ、Ⅸ、Ⅹ），那么实际工资率和实际劳动生产率变动所代表的攻势劳工实力，分别解释了非金融企业部门工资份额上升的 50%、200%、64.7%、19.2%、26.1% 和 56.3%；工资品和产出相对价格变动所代表的守势劳工实力分别解释了 50%、100%、35.3%、80.8%、73.9% 和 43.7%。

　　在新自由主义时期（周期 Ⅵ、Ⅷ、Ⅸ、Ⅹ）里，守势劳工实力分别解释了非金融企业部门工资份额上升的 80.8%、141.7%、73.9% 和 43.7%。因此，按照卡玛拉的测算结果，利润率的下降主要取决于利润份额的下降，而利润份额的下降则是由守势劳工实力的变动所导致，这与韦斯科普夫的结论一致。

四、韦斯科普夫学派的结论及其研究进路的优势与局限性

以巴基尔等人、谢富胜等人和卡玛拉为代表的韦斯科普夫学派，把韦斯科普夫的研究延续至新自由主义时期。他们按照与韦斯科普夫相同的方法，测算利润率并将其分解为利润份额、产能利用率和产能资本比。在进一步分解工资份额时，他们的方法则与韦斯科普夫的略有不同。韦斯科普夫在进一步分解工资份额之前，先从中分离出了（由于间接劳动的存在而造成的）产能利用率对工资份额的影响效应。他们则大都直接把工资份额分解为两部分，一部分是实际工资率与实际劳动生产率之比，另一部分是工资品价格指数与产品价格指数之比。

他们各自描述的利润率动态，在整体趋势和周期波动上大体一致，如图 1 所示。在 1975—2011 年，利润率的变动呈现出五个周期，除第二个周期（1980—1982 年）由于持续时间短而只有两个阶段以外，其他周期都可以分为三个阶段，分别是扩张前期（A 阶段，利润率在其中呈现上升趋势）、扩张后期（B 阶段，利润率开始下降）和衰退期（C 阶段，利润率继续下降）。在新自由主义特征较明显的 1980－2001 年的三个周期之间，从 1980—1981 年周期至 1982—1991 年周期，利润率呈现出上升的整体趋势；从 1982—1991 周期至 1991—2001 年周期，利润率的整体水平则大致不变。

韦斯科普夫学派对利润率变动原因的解释也基本一致，而且与韦斯科普夫的结论实质上相同。在整个新自由主义时期里，利润率的变动依然主要归因于利润份额或工资份额的变动，而工资份额的变动也仍然主要取决于工资品价格指数与产品价格指数之比的变动，也就是取决于韦斯科普夫所定义的守势劳工实力。

韦斯科普夫学派对新自由主义时期利润率动态及其成因的分析，是马克思主义经济学对利润率动态进行计量分析的尝试，这是非常可贵的。他们对利润率的分析方法具有一些明显的优势：第一，他们延续韦斯科普夫的研究方法，巧妙地用一个公式囊括了三个理论流派解释利润率变动时所依赖的主要指标，并进行了实证检验。第二，他们的公式中所涉及的变量，可以较为容易地在官方统计数据中找到相应的衡量指标和数据，便于进行计量运算。基于这些优势，他们利用实际数据描述了利润率的动态，并对其成因进行了解释，比较了三个理论流派在新自由主义时期的适用性，其结论维护了利润挤压论的观点。

但是，韦斯科普夫学派的研究进路也存在着一定的局限性。在对利润率的衡量上，他们的概念设定和有关指标的选择不严格符合马克思主义的概念，具体体现在四个方面：

（1）韦斯科普夫学派利用产能资本比的变动来代表资本有机构成的变动，其实只有在劳动生产率（即产量/资本比率）不变时，产能资本比（即产量/资本比率）的变动才能体现资本有机构成（可以用资本/劳动比率表示）的反方向变动。

（2）他们把利润率设定为利润量和净资本存量总额之比，但按照马克思的概念，利润率是剩余价值和预付总资本之比，而不仅仅是与不变资本之比。虽然他们的算法是当前通行的做法，但通过测算预付总资本来计算利润率也是可行的。高峰在计算美国制造业 1929—1984 年的利润率时，就采用了葛亮的计算预付总资本的方法，同时区分了生产劳动和非生产劳动。

（3）他们没有区分生产劳动和非生产劳动，这会低估作为剩余价值转化形态的利润量及其增长程度。用于与销售有关的开支，以及从事与纯购销职能和监督职能有关活动的雇员的薪金报酬，都属于非生产性的"可变"费用，只能从剩余价值中得到补偿。它们属于剩余价值和利润范畴，把他们排除在利润量之外，会低估利润量。

（4）韦斯科普夫学派计算的是以现行成本（重置成本）衡量的利润率，而不是以历史成本衡量的利润率。克莱曼认为以现行成本来衡量的固定资本净存量是对预付固定资本的重新估算，而不是预付固定资本本身，因而以现行成本衡量的利润率所测算的并不是利润与预付资本之比。以历史成本来衡量利润率则既符合马克思对利润率的定义，又与通常所说的利润率概念一致。克莱曼测算了以历史成本衡量的利润率，发现自 20 世纪 80 年代以来，以现行成本衡量的利润率和以历史成本衡量的利润率具有明显不同的变动趋势，以它们作为实证基础可能会得出截然不同的结论。

在对利润率原因的解释上，韦斯科普夫学派把利润率分解为利润份额、产能利用率和产能资本比，但三者并不是独立的，这会影响计量分析的准确性。他们把工资份额分解为实际工资与实际劳动生产率之比（即韦斯科普夫所定义的攻势劳工实力）和工资品价格指数与产品价格指数之比（即韦斯科普夫所定义的守势劳工实力），而且他们的结论是把工资份额的变动进而利润率的变动归因于守势劳工实力的变动。工资品价格指数与产品价格指数之比本身是一个受到贸易条件影响的价格比率，其变动有诸多复杂的原因，与劳工实力并无直接的联系。正如孟捷等人所指出的那样，韦斯科普夫学派在其实证分析中最为失败的，莫过于他们对两种劳工实力的区分，这个问题不解决，即便其他分析环节都是正确的，也将使工资或利润份额变动的原因在很大程度上处在"黑箱"之中。

韦斯科普夫学派研究进路的优势在于能够综合三个流派的观点，并进行实证检验。凭借这一优势，他们利用新自由主义时期的实际数据描述了利润率的动态，并对其成因进行了解释，同时也比较了三个理论流派在这一时期的适用性，他们的结论维护了"利润挤压论"的观点。但是韦斯科普夫学派的研究进路在利润率衡量和成因阐释方面的缺陷表明，马克思主义对于利润率的测算以及对其变动原因的解释仍有待进一步研究。

第 16 章 围绕"置盐定理"的争论及其批判

——技术创新导致一般利润率下降的可能性及其限制

马克思的一般利润率下降理论向来是其整个理论体系中争议较多的部分，然而早期的争论主要集中在对利润率长期趋势的判定在逻辑上是否站得住脚，即马克思的推理中有机构成提高和剩余价值率的关系问题（Moszkowska[①]，1929；Bortkiewicz，1907），利润率下降是否会导致资本主义危机或者"崩溃"（Grossmann，1929；希法亭，1910；卢森堡；1913），基于经验数据验证利润率是否具有下降趋势，并分析其下降原因。这些理论争论基本上是基于马克思本身的框架和劳动价值论的数值例子，与其说是对马克思利润率下降理论的诘难，不如说是对其的发展。

经过一段时间的沉寂，相关理论讨论在第二次世界大战后重新兴起，除和以前的讨论类似外（Sweezy，1970），越来越多的学者将斯拉法的价格体系直接作为马克思的"生产价格体系"对马克思在劳动价值论下得出的各种结论进行检验。对利润率下降的质疑则更多的基于技术变革的动机。比如萨缪尔森（Samuelson，1957）认为，新技术导致利润率下降必然伴随着实际工资的提高，其理由是在完全竞争下"资本雇佣劳动"同"劳动雇佣资本"无差异，如果新技术使利润率下降，则意味着工人"支付"给资本的报酬下降，如果实际工资不提高，则工人可以用现在的"支付"进行原有技术的生产，这个观点存在的问题是显而易见的。而迪金森（Dickinson，1957）对利润率下降的辩护则需要新古典生产函数边际产出递减的性质来保证，不仅其切入点仍是基于剩余价值率和有机构成同时变化时产生不同影响的讨论，而且其利润率下降的原因退回到了李嘉图的观点，而其创新在于通过生产函数建立了马克思利润率公式的各变量之间的内在关联。相比之下比较少被提及的是柴田敬（Shibata，1934）早在第二次世界大战之前就提出了一系列数值例子对各种情况进行讨论，但并没有引起足够的关注。直至置盐信雄（Okishio，1961）给出了所谓资本主义竞争条件下技术变革导致平均利润率上升的一般性证明，这个结论也被称为"置盐定理"，相关的讨论又多了起来。除各种本质上差别不大、对"置盐定理"的简化证明外，下文将围绕"置盐定理"的几个争论，给出笔者的评论和相关问题的研究。

---

① Schoer, K., 1976, "Natalie Moszkowska and the Falling Rate of Profit", New Left Review, vol. 95, pp. 92—96.

一、"置盐定理"：技术变迁与利润率提高

置盐信雄（Okishio，1961）在其文章中将《资本论》第三卷中马克思的一般利润率下降理论表述如下：

（1）资本家之间的竞争迫使他们引进新的生产技术以提高劳动生产率。

（2）提高劳动生产率的生产技术通常会提高"资本有机构成"。资本有机构成由 $\frac{c}{v}$ 来度量，其中 v、c 分别为可变资本和不变资本。

（3）利润率为 $\frac{m}{(c+v)}$，其中 m 表示"剩余价值"。于是，如果剩余价值率 $\frac{m}{v}$ 保持不变，资本有机构成 $\frac{c}{v}$ 提高，利润率下降。

（4）如果实际工资率不变，提高工资品行业及其相关行业劳动生产率的生产技术会提高剩余价值率。这个效应阻碍了利润率的下降，但作用有限。

（5）于是，尽管这些因素有阻碍作用，但由于资本有机构成的新技术的不断引入，利润率有下降的趋势。

随之，置盐对此理论推导提出批判。

首先，他认为即使长期而言技术变革会导致资本的有机构成提高，但资本家是否采用一项新技术并不是依据"劳动生产率准则"[①] 而是依据"成本准则"——新的技术条件下按原有价格计算单位商品成本降低——以保证资本家采用新技术是有利可图的。"成本准则"可作如下表示，若技术变革发生在 k 行业，则必须满足

$$\sum a_{kj}q_j + \tau_k > \sum a'_{kj}q_j + \tau'_k \tag{1.1}$$

其中，a_{kj} 表示为生产一单位 k 商品所投入的 j 商品的数量，τ_k 表示 k 行业生产所消耗的直接劳动量，$q_j = \frac{p_j}{w}$，p_j 和 w 分别表示第 j 种商品的价格和货币工资率。加上标的 a'_{kj} 和 τ'_k 表示新技术条件下相应的变量。

其次，置盐也否定了马克思基于劳动价值论的一般利润率计算公式，而是和同时代作家一样将投入-产出的价格模型直接作为"生产价格体系"以确定一般利润率水平，如下

$$\left. \begin{aligned} &q_i = (1+r)(\sum a_{ij}q_j + \tau_i) \ (i=1,2,\cdots n) \\ &1 = \sum b_i q_i \end{aligned} \right\} \tag{1.2}$$

[①] 这里"劳动生产率准则"指的是新技术必须能够降低生产该商品所消耗的"直接"和"间接"的劳动量。置盐在其文章中认为，在马克思理论中只有提高劳动生产率的技术创新才会被采纳，即"劳动生产率准则"，但是这和"成本准则"并不完全一致，因为劳动成本更低的新技术同样会被资本家采用。因此，置盐认为"成本准则"才是资本家是否采用新技术的唯一依据。

其中，r 为一般利润率，$b_1, b_2 \cdots, b_n$ 表示劳动者付出一单位劳动所换得的一揽子消费品，称为实际工资率。于是，我们可以将"置盐定理"表述如下：

定理（置盐定理）：如果在第 k 行业，假设其为基本品行业，引入的新技术满足

$$\sum a_{kj}q_j + \tau_k > \sum a'_{kj}q_j + \tau'_k \tag{1.3}$$

且实际工资率不变，则由式（1.2）决定的一般利润率必然上升。[①]

为了形象地说明，置盐还举了一个三部门的数值例子。在例子中，新技术满足"有机构成提高"以及"单位商品所消耗的直接和间接劳动量"减少，也即是置盐所理解的劳动生产率的提高，然而一般利润率却是升高的。

由此看来，在置盐的三个假设下——实际工资不变、"成本准则"以及利润率由投入产出价格模型决定——引起"有机构成"提高的新技术只能导致一般利润率上升而非下降。由此，在技术变革时，一般利润率的下降只能是"置盐定理"的三个假设条件被破坏导致的，而不是有机构成提高导致的，以此否定马克思一般利润率下降理论。而在这三个假设条件中，置盐认为"实际工资的上涨"是导致利润率下降的唯一因素，从而把利润率的变动归结为阶级斗争的结果。

但是，如果将置盐的数值例子中相关变量加总，写成马克思的利润率计算的总量公式形式 $\dfrac{m}{(c+v)}$ [②]就会发现，"置盐定理"对马克思的批判并没有跳出传统的模式，也即是剩余价值率的变动幅度超过了有机构成的变动，导致利润率的上升。如前所述，类似的质疑在之前并不少见，但是"置盐定理"的不同之处在于，它不仅仅提出了"剩余价值率"和"有机构成"的变动会引发不符合马克思推理的各种情况，而且证明了在其三个假设前提下，"剩余价值率"和"有机构成"的变动是相关联的，不是任意的，而且这种关联保证了"剩余价值率"变动幅度一定超过"有机构成"，从而保证了利润率不降反升。

实际上，"置盐定理"本身并不否定现实中技术变革中的利润率波动甚至下降，而是认为技术变革导致利润率下降的原因是"实际工资"的变动，而不是马克思所说的"有机构成提高"。因为在"置盐定理"的三个假设下，马克思的有机构成提高导致利润率下降的推导不能成立，而且他认为除"实际工资不变"外，其他两个假设是对资本主义经济的客观描述，这样就只能把技术变革导致利润率下降的原因归于"实际工资的提高"，这才是"置盐定理"和马克思一般利润率下降理论的分歧所在。

由于其第一次给出了否定一般利润率下降理论的数学证明，"置盐定理"发表之后影响很大。但是其过于绝对的结论也招致不少争议，很多学者针对其另外两个假设的"合法性"提出了质疑，下文以此为思路做进一步介绍。

[①] 定理证明见文末的数学附录，这是置盐信雄于 1961 年给出的证明。
[②] 虽然置盐定理的计算抛弃了劳动价值论，我们仍用其被名义工资 w 除过的"价格" q 加总表示。

二、有关固定资本的相关争论

谢克（Shaikh，1978）在纪念多布（Dobb）的文章中对"置盐定理"提出了质疑，虽然这篇文章也因提出了"固定资本"的问题而闻名。

首先，就投入－产出的价格体系来看，谢克指出该模型没有考虑"固定资本"，而马克思关于一般利润率下降的论述中，随着技术的变革大量固定资本的投入成为显著特征。而且谢克多处引用马克思原文，说明固定资本的使用量越来越大是有机构成提高的真正原因，而这也正是"置盐定理"忽略了的，由此"有机构成提高"是可以导致一般利润率下降的。谢克还根据《资本论》第三卷考虑固定资本的利润率的计算公式，区分了"利润边际（profit-margin）"和"利润率（profit-rate）"两个概念。

根据其文章中的计算方法，对这两个概念做简单介绍如下：（所有量均是价值量）假设生产需要 K 单位固定资本，n 年周转一次；C 单位流动不变资本，一年周转一次；V 单位可变资本，一年周转一次；一年生产出 m 单位剩余价值，则

$$利润边际 = \frac{m}{\frac{1}{n}K + C + V}$$

$$利润率 = \frac{m}{K + C + V} \tag{2.1}$$

谢克认为，在资本主义竞争压力下，为了生存，资本家考虑得更多的是抢占市场份额，从而其引入新技术的决策所考虑的是利润边际。直观地看，当 K 足够大，即使技术变革使得利润边际，也即是"置盐定理"证明过程中的"利润率"上升的时候，利润率也是可以下降的。

谢克的这个反驳的实质是提出了在资本主义竞争条件下，使单位商品包含的流动成本降低，从而提高利润边际同时有可能降低利润率的新技术可以使商品价格降低从而争夺市场份额，资本家若不采用这样的新技术则有可能丧失市场份额。于是为了生存，逐利的资本家不得不采用这种新技术，这样就形成了一个"囚徒困境"——逐利的资本家采用了能降低平均利润率的新技术。然而罗默（Roemer，1979）却将此误认为谢克的理论中资本家引入新技术不考虑"固定资本"，而加以批驳，认为这不是"竞争"的观点。

其次，谢克还对"成本准则"提出了质疑。他认为资本家是否采取一项新技术，并不完全取决于对成本的考虑，新技术条件下资本家如何控制生产过程也是决定性的因素。随着资本的积累，工资上涨的压力越来越大，这个时候资本家更愿意采取耗费大量固定资本以使操作更简便的新技术，从而实现"去技能化"，以此来弱化工人在工资谈判中的地位。当然，增加的成本不能超过未采取该技术带来的潜在的成本增加。回到"置盐定理"的内容，我们可以这样理解，"实际工资不变"得以实现，正是由于这样的使得"成本增加"的技术的采用。也就是说，"置盐定理"的这两个假设并不是毫无关联的，而是

在一定条件下其中一个的成立条件反而需要另一个不能成立。因此，在上述情况下，"置盐定理"的假设是不相容的，不能同时成立，从而其证明和结论也就不能成立。

最后，需要提及的是谢克被忽视了的一个"数值例子"[①]，这个例子不仅包含"固定资本"还包括"产品创新"，但是其利润率的计算方法是先求劳动价值再求平均利润率。这种计算方法之所以在这个例子中成立，是因为其单个行业的利润率和平均利润率相等，利润不需要平均化，从而生产价格和价值是一致的。这个在文末附录中出现的数值例子，满足"置盐定理"的所列"成本准则"，但是，"利润边际"上升，"利润率"下降。这个数值例子不仅从"固定资本"和"产品创新"等方面提出质疑，还隐含着关于"一般利润率"计算方法的争议。

谢克（Shaikh，1978）这篇文章可以说是一个对"置盐定理"的有力挑战，尤其是提出"置盐定理"没有考虑存在固定资本的情况，引出了之后的讨论。作为回应，罗默（Roemer，1979）给出了包含固定资本的"置盐定理"的一般性证明。罗默的证明在技巧上很出色，他用联合生产的"冯·诺依曼模型"（von Neumann model）来讨论固定资本，因为固定资本在一次生产中只消耗掉一部分，从而剩下的固定资本可以看作当期生产的产出，并可设定任意的折旧率。其基本模型如下：

B 是 n 行 m 列的产出系数矩阵；A 是 n 行 m 列的投入系数矩阵；L 是直接劳动投入的 m 阶行向量；b 是有各种商品组成的"实际工资束"，是 n 阶列向量。令 M＝A＋bL，这样就构成了一个技术体系 $\{B,M\}$。

罗默给出了该技术体系下的均衡解定义：价格向量和利润率（p，π）被称为冯·诺依曼系统 $\{B,M\}$ 的均衡解，如果满足下列条件：

①$p\mathrm{B} \leqslant (1+\pi) \ p\mathrm{M}$，

②$\exists x \geqslant 0$ 使得 $\mathrm{B}x \geqslant (1+\pi) \ Mx$，

③$p\mathrm{B}x > 0$。

因为没有"纯产品"假定，每一列代表一种生产活动（不要求 $n＝m$），从而新技术作为一种新的活动直接增加一列而不是替代，即原矩阵扩展为 m＋1 列。引入的新技术符

---

① 数值例子如下：

旧技术：$1000M+2000N \rightarrow 3000M$

　　　　$1000M+2000N \rightarrow 3000F$

新技术：$1171\frac{19}{111}M+497\frac{33}{111}N \rightarrow 2000K$

　　　　$2000K+1250M+1390N \rightarrow 3750M$

　　　　$2000K+1250M+1390N \rightarrow 3750F$

其中，M 表示原料，N 表示单位劳动，F 表示食品，K 表示机器，实际工资 $w=\frac{1}{2}F$ 不变。新技术多了一个生产机器 K 的行业。这里需要强调的是，"置盐定理"证明过程中"成本准则"指的是"新技术"在"旧的价格体系"下，成本更低，而这里"新技术"的投入品多了一项"机器 K"，而机器在"旧的价格体系"下是不存在的，如何知道其价格以判断"新技术"满足"成本准则"呢？谢克的方法是把"机器制造"在"旧价格体系"下看作是"非基本品行业"，因为它不进入原料 M 和食品 F 的生产，则一般利润率 r 以及 M 和 F 的价格，即整个"旧价格体系"仅由"原料行业"和"食品行业"的技术决定，由此就算出"机器 K"在"旧价格体系"下的"价格"了。易验证，上述技术变革是满足"成本准则"的。

合"成本准则",即 $pB^{m+1}>(1+\pi)pM^{m+1}$,其中 B^{M+1} 和 M^{m+1} 是代表新技术的列向量,从而原有的 $\{B,M\}$ 系统得以扩充,分别成为 n 行 $m+1$ 列的系数矩阵。罗默的主要工作就是证明了,在这个新系统下的"均衡解"(p^*,π^*) 中 $\pi^*\geqslant\pi$。

由此,罗默认为这就反驳了谢克对"置盐定理"在"固定资本"上的质疑。但是我们可以看到谢克对"置盐定理"在固定资本上的质疑是和他对资本主义企业间竞争的理解联系在一起的,而罗默并没有考虑这一点。罗默甚至认为由于其模型是用联合生产来表述"固定资本问题",因此联合生产条件下的"置盐定理"也自动得以证明,但是这个观点却遭到了后来的学者的批驳[①](Salvadori,1981),而争议的焦点就是"均衡利润率"的定义和计算方法。

关于固定资本的话题,后来的学者还给出了一些简化的证明(Alberro and Persky,1979),但是和罗默一样,他们的贡献主要是在技术方面,在经济含义方面并没有超出置盐信雄的观点。甚至罗默在证明完毕后提出在直观上,企业的 R & D 投入是要求回报的,其创新活动是要获得最大化期望利润,因此不可能导致利润率下降。这和置盐信雄相比无疑是一种倒退,不仅混淆了个体行为和集体行为,还假设了个体能够无偏地预期到技术变革后整个体系的变动。

三、TSS 学派的反击及其相关论战

进入 20 世纪 90 年代之后,以克里曼(Kliman,A.)和弗里曼(Freeman,A.)为代表的"跨期单一系统"(Temporal Single-system,TSS)学派兴起。克里曼(Kliman,1997)对"置盐定理"采用的价格体系提出了挑战。

TSS 有着很独特的价格决定体系。首先,其劳动量的计量单位是"能换取一单位货币的劳动时间",这使得价格和价值在数量上能直接相加。这样就能在同一个系统内同时决定价格和价值,这也是被称为"单一"系统的原因。其次,TSS 并不认可"不同时期的价格相等"的均衡思想,这也是被称为"跨期"的原因。

具体来讲,令 λ 为 n 阶价值行向量,P 为 n 阶价格行向量,A 为投入 n 行 n 列系数矩阵,b 为 n 阶实际工资列向量,l 为 n 阶直接劳动投入行向量,x 为 n 阶产出列向量,r 为平均利润率,下标表示时期。

则其价值体系为

$$\lambda_{t+1}=P_tA+l \tag{3.1}$$

在确定价格体系之前,先要确定利润率

$$r_t=\frac{lx-P_tblx}{P_t(A+bl)x} \tag{3.2}$$

① 萨尔瓦多里(Salvadori,1981)主要是质疑罗默的均衡解的定义,通过联合生产等式模型的求解,萨尔瓦多里构造了一个满足置盐定理所有条件,但是利润率下降的反例。随后,彼达尔德(Bidard,1988)给出了联合生产等式模型条件下"置盐定理"成立的具体条件。

利润率确定之后，可求得下期生产价格体系

$$P_{t+1}=(1+r_t)P_t(A+bl) \qquad (3.3)$$

上述等式右边均为上期的或者已知的量，因此形成了一组迭代方程，从而生产价格每期可能都不一样。可以看出，克里曼等人先把劳动作为价值的实体以确定利润率，再确定下期生产价格的做法，确实和马克思在《资本论》第三卷中价值向生产价格转形的处理手法有些类似。并且，克里曼宣称 TSS 在"马克思剥削基本定理"、价值转型、联合生产等问题上和马克思的结论一致。

而在利润率下降理论方面，克里曼（Kliman，1997）构造了一个反例。他先举了一个两部门的例子：

$$280 \text{ 小麦} + 12 \text{ 铁} \to 575 \text{ 小麦}$$

$$120 \text{ 小麦} + 8 \text{ 铁} \to 20 \text{ 铁}$$

可求得相对价格为

$$P_i = 15P_w$$

其中，P_i 为钢铁价格，P_w 为小麦价格。

可计算生产小麦利润率为

$$\frac{575P_{w,t+1}}{280P_{w,t}+12P_{i,t}} -1 = 1.25\frac{P_{w,t+1}}{P_{w,t}} -1$$

同理，也可以计算生产钢铁利润率为

$$1.25\frac{P_{w,t+1}}{P_{w,t}} -1$$

由此可见，平均利润率还受到价格绝对水平的影响。而 TSS 本来每期价格就不一定相等，克里曼运用这个特点构造了一个能使价格绝对水平下降的过程，从而利润率也随之下降，即使"置盐定理"除生产价格体系外的其他两个条件都满足。

当然，这样的生产价格体系免不了引起争议。首先，直观上就很难和现实对照；其次，逻辑和概念上也有学者提出批评（Mongiovi，2002）。此外，还有学者（Nakatani，2005）将其与马克思的原著作以及斯拉法的价格体系做对比，认为其在相当大程度上与马克思的逻辑不符，不能被看作马克思的理论。

然而，虽然 TSS 的生产价格的决定过程和投入－产出价格模型中均衡利润率只取决于技术系数矩阵，但是 TSS 却提出了一个很有价值的问题——两期的价格为什么会相等？均衡的价格体系如何得以实现？现实中的价格波动是经济系统内生的，还是外部的冲击？事实上诸如斯拉法价格体系等均衡价格体系并没有回答这个问题，而是直接采纳了这个假定。

四、"置盐定理"批判以及技术创新导致利润率下降的一个微观机制

首先，"置盐定理"是作为对马克思一般利润率下降理论的挑战而提出来，这本身就是置盐对马克思的误解。前面谈到"置盐定理"认为利润率的波动只能是阶级斗争的结

果，资本主义条件下的技术创新不可能导致利润率下降。言外之意，马克思的利润率下降理论没有考虑"阶级斗争"，而是把利润率下降的理由仅仅归为技术创新带来的有机构成提高。

事实上，马克思在其推理中采纳"剩余价值率"的概念而不是置盐的"实际工资不变"，这就是对阶级斗争的考虑。"剩余价值率"是用来描述资本家对工人剥削程度的概念，数量上是工人与资本家收入份额之比。马克思在其分析一开始所采纳的数值例子中是假定剩余价值率不变，得出利润率随着有机构成提高而降低①，随后他即在论述其反作用的各种因素中说明了"劳动剥削程度的提高"，即剩余价值率的提高带来的影响。② 而针对随着资本积累导致工资上涨利润率下降，即"利润挤轧"的观点，马克思认为长期中如果"剩余资本暂时超过它所支配的工人人口"一方面会"提高工资……由此使工人人口逐渐增加"，另一方面"这会使创造相对剩余价值的方法（机器的采用和改良）得到采用，由此更迅速地多地创造出人为的相对过剩人口"③。基于马克思的上述分析，马克思在分析利润率下降时，对剩余价值率的若干"假定"，本身就是一种阶级分析，正是出于马克思对阶级斗争的认识，才得出利润率下降的结论。

由此，"置盐定理"的提出，与其说是对马克思利润率下降理论的挑战，不如说是一个补充，尽管其基本假设和马克思相去甚远。

其次，和置盐理解的不一样，马克思的利润率下降理论并不仅仅限于《资本论》第三卷中利用总量公式的推理。有机构成提高导致利润率下降，是引入新技术的结果，而马克思有大量的论述分析资本家引入新技术的动机及其带来的后果。比如在《资本论》第一卷中论述相对剩余价值生产的时候，就指出资本家是为了追求超额剩余价值才进行提高劳动生产率的技术创新。当技术扩散之后，生产该产品的全社会劳动生产率都会提高，这带来商品价值的下降，超额剩余价值的消失。④ 而在《资本论》第三卷中，马克思更是将这一观点明确提出，并指出创新扩散之后，商品价格降低最终导致该部门利润率下降，从而带动全社会利润率下降。⑤

在上述马克思关于利润率下降微观机制的论述中，我们可以看出，新技术扩散后资本家的竞争导致该商品价格下降是关键，但这样的过程在投入－产出价格体系中很难进行讨论，因为这是一个静态的相对价格体系，不涉及价格绝对量，更不可能涉及供求变化等动态因素。因此，在讨论马克思的理论时，这样的价格体系是否能作为马克思的生产价格体系就很值得怀疑了。

此外，在上述马克思的理论中，资本家引入新技术是为了获得"超额利润"。由此，置盐将马克思的资本家采纳新技术的准则归结为"劳动生产率准则"是欠妥的。而且，

---

① 马克思：《资本论》第 3 卷，北京：人民出版社，2004 年，第 235－237 页。
② 同上，第 258－262 页。
③ 同上，第 243 页。
④ 马克思：《资本论》第 1 卷，北京：2004 年，第 366－373 页。
⑤ 马克思：《资本论》第 3 卷，北京：人民出版社，2004 年，第 294 页。

"成本原则"也并非资本家采纳新技术的唯一准则，下文将展示如果将"成本原则"换作更为合理的"超额利润原则"，即使"置盐定理"另外两个核心假设不改变，也能实现技术创新带来利润率的下降。

首先，需要说明的是，利润率是一个和时间相关的概念，是一定时间内的利润率，在"置盐定理"所采用的投入－产出价格模型的假设中，所有产品的周转周期都为一年。而在马克思的理论中，周转时间的快慢直接影响年利润率的高低。[①] 周转时间分为生产时间和流通时间两部分，而要缩短生产时间，就必须提高劳动生产率，[②] "劳动生产率"的提高不像置盐所理解的那样仅仅减少了单位商品所包含的直接和间接劳动的数量，还能提高周转速度，创造出"超额利润"。因此，置盐提出的"劳动生产率准则"不符合资本主义竞争经济现实的观点也就站不住脚了。但是另一方面，流通时间却受到市场需求的影响。在一定的需求状况下，如果市场上有众多供给者相互竞争，导致单个厂商市场份额缩小，则即使一年能够生产若干批次，但是由于市场容量有限，资本的周转速度会降低，从而无法使生产时间的节约体现在周转速度上。

基于上述内容，可以得到以下思路：构造一个新技术，其通过有机构成提高，提高劳动生产率，虽然单位商品成本增加，但是节省了生产时间。由于刚开始少数资本家采用，可以采取比现行价格更低的价格抢占未采用新技术的厂商的市场，这样虽然单位商品利润率更低，但是周转速度更快，使得年利润率超过原有均衡水平，获得超额利润。但是技术扩散之后，由于资本家之间的竞争，需求有限，生产时间的节约无法体现，周转速度降低，均衡利润率下降到原有水平之下。

为了方便对比，我们利用置盐的模型形式构造模型，并假定实际工资不变，以及技术变革前和技术扩散后周转都为一年一次，以便利用"置盐定理"的价格模型来确定均衡利润率。

在技术变革之前，旧的生产体系为

$$\left.\begin{array}{l} q_i = (1+r)(\sum a_{ij}q_j + \tau_i) \ (i=1,2,\cdots,n) \\ 1 = \sum b_i q_i \end{array}\right\} \quad (4.1)$$

均衡利润率为 r。假定在第 k 行业出现一种新技术，增加机器使用的同时提高劳动生产率，节省生产时间。但是它不满足"成本准则"，即

$$\sum a_{kj}q_j + \tau_k < \sum a'_{kj}q_j + \tau'_k \quad (4.2)$$

由于新技术扩散后仍然是一年周转一次，在新技术体系下均衡利润率由下式决定

$$\left.\begin{array}{l} q'_i = (1+r')(\sum a'_{ij}q'_j + \tau'_i) \ (i=1,2\cdots,n) \\ 1 = \sum b_i q'_i \end{array}\right\} \quad (4.3)$$

① 马克思：《资本论》第 3 卷，北京：人民出版社，2004 年，第 294 页。
② 同上，第 83—84 页。

均衡利率为 r'，$r'<r$[①]。

采用新技术的厂商可以以低于现行价格的低价 $\bar{q}_k$ 进行销售，以抢夺未采用新技术的厂商的市场，从而有 $\bar{q}_k<q_k$。又因为单位成本提高，因此采用新技术的厂商的单位产品利润率 $\bar{r}$ 小于原有均衡水平，即

$$\bar{r} = \bar{q}_k - \left(\sum a'_{kj}q_j + \tau'\right) < q_k - \left(\sum a_{kj}q_j + \tau_k\right) = r \tag{4.4}$$

但是，由于生产时间的节约，以及抢占市场后销售扩大，使得生产时间的节约体现为周转速度的提高。假设一年可周转 γ 次，$\gamma>1$，则新技术厂商的年利润率为 $\gamma\bar{r}$，$\gamma\bar{r}>r$，从而获得"超额利润"。同时，未采用新技术的厂商由于市场份额被抢占，利润率为 0。

于是，有以下关系

$$\gamma\bar{r}>r>r'>0 \tag{4.5}$$

假定如罗默所讲，理性的资本家能预见到这一切，那么当这样一种新技术出现时，他会有怎样的行为呢？假设只有两个资本家，可以得到简化的博弈如图 1 所示。

		资本家乙	
		采用	不采用
资本家甲	采用	$(r',r',\ r',0)$	$(\gamma\bar{r},\ 0)$
	不采用	$(0,\ \gamma\bar{r})$	$(r,\ r)$

图 1　两个资本家间的博弈

根据关系式（4.5）$\gamma\bar{r}>r>r'>0$，易证纳什均衡是（采用，采用），最后得益为 $(r',\ r')$，从而利润率下降。

需要强调的是，上述利润率下降的机制并不是马克思的，而是基于"置盐定理"的思想，这里只是将"成本准则"换成"超额利润准则"，而超额利润的实现则是依靠劳动生产率提高带来周转的加快。这个模型的本质和前文介绍的谢克的质疑本质上是一样的，都是资本主义竞争造就了资本主义本身的"囚徒困境"，而这一点正是"置盐定理"所忽略的。

五、一般利润率下降的内在约束：宏观视角

前文已经指出"置盐定理"的实质是在投入－产出价格模型决定均衡利润率、"实际工资不变"和"成本准则"这三个核心假设下，马克思公式中的剩余价值率 $\left(\dfrac{m}{v}\right)$ 和有机构成 $\left(\dfrac{c}{v}\right)$ 不是相互独立变动的，而是有一定关联的。在这个限制下，有机构成的提高无法抵消剩余价值率的提高而使利润率下降。如前所述，其假设条件和马克思的相差很大，并不能构成对马克思利润率下降理论的否定。但是其提出剩余价值率和有机构成提高之

---

① 这样的两个体系是容易构建的，而且由于不满足"成本准则"，因此并不和"置盐定理"相冲突。

间不是独立变动的，这却是很有启发性的。

那么，在马克思的理论中，剩余价值率和有机构成是独立变动的吗？经典文献中并没有明确的答案，但是，在马克思本身的理论中却已经蕴含剩余价值率和有机构成之间的关联，而且这种关联完全基于马克思已有的理论，即再生产图式。虽然马克思本人反复强调再生产图式中的平衡条件在资本主义经济中总是被破坏，但是这并不妨碍我们利用再生产图式及其平衡条件研究一下资本主义经济如果能正常运行会存在什么样的规律。

如果总劳动量不变，有机构成提高要得以实现的话，生产生产资料的第Ⅰ部类劳动量必须增加，同时第Ⅱ部类劳动量减少，若要保持全社会总消费量不下降，第Ⅱ部类的劳动生产率就必须提高，从而劳动力价值下降，剩余价值率提高。这样一来，有机构成提高要得以实现，就必然导致剩余价值率的提高。而这两者的关系如何？我们用简单再生产图式做比较，进行静态分析。

只考虑两个时期的简单再生产，假定已经通过资本积累完成有机构成提高，抽象掉中间扩大再生产的积累过程，来考察两个技术条件下利润率的高低：

第 t 期 $\begin{matrix} c_1^t\ v_1^t\ m_1^t \\ c_2^t\ v_2^t\ m_2^t \end{matrix}$ 第 $t+1$ 期 $\begin{matrix} c_1^{t+1}\ v_1^{t+1}\ m_1^{t+1} \\ c_2^{t+1}\ v_2^{t+1}\ m_2^{t+1} \end{matrix}$

假设1：技术变革前后两个时期都实现均衡生产，根据再生产平衡条件有：

$$v_1^t + m_1^t = c_2^t \tag{5.1}$$
$$v_1^{t+1} + m_1^{t+1} = c_2^{t+1} \tag{5.2}$$

假设2：总劳动量不变，两个时期工人都充分就业：

$$v_1^t + m_1^t + v_2^t + m_2^t = L_1^t + L_2^t = v_1^{t+1} + m_1^{t+1} + v_2^{t+1} + m_2^{t+1}$$
$$= L_1^{t+1} + L_2^{t+1} = \bar{L} \tag{5.3}$$

假设3：技术变革导致有机构成提高，但是本文的分析只需要考虑第二期不变资本增加的比例：

$$c_1^{t+1} = (1+\alpha)c_1^t \tag{5.4}$$
$$c_2^{t+1} = (1+\beta)c_2^t \tag{5.5}$$

假设4：实际工资不变。设定此假设是为了突出"内在限制"的作用机制，在后面的分析中会放松这个假设。令第Ⅱ部类劳动生产率为 e_2，即单位时间内生产 e_2 个单位的消费品，单位产品价值则为其倒数。由工人阶级两个时期所消费的物量是相等的，得以下关系式

$$(v_1^t + v_2^t)e_2^t = (v_1^{t+1} + v_2^{t+1})e_2^{t+1} \tag{5.6}$$

即 $$\frac{v_1^{t+1} + v_2^{t+1}}{v_1^t + v_2^t} = \frac{e_2^t}{e_2^{t+1}} \tag{5.7}$$

假设5：第二期消费资料总产量不下降。因为实际工资不变意味着若消费资料产量下降，资本家的消费数量绝对下降。而这时是"简单再生产"，资本家获取的剩余价值全部用于消费，数量绝对减少，而且单位商品又因为劳动生产率提高价值降低，那么资本

家的利润总额出现绝对下降，这既不符合逻辑，也不符合资本主义的历史。

令其消费品产量为 Q_2，劳动生产率为 e_2，消费品产出增长率为 ρ（$\rho>0$），于是有

$$Q_2^{t+1}=L_2^{t+1}e_2^{t+1}=(1+\rho)L_2^t e_2^t=(1+\rho)Q_2^t \tag{6.8}$$

由式（5.1）、式（5.2）、式（5.5）得 $v_1^{t+1}+m_1^{t+1}=(1+\beta)(v_1^t+m_1^t)$ \hfill (5.9)

即 $$L^t+1_1=(1+\beta)L_1^t \tag{5.10}$$

这是由于采用新技术后，第Ⅱ部类有机构成提高，需要第Ⅰ部类增加劳动量来满足其对不变资本的需求。

又由式（5.3）、式（5.10）得

$$L_2^{t+1}=L_1^t+L_2^t-L_1^{t+1}=L_1^t+L_2^t-(1+\beta)L_1^t=L_2^t-\beta L_1^t \tag{5.11}$$

由此可得

$$\frac{L_2^{t+1}}{L_2^t}=1-\beta\frac{L_2^t}{L_1^t} \tag{5.12}$$

式（5.12）表示由于总劳动量不变，而第Ⅰ部类增加劳动量后，第Ⅱ部类劳动量减少。

由于假设第Ⅱ部类生产的消费资料总量增长 ρ，则第Ⅱ部类劳动生产率必然提高，令其劳动生产率增长 θ（$\theta>0$）。由式（5.8）可得

$$1+\theta=\frac{e_2^{t+1}}{e_2^t}=(1+\rho)\frac{L_2^t}{L_2^{t+1}}=\frac{(1+\rho)L_2^t}{L_2^t-\beta L_1^t} \tag{5.13①}$$

根据定义和式（5.3）可得社会平均利润为

$$r^t=\frac{m_1^t+m_2^t}{c_1^t+v_1^t+c_2^t+v_2^t}=\frac{(L_1^t-v_1^t)+(L_2^t-v_2^t)}{c_1^t+v_1^t+c_2^t+v_2^t}=\frac{\overline{L}-v_1^t-v_2^t}{c_1^t+v_1^t+c_2^t+v_2^t} \tag{5.14}$$

同理 $$r^{t+1}=\frac{\overline{L}-v_1^{t+1}-v_2^{t+1}}{c_1^{t+1}+v_1^{t+1}+c_2^{t+1}+v_2^{t+1}} \tag{5.15}$$

为了方便后面不等式的证明，根据现实条件提出以下假设。

假设 6：$0<r^t<1$，以及 $r^{t+1}<1$。

将式（5.4）、式（5.5）、式（5.7）代入，有

$$r^{t+1}=\frac{\overline{L}-(v_1^t+v_2^t)\frac{e_2^t}{e_2^{t+1}}}{(1+\alpha)c_1^t+(1+\beta)c_2^t+(v_1^t+v_2^t)\frac{e_2^t}{e_2^{t+1}}} \tag{5.16}$$

根据式（5.13）有

$$r^{t+1}=\frac{\overline{L}-(v_1^t+v_2^t)\frac{e_2^t}{e^t+1_2}}{(1+\alpha)c_1^t+(1+\beta)c_2^t+(v_1^t+v_2^t)\frac{e_2^t}{e_2^{t+}}}$$

---

① 我们看到 β 越大，第Ⅱ部类劳动生产率提高越快，即 θ 越大。直观上很好理解，因为第Ⅱ部类不变资本增加得越多，转移到第Ⅰ部类的劳动力就会越多，在消费品总量不下降的情况下，劳动生产率就要求提高得越多。但是第Ⅰ部类不变资本增加率 α 却对第Ⅱ部类的劳动生产率没有影响，这是因为我们用的是不变资本增加过程结束后的简单再生产模型，这时候第Ⅰ部类的不变资本价值是转移的上期价值，因此不会对第Ⅱ部类劳动生产率产生影响。如果是在描述不变资本增大过程的扩大再生产模型中，α 是会对 θ 产生影响的。

$$= \frac{\overline{L} - (v_1^t + v_2^t)\frac{1}{1+\theta}}{(1+\alpha)c_1^t + (1+\beta)c_2^t + (v_1^t + v_2^t)\frac{1}{1+\theta}}$$

$$= \frac{\overline{L} - (v_1^t + v_2^t) + (v_1^t + v_2^t) - (v_1^t + v_2^t)\frac{1}{1+\theta}}{c_1^t + c_2^t + (v_1^t + v_2^t) + \alpha c_1^t + \beta c_2^t - (v_1^t + v_2^t) + (v_1^t + v_2^t)\frac{1}{1+\theta}}$$

$$= \frac{\overline{L} - (v_1^t + v_2^t) + (v_1^t + v_2^t)\frac{\theta}{1+\theta}}{c_1^t + c_2^t + v_1^t + v_2^t + \alpha c_1^t + \beta c_2^t - (v_1^t + v_2^t)\frac{\theta}{1+\theta}} \tag{5.17}$$

根据式（5.17）对比 r^{t+1} 和 r^t，两者的区别在于 r^{t+1} 比 r^t 在分子上多了一个 $(v_1^t + v_2^t)\frac{\theta}{1+\theta}$，在分母上多了一个 $\alpha c_1^t + \beta c_2^t - (v_1^t + v_2^t)\frac{\theta}{1+\theta}$，因此 r^{t+1} 到底是升高还是降低就在于这两项的关系。这也就等价于比较 $2(v_1^t + v_2^t)\frac{\theta}{1+\theta}$ 和 $\alpha c_1^t + \beta c_2^t$。我们可得出以下命题。

命题 1：在上述所有假设条件下，若 $2(v_1^t + v_2^t)\frac{\theta}{1+\theta} > \alpha c_1^t + \beta c_2^t$，则 $r^{t+1} > r^t$。[①]

上述命题就是马克思理论体系内部所隐含的对利润率下降的限制。换句话说，在马克思的理论中，技术变革导致利润率下降并不是没有条件的，甚至在满足一定条件的时候还会导致利润率上升。

这个条件的经济意义很明显，$2(v_1^t + v_2^t)\frac{\theta}{1+\theta}$ 是有机构成提高导致第 Ⅱ 部类劳动生产率提高，导致剩余价值增加的部分，前面乘以 2 是因为它对利润率的分子和分母都有影响，而 $\alpha c_1^t + \beta c_2^t$ 则是有机构成提高带来的成本的增加。

而不那么明显的是，这两项的变动也不是独立的，它们之间也有着联系。根据式（5.13）我们可得

$$\frac{\theta}{1+\theta} = \frac{\rho}{1+\rho} + \frac{\beta}{1+\rho}\frac{L_1^t}{L_2^t} \tag{5.18}$$

将其代入第一项，有

$$2(v_1^t + v_2^t)\frac{\theta}{1+\theta} = 2(v_1^t + v_2^t)\left(\frac{\rho}{1+\rho} + \beta\frac{L_1^t}{L_2^t}\right) \tag{5.19}$$

这样容易看到这和 $\alpha c_1^t + \beta c_2^t$ 有两项联系，且都是同方向变动的。一方面，都有包含 β，即第 Ⅱ 部类不变资本增加的比例，对两项都是产生同方向的影响；另一方面，如果我们把长期变动看作由无数个"比较静态"组成的，则在长期中随着两部门有机构成的提

[①] 命题所需不等式的证明见文末之数学附录 2。另外，这个命题反面，即若 $2(v_1^t + v_2^t)\frac{\theta}{1+\theta} < \alpha c_1^t + \beta c_2^t$，则 $r^{t+1} < r^t$ 并不成立。因为相关不等式并不成立，虽然在通常的数值范围内该结论可能是对的。

高，$\alpha c_1^t + \beta c_2^t$ 中两部门的不变资本都将增加，而 $2(v_1^t + v_2^t)\left(\dfrac{\rho}{\_+\rho} + \beta \dfrac{L_1^t}{L_2^t}\right)$ 中的 $\dfrac{L_1^t}{L_2^t}$ 正是另一种表述的第 II 部类资本有机构成[①]，也会在长期中上升。

根据上述分析可知，决定利润率变化方向的两个式子从长期来看都是同方向的变动，因此不可能根据这些因素给出一个明确的利润率变动的趋势。

而在短期的比较静态中，我们有必要分析在给定初始条件 $(c_1^t, v_1^t, m_1^t, c_2^t, v_2^t, m_2^t)$ 下，各技术变革参数 (α, β, ρ) 对新一期的利润率 r^{t+1} 的影响。

根据式（5.16）易得 $\dfrac{\mathrm{d}r^{t+1}}{\mathrm{d}\alpha} < 0$ 以及 $\dfrac{\mathrm{d}r^{t+1}}{\mathrm{d}\theta} > 0$，这两个式子的经济含义也很明确，前者表示有机构成提高带来成本的增加，从而对利润率有降低的影响；后者表示有机构成提高要求第 II 部类劳动生产率提高，从而对利润率有提高作用。

又由式（5.13）有 $\dfrac{\mathrm{d}\theta}{\mathrm{d}\rho} > 0$，则根据链式法则有 $\dfrac{\mathrm{d}r^{t+1}}{\mathrm{d}\rho} = \dfrac{\mathrm{d}r^{t+1}}{\mathrm{d}\theta} \cdot \dfrac{\mathrm{d}\theta}{\mathrm{d}\rho} > 0$，其经济含义是消费品产量增长越快，则第 II 部类劳动生产率越高，提高利润率的影响也就越显著。

同样根据链式法则有 $\dfrac{\mathrm{d}r^{t+1}}{\mathrm{d}\beta} = \dfrac{\partial r^{t+1}}{\partial \beta} + \dfrac{\partial r^{t+1}}{\partial \theta} \cdot \dfrac{\mathrm{d}\theta}{\mathrm{d}\beta}$

由式（5.13）、式（5.16）可知 $\dfrac{\partial r^{t+1}}{\partial \beta} < 0$，这是第 II 部类有机构成提高带来成本上升的影响；$\dfrac{\partial r^{t+1}}{\partial \theta} > 0$，$\dfrac{\mathrm{d}\theta}{\mathrm{d}\beta} > 0$，这表明第 II 部类有机构成提高越大，就要求第 II 部类劳动生产率提高越多，从而对利润率的影响也就越显著。然而，在这两个反方向的作用下，β 的综合影响是不确定的，其理由和前面的分析类似。同时，由于 $\dfrac{\mathrm{d}r^{t+1}}{\mathrm{d}\beta}$ 的具体形式非常繁杂，无法总结出明确的经济含义和趋势，其符号依不同的初始条件 $(c_1^t, v_1^t, m_1^t, c_2^t, v_2^t, m_2^t)$ 而不同。由此，我们可以给出下列命题。

命题 2：在上述所有假设条件下，给定初试条件 $(c_1^t, v_1^t, m_1^t, c_2^t, v_2^t, m_2^t)$，有 $\dfrac{\mathrm{d}r^{t+1}}{\mathrm{d}\alpha} < 0$、$\dfrac{\mathrm{d}r^{t+1}}{\mathrm{d}\rho} > 0$，而 $\dfrac{\mathrm{d}r^{t+1}}{\mathrm{d}\beta}$ 的符号依初始条件的不同而不同。

以上，我们分析了马克思原有理论框架下暗含的利润率下降理论的限制条件。资本有机构成提高要能够实现，必须要求第 II 部类劳动生产率提高，这不仅会对利润率产生提升的作用，甚至在一定条件下使得利润率上升（命题 1）。通过分析与技术变革相关的参变量对利润率的影响，我们发现同样的变动幅度所导致的利润率的变动方向，依不同的初始条件，会有不同的结果（命题 2）。

当然，上述分析采用了一个"置盐定理"的假定，即"实际工资不变"。这是原本马

---

① 根据式（5.1）、式（5.3）有 $\dfrac{L_1^t}{L_2^t} = \dfrac{c_2^t}{v_2^t + m_2^t}$，也就是"死劳动"和"活劳动"的比，这是有机构成的另一种表述。

克思推导过程中没有的，但是这能更好地体现第Ⅱ部类劳动生产率提高对降低成本、提高剩余价值率的作用。如果放松这个假定，设定一个实际工资变动率，能得到一个更复杂的表达式，但是在经济含义上并无多少增益。当然，如果假设实际工资提高，必然能使"利润率下降"更容易实现，但却不能因此否定前面分析的"内在限制"；如果实际工资降低，"利润率下降"也并非不可能，虽然条件更加苛刻。

六、总结和启示

本文澄清了"置盐定理"和马克思"利润率下降理论"的本质区别，说明前者并不能真正对后者构成挑战。同时还依据"置盐定理"的思想，构造了一个能使利润率下降的微观机制，以说明"置盐定理"在理解资本主义竞争上的局限性。最后，根据"置盐定理"的启发，在马克思原有理论框架之下分析了其隐含的对"利润率下降理论"的内在限制。当然，本文并未涉及关于"联合生产"和"产品创新"等主题，这些讨论更多的集中于数理技术层面，对前面的分析并没有实质性的帮助。

基于前面的分析，我们可以获得以下两点启示。

（一）关于马克思各个理论之间的自洽性问题

文章最后对"利润率下降理论"内在限制的分析表明，马克思的各个理论之间是具有内在联系的。而这些联系往往对某些结论的成立施加一些限制，因此，澄清这些结论的限制条件，使得马克思的各个理论部分逻辑能够一致就显得尤为重要。这不仅是理论建设本身的需要，也是更好地理解理论指导实践的需要。现实的经济体系是一个整体，劳动力市场、要素市场、商品市场、资本市场相互影响，而经典理论对每个问题的论述往往是相对独立的，在利用理论指导实践的时候就必须先将理论的各个部分融合在一起，否则，很容易出现偏差。

（二）打开均衡价格体系的黑箱，寻找真正的生产价格模型

自从斯拉法的著作问世以来，众多左派经济学家将斯拉法的价格体系以及后来版本众多的投入－产出价格模型直接作为马克思的生产价格体系，借此对马克思的部分理论结论进行批判。但是，在前文的分析中我们可以看出，这种均衡的价格体系和马克思的生产价格体系有着本质的区别。其中，笔者认为最根本的区别在于马克思的理论中，平均利润率的形成是一个依靠资本流动、资本积累的动态过程，生产价格的决定，必须是基于当期所生产出来的剩余价值，并没有论证表明生产价格最终会静止；而均衡的价格体系，一开始就假定均衡条件下价格静止，各期价格相等，以便构成等式方程。但是他们并没有对这样一个均衡结果的形成机制以及维持机制进行说明，而且，这种体系中的价格一般是相对价格，是一种关系的描述，并没有价值实体。

那么，什么才是马克思的生产价格模型呢？TSS 学派反对事先假定各期价格相等，这无疑是富有启发性的，但其模型本身存在大量问题。笔者认为马克思的生产价格模型首先要符合马克思理论的基本特征、基本假设，比如由社会历史条件和阶级斗争决定分配，而不是按边际分配；或者是资本家竞争行为的多样性，而不是把资本主义竞争简单看作理性人的利润最大化行为；又或者是通过资本流动、总产出的调整实现利润率的平均化，以此决定生产价格，而不是假设一组静态的关系进行反推。其次，马克思的生产价格模型应该是动态的，并能够反映、再现马克思所分析的资本主义内在矛盾，这样就要求生产价格模型是一个包含总量变量的模型，而不能是单商品模型。最后，马克思的生产价格模型还必须尽可能地包含马克思经典理论中的分析要件，比如周转、有机构成、资本积累、再生产的平衡条件等。也只有这样的生产价格模型，才能做到把马克思的各个理论融合在一起，当然，在这个理论构建过程中，对于马克思的某些结论则是可以商榷的。

数学附录 1：

"置盐定理"及其证明：

定理（置盐定理）：如果在第 k 行业，假设其为基本品行业，引入的新技术满足

$$\sum a_{jk}q_j + \tau_k > \sum a'_{kj}q_j + \tau'_k \tag{1}$$

且实际工资率不变，则由式（2）决定的一般利润率必然上升。

证明：

令 $\beta = \dfrac{1}{(1+r)}$，式（1）可以被重新写成

$$\beta q_i = \sum a_{ij}q_j + \tau_i \quad (i=1,2,\cdots,m) \tag{3}$$

$$1 = \sum b_i q_i \tag{4}$$

在新技术下，一般利润率由（4）以及式（5）决定

$$\beta q_i = \sum q_{ij}q_i + \tau_i \quad (i=1,\cdots k-1, k+1,\cdots,m) \tag{5}$$

$$\beta q_i = \sum a'_{kj}q_i + \tau'_k \tag{6}$$

令式（3）和式（4）的解为 $(\beta,q_1,\cdots,q_n)$，而式（5）、式（6）和式（4）的解为 $(\beta',q'_1,\cdots,q'_n)$。则由式（3）至式（6），我们可得

$$\beta'\Delta q_i = \sum a_{ij}\Delta q_j - q_i\Delta\beta \quad (i=1,\cdots,k-1,k+1,\cdots,m) \tag{7}$$

$$\beta'\Delta q_k = \sum a'_{kj}\Delta q_j - q_k\Delta\beta + \left\{\sum \Delta a_{kj}q_j + \Delta\tau_k\right\} \tag{8}$$

$$0 = \sum b_i\Delta q_i \tag{9}$$

其中 $\Delta q_t = q'_t - q_t$，$\Delta\beta = \beta' - \beta$，$\Delta a_{kj} = a'_{kj} - a_{kj}$ 以及 $\Delta\tau_k = \tau'_k - \tau_k$。由于对所有 i 而言 $q'_i > 0$，因此式（7）和式（8）中 Δq 的系数满足霍金斯·西蒙（Hawkins-Simon）条件。同时，由式（1）可

知式（8）右端第三项为负。因此，如果 $\Delta\beta\geq0$，则式（7）、式（8）中的 $\Delta q_k<0$，并且 $\Delta q_i\leq0$，当 $i\neq k$ 时。由于第 k 行业是基本品行业，那么至少有一个工资品行业的 $\Delta q_i<0$。但是这与式（9）矛盾，因此，我们有 $\Delta\beta<0$，或者说 $r'>r$。

证毕。

数学附录2：

不等式证明：

命题：若 $a>b$，且 $x>y$，则 $\dfrac{b+x}{a+y}>\dfrac{b}{a}$

证明：$\dfrac{b}{a}-\dfrac{b+x}{a+y}=\dfrac{ab+by-ab-ax}{a(a+y)}=\dfrac{by-ax}{a(a+y)}<\dfrac{ay-ax}{a(a+y)}<0$

所以 $\dfrac{b+x}{a+y}>\dfrac{b}{a}$

证毕。

第 17 章 论"置盐定理"与马克思利润率下降理论的区别和互补性

　　"置盐定理"通常被认为是挑战了马克思的利润率下降理论。然而，我们用一个单部门模型将"置盐定理"表述为总量形式，发现马克思和置盐的技术变动是不同类型的。在马克思的模型中，导致资本有机构成提高，进而使得利润率下降的新技术要被资本家采用的前提是实际工资提高。然而，不论在马克思还是置盐的理论中，实际工资提高都是利润率下降的必要条件。马克思利润率下降理论中的技术变动会导致不变资本增速超过净产出，难以持续。因此，马克思利润率下降理论描述的是生产力发展受阻时的技术变动，"置盐定理"则描述的是生产力发展时的技术变动，两者互补。但马克思的利润率下降理论中所描述的技术变动源于资本主义内在矛盾，所展示的是资本主义内生性趋势。

一、导　言

　　针对马克思的一般利润率下降理论的争论早期主要集中在资本有机构成提高和剩余价值率的关系问题上。这些理论争论仍然是基于马克思本身的理论框架和劳动价值论，与其说是对马克思利润率下降理论的诘难，不如说是对其的发展。虽然马克思的利润率下降趋势是在假定剩余价值率不变的前提下得出的，但是马克思紧接着就在后面的章节说明了"阻碍利润率下降的因素"，其中大部分都是通过提高剩余价值率来发挥反作用的。对剩余价值率以及资本有机构成运动的讨论，不仅不会有损到马克思利润率下降理论的合理性，反而认可并拓展了马克思利润率变动的分析框架。因为，不管剩余价值率变动的内部结构如何，它总体上体现为新增价值量在劳资之间的分配关系。而分配关系体现了劳资之间的权力对比。马克思在利润率下降理论中，假设剩余价值率不变，可以理解为利润率下降理论作为一个长期趋势的理论，抽象掉了资本积累的短期动态。这样的抽象是合理的，剩余价值率在逻辑上和经验上都不可能趋于无穷大以抵消资本有机构成的无限提高。因此，传统的批判并不能对马克思的理论构成实质性挑战。

　　然而，置盐信雄（Okishio，1961）给出了所谓资本主义竞争条件下单位成本降低的技术变革导致平均利润率上升的一般性证明。假设投入－产出系数矩阵（n 阶方阵）为 A，活劳动投入向量（n 阶行向量）为 l，实际工资向量（n 阶列向量）为 w，平均利润率为 r，价格向量（n 阶行向量）为 p，均衡时满足方程 p＝（1+r）p（A+wl）。令下标置 1、2 分别代表新旧技术，"置盐定理"证明了，若实际工资 w 不变，且在旧价格下新技术的单位成本更低，即 p_1（A_1+wl_1）≤p_1（A_2+wl_2），则均衡利润率不下降 r_1≤r_2。新技术下单位成本下降容易被当作理所当然的条件，于是，很多学者基于"置盐定理"认为如果利润率下降一定是因为实际工资的提高，而不是马克思所说的资本有机构成提高。

事实上，马克思的利润率下降理论并不与实际工资提高矛盾。因为新技术提高资本有机构成的同时，必然导致劳动生产率提高，要保持剩余价值率不变，自然会要求实际工资提高。因此，也有学者（李帮喜、王生升、裴宏，2016）认为"置盐定理"同马克思的一般利润率下降理论的前提假设有着巨大的差别，并不构成互相之间的否定。

然而，"置盐定理"提出之后还是引起了理论界的持续争论。对"置盐定理"的批评从均衡价格体系，到成本准则，再到固定资本和联合生产等。相关模型的技术难度越来越大，争论也越来越偏向置盐的核心表述在不同数学结构下是否成立，忽略了"置盐定理"与马克思利润率下降理论之间的关系探讨。

"置盐定理"之所以被认为是挑战了马克思的理论，主要原因有两个：首先，在"置盐定理"的假设下，剩余价值率的变动和资本有机构成的变动之间并不是独立的，而且这种内生性联系保证了新技术剩余价值率的增长必然超过资本有机构成；其次，置盐基于该结论提出，利润率下降是实际工资提高带来的，这被认为直接挑战了马克思。这两点其实是相互联系的。前面已经分析了，马克思的利润率下降理论原本就包含实际工资提高的意思，两者并不冲突。如果允许实际工资提高，那么"置盐定理"的前提就被破坏了，于是剩余价值率提高超过资本有机构成的内在联系也就不成立了。这样看起来两者并没有直接的冲突。

但是，"置盐定理"确实描述了一种和马克思利润率下降理论所不一样的情况。因为一个是基于劳动价值论的总量模型，一个是基于李嘉图-斯拉法传统的均衡价格模型，难以进行直接的对比，所以马克思利润率下降理论和"置盐定理"之间的根本区别却难以说清。裴宏和李帮喜（2016）将"置盐定理"中的均衡价格体系加总写作总量变量，发现"置盐定理"中新技术导致剩余价值率的提高超过了资本有机构成的提高。他们由此引出两个理论背后的技术不同。为了突出该问题，本文将在一个单部门模型中进行比较分析，这样既可以规避劳动价值论和均衡价格体系之间比较的问题，也可以规避技术变动对相对价格的影响，还能更容易地处理固定资本等问题。

二、基本模型及其性质

我们假设该经济只有一个部门，且采用线性生产方式，生产函数如下：

$$Q = \min\left(\frac{K}{a}, \frac{L}{l}\right) \tag{2.1}$$

其中，Q 为总产出；K 为预付总不变资本，包括固定资本和流动资本；L 为总劳动数量；

a 为生产单位产品所需不变资本；l 为生产单位产品所需劳动。以上变量均为物量。

假设预付总不变资本中，流动不变资本和当期的固定资本折旧之和所占的比例为 δ。该比例为转移进商品中的那部分生产资料所占比例，如果没有固定资本，所有生产资料价值当期全部转移进新产品，则 $\delta=1$。

我们进一步假设实际工资为 w，总利润为 Π，则总产出有如下基本分配关系：

$$Q=\delta K+wL+\Pi \tag{2.2}$$

以上变量皆为物量，左右同时除以 Q 还可写成单位产品形式：

$$1=\delta a+wl+\pi \tag{2.2'}$$

于是，我们有利润率 r 为：

$$r=\frac{\Pi}{K+wL}=\frac{1-\delta a-wl}{a+wl} \tag{2.3}$$

以上关系均为物量关系，分式上下或者等式左右乘以单位价值量（令为 λ）或者均衡价格（令为 p）就会还原为马克思或者置盐的形式，如下：

$$r=\frac{\lambda-\lambda\delta a-\lambda wl}{\lambda a+\lambda wl} \tag{2.3'}$$

$$p=p(\delta a+wl)+rp(a+wl) \tag{2.3''}$$

式（2.3）则同时体现了利润率和实际工资之间的关系，易证：

$$\frac{\partial r}{\partial w}=-l\frac{1-a-\delta a}{(a+wl)^2}<0,\ \text{且}\frac{\partial^2 r}{\partial w^2}=2l^2\frac{1-a-\delta a}{(a+wl)^3}>0 \tag{2.4}$$

我们可以得到 $w-r$ 的关系如下图 1：

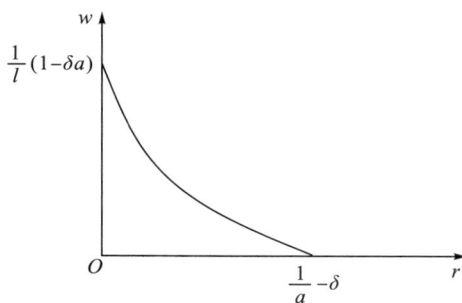

图 1　工资－利润率曲线

其中，w 轴上的截距由 $r=0$ 时，$w=\frac{1}{l}(1-\delta a)$ 得到。因为一单位产品中所消耗并转移的生产资料与固定资本折旧是 δa，于是 $1-\delta a$ 就是一单位总产品中的净产品。因此，w 轴上的截距 $\frac{1}{l}(1-\delta a)$ 的经济含义是劳动的净产出生产率。同理，r 轴上的截距 $w=0$ 时，$r=\frac{1}{a}-\delta$ 得到，其经济含义是预付不变资本的净产出生产率。

如果用下标 1、2 代表旧技术和新技术，那么新旧技术的 $w-r$ 曲线如果有交点，则只会有一个交点。要证明两种技术的 $w-r$ 曲线只有一个交点，等价于证明下列方程组如果有非负解且只有一个解：

$$\begin{cases} r = \dfrac{1-\delta_1 a_1 - wl_1}{a_1 + wl_1} \\ r = \dfrac{1-\delta_2 a_2 - wl_2}{a_2 + wl_2} \end{cases} \quad (2.5)$$

该方程组利用利润率相等，消掉 r 后，得到以下关于 w 的线性方程：

$$w(l_2 - l_1 + \delta_2 a_2 l_1 - \delta_1 a_1 l_2 + a_1 l_2 - a_2 l_1) \\ = a_1 - a_2 + \delta_1 a_1 a_2 - \delta_2 a_1 a_2 \quad (2.6)$$

因此，如果有非负解，只会有一个。

三、马克思利润率下降理论和"置盐定理"的技术变动类型比较

（一）"置盐定理"的技术变动类型

在本文的模型框架下，"置盐定理"的条件变为实际工资不变，且满足如下"成本准则"：

$$\delta_1 a_1 + wl_1 \geqslant \delta_2 a_2 + wl_2 \quad (3.1)$$

但是，本文模型和"置盐定理"原始版本不同，我们考虑了固定资本。如果没有固定资本（即 $\delta_1 = \delta_2 = 1$），则式（7）和实际工资不变，足以保证 $r_1 \leqslant r_2$。因为 $\delta_1 = \delta_2 = 1$ 时，式（7）即 $a_1 + wl_1 \geqslant a_2 + wl_2$ 是 $r_2|_{\delta_2=1} - r_1|_{\delta_1=1} = \dfrac{a_1 + wl_1 - a_2 - wl_2}{(a_1+wl_1)(a_2+wl_2)} \geqslant 0$ 的充要条件。

考虑到固定资本的问题，在本文的框架下，如果"置盐定理"要成立，则必须同时满足新技术比旧技术劳动在劳动的净产出生产率以及不变资本的净产出生产率两方面都更高才行。因为"置盐定理"只要求技术变动前后实际工资不变，对实际工资的水平并没有限制，这意味着，"置盐定理"的成立也就是在任何实际工资水平下都应该成立，包括工资等于零这种极端情况。因此，只有图2这样的技术变动，才可能在任何可行的工资水平下，利润率都不会降低。

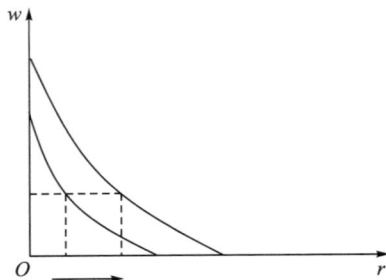

图2 置盐定理的技术变动

根据图2所示，该技术变动中，新技术的 $w-r$ 曲线横纵截距都增大了。由前文的

分析可知,纵截距增大意味着劳动的净产出生产率提高,这等价于置盐的"成本准则"。而横截距的增大,即资本的净产出生产率提高,这才能保证任何实际工资水平下"置盐定理"的成立。根据前文的分析,一方面 w 和 r 的关系是单调的,另一方面,如果两个技术的 w-r 曲线在相交,只会有一个交点,因此在该种情况下两条曲线在坐标系第一象限不会相交。直观地说,技术变动体现为 w-r 曲线向右移动。当然,我们这里忽略了两条曲线相切和在坐标轴上相交的情况,这两种特殊情况并不会影响下文的分析,只会使模型形式更为复杂。

因此,我们把"置盐定理"中的技术变动特征总结为,劳动和资本的净产出生产率都提高:

$$\begin{cases} \dfrac{1}{l_2}(1-\delta_2 a_2) > \dfrac{1}{l_1}(1-\delta_1 a_1) \\ \dfrac{1}{a_2}-\delta_2 > \dfrac{1}{a_1}-\delta_1 \end{cases} \tag{3.2}$$

(二)马克思利润率下降理论的技术变动类型

马克思的利润率下降理论中,利润率下降是因为技术构成提高的技术变动导致资本有机构成提高。因为劳资分配的变动,或者说剩余价值率的变动会在劳动力不变的情况下影响可变资本的数量,因此马克思的分析是在剩余价值率不变的前提下展开的,然后再辅以引起剩余价值率变动的"抵消因素"。

基于前面模型设定,令单位产品价值为 λ,则有

$$\lambda = \frac{\lambda\delta K + L}{Q} = \lambda\delta a + l$$

解该方程可得:

$$\lambda = \frac{l}{1-\delta a} \tag{3.3}$$

再令剩余价值率为 m',根据本文的模型,有

$$m' = \frac{\lambda(Q-\delta K - wL)}{\lambda wL} = \frac{1-\delta a - wl}{wl} \tag{3.4}$$

于是,价值构成 $\left(\dfrac{c}{v}\right)$ 为

$$\frac{c}{v} = \frac{\lambda K}{\frac{1}{1+m'}L} = (1+m')\lambda\frac{a}{l} \tag{3.5}$$

可以看到,资本的价值构成取决于剩余价值率 m',单位商品价值量 λ 和"技术构成" $\dfrac{a}{l}$。也只有剩余价值率不变的时候,价值构成才是由技术构成决定的资本有机构成。将单位商品价值量的决定式(3.3)代入式(3.5),得价值构成:

$$\frac{c}{v} = (1+m')\frac{a}{1-\delta a} \tag{3.6}$$

于是，根据马克思的相关论述，在剩余价值率不变的前提下，新技术导致资本有机构成提高，即意味着下式成立：

$$\frac{a_2}{1-\delta_2 a_2} > \frac{a_1}{1-\delta_1 a_1} \Leftrightarrow \frac{1}{a_2}-\delta_2 < \frac{1}{a_1}-\delta_1 \tag{3.7}$$

式（3.7）表明，剩余价值率不变的前提下，资本有机构成提高等价于不变资本的净产出生产率降低。因此，在马克思的利润率下降理论中，技术变动的特点首先是不变资本的净产出生产率下降。

在马克思的理论中，资本有机构成提高是采纳新技术的结果，而技术创新的动机是获取超额剩余价值，新技术扩散后的结果是形成相对剩余价值生产。作为一个比较静态分析的总量模型，虽然技术创新的动机，即获取超额剩余价值在本文的模型中难以得到体现，但是技术创新会带来相对剩余价值生产则在模型中可以表现出来。相对剩余价值生产，指的是劳动生产率提高后，劳动力再生产所消耗的商品价值量下降，从而使得劳动力价值量下降，相对增加了剩余价值量。那么根据式（3.3），单位商品价值量下降意味着：

$$\frac{l_2}{1-\delta_2 a_2} < \frac{l_1}{1-\delta_1 a_1} \Leftrightarrow \frac{1}{l_2}-\delta_2\frac{a_2}{l_2} > \frac{1}{l_1}-\delta_1\frac{a_1}{l_1} \tag{3.8}$$

这意味着，相对剩余价值生产要求劳动的净产出生产率升高。

由此，马克思的利润率下降理论背后的技术变动特点是劳动的净产出生产率升高，同时资本的净产出生产率降低。

$$\begin{cases} \frac{1}{l_2}(1-\delta_2 a_2) > \frac{1}{l_1}(1-\delta_1 a_1) \\ \frac{1}{a_2}-\delta_2 < \frac{1}{a_1}-\delta_1 \end{cases} \tag{3.9}$$

根据前文对 $w-r$ 曲线横纵截距的分析，该类技术变动的类型为图3：

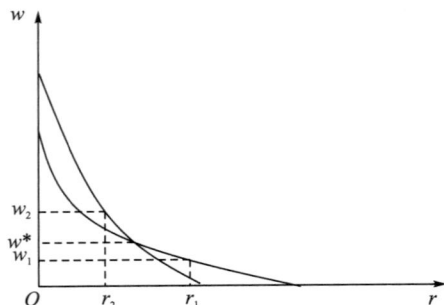

图3　利润率下降的技术变动

由式（3.2）、式（3.9）式可见，马克思利润率下降理论和"置盐定理"中的技术变动，均提高了劳动的净产出生产率。但是马克思理论中的新技术降低了不变资本的净产出生产率，而置盐理论中的新技术则提高了不变资本的净产出生产率。

四、马克思与置盐的互补性和利润率下降背后的矛盾运动

根据以上分析，马克思利润率下降理论与"置盐定理"的根本分歧在于技术变动的类型不同。基于进一步的分析，我们可以得出以下结论。

（一）实际工资变动对利润率变动的影响不是置盐和马克思的分歧，在该问题上两人的立场恰恰一致

首先，"置盐定理"认为在该类型技术变动中，若实际工资不变，利润率不会下降。因此，实际工资上涨是利润率下降的必要条件。

其次，马克思利润率下降理论中，在劳动生产率提高的同时，剩余价值率不变本身就要求实际工资上涨。而且，根据图 3，在马克思利润率下降的技术变动中，实际工资必须超过 w^*，才会使得新技术在盈利上相对旧技术更有优势。虽然利润率下降了（$r_2 < r_1$），但是如果不采用新技术，可知利润率还会 r_2 更低。

也就是说，马克思利润率下降理论中的技术变动要发生，前提是实际工资上涨。只有实际工资上涨超过一定程度，资本家才会采纳资本有机构成提高（劳动生产率也提高）的新技术，也才可能在剩余价值率不变的时候，出现资本有机构成提高导致利润率下降这种情况。

综上，虽然马克思的利润率下降理论和"置盐定理"对利润率下降的原因和机制表述不同，但是实际工资提高都是必要条件。在这点上，双方是一致的。

（二）马克思利润率下降理论中的技术变动不具有可持续性，不是生产力进步。而"置盐定理"中的技术变动体现的是生产力进步

正如马克思所指出的，技术的变动是在资本积累中完成的。这意味着，技术变化所带来的对不变资本数量上的增加必须要通过资本积累来实现。

根据式（3.7）左右分式上下分别乘以总产量，易知资本有机构成提高意味着在该技术变动类型下，不变资本占净产出的比重越来越高。或者，我们根据式（3.7）变形可得：

$$\frac{a_2}{a_1} > \frac{1-\delta_2 a_2}{1-\delta_1 a_1} \tag{4.1}$$

式（4.1）表明，在马克思的资本有机构成提高的技术变动中，不变资本投入的增长超过了净产出的增长。换句话说，虽然新技术劳动的净产出生产率提高了，但这是以更多不变资本的投入为代价的。而且资本有机构成提高所需要的更多的不变资本的积累，这来源于未消费掉的净产出。很明显，如果该类型技术变动持续进行，总有一天不变资本的积累会侵蚀消费份额，最终难以为继。

所以，本文认为该类型的技术变动，不仅不是生产力的进步，而恰恰是生产力发展受到阻碍的表现。而且，如果将其看作是生产力的进步，则意味着生产关系越能促进生产力的进步，越是会导致利润率下降，越是激化资本积累目的和手段的矛盾，资本主义越是会走向末日，这和制度变迁源于旧生产关系阻碍生产力发展的基本原理相矛盾。

根据式（3.2），"置盐定理"中的技术变动特点是不变资本的净产出生产率提高。这与式（3.7）相反，意味着不变资本的投入占净产出的比重越来越低，从而可供消费和积累的产品会越来越多。如果分配关系得当，在"置盐定理"的技术变动中，可以实现工资和利润率的同时增长和比例稳定。从而，该类技术变动既可持续，又为劳动力的解放提供了规模越来越大的物质基础，是生产力进步的体现。

（三）马克思技术变动类型的背后体现的是资本主义的劳资矛盾

马克思利润率下降理论中的技术进步之所以能够被资本家采纳，其根本原因还是资本积累的矛盾运动。

生产力的进步一方面依赖于生产关系的自我调整以适应生产力进步的需要；另一方面，有赖于科技研究的突破和应用，而科技研发除了需要物质投入，还受其自身客观规律的影响，无法完全被资本所支配。因此，曼德尔甚至认为，科技进步是外生于资本主义体系的，而重大技术进步及其扩散是开启一轮经济长波的重要因素。[①]

但是，如果生产关系阻碍了生产力的进步，那么在旧技术条件下进行资本积累则不可避免地会不断增加对劳动力的需求。随着资本积累，剩余的劳动力会越来越少，这会不断提升劳动者对资本的要价能力。工资上涨，侵蚀利润，一方面为资本有机构成的提高提供了技术变化的条件（见图3）；另一方面，使资本家产生了用机器替代工人的动机。新技术导致资本有机构成提高，意味着在新增投资中不变资本所占比重相对可变资本更高，从而相对甚至绝对降低资本积累对劳动力的需求。这可以加强资本对劳动的博弈优势，机器替代工人还可增强资本对劳动过程的控制能力。而"置盐定理"中的技术进步不会提高资本有机构成，所以难以降低资本积累对劳动的需求，工资所占份额会进一步上升并挤压利润份额。最终，资本家在利润份额下降的压力下，会通过过度使用机器替代工人来增强其对生产过程的控制。这虽然巩固了资本的权力，抑制了工资的持续上涨，但也提高了资本有机构成，仍然无法逃避利润率下降的结果。这是资本主义无法克服的矛盾。这也是曼德尔认为的一轮长波结束的内在规律。

五、总结与启示

综上，马克思利润率下降理论和"置盐定理"所基于的不同类型的技术变动所体现

---

① 曼德尔在《晚期资本主义》（*Late Capitalism*）一书中认为技术进步不能完全被资本掌握，但是技术进步并不是开启长波的充分条件，长波的形成还要依靠若干影响利润率的变量相互配合。

的是不同的矛盾关系。因此，利润率下降规律体现出资本积累手段和目的的矛盾应从属于生产力和生产关系的矛盾。这样的矛盾关系随着资本积累和经济的发展在不同阶段交替发挥着作用。曼德尔认为长波的开启源于相关外生因素（比如市场开拓、重大技术进步等）的相互配合，而长波的结束则是因为资本主义内在矛盾运动导致利润率下降。这两个阶段恰恰对应着置盐和马克思所分析的不同技术变动类型。而马克思的利润率下降理论更是揭示了资本主义内在矛盾激化的机制。这说明利润率下降不仅是资本主义内生性的趋势，而且随着资本主义生产关系越来越不适应生产力的发展，该趋势将越来越明显。

对文中两种技术变动的分析，论证了不是所有的技术变动都是生产力进步的体现，而现实中可能两种类型的技术变动都存在，因此不能仅仅靠劳动生产率或者资本生产率等单一指标来衡量技术进步。那么，从现有的技术变动的数据中分离出生产力进步的部分对于判别技术变动的性质就显得尤为重要了。这值得进一步研究。

第 18 章　农业资本有机构成与绝对地租

——"垄断价格绝对地租说"质疑

当农业资本有机构成达到或超过社会平均资本构成以后，绝对地租是否依然存在一直是一个富有争议的问题。事实上，在这个问题上马克思本人就有两种完全不同的看法。本文较为深入地发掘了马克思关于绝对地租将随着农业资本有机构成达到或超过社会平均资本构成而消失的思想。通过建立一个完全信息动态博弈模型和含有"适应性预期"的农产品产量－价格动态模型，本文证明了农业资本有机构成达到或超过社会平均资本构成以后，租地农场主将不可能租种土地。绝对地租消失，土地所有权的实现形式随之发生变化。本文对学术界坚持认为农业资本有机构成达到或超过社会平均资本构成以后，绝对地租依然存在并将其归结为垄断价格的主流观点提出了质疑，并根据欧美国家农业经营的实际变化证实了本文的观点。

一、马克思的两种看法

农业资本有机构成达到或超过社会平均构成以后，绝对地租是否继续存在，马克思在《剩余价值理论》和《资本论》第三卷分别给出了两种不同的看法。

在《剩余价值理论》中，马克思深入分析了李嘉图地租理论。只承认级差地租而否认绝对地租是李嘉图地租理论的突出特点。马克思指出，李嘉图之所以否认绝对地租，是由于李嘉图方法论有明显缺陷。这种缺陷使李嘉图不能区分商品价值和生产价格，把价值与生产价格直接等同起来，误以为商品按价值出售就是按生产价格出售。[①] 由于生产价格只能提供平均利润，不能再提供超额利润作为绝对地租。因此，在李嘉图看来，如果承认绝对地租，就只能用农产品价格高于它的价值来解释，这就会推翻价值实体决定于社会劳动的原理。于是，李嘉图在考察地租时，为了理论就只承认级差地租而否认绝对地租，"实际上否认**土地所有权**有任何**经济**影响。"

马克思指出，尽管生产价格是从商品价值引申的，但两者不是等同的范畴。生产价格是资本通过竞争，将总剩余价值按一定比例分配在不同生产部门形成的。由于各部门

---

① 马克思：《剩余价值理论》第 2 册，北京：人民出版社，1975 年，第 112、181、193、271 页。

的资本有机构成不同，在生产价格的形成过程中，会使生产价格与具体部门的商品价值发生偏离：若部门资本有机构成低于社会平均构成，则商品价值高于生产价格；若部门资本有机构成高于社会平均构成，则商品价值低于生产价格。只有部门资本有机构成等于社会平均构成的部门，商品价值才与生产价格相一致。

由于农业资本有机构成低于社会平均构成，因此农产品价值高于生产价格。如果农产品能够按价值出售，在农产品价值与生产价格之间就会存在一个价值差额即超额利润。这个超额利润就构成绝对地租。剩下"唯一有待解决的问题是：为什么农产品跟其他那些价值同样**高于**费用价格（即生产价格——引者注）的商品不同，它们的价值不因资本的竞争而降低到它们的**费用价格**的水平？"① 马克思认为，这是由于存在着土地所有权的干预，这种干预使农产品可以按价值出售，从而能够提供绝对地租。这样，马克思就在价值规律的基础上解决了李嘉图所不能解决的绝对地租问题。

但是，既然绝对地租来源于农产品价值高于生产价格的余额，而这个余额又是由农业的资本有机构成低于社会平均构成造成的。那么，当农业资本有机构成达到或超过社会平均构成以后，绝对地租就应当随之消失。对此，马克思有明确的论述。马克思指出："这个价值和费用价格之间的差额本身，仅仅是从资本**有机**组成部分的比例不同产生出来的。…… 这个差别是**历史性的**，因此是会消失的。正是那个证明**绝对地租**可能存在的论据也证明，绝对地租的现实性、绝对地租的存在仅仅是一个历史事实，是农业的**一定**发展阶段所特有的、到了更高阶段就会消失的历史事实。""如果在一个国家，农业资本的构成与非农业资本的平均构成相等，……农产品的价值就会同它的费用价格相等。这时只可能支付级差地租。""如果在耕作比较集约化的情况下，在农业中确立的各生产要素之间的比例，就是工业中的平均比例，而不只是**接近**于这个比例，那么，最贫瘠的土地的地租就会完全消失，比较肥沃的土地的地租，也会纯粹归结为土地的级差。**绝对地租**就会消失。""一旦**农产品的价值**和它的**费用价格**彼此相等，从而农业资本具有非农业资本的那种平均构成，绝对地租就会完全消失。"②

这是马克思关于农业资本有机构成提高后，绝对地租是否存在的第一种看法。

但是，在《资本论》第三卷研究同样的问题时，马克思对农业资本有机构成提高后绝对地租是否存在提出了另一种看法。马克思认为，如果农业资本的平均构成等于或高于社会平均资本构成，那么，由农业资本有机构成低于社会平均资本构成，从而由农产品价值高于生产价格的余额这种意义上的绝对地租，也就是既和级差地租不同，又和以真正垄断价格为基础的地租不同的地租，就会消失。这样，农产品的价值就不会高于它的生产价格；农业资本和非农业资本相比，就不会推动更多的劳动，因此也就不会实现更多的剩余劳动。在这种情况下，绝对地租就只能来自市场价格超过价值和生产价格的

---

① 马克思：《剩余价值理论》第 2 册，北京：人民出版社，1975 年，第 270 页。
② 马克思：《剩余价值理论》第 2 册，北京：人民出版社，1975 年，第 109 页，第 270－271 页，第 448 页，第 447 页。

余额，简单地说，只能来自产品的垄断价格。[①]

按马克思在《资本论》第三卷中的论述，绝对地租就有两种类型：一种是以农业资本有机构成与社会平均资本构成的差异为基础、因而是农产品价值超过生产价格的余额意义上的绝对地租；另一种是以垄断价格为基础、农产品价格超过农产品价值的余额意义上的绝对地租。后者是前者消失后绝对地租的存在形式。这样，即使农业资本有机构成高于社会平均构成，绝对地租也不会消失。

二、绝对地租消失的条件与土地所有权的实现方式

比较而言，马克思关于随着农业资本有机构成的提高，绝对地租将会消失的看法在逻辑上更具有内在的一致性。下面给出简单的数理证明：

令 k_a、k_p、$f_a = \frac{c_a}{v_a}$、$f_s = \frac{c_s}{v_s}$ 分别为投入农业和投入工业的等量资本、农业资本有机构成和社会平均资本构成；m_a、π_a、$\bar{\pi}$ 分别为农业剩余价值、农业利润和社会平均利润；p_π 为生产价格；$f_a \geqslant f_s$ 表示农业资本有机构成等于或高于社会平均构成。令 q_a^b 为劣等地产出，且正则化为 1，即 $q_a^b = 1$；农产品价格为 p_a，好地的产出是劣等地的 n 倍，$n > 1$；R_a^b 和 R_a^g 分别为劣等地和好地（中等地和优等地）的总收入；上标 b、g 分别表示劣等地和好地。

情形 $f_a = f_s$ 时，劣等地的总收入为

$$R_a^b = p_a \cdot q_a^b = p_a$$

剩余价值或利润为

$$m_a^b = \pi_a^b = p_a - c_a - v_a = p_a - k_a$$

由 $f_a = f_s$ 可知，$\pi_a^b = \bar{\pi}$。因此，劣等地的超额剩余价值或超额利润为零，地租为零。

根据假定，好地的总收入为

$$R_a^g = nR_a^b = np_a$$

剩余价值总额或利润总额为

$$\sum m_a^g = \sum \pi_a^g = np_a - c_a - v_a = np_a - k_a$$

超额剩余价值或超额利润为

$$\Delta m_a^g = \Delta \pi_a^g = np_a - k_a - \bar{\pi}$$

由 $\pi_a^b = \bar{\pi}$ 可知，此时农产品价格等于社会生产价格，即 $p_a = k_a + \bar{\pi} = p_\pi$，因而超额剩余价值或超额利润可表示为

$$\Delta m_a^g = \Delta \pi_a^g = n(k_a + \bar{\pi}) - k_a - \bar{\pi}$$

由 $n > 1$ 可知 $\Delta m_a^g = \Delta \pi_a^g = n(k_a + \bar{\pi}) - k_a - \bar{\pi} > 0$，或 $\Delta m_a^g = \Delta \pi_a^g = (n-1)p_\pi > 0$。这

① 马克思：《资本论》第 3 卷，北京：人民出版社，2004 年，第 865 页。

也就是好地的级差地租。

情形 $f_a > f_s$ 时，显然，此时劣等地的超额剩余价值或超额利润为零，地租为零。好地的超额剩余价值或超额利润为

$$\Delta m_a^g = \Delta \pi_a^g = n p_a - k_a - \bar{\pi} = n p_a - p_\pi$$

由 $f_a > f_s$ 可知，由劣等地决定的农产品价格小于社会生产价格，即 $p_a < p_\pi$。令 $\dfrac{p_\pi}{p_a} = \alpha > 1$，于是好地的超额剩余价值或超额利润为

$$\Delta m_a^g = \Delta \pi_a^g = \left(\frac{n}{\alpha} - 1\right) p_\pi > 0$$

其中 $n > \alpha$，否则不会有人经营农业。显然，$\Delta m_a^g = \Delta \pi_a^g = \left(\dfrac{n}{\alpha} - 1\right) p_\pi > 0$ 就是好地在 $f_a > f_s$ 情形下的级差地租。

既然绝对地租是土地所有权的恰当表现，如果不支付地租就不能使用土地。因此，绝对地租似乎不可能随着农业资本有机构成的提高而消失。

但是，当农业不可能提供支付绝对地租的超额利润时，土地所有者"不支付地租就不能使用土地"的威胁将导致租地农场主退出土地经营，劣等地不被租种将是一个纳什均衡。这可以用一个完全信息动态博弈模型来证明。

为方便计，我们选择 $f_a = f_s$ 时的情形。博弈由自然（虚拟参与人 X）、劣等地所有者（L）和租地农场主（Z）构成。假定虚拟参与人自然首先行动，决定承租劣等地是否支付地租。选择结果 $E = 0$ 为不支付地租，$E = 1$ 为支付地租。参与人土地所有者和租地农场主都能观察到自然的选择（E）。在观察到自然选择后，序贯采取行动，但先后顺序不做规定。土地所有者的策略集合为：

$$S_L = \{Y = 出租，\ N = 不出租\}$$

租地农场主的策略集合为：

$$S_Z = \{Y = 承租，\ N = 不承租\}$$

对土地所有者而言，出租其劣等地的约束条件是必须获得正的地租 R。对租地农场主而言，承租劣等地的约束条件是其资本必须获得平均利润 $\bar{\pi}$。

土地所有者的支付（收益）是：

$$u_L(s) = \begin{cases} E\pi_a^b，\ 当\ E = 0\ 时，E\pi_a^b = 0 \\ E(\pi_a^b - \varepsilon)，\ 当\ E = 1\ 时，E(\pi_a^b - \varepsilon) = R > 0 \end{cases}$$

租地农场主的支付（收益）是：

$$u_Z(s) = \begin{cases} (1-E)\pi_a^b，\ 当\ E = 0\ 时，(1-E)\pi_a^b = \pi_a^b \\ E\varepsilon，\ 当\ E = 1\ 时，\pi_a^b > E\varepsilon = \pi_a^b - R > 0 \end{cases}$$

假定自然选择 $E = 0$，即租种劣等地不支付地租。在这种情况下，租地农场主承租劣等地的支付是 $(1-E)\pi_a^b = \pi_a^b$，即有收益 π_a^b。根据假定，$\pi_a^b = \bar{\pi}$，资本权利能够实现。因此，租地农场主的最优策略选择是承租土地：$S_Z = (Y)$。但是，在租种土地不支付地租的情况

下，土地所有者的收益是 $E\pi_a^b = 0$，土地所有权不能实现。土地所有者的最优策略选择是不出租土地：$S_L = (N)$。由于租地农场主能否承租到土地取决于土地所有者在自然选择后是否愿意出租土地。当土地所有者选择不出租土地时，租地农场主就不能承租到土地，土地不被经营。由于土地不被经营，租地农场主的收益实际上为零，即 $(1-E)\pi_a = 0$。博弈结束。

如果自然选择 $E = 1$，即租种劣等地必须支付地租。在这种情况下，劣等地所有者的支付（收益）是 $E(\pi_a^b - \varepsilon) = R > 0$，即有正的地租收益，土地所有权能够实现。土地所有者的最优策略选择是出租土地：$S_L = (Y)$。但是，在 $E = 1$ 的情况下，租地农场主的支付是 $E\varepsilon = \pi_a^b - R > 0$，即有收益 $\varepsilon < \pi_a^b$。根据假定，此时租地农场主的资本权利不能实现，租地农场主的最优策略选择是不承租土地：$S_Z = (N)$。由于劣等地所有者能否获得地租最终取决于租地农场主是否愿意承租其土地，即取决于租地农场主的策略选择。当租地农场主因所得收益不能实现资本权利而选择不承租土地的策略时，劣等地不被经营。由于土地不被经营，土地所有者的收益（地租）实际上为零，即 $E(\pi_a^b - \varepsilon) = R = 0$。博弈结束。博弈过程见表1。

表1　租地农场主与土地所有者的博弈关系

E	租地农场主	土地所有者	租地农场主的实际收益	土地所有者的实际收益	土地经营权
0	$(1-E)\pi_a^b, Y$	$0, N$	0		N
1	$E\varepsilon, N$	$E(\pi_a^b - \varepsilon), Y$		0	N

上述博弈过程表明，土地所有者的权利与租地农场主的权利是冲突的，这种冲突的结果使得无论自然选择如何，劣等地不被租种是一个纳什均衡。尽管在本文的假定下，租种劣等地或者可以在不改变一方的福利状态下使另一方的福利得到改进（自然选择 $E = 0$ 时的情形），或者使博弈双方的福利都得到改进（自然选择 $E = 1$ 时的情形），因此存在着帕累托改进的机会。但是，土地所有权和资本所有权会阻碍这种改进，最终形成的是使劣等地不被租种的纳什均衡。

由此可见，只要 $f_a \geq f_s$，租地农场主与土地所有者之间围绕地租展开的博弈，最终将使租地农场主退出劣等地经营，劣等地不会被租种。

劣等地不被租种的一个预期结果是农产品供给减少价格上涨。如果农产品价格的上涨使得经营劣等地能够提供一个作为绝对地租的超额利润，租地农场主就会承租劣等地，并由此导致农产品价格－产量的动态调整。因此，需要进一步讨论农产品价格－产量动态调整对博弈均衡的影响。可以证明，农产品价格－产量的动态调整不会改变前述博弈的纳什均衡。

假定租地农场主在 $t-1$ 期退出劣等地的经营，从而导致 t 期农产品供给减少，价格上涨并使劣等地能够提供一个作为绝对地租的超额利润 $p_{a,t} = p_a + R$。这会使租地农场主在 $t+1$ 期承租劣等地，并将 t 期价格作为预期价格签订承租合同，即 $p_{a,t+1}^e = p_{a,t}$，租地农场主按这个价格履行合同。但是，承租的结果导致 $t+2$ 期农产品供给增加，价格下降，即 $p_{a,\,t+1}<p^e_{a,\,t+1}=p_{a,\,t}$。租地农场主在按合同支付绝对地租后不能得到平均利润，租地农场主将再度退出劣等地的经营。由于租种劣等地的签约合同价格（预期价格）始终高于合同履行期的价格，这就会使租地农场主形成不承租劣等地的预期。

更一般地，令农产品价格－产量调整遵循如下含有"适应性预期"的动态过程：

$$p_t=\left[1-\eta\left(1+\frac{\mathrm{d}}{b}\right)\right]^t(p_0-p_e)+p_e,\ 0\leqslant\eta\leqslant1,\ p_e=p_a$$

且租地农场主的签约价格与合同履行期价格的差额为 $-\Delta p$。显然，若 $\left|1-\eta\left(1+\frac{\mathrm{d}}{b}\right)\right|>1$，则预期价格以振荡方式发散，即 $\frac{\mathrm{d}(-\Delta p)}{\mathrm{d}t}>0$，租地农场主将面临递增的预期损失，租地农场主不会承租劣等地；若 $\left|1-\eta\left(1+\frac{\mathrm{d}}{b}\right)\right|=1$，则预期价格等幅振荡，即 $\frac{\mathrm{d}(-\Delta p)}{\mathrm{d}t}=0$，租地农场主必须每期承担一个不变的预期损失，租地农场主也不会承租劣等地；若 $\left|1-\eta\left(1+\frac{\mathrm{d}}{b}\right)\right|<1$，则预期价格会在若干周期后收敛于 $p_e=p_a$，即 $\frac{\mathrm{d}(-\Delta p)}{\mathrm{d}t}<0$，租地农场主仍然不会承租劣等地。因为，在预期价格的收敛过程中，租地农场主必须承担一个连续的预期损失；当价格收敛于 $p_e=p_a$，就回到初始博弈状态。如前所述，博弈结果将是劣等地不被租种。三种情况见图 1。

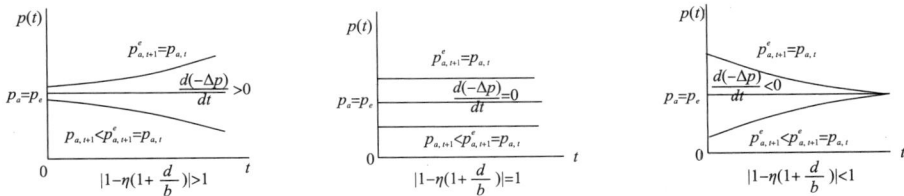

图 1　农产品价格－产量动态调整与纳什均衡

由此可见，无论是否考虑农产品价格－产量的动态调整，都不改变劣等地不被租种是一个纳什均衡的结果。

劣等地一旦不被经营，其土地所有权就失去了经济意义，从而意味着土地所有权在事实上的废除，土地所有者会因此陷入困境。在这种情况下，劣等地的所有者为了生存就必须亲自耕种土地，或者将土地直接出租给农业工人而不是租地农场主，以保持土地所有权的经济意义。对此，马克思有明确的论述。

马克思指出：当农业资本有机构成与非农业资本的平均构成相等，农产品的价值就同它的生产价格相等。"这时只可能支付级差地租。那些不提供级差地租、只能带来〔真正的〕农业地租的地段，这时就根本不可能支付任何地租了。因为当租地农场主把这些土地的产品按它们的价值出卖时，它们只抵补他的费用价格。因而**租地农场主**不支付任何地租。这样一来，土地所有者只好自己耕种这些土地，或者在租金的名义下，把他的租佃者的一部分利润甚至一部分工资刮走。"[1]

不仅如此，马克思还指出：即使农业资本有机构成低于社会平均资本构成，只要农产品由于实际关系而不能按劣等地的条件销售，或者农产品不得不按生产价格出售，就总会有一些地块不提供任何地租。对这些地块来说，土地所有权实际上不复存在，土地所有者只好自己耕种这些土地，或者利用土地的是满足于更低利润率的小资本家，或者是农业工人。因此，在绝对地租消失的地方，土地所有者和资本家是同一个人，就是说，这里土地所有权对资本的抵抗，以及土地所有权对资本活动场所的限制，作为个别的和例外的情况消失了。[2]

毫无疑问，当农业生产条件发生根本变化，使农产品价值等于或低于生产价格，从而无法提供表现为绝对地租的超额利润时，这种个别的和例外的情况就会发展成为普遍的和正常的情况。

由此可见，当绝对地租消失以后，劣等地或者由土地所有者亲自耕种，或者直接出租给农业工人，这是保证好地获得级差地租的前提条件。在这种情况下，土地所有权就通过由农业生产条件所决定的利润（劣等地）和级差地租（中等地和优等地）这样两种方式来实现。与此相适应，土地所有权与土地经营权的分离也就只存在于中等地和优等地的场合。

三、垄断价格绝对地租说质疑

肯定农业资本有机构成达到或超过社会平均资本构成后，绝对地租依然存在，并将绝对地租的来源归结为垄断价格，是学术界占主导地位的观点。我们将这种观点称为"垄断价格绝对地租说"。尽管"垄断价格绝对地租说"有一定的经典依据，但还是有商榷的余地。

首先，根据马克思的论述，绝对地租的存在依赖于两个条件：第一，农业资本有机构成低于社会平均资本构成，因而农产品价值高于生产价格；第二，土地所有权垄断，且采取土地所有权与经营权相分离的形式。这两个条件虽然是相互依赖的，但性质完全不同。第一个条件是关于绝对地租实体的规定，它表明绝对地租来源于农业剩余劳动，是农业剩余劳动扣除平均利润的余额即超额利润，因而是资本关系内生的。第二个条件是关于农业中的超额利润如何转化为绝对地租的规定，它表明土地所有权作为资本竞争的障碍，使这部分超额利润不能被平均化，并因此形成绝对地租。

显然，农业超额利润是土地所有权以绝对地租形式取得经济意义的前提。这个前提

---

[1] 马克思：《剩余价值理论》第 2 册，北京：人民出版社，1975 年，第 448 页。
[2] 马克思：《剩余价值理论》第 2 册，北京：人民出版社，1975 年，第 31 页，第 105—107 页，第 340—346 页，第 384—385 页，第 411 页，第 447—448 页；马克思：《资本论》第 3 卷，北京：人民出版社，2004 年，第 849—850 页。

既规定了绝对地租的实体，又规定了绝对地租量的变动界限，表明绝对地租不是任意的，而是由价值规律调节的。同样，土地所有权对资本竞争的阻碍作用也不是任意的。正如马克思指出的："土地所有权能否显示自己的经济作用，取决于各种情况。"① 就土地所有权提供地租而言，取决于农业中是否存在着价值高于生产价格的超额利润，因而取决于农业资本有机构成是否低于社会平均资本构成。如果没有这种意义上的农业超额利润，土地所有权就不能通过绝对地租显示自己的经济作用。这就是为什么马克思强调，无论具体原因如何，一旦农产品价值等于生产价格，农业超额利润消失，土地所有权就将变得有名无实，即使它在法律上存在，在经济上也是不存在的，不能作为土地所有权起作用。② 由此也可以理解为什么马克思强调资本有机构成的作用，并把农产品价值与生产价格的区别作为理解绝对地租的逻辑起点。③

既然由价值规律调节的农业超额利润是土地所有权取得绝对地租的前提，那就不能认为当这种前提消失以后，土地所有者单凭土地所有权就可以通过人为规定的高于农产品价值的垄断价格来获取绝对地租。否则，全部地租理论就可以简单地归结为垄断价格，而没有必要研究农业资本有机构成、土地生产率的差异和农业生产的社会必要劳动耗费即价值。

其次，一般来说，制定垄断价格的基本前提是价格制定者可以控制产品供给，使产品的供给小于对产品的需求，从而使价格不是由价值"而是由购买者的需要和支付能力决定"④。因此，如果能够用垄断价格来获取绝对地租，就必须能够人为地制造农产品供求缺口，使农产品的供给长期、持久、稳定地小于社会对农产品的需求，以保证农产品价格长期、持久、稳定地高于其价值。只有这样，农产品价格才符合垄断价格的特征要求，绝对地租才能由垄断价格来说明。

但是，除少数农产品外，农业并不是一个其供求关系能够人为控制的产业。相反，与其他产业相比，农业就其市场特征而言表现出更多的竞争性质。同时，从农业自身的发展来看，农业生产的长期趋势是农产品供给大于需求。这决定了农产品不是垄断产品，农产品价格不是由购买者的需要和支付能力决定的。因此，农业不能满足制定垄断价格的基本要求。

事实上，尽管表现出某种犹豫，马克思对于用农产品价格高于农产品价值的垄断价格来说明绝对地租的各种理论，从一开始就是持否定态度的。⑤马克思认为，用垄断价格来说明绝对地租，就是假定农产品经常高于它们的价值出卖，而其他一切产品都是低于它们的价值出卖。这个假定意味着农产品不受商品价值和资本主义生产的一般规律的影

① 马克思：《剩余价值理论》第 2 册，北京：人民出版社，1975 年，第 410 页。
② 马克思：《剩余价值理论》第 2 册，北京：人民出版社，1975 年，第 31 页，第 108 页，第 360 页，第 409—410 页，第 413—414 页。
③ 马克思：《资本论》第 3 卷，北京：人民出版社，2004 年，第 857—860 页。
④ 马克思：《资本论》第 3 卷，北京：人民出版社，2004 年，第 864 页。
⑤ 马克思曾用一个封闭的小岛来说明农产品垄断价格的可能。参见马克思：《剩余价值理论》第 2 册，北京：人民出版社，1975 年，第 377 页。

响，并且，"这样一来，政治经济学的整个基础就被推翻了。"[①]

坚持主张农业资本有机构成达到或超过社会平均构成以后绝对地租依然存在，并将其归结为垄断价格的观点，是建立在如下逻辑关系上的：第一，资本主义经济中的土地关系只能采取土地所有权与土地经营权相分离的形式；第二，绝对地租是实现土地所有权的根本形式。因此，只要存在土地所有权就必须支付地租（绝对地租），否则就意味着土地是被无偿使用的，这是土地所有者不能接受的。因此，存在土地所有权而不存在绝对地租是不可能的。这样，当农业由于资本有机构成的提高而不能提供超额利润以支付绝对地租时，这一观点就只能用垄断价格来证明绝对地租的存在，并将垄断价格看作是对全社会价值的再分配，并通过这种途径，使垄断价格有一个价值基础。

但是，土地所有权与土地经营权是否分离，土地所有权能否取得地租，或者土地所有权是否通过地租形式来实现，这是由多种具体情况决定的，是动态的，是不能由土地所有权本身来说明的。资本主义农业的土地关系只能采取所有权与经营权相分离的形式、从而绝对地租是实现土地所有权的根本形式这样的逻辑是不成立的，以此为基础的"垄断价格绝对地租说"也是不成立的。

应当指出，目前发达资本主义国家的农业，特别是其中对农产品价格起调节作用的农业部分的资本有机构成是否已经达到或超过了社会平均构成的水平，其经营是否依然采取土地所有权与经营权相分离的形式，从而绝对地租是否存在的问题最终是一个实证问题。

从实际情况看，随着西方发达国家农业的现代化，包括英国在内的以雇佣关系为基础的农场和租佃农场在数量上出现了下降趋势，而以家庭成员的自我雇佣为基础的家庭农场在数量上则趋于上升，到 20 世纪中期以后家庭农场发展成为农业经营的主导形式。据统计，1966—1967 年欧共体六国农业中包含部分时间雇工在内的非家庭雇佣劳动者只占全部农业劳动人口的 14%。1999 年，欧盟十五国农业家庭劳动力占总劳动力的比重达88%，其中英国为 69%，荷兰为 75%，德国为 77%，法国为 85%，西班牙为 87%，比利时则高达 91%。[②] 在美国，家庭农场占农场总数的比重由 1997 年的 86.76%上升到2002 年的 89.7%，同期公司农场则由 4.08%下降为 3.46%。[③]

尽管导致家庭农场比重上升的原因不是单一的，但是，农业资本有机构成的提高使土地所有者得不到绝对地租应该是一个根本原因。

---

① 马克思：《剩余价值理论》第 2 册，北京：人民出版社，1975 年，第 29 页、第 269 页。

② 参见 David Goodman and Michael Redclift, From Peasant to Proletarian, Oxford: basil Blackwell, 1981: 17, Table 1. John Harriss ed., *Rural Development*, London, 1984, p. 139. L. 道欧等：《荷兰农业的勃兴》，中国农业科学技术出版社，2003 年，第 109 页，表 11.1。转引自董正华："关于现代农业发展的两个理论问题"，《科学与现代化》，2005 年第 5 期。

③ U. S. Department of Agriculture, United States Summary and State Data, 2002 Census of Agriculture, Issued 2004.

第19章 马克思对"斯密教条"的批评
及其现实意义

　　"斯密教条"颠倒了价值创造与价值分配的关系。对于这种颠倒，马克思给予了深刻的批评。边际革命以后，"斯密教条"被精致化为要素分配论，并成为流行的新古典主义经济学中的功能性收入分理论。该理论的基本内容包括两个方面：第一，市场经济中的收入分配决定于各生产要素在联合生产中基于生产的技术条件而对产出的实际贡献，因而，收入分配是一个与制度结构或制度安排无关的价格决定过程。第二，各要素在分配过程中取得的收入总和恒等于各要素在生产中对总产出的实际贡献的总和。因此，经济中不存在未分净的剩余。本文对这一理论的基本内容提出了质疑，指出该理论的基本内容不能成立。同时以美国制造业 1987—2001 年的数据为例，运用经济计量方法对要素分配论进行了实证检验，结果同样证明该理论不能成立。因此，要素分配论并不是如一些近期文献所认为的那样，是市场经济的分配规律。马克思对"斯密教条"的批评仍然有重大的现实意义。

一、马克思对"斯密教条"的批评

　　亚当·斯密在《国富论》中提出了至少三种价值理论。这三种价值理论分别是：第一种，生产中耗费的劳动决定价值；第二种，交换中购买的劳动决定价值；第三种，工资、利润、地租决定价值。

　　斯密认为，在资本积累和土地私有权出现以前，商品价值决定于生产商品时所耗费的劳动。斯密指出："任何一个物品的真实价格，即要取得这种物品实际上所付出的代价，乃是获得它的辛苦和麻烦。"① "以货币或货物购买物品，就是用劳动购买，正如我们用自己的劳动取得一样。"② 因此，"劳动是第一性价格，是最初用以购买一切货物的代价"③。在肯定生产中耗费的劳动决定商品价值的同时，斯密又用交换中购买的劳动来决定商品价值。斯密认为，在分工条件下，一个人所需要的物品的绝大部分来自别人的劳

---

① 亚当·斯密：《国民财富的性质和原因的研究》（上），北京：商务印书馆，1983 年，第 26 页。
② 同上。
③ 同上。

动。所以，一个人"是贫是富，要看他能够支配多少劳动，换言之，要看他能够购买多少劳动。一个人占有某货物，但不愿自己消费，而愿用以交换他物，对他说来，这货物的价值，等于使他能购买或能支配的劳动量。""对于占有财富并愿用以交换一些新产品的人来说，它的价值，恰恰等于它使他们能够购买或支配的劳动量"①。

但是，在资本积累和土地私有权出现以后，劳动产品就不全归劳动者所有，而必须与资本和土地的所有者共分。这样，"一般用于取得或和生产任何一种商品的劳动量，也不能单独决定这种商品一般所应交换、支配或购买的劳动量"②。就是说，前述价值决定原理就不再起作用。在斯密看来，很明显，这时商品的真实价格即价值"还须在一定程度上由另一个因素决定，那就是对那劳动垫付工资并提供材料的资本的利润"③。根据同样理由，还必须付给地主以地租作为使用土地、取得自然产物的代价。④ 于是，商品价值就不仅由工资、利润、地租这三部分组成，而且由这三部分来决定"工资、利润和地租，是一切收入和一切可交换价值的三个根本源泉"⑤。

马克思将斯密把商品价值仅分解为工资、利润、地租，再反过来用工资、利润、地租来决定商品价值的理论称为"斯密的教条"⑥并给予了深刻的批评。马克思指出，斯密将商品价值分解为工资、利润和地租，排除了不变资本价值的转移部分，这就不能正确分析社会资本再生产过程。更为重要的是，斯密"使收入由'组成部分'变为'一切交换价值的**原始源泉**'"，⑦"不是把交换价值分解为工资、利润和地租，而是相反，把工资、利润和地租说成是构成交换价值的因素，硬把它们当作独立的交换价值来构成产品的交换价值，认为商品的交换价值是由不依赖于它而独立决定的工资价值、利润价值和地租价值构成的。价值不是它们的源泉，它们反倒成了价值的源泉。"⑧ 这实际上是用收入决定商品价值，从而颠倒了价值创造与价值分配之间的关系。

斯密之所以做出这种颠倒，是因为，"斯密在阐述了他所研究的对象的内在联系之后，突然又被表面现象所迷惑，被竞争中表现出来的事物联系所迷惑，而在竞争中一切总是表现为颠倒的、头足倒置的。"⑨ 斯密从这种颠倒出发来阐述的"商品的自然价格"实际上"只不过是由竞争而产生的**费用价格**。"⑩

由于在竞争的表面，"商品价值的各个组成部分是作为独立的收入互相对立的，并且它们作为独立的收入，是与劳动、资本和土地这三种彼此完全不同的生产要素发生关系，因而好象它们就是由这些东西产生的"⑪。因此，"斯密的教条"很容易引出"三位一体公

---

① 亚当·斯密：《国民财富的性质和原因的研究》（上），北京：商务印书馆，1983 年，第 26 页。
② 亚当·斯密：《国民财富的性质和原因的研究》（上），北京：商务印书馆，1983 年，第 44 页。
③ 同上。
④ 同上。
⑤ 亚当·斯密：《国民财富的性质和原因的研究》（上），北京：商务印书馆，1983 年，第 47 页。
⑥ 马克思：《资本论》第 2 卷，北京：人民出版社，2004 年，第 410 页。
⑦ 马克思：《资本论》第 2 卷，北京：人民出版社，2004 年，第 413 页。
⑧ 马克思：《剩余价值理论》第 2 册，北京：人民出版社，1975 年，第 240-241 页。
⑨ 马克思：《剩余价值理论》第 2 册，北京：人民出版社，1975 年，第 241 页。
⑩ 同上。
⑪ 马克思：《资本论》第 3 卷，北京：人民出版社，2004 年，第 982 页。

式"。事实上,"三位一体公式"正是从"斯密的教条"引出的。

"价值并不是因它转化为收入而产生的,它在能够转化为收入,能够取得这种形式以前,必须已经存在。这三个部分的相对量是由彼此不同的规律决定的,它们和商品价值本身的联系以及它们受商品价值本身限制的事实,决不会在表面上显现出来,所以,颠倒的假象必然更具有迷惑作用。"[1]

二、"斯密教条"的精致化——要素分配论

"斯密教条"一直是西方经济学的正统信条。尽管凯恩斯革命以来,西方经济学实际上在一定程度上悄悄地修正了斯密将不变资本价值从商品价值中排除的错误(凯恩斯,1963;多马,1983;萨金特,1998),但"斯密教条"的正统信条地位从来没有被动摇。这一信条在萨伊那里取得了"三位一体"的形式。边际革命以后,"斯密教条"被精致化为要素分配论,并成为流行的新古典主义经济学中的收入分配理论。在性质上,要素分配论属于所谓功能性收入分配理论。这一理论包括两个基本内容:第一,市场经济中的收入分配决定于各生产要素在联合生产中基于生产的技术条件而对产出的实际贡献,因而,收入分配是一个与制度结构或制度安排无关的价格决定过程。第二,各要素在分配过程中取得的收入总和恒等于各要素在生产中对总产出的实际贡献的总和。因此,经济中不存在未分净的剩余。

要素分配论用来确定要素在联合生产中贡献份额的基本思想,是边际生产力思想(克拉克,1983)。根据这一思想,某一生产要素在联合生产中的贡献份额决定于该要素的边际生产力,而确定要素边际生产力的基本方法则是边际方法。

按照边际方法,某要素的边际生产力是通过计算该要素的变化量所带来的产出的变化来确定的。假定企业只生产一种产品(Q),生产过程使用资本(K)和劳动(L)两种要素,在某一要素的投入量增加或减少一单位而保持另一投入要素不变的条件下,企业产出的最大改变量(边际产量)就被认为是由该要素带来的,是该要素的边际产品(MP)。将边际产品与其价格相乘就得到边际产品价值(VMP)。因此,边际产品或边际产品价值就是该要素对联合生产的边际贡献。要素对联合生产的边际贡献也就是生产要素的边际生产力。例如,当劳动(L)投入量不变时,增加一单位资本所带来的产出增量或产出增量价值就是资本的贡献。同样,当资本(K)投入不变时,增加一单位劳动所带来的产出增量或产出增量价值则是劳动的贡献。

根据要素分配论,要素在联合生产中对产出的贡献一经确定,要素收入也就同时被确定。这是因为,遵循利润最大化原则,在完全竞争条件下,企业必须将生产要素的使用量调整到追加一单位要素的边际产品价值等于该要素价格的一点,即

---

[1]　马克思:《资本论》第 3 卷,北京:人民出版社,2004 年,第 982 页。

$$VMP_L = w, \quad VMP_K = r$$

其中 w 和 r 分别是劳动和资本的价格。在不完全竞争条件下，生产要素的使用量应当调整到追加一单位要素的边际收益产量（MRP）等于该要素价格的一点，即

$$MRP_L = w, \quad MRP_K = r$$

由于边际产品价值和边际收益产量是生产要素的边际生产力，因此，生产要素的价格就等于生产要素的边际生产力。生产要素的数量与其边际生产力相乘就得到生产要素的收入，而要素数量与其边际生产力的乘积也就是生产要素对联合生产的贡献。因此，生产要素的收入就等于生产要素的贡献。于是，资本的收入率就由最后增加的一单位资本所带来的产出增量即资本的边际贡献决定，劳动报酬率则由最后增加的一单位劳动所带来的产出增量即劳动的边际贡献决定。

生产函数理论特别是增长因素分析理论形成以后，不同生产要素对联合生产的贡献和贡献率，都可以通过求解生产函数即通过生产函数分析来确定。

按照生产函数方法，为确定要素对联合生产的贡献份额，首先需要确定生产函数的类型。出于简化，通常假定生产过程只使用资本（K）和劳动（L）两种要素，在不考虑技术进步的情况下，得到如下生产函数：

$$Q = f(K, L)$$

对该生产函数求全微分得到：

$$dQ = \frac{\partial f}{\partial K} dK + \frac{\partial f}{\partial L} dL$$

其中 $\frac{\partial f}{\partial K}$、$\frac{\partial f}{\partial L}$ 分别是资本和劳动的边际生产力。对上式进行如下整理，得到产出增长率方程：

$$\frac{dQ}{Q} = \frac{\partial f}{\partial K} \cdot \frac{K}{Q} \cdot \frac{1}{K} dK + \frac{\partial f}{\partial L} \cdot \frac{L}{Q} \cdot \frac{1}{L} dL$$

令

$$\frac{\partial f}{\partial K} \cdot \frac{K}{Q} = \frac{\frac{\partial f}{\partial K}}{\frac{Q}{K}} = \alpha, \quad \frac{\partial f}{\partial L} \cdot \frac{L}{Q} = \frac{\frac{\partial f}{\partial L}}{\frac{Q}{L}} = \beta$$

则

$$\frac{dQ}{Q} = \alpha \frac{dK}{K} + \beta \frac{dL}{L}$$

于是，产出增长率方程可以改写为：

$$q = \alpha k + \beta l$$

其中 α、β 分别是产出对资本投入和对劳动投入的（偏）弹性，或资本和劳动的产出弹性。α 表示在劳动投入量保持不变的条件下，资本投入变化 1% 时的产出变化率。同样，β 表示资本投入量保持不变时由劳动投入变化 1% 而引起的产出变化率。因此，α、β 就是资

本和劳动投入对产出增长率的贡献。

将改写的产出增长率方程两边同除以 q 得到：

$$1 = \frac{\alpha k}{q} + \frac{\beta l}{q}$$

令 $\frac{\alpha k}{q} = E_k$，$\frac{\beta l}{q} = E_L$，则 E_K、E_L 分别是资本和劳动对产出增长率的贡献率。由产出对资本投入的弹性和产出对劳动投入的弹性得到资本和劳动的边际生产力：

$$\frac{\partial f}{\partial K} = \alpha \frac{Q}{K}, \quad \frac{\partial f}{\partial L} = \beta \frac{Q}{L}$$

可以看出，要素的边际生产力等于单位要素对产出的贡献。由于要素的价格等于要素的边际生产力，因此，要素价格也就是单位要素对产出的贡献。这样，用要素使用量乘以要素边际生产力即要素价格得到的要素收入份额也就等于要素创造的产出份额，即

$$\frac{\partial f}{\partial K} K = \alpha Q, \quad \frac{\partial f}{\partial L} L = \beta Q$$

由 $\alpha = \frac{K\left(\frac{\partial f}{\partial K}\right)}{Q}$，$\beta = \frac{K\left(\frac{\partial f}{\partial L}\right)}{Q}$ 可知，α 和 β 同时也就是资本和劳动的贡献即利润与工资占总产出的比重。

显然，在确定生产要素对联合生产的贡献份额方面，生产函数方法本质上仍然是边际生产力方法。对生产函数求全微分实际上也就是确定相应要素的边际生产力。不同的是，生产函数方法属于实证方法，不仅可以用来确定企业的资本与劳动对企业产出的贡献份额，而且也可以用来确定国民经济中资本与劳动对国民总产出的贡献份额，因而被运用得更加广泛。

如果生产函数 $Q = f(K, L)$ 是一次齐次（线性齐次）的，即

$$\lambda Q = f(\lambda K, \lambda L)$$

则

$$Q \equiv K \frac{\partial f}{\partial K} + L \frac{\partial f}{\partial L}$$

成立，即欧拉定理（Euler's theorem）成立。

由 $\alpha Q = K\left(\frac{\partial f}{\partial K}\right)$，$\beta Q = K\left(\frac{\partial f}{\partial L}\right)$ 得到：

$$Q \equiv \alpha Q + \beta Q$$

其含义是：如果每种要素得到其边际产量，总产出将分别以 α 和 β 的比例在资本与劳动之间分配，经济中不存在剩余。

用价格乘以欧拉定理得到：

$$pQ \equiv pK \frac{\partial f}{\partial K} + pL \frac{\partial f}{\partial L}$$

根据利润极大化一阶条件 $r = p\left(\dfrac{\partial f}{\partial K}\right)$ 和 $w = p\left(\dfrac{\partial f}{\partial L}\right)$ 得到：

$$pQ \equiv rK + wL$$

即产品价值按要素贡献分配，要素的边际产品价值总和恒等于要素收入总和，全部产品价值被各要素分净，经济中不存在未分净的剩余。因此，欧拉定理也即"分配尽净"定理（高鸿业等，2000）。

三、要素分配论的理论质疑

尽管要素分配论占据着主流经济学地位，但该理论的合理性是令人怀疑的。首先，要素分配论在要素收入与要素贡献之间建立了一种简单的对称性关系或单一性关系，即要素收入份额等于要素贡献份额。这种简单的对称性关系或单一性关系是要素分配论的核心，而各要素在联合生产中对产出的实际贡献可观察并能够准确地加以计量和分解，则是要素分配论的基本前提假定。否则，要素收入就不能确定和解释，对称性或单一性关系就不存在，要素分配论也就不能成立。因此，如何确定要素在联合生产中对产出的实际贡献就成为要素分配论的中心议题。

但是，各要素在联合生产中对产出的实际贡献可观察并能够准确地加以计量和分解这一要素分配论的基本前提假定是不能成立的。因为，产出的创造作为物质财富即效用或使用价值的生产过程，是各种生产要素共同努力的结果。在这一过程中，资本和劳动必须按生产过程的技术要求有机结合起来，形成现实的生产能力才能创造物质财富。否则财富的创造就不可能。这意味着，如果保持某一生产要素的使用量不变而增加另一生产要素的使用量，就必须同时提高使用量不变的生产要素的使用效率。否则，增加的生产要素就会处于闲置状态，不能发挥财富创造职能。因此，很难设想能够运用边际方法、生产函数方法来确定并分解各生产要素对产出的贡献份额。

例如，按前述要素分配论所采取的边际生产力方法或生产函数方法，为确定资本对产出的贡献份额，就必须假定劳动投入量不变（劳动的一阶偏导数等于零），而资本投入量可变。因为只有这样，产出增量或产出的变化量才能被看作是由资本投入量的改变量带来的，从而是资本的边际产出（资本的边际生产力）或资本的边际贡献。一旦确定了资本的边际贡献，就可以进而确定资本对产出的贡献份额。

但是，在劳动投入量不变的情况下增加资本投入量，就必须提高劳动的使用效率，增加劳动强度或提高劳动的熟练程度。否则，增加的资本投入将处于闲置状态，产出的增加就根本谈不上。而一旦考虑到劳动使用效率的变化，则增加的产出与其说是增加的资本投入的贡献，不如说是劳动效率提高的贡献。同样，如果资本投入量不变而增加劳动投入则必须提高资本的使用效率，否则，增加的劳动投入量就将处于闲置状态。而一旦考虑到资本使用效率的变化，则增加的产出与其说是增加的劳动投入的贡献，不如说是资本使用效率提高的贡献。这样一来，产出的增加究竟应当是谁的贡献就成了一个难以判断的问题。可见，试图确定不同生产要素在联合生产中对产出的贡献份额实际上是不可能的。

另一方面，根据团队生产理论，以一定方式组合起来的生产要素所提供的产出，大于各要素独立发挥作用所提供的产出的代数和，否则团队生产方式就不会被采用（德姆塞茨，1999）。团队生产方式的这种特征从根本上排除了对各要素在联合生产中的贡献进行分解的可能。

其次，按照要素分配论，用于分配的财富是由各要素共同创造的，财富创造的共同性决定了参与收入分配的主体是各生产要素，参与收入分配的条件和标准是要素对财富创造的贡献和要素的边际生产力。这样，收入就只能在对财富创造做出贡献的各要素之间进行分配，收入分配因此成为一个与制度结构或制度安排无关的价格决定过程。

但是，对财富创造做出贡献的不仅有资本、劳动和土地这些有明确所有权归属的要素，而且还有各种没有所有权归属的自然因素和所有权难以明确其归属的各种外部性。按照要素分配论的逻辑，这些没有所有权归属和所有权归属难以明确的因素也应当按其边际生产力取得相应的收入或报酬。但事实上，这些没有所有权归属和所有权归属难以明确的因素从来没有参与收入分配过程。收入分配始终是在所有权归属明确的各要素的所有者之间进行的。这就表明，收入分配并不是如要素分配论所理解的那样，是一个与制度结构或制度安排无关的价格决定过程。相反，收入分配是一个要素所有权在经济上的实现过程，是经济行为人的一种社会经济关系。显然，这种关系不可能离开特定的制度结构或制度安排。

第三，要素分配论采用一次齐次生产函数得出的"分配尽净"定理并不具有普遍性，不能解释"分配尽净"这一普遍现象。

无论怎样定义财富，在一定的生产周期内创造的财富通常会完全分配给各生产当事人，不会有未分净的剩余，这是一个可观察事实。收入分配理论不仅应当合理地解释财富在各生产当事人之间的分配过程，而且应对收入"分配尽净"这一普遍现象做出合理的解释。

但是，由于要素分配论用要素的边际生产力来决定收入分配，这就使要素分配论不得不将"分配尽净"这一可观察的普遍现象仅仅局限在作为特例的一次齐次生产函数即规模收益不变的场合。一旦生产函数不具有一次齐次性，即 $\lambda^n Q = f(\lambda K, \lambda L)$，且 $n \neq 1$，经济中就必然存在负的或正的净剩余：如果 $n > 1$ 即规模收益递增，则要素收入之和大于可供分配的产出之和，经济中存在负的净剩余。按照要素分配论，各要素已经根据其边际生产力取得了相应的报酬，这种负的净剩余的来源和分配就成了一种不可思议的东西。[①]

---

① 丁伯根肯定这种情形的存在，并认为在这种情形下（规模收益递增）将存在长期损失，是一种不稳定状态，必然会导致卡特尔化和公有制（丁伯根，1991）。显然，丁伯根没有意识到负剩余的存在否定了要素分配论的"分配尽净"定理。

相反，如果 $n<1$，即规模收益递减，则要素收入之和小于可供分配的产出之和，经济中存在未被分尽的正的净剩余。按照要素分配论，各要素已经根据其边际生产力取得了相应的报酬，这种未被分尽的正的净剩余的来源与分配同样是不可思议的。[①]

最后，要素分配论用来确定要素贡献的边际方法的真实性令人怀疑。20 世纪 30 年代，由一些多年从事商业周期研究的经济学家组成的牛津研究团体，"用直接提问的方法"来确定"实践着的"商人是否采用边际收益和边际成本的概念来考虑他们的价格决策（杰克·J·弗罗门，2003）。调查结果发现，几乎所有的商人都遵循了一种"全成本"的价格规则而没有采用边际规则。流行的企业理论所描述的价格政策，不仅在事实上很少为"实践着的"商人所采用，而且在原理上经常也是不适用的。

美国经济学家莱斯特采用问卷调查方法，集中探讨了单个企业的工资－雇佣关系。结果显示：企业家对市场需求的状况和前景给予了压倒性的强调。相反，工资率的变化，这一边际分析所强调的因素，令人惊讶地被赋予了相当低的重要性。莱斯特的经验性发现对边际理论及其所依赖的假设的有效性提出了严重质疑（杰克·J·弗罗门，2003）。

艾特曼和格思里的类似的经验研究同样否定了边际理论：在寄回的有效答案中，95％都是相反的例子（盐泽由典，1982）。这些情况表明，要素分配论用来确定要素贡献的边际方法并不具有真实性。

四、对要素分配论的实证检验

我们假定市场经济中的收入分配过程确实如要素分配论所认为的那样，是以生产要素对产出的贡献为依据，即要素收入等于按要素边际生产力决定的要素贡献。同时假定，各生产要素对产出的贡献份额可以采用生产函数方法来分解和确定。这样，按生产函数确定的要素对产出的贡献份额及其长期趋势，应当与国民核算中的要素初次分配收入的份额及其长期趋势相一致。下面我们以数据相对完整的美国制造业为例，对要素分配论进行实证考察。方法如下：

假定美国制造业的生产函数是 $C-D$ 型的，即

$$Q=AK^\alpha L^\beta$$

其中 α、β 分别为资本和劳动的产出弹性。对生产函数分别求资本与劳动的偏导数得到资本和劳动的边际产出：

$$\frac{\partial Q}{\partial K}=\alpha AK^{\alpha-1}L^\beta, \quad \frac{\partial Q}{\partial L}=\beta AK^\alpha L^{\beta-1}$$

资本和劳动的报酬分别为：

[①] 丁伯根将未分尽的剩余看作是由公司占有的一部分利润（丁伯根，1991）。但是，这样一来就违反了要素分配论的基本信条。由公司占有未分尽的剩余，实际上肯定了收入分配取决于要素所有权而不是要素边际生产力。

$$K\frac{\partial Q}{\partial K}=\alpha Q,\ L\frac{\partial Q}{\partial L}=\beta Q$$

因此，资本报酬和劳动报酬占总产出的比重分别为：

$$\alpha=\frac{K\left(\frac{\partial f}{\partial K}\right)}{Q},\ \beta=\frac{K\left(\frac{\partial f}{\partial L}\right)}{Q}$$

这同时也是资本和劳动的产出弹性。

将生产函数做对数变换使之线性化得到线性回归模型：

$$\ln Q=\ln\hat{A}+\hat{\alpha}\ln K+\hat{\beta}\ln L+u$$

其中 $\hat{\alpha}$、$\hat{\beta}$ 即为 α、β 的估计值。由此得到实证检验的判断标准：若 $\hat{\alpha}=\alpha$、$\hat{\beta}=\beta$，则实际分配过程遵循边际生产力原则，要素分配论得到证实，否则得不到证实。

用于实证检验的数据均来自美国商务部经济分析局（U. S Department of Commerce BEA）。产业分类采用的是 1987 年分类标准（1987 SIC basis），按此标准，美国制造业被分为 21 个产业部门。进行实证检验的是美国制造业，样本期是在数据上真正具有完整性和统一性的 1987—2001 年。从国民核算角度看，美国制造业总产出 GDP 由劳动补偿（COMP）、间接税和非税义务（IBT）、财产收入（PTI）构成。COMP 为劳动报酬，IBT＋PTI 为资本报酬。IBT＋PTI－CCA（资本消耗补偿）得到资本净报酬，COMP＋IBT＋PTI－CCA＝NGDP 即国内生产净值。显然，用 NGDP 对要素分配论进行实证较 GDP 更为合理。用于实证检验的资本采用私人固定资产净股本（Current-Cost Net Stock of Private Fixed Assets），劳动为就业人数。$\hat{\alpha}$ 和 $\hat{\beta}$ 通过最小二乘法求得。α、β、$\hat{\alpha}$、$\hat{\beta}$ 以及检验量 $t(\hat{\alpha})$、$t(\hat{\beta})$、R^2、R^2_{adj}、F 和 D-W 值见表 1。α、β、$\hat{\alpha}$ 和 $\hat{\beta}$ 被绘制成图 1。其中 KS 和 LS 是资本报酬和劳动报酬的实际值，KL 和 LL 是资本报酬和劳动报酬的理论值。

表1 1987—2001 年美国制造业生产函数参数估计

时间	α	β	$\hat{a}$	$\hat{\beta}$	$t(\hat{a})$	$t(\hat{\beta})$	R^2	R^2_{adj}	F	DW
1987	0.2136	0.7864	0.4216	0.4419	6.2741	5.7303	0.9112	0.9013	92.3429	2.1576
1988	0.2415	0.7585	0.4968	0.3467	7.6109	4.6517	0.9167	0.9074	99.0099	2.1707
1989	0.2445	0.7555	0.4719	0.3734	7.0327	4.8973	0.9129	0.9033	94.3851	2.3060
1990	0.2423	0.7577	0.4683	0.3572	6.2740	4.1930	0.8939	0.8821	75.8502	2.1871
1991	0.2348	0.7652	0.4289	0.3883	5.2120	4.0803	0.8717	0.8575	61.1616	2.1094
1992	0.2284	0.7716	0.4216	0.3878	5.6217	4.4497	0.8886	0.8762	71.7872	1.7702
1993	0.2338	0.7662	0.4501	0.3899	6.5435	4.9179	0.9103	0.9004	91.3792	1.9706
1994	0.2543	0.7457	0.4626	0.3887	6.2211	4.6141	0.9013	0.8903	82.1849	2.1618
1995	0.2736	0.7264	0.4762	0.3517	6.1688	4.0594	0.8939	0.8821	75.7890	2.1519
1996	0.2687	0.7313	0.4890	0.3697	6.2035	4.2082	0.9001	0.8890	81.0826	2.2882
1997	0.2745	0.7255	0.4846	0.3662	5.9687	4.0867	0.8966	0.8851	78.0025	2.3186
1998	0.2626	0.7374	0.4771	0.3613	5.5498	3.8352	0.8865	0.8739	70.3105	2.3071
1999	0.2698	0.7302	0.4912	0.3405	5.0646	3.2549	0.8649	0.8498	57.5985	2.1660
2000	0.2528	0.7472	0.5213	0.2719	5.0907	2.4947	0.8490	0.8322	50.5883	2.1710
2001	0.2137	0.7863	0.5186	0.2556	4.7947	2.2233	0.8369	0.8187	46.1685	2.1364

注：α—资本报酬份额实际值，β—劳动报酬份额实际值，$\hat{a}$—资本报酬份额理论值，$\hat{\beta}$—劳动报酬份额理论值。原始数据来源：美国商务部经济分析局（U. S Depart-ment of Commerce BEA）。

报酬份额

报酬份额

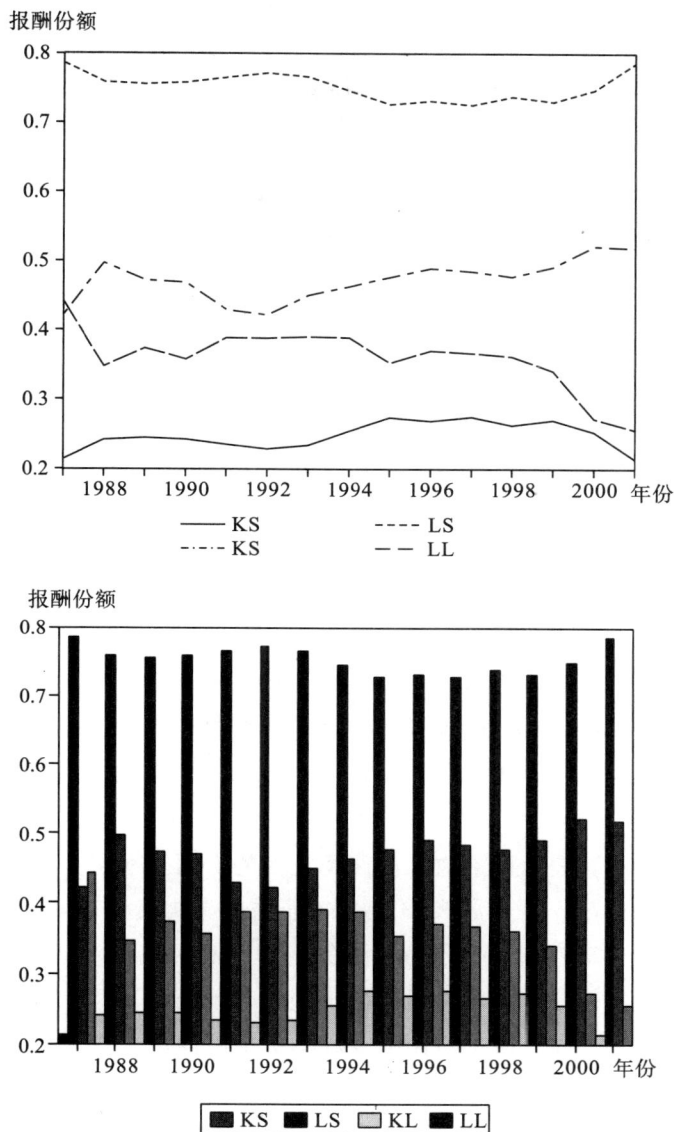

图 1 资本份额、劳动份额的理论值与实际值

由表 1 可知，本文采用的回归模型具有令人满意的性质，可以用作实证分析。根据表 1，在样本期，资本报酬占制造业产出（GDP）的比重 α 明显小于其估计值 $\hat{\alpha}$，劳动报酬占制造业产出的比重 β 则明显高于其估计值 $\hat{\beta}$。由于产出 Q、资本 K、劳动 L 和价格 P 为已知，且 $\alpha < \hat{\alpha}$，$\beta > \hat{\beta}$，因此资本的边际产出小于按生产函数估计的理论值，劳动的边际产出则高于其理论值。据此可以断定，在样本期，美国制造业的要素收入与要素的边际生产力无关，从而，实际的收入分配过程并不遵循所谓边际生产力原则，要素分配论没有得到证实。

本文以美国制造业为例所做的实证检验表明，要素分配论是不能成立的，至少是不能被证实的。本文的结论并不是孤立的。

丁伯根（1991）曾采用 $C-D$ 生产函数对美国各州及以哥伦比亚特区 1959 年和日本 47 个县 1975 年的收入分配进行过经验研究。丁伯根的研究目的之一是要说明各种劳动力、特别是管理人员的收入是否由市场决定。为此，丁伯根在研究中将劳动力细分为专门职业者和技术人员（包括类似人员）、管理人员（包括行政官员、业主）、白领工人和蓝领工人、农业经营者和农业工人等五类。丁伯根的结论是，收入根本不是由市场决定的，除专门职业者和技术人员的收入与估计值大体接近外，其余人员的收入要么明显低于估计值（白领工人），要么明显高于估计值（管理人员类、蓝领工人、农业经营者和农业工人）。据此，丁伯根认为应当否定柯布－道格拉斯方法，即使作为一种备用方法也应当否定。

按照要素分配论，要素收入取决于要素的边际生产力，而要素的边际生产力则由市场竞争决定。按要素边际生产力分配也就是由市场决定收入分配。由于柯布－道格拉斯生产函数是用来分解和确定要素边际生产力的普遍方法，因此，丁伯根的经验研究及其结论实际上否定了要素分配论，即用要素分配论无法解释现实的收入分配过程。

正由于收入分配并不遵循要素边际生产力原则，因此，格达穆（1995）在研究美国、英国和加拿大的要素分配时采用的是如下逻辑斯蒂模型以适应描述具有不同变化趋势的要素收入份额：

$$\mu_i(y) = a + b(1 + py^{-c})^{-1}, \quad y > 0$$
$$(a, c, p) > 0, b \text{ 为实数}$$

其中 y 为劳动生产率，μ 表示要素收入占国民收入的份额。不同要素收入份额的变化趋势由经验研究得出的参数 a、b、c 和 P 决定，而与要素边际生产力无关。格达穆发现，在实际经济进程中，劳动收入所占份额作为经济增长和国民经济技术结构的一种功能，具有规律性和持久性特征，呈现着清晰的增长趋势，而资产收入所占份额则呈现出平缓的减少趋势。同时，劳动收入所占份额的变动具有反周期性，资本收入所占份额（公司税前利润）的变动则具有超周期性。格达穆的发现是边际生产力分配理论即要素分配论所无法解释的，这也正是格达穆采用逻辑斯蒂模型的根本原因。

格达穆特别强调，要对劳动收入份额与资产收入份额变动的这种趋势做出详尽解释，就不仅要求经济学的，而且要求社会学和政治学的分析，从而要求一种实在的多学科研究。格达穆认为，理论和经验的要素收入类型缺乏一致性，致使对收入分配可择性理论的有效性难以做出估价。这显然是一个困难。但是，那些建立在社会阶级和生产要素所有权间明确关系基础上的理论，如马克思主义理论，这个困难得以解决。显然，格达穆的研究同样是对要素分配论即边际生产力分配理论的否定。

五、结论

要素分配论在理论上不能自圆其说，在实证上得不到经验支持。因此，要素分配论所提供的分配原理并不是如一些近期文献所认为的那样是市场经济的分配规律。相反，要素分配论只不过是内生于新古典主义分析框架的一种意识形态，充其量不过是一个无法实证的理论假说。

要素分配论将收入分配看作是人与物、物与物的自然关系和单纯的数量关系，否定收入分配是制度结构内生的社会关系。因此，要素分配论是一种脱离真实世界的分配理论。

要素分配论源于"斯密教条"，是"斯密教条"的精致化。"斯密教条"的突出特征是混淆价值创造与价值分配，将要素得到的价值份额看作就是要素所创造的价值份额（马克思，1975）。要素分配论只不过是在边际概念下将"斯密教条"数学化从而精致化，因此，马克思对"斯密教条"的批评同样适用于要素分配论。

参考文献

奥斯特，沙伦，2004. 现代竞争分析 [M]. 张志奇，李强，陈海威，译. 北京：中国人民大学出版社.

白暴力，2002. 劳动价值理论热点问题 [M]. 北京：经济科学出版社.

白暴力，2006. 价值价格通论 [M]. 北京：经济科学出版社.

布兰查德，奥利维尔，费希尔，斯坦利，1992. 宏观经济学 [M]. 刘树成，沈利生，钟学义，等译. 北京：经济科学出版社.

布雷弗曼，哈里，1979. 劳动与垄断资本 [M]. 方生，等译. 北京：商务印书馆.

布留明，1983. 政治经济学中的主观学派 [M]. 张奔流，黄道南，译. 北京：人民出版社.

蔡继明，2001. 从狭义价值论到广义价值论 [M]. 上海：格致出版社.

陈岱孙，1981. 从古典学派到马克思 [M]. 上海：上海人民出版社.

陈其人，2001. 关于绝对地租理论的几个问题 [J]. 当代经济研究（1）.

程恩富，2007. 现代政治经济学创新 [M]. 上海：世纪出版集团上海人民出版社.

程恩富，齐新宇，1999. 重建中国经济学的若干基本问题 [J]. 财经研究（7）.

戴达远，2000. 马克思主义经济理论 [M]. 北京：经济管理出版社.

德姆塞茨，1999. 所有权、控制与企业——论经济活动的组织 [M]. 段毅才，等译. 北京：经济科学出版社.

丁堡骏，2005. 马克思劳动价值理论与当代现实 [M]. 北京：经济科学出版社.

丁伯根，1991. 生产、收入与福利 [M]. 北京：北京经济学院出版社.

丁晓钦，余斌，2008. 马克思主义经济学研究中的数学应用问题 [J]. 学习与探索（3）.

董辅礽，1980. 社会主义再生产的国民收入问题 [M]. 北京：生活·读书·新知三联书店.

董正华，2005. 关于现代农业发展的两个理论问题 [J]. 科学与现代化（5）.

多马，1983. 经济增长理论 [M]. 郭家麟，译. 北京：商务印书馆.

费尔德曼，1928. 关于国民收入增长理论 [J]. 计划经济（11）.

弗罗门，2003. 经济演化 [M]. 北京：经济科学出版社.

富布鲁克，爱德华，2004. 经济学的危机——经济学改革国际运动最初 600 天 [M]. 贾根良，刘辉锋，译. 北京：高等教育出版社.

高峰，1991. 资本积累理论与现代资本主义 [M]. 天津：南开大学出版社.

高峰，2014. 资本积累理论与现代资本主义：[M]. 第 2 版. 北京：社会科学文献出版社.

高鸿业，等，2000. 研究生用西方经济学 [M]. 李振明，刘社建，齐柳明，译. 北京：经济科学出版社.

高伟，2009. 中国国民收入和利润率的再估算［M］. 北京：中国人民大学出版社.

格达穆，1995. 加拿大、美国和英国的要素分配［M］//阿西马科洛斯. 收入分配理论. 北京：商务印书馆.

格罗，泽夫·B. 奥泽奇，2012. 马克思利润率下降理论中的技术进步和价值：一个注解［J］. 张开，译. 政治经济学评论（4）：186-207.

葛亮，1985. 当代资本有机构成的实际计算及其提高趋势的分析［J］. 世界经济（10）：19-29.

弓孟谦，2004. 资本运行论——《资本论》与市场经济研究［M］. 第2版. 北京：北京大学出版社.

洪银兴，2005.《资本论》的现代解析［M］. 北京：经济科学出版社.

洪远朋，2002. 经济理论比较研究［M］. 上海：复旦大学出版社.

霍华德，等，2003. 马克思主义经济学史1929-1990［M］. 顾海良，张新，等译. 北京：中央编译出版社.

霍华德，金，2014. 马克思主义经济学史［M］. 北京：中央编译出版社：130-144.

卡莱斯基，米哈尔，1988. 社会主义经济增长理论导论［M］. 符钢战，译. 上海：生活·读书·新知三联书店上海分店.

康托洛维奇，1984. 最优化规划论文集［M］. 王铁生，译. 北京：商务印书馆.

克拉克，1983. 财富的分配［M］. 北京：商务印书馆.

克莱因，2000. 经济理论与经济计量学［M］. 沈利生，等译. 北京：首都经济贸易大学出版社.

兰格，1980. 经济计量学导论［M］. 袁镇岳，林克明，译. 黄良文，校订. 北京：中国社会科学出版社.

兰格，1981. 经济控制论导论［M］. 杨小凯，郁鸿胜，译. 王宏昌，校. 北京：中国社会科学出版社.

李帮喜，王生升，裴宏，2016. 置盐定理与利润率趋向下降规律：数理结构、争论与反思［J］. 清华大学学报（哲学社会科学版）（4）：178-186.

李海明，2014. 一个古典-马克思经济增长模型的中国经验［J］. 经济研究（11）：159-169.

李鸥，2006.《资本论》量化分析方法探析［J］. 马克思主义研究（6）.

里昂惕夫，1980. 投入产出经济学［M］. 崔书香，译. 北京：商务印书馆.

林岗，2007. 马克思主义与经济学［M］. 北京：经济科学出版社.

刘国光，1980. 社会主义再生产问题［M］. 北京：生活·读书·新知三联书店.

柳欣，1994. 资本理论［M］. 西安：陕西人民出版社.

卢森堡，1959. 资本积累论［M］. 福民，等译. 北京：生活·读书·新知三联书店.

骆桢，2010. 对"置盐定理"的批判性考察［J］. 经济学动态（6）：120-124.

骆桢，2011. 经济增长与波动理论的综述与批判：基于"资本积累"的视角［J］. 兰州学刊（5）：24-30.

马健行，郭继严，1983.《资本论》创作史［M］. 济南：山东人民出版社.

马克思，1975. 剩余价值理论：第1-3册［M］. 北京：人民出版社.

马克思，2004. 资本论：第1卷［M］. 北京，人民出版社.

马克思，2004. 资本论：第2卷［M］. 北京，人民出版社.

马克思，2004. 资本论：第3卷［M］. 北京，人民出版社.

马克思，恩格斯，1972. 马克思恩格斯全集：第 26 卷 [M]. 北京：人民出版社.

马克思，恩格斯，1979. 马克思恩格斯全集：第 46 卷 [M]. 北京：人民出版社.

马克思，恩格斯，1982. 马克思恩格斯全集：第 44 卷 [M]. 北京：人民出版社.

马克思，恩格斯，1985. 马克思恩格斯全集：第 48 卷 [M]. 北京：人民出版社.

马艳，2007. 论现代政治经济学数理逻辑表达与创新的重要价值 [J]. 教学与研究（7）.

马艳，程恩富，2002. 马克思"商品价值量与劳动生产率变动规律"新探 [J]. 财经研究（12）.

孟捷，2001. 产品创新：一个马克思主义经济学的解释 [J]. 当代经济研究（3）.

孟捷，2001. 马克思主义经济学的创造性转化 [M]. 北京：经济科学出版社.

孟捷，2004. 劳动价值论与资本主义再生产中的不确定性 [J]. 中国社会科学（3）：4—16.

孟捷，2005. 技术创新与超额利润的来源：基于劳动价值论的各种解释 [J]. 中国社会科学（5）.

孟捷，2011. 劳动生产率与单位时间创造的价值量成正比：一个简史 [J]. 经济学动态（6）.

孟捷，2011. 劳动与资本在价值创造中的正和关系研究 [J]. 经济研究（4）.

孟捷，冯金华，2015. 部门内企业的代谢竞争与价值规律的实现形式 [J]. 经济研究（1）：23—37.

孟捷，李亚伟，2014. 韦斯科普夫对利润率动态的研究及其局限 [J]. 当代经济研究（1）.

明兹，布，1988. 现代政治经济学——原则 公理 论断 [M]. 许木兰，李惠华，王砚，等译校. 北京：东方出版社.

莫依谢延科，波波夫，1988. 政治经济学中的数学 [M]. 张仁德，乔葆和，译. 天津：南开大学出版社.

涅姆钦诺夫，1981. 经济数学方法和模型 [M]. 乌家培，张守一，译. 北京：商务印书馆.

潘石，2008. 数学化：中国政治经济学现代化的误区 [J]. 经济学家（2）.

裴宏，李帮喜，2016. 置盐定理反驳了利润率趋向下降规律吗？[J]. 政治经济学评论，7（2）：83—99.

齐昊. 马克思主义的不平等交换理论与中国对外贸易的现实 [M] //柳欣，张宇，2008. 政治经济学评论（2008 卷第 1 辑），北京：中国人民大学出版社，（13）1：64—85.

斯密，1983. 国民财富的性质和原因的研究：上 [M]. 北京：商务印书馆：26.

斯特鲁米林，1962. 最优比例问题 [J]. 计划经济（6）.

斯威齐，1997. 资本主义发展论 [M]. 陈观烈，秦亚男，译. 北京：商务印书馆：119—126.

斯威齐，2006. 资本主义发展论 [M]. 北京：商务印书馆：304—305.

宋涛，1988.《资本论》辞典 [Z]. 济南：山东人民出版社.

宋则行，1997. 马克思经济理论再认识 [M]. 北京：经济科学出版社.

王智强，2011. 按照马克思的思想研究"置盐定理"[J]. 当代经济研究（9）：47—54.

韦斯科普夫，1984. 马克思主义的危机理论和战后美国经济中的利润率 [A] //外国经济学说研究会. 现代国外经济学论文集（第六辑）[C]. 北京：商务印书馆：159—203.

吴易风，2001. 马克思主义经济学与西方经济 [M]. 北京：经济科学出版社.

吴易风，2003. 经济增长理论的历史辨析 [J]. 学术月刊（2）.

希法亭，1994. 金融资本——资本主义最新发展的研究 [M]. 彭尘舜，吴纪先，译. 北京：商务印书馆.

谢富胜，李安，2010. 国外学者对马克思国际价值理论的新探讨 [J]. 中国人民大学学报（2）：

78—86.

谢富胜，李安，2011. 美国实体经济的利润率动态：1975—2008 [J]. 中国人民大学学报（2）：81—91.

谢富胜，李安，朱安东，2010. 马克思主义危机理论和1975—2008年美国经济的利润率 [J]. 中国社会科学，（5）：65—82。

谢克，2014. 21世纪的第一次大萧条 [J]. 当代经济研究（1）：24—31.

熊彼特，1990. 经济发展理论：对于利润、资本、信贷、利息和经济周期的考察 [M]. 何畏，等译. 北京：商务印书馆.

盐泽由典，1982. 经济学的四个理论问题 [J]. 经济讨论（5）.

盐泽由典，1984. 数理经济学基础 [M]. 张强，宋学方，刘伯德，译. 李锡忠，张维谦，校. 杭州：浙江人民出版社.

伊曼纽尔，1988. 不平等交换 [M]. 文贯中，等译，北京：中国对外经济贸易出版社.

伊特韦尔，等，1992. 新帕尔格雷夫经济学大辞典：第1卷 [Z]. 北京：经济科学出版社.

袁葵荪，2009. 经济发展的基本模式——经济学的现代基础 [M]. 北京：中国人民大学出版社.

张衔，1987. 马克思五部门联系平衡表：数学模型和理论意义 [C] //马克思社会总资本再生产理论具体化新探工作论文.

张熏华，1993.《资本论》中的数量分析 [M]. 济南：山东人民出版社.

张宇，柳欣，2005. 论马克思主义经济学的分析范式 [M]. 北京：经济科学出版社.

张忠任，2011. 劳动生产率与价值量关系的微观法则和宏观特征 [J]. 政治经济学评论（2）.

赵峰，姬旭辉，冯志轩，2012. 国民收入核算的政治经济学方法及其在中国的应用 [J]. 马克思主义研究（8）：64—73.

中川信义，2003. "不等价交换"与国际价值论——对阿格里·伊曼纽尔、萨米尔·阿明、克里斯蒂安·帕卢瓦的"不等价交换论"之批判 [J]. 张开玫，译. 经济资料译丛（3）：12—20.

钟契夫，1987. 投入产出分析 [M]. 北京：中国财政经济出版社.

朱奎，2006. 等价交换中的不平等问题研究 [J]. 学习与探索（5）：209—212.

AGLIETTA M, 1987. A Theory of Capitalist Regulation [M]. London and New York, Verso.

ALBERRO J, PERSKY J, 1979. The simple analytics of falling profit rate, Okishio's theorem and fixed capital [J]. Review of Radical Political Economics（11）：37—41.

ALBERRO J, PERSKY J, 1981. The dynamics of fixed capital revalution and scrapping [J]. Review of Radical Political Economics，（13）2：32—37.

BAHCE S, ERES B, 2013. Competing paradigms of competition: evidence from the Turkish manu-facturing industry [J]. Review of Radical Political Economics，45（2）：201—224.

BAHCES, ERES B, 2014. Components of differential profitability in a classical/Marxian theory of competition: a case study of Turkish manufacturing [C] // Moudud J K, Bina C, Mason P L. Alternative Theories of Competition: Challenges to Orthodoxy. New York: Routledge: 229—266.

BAKIR E, 2014. Capital Accumulation, Profitability, and Crisis: Neoliberalism in the United States [J/OL]［2014—08—21］. Review of Radical Political Economics：1—23.

BAKIR E, CAMPBELL A, 2006. The Effect of Neoliberalism on the Fall in the Rate of Profit in Business Cycles [J]. Review of Radical Political Economics (38): 365—373.

BAKIR E, CAMPBELL A, 2006. The Effect of Neoliberalism on the Fall in the Rate of Profit in Business Cycles [J]. Review of Radical Political Economics (38): 365—373.

BIDARD C, 1988. The falling rate of profit and joint production [J]. Cambridge Journal of Economics (12): 355—360.

BORTKIEWICZ L Von, 1952. 1907, Value and Price in the Marxian System. Translated from German by J. Kahane [J]. International Economic Papers (2): 73—74.

BORTKIEWICZ V, 1952. 1906—1907, Value and price in the Marxian System [M] // International Economic Papers, No. 2. London and New York: Macmillan.

BORTKIEWICZ V, 1952. 1907, On the Correction of Marx's Fundamental Theoretical Construction in the Third Volume of Capital [M] // International Economic Papers, No. 2. London and New York: Macmillan.

BOWLES S, 1981. Technical change and the profit rate: a simple proof of the Okishio Theorem [J]. Cambridge Journal of Economics (5): 183—186.

BOWLES S, EDWARDS R, 1985. Understanding Capitalism: Competition, Command, and Change in the U. S. Economy [M]. New York: Harper & Row Publishers.

BOWLES S, EDWARDS R, ROOSEVELT F, 2005. Understanding Capitalism: Competition, Command, and Change [M]. 3th ed. Oxford: Oxford University Press.

BOWLES S, GORDON D M, WEISSKOPF T E, 1983. Hearts and Minds: A Social Model of U. S. Productivity Growth [J]. Brookings Papers on Economic Activity (2): 381—441.

BOWLES S, GORDON D M, WEISSKOPF T E, 1986. Power and Profits: the Social Structure of Accumulation and the Profitability of the Postwar U. S. Economy [J]. Review of Radical Political Econonmics, 18 (1/2): 132—167.

BOWLES S, GORDON D M, WEISSKOPF T E, 1989. Business Ascendancy and Economic Impasse: A Structural Retrospective on Conservative Economics, 1979—87 [J]. Journal of Economic Perspectives, 3 (1): 107—134.

BOWLES S, GORDON D M, WEISSKOPF T E, 1990. After the Waste Land: A Democratic Economics For Year 2000 [M]. New York: M. E. Sharpe, Inc.

BRENNER R, 2006. The Economics of Global Turbulence [M]. London & New York: Verso: 345—347.

BRENNER R, 2006. The Economics of Global Turbulence [M]. London and New York: Verso: 13—26.

CARCHEDI G, ROBERTS M, 2013. A Critique of Heinrich's 'Crisis Theory, the Law of the Tendency of the Profit Rate to Fall, and Marx's Studies in the 1870s' [J/OL] [2014—06—07] http: // monthlyreview. org/commentary/critique—heinrichs—crisis—theory—law—tendency—profit—rate—fall—marxs—studies—1870s.

COCKSHOTT W P, COTTRELL A, 2003. A note on the organic composition of capital and profit rates [J]. Cambridge Journal of Economics, 27 (5): 749—754.

CRONIN B, 2001. Productive and unproductive capital: A mapping of the New Zealand system of national accounts to classical economic categories, 1972—1995 [J]. Review of Political Economy, 13 (3): 310—327.

Cámara, SERGIO, 2013. The Cyclical Decline of the Profit Rate as the Cause of Crises in the United States (1947—2011) [J]. Review of Radical Political Economics, 45 (4): 463—471.

Cámara, SERGIO, 2013. The Cyclical Decline of the Profit Rate as the Cause of Crises in the United States (1947—2011) [J]. Review of Radical Political Economics, online first version of record (13).

DICKINSON H D, 1957. The falling rate of profit In Marxian economics [J]. Review of Economic Studies, 24 (2): 120—130.

DUMENIL G, LEVY D, 2011. The Crisis of the Early 21st Century: A Critical Review of Alternative Interpretations [J]. Preliminary draft: 1—48.

Duménil G, Lévy D, 2002. The field of capital mobility and the gravitation of profit rates (USA 1948—2000) [J]. Review of Radical Political Economics (34): 417—36.

Duménil G, Lévy D, 2012. Is the IROR a plausible approximation of the profit rate on regulating capital? [EB/OL]. [2014—03—10]. http: //www. jourdan. ens. fr/levy/dle2012m. pdf.

FOLEY D K, MICHL T R, 1999. Growth and distribution [M]. Boston: Harvard University Press.

FREEMAN A, CARCHEDI G, et al., 1996. Marx and Non—Equilibrium Economics [M]. Edward Elgar Publishing Company.

FREEMAN C, SOETE L, 1997. The economics of industrial innovation [M]. 3rd ed. London: Routledge.

GILLMAN J M, 1957. The Falling Rate of Profit [M]. London: Dennis Dobson: 33—85.

GORDON DM, 1996. Fat and Mean: the Corporate Squeeze of Working Americans and the Myth of Managerial "Downsizing" [M]. New York: the Free Press.

GROSSMANNH, 1929. Law of the Accumulation and Breakdown [M/OL]. [2018—06—12] http: //www. marxists. org/archive/grossman/1929/breakdown/index. htm.

HAHNEL R, SHERMAN H, 1982. Income Distribution and the Business Cycle: Three Conflicting Hypotheses [J]. Journal of Economic Issues, 16 (1): 56.

HAHNEL R, SHERMAN H, 1982. The rate of profit over the business cycle [J]. Cambridge Journal of Economics (6): 185—194.

HAHNEL R, SHERMAN H, 1982. The rate of profit over the business cycle [J]. Cambridge Journal of Economics (6): 185—194.

HEINRICH M, 2013a. Crisis Theory, the Law of the Tendency of the Profit Rate to Fall, and Marx's Studies in the 1870s [J/OL]. Monthly Review [2014—05—18]. http: //monthlyreview. org/2013/04/01/crisis—theory—the—law—of—the—tendency—of—the—profit—rate—to—fall—and—marxs—studies—in—the—1870s.

HEINRICH M, 2013b. Heinrich Answers Critics [J/OL]. [2014—06—07]. http: //monthlyreview. org/commentary/heinrich—answers—critics.

HENLEY A, 1987. Labour's Shares and Profitability Crisis in the US: Recent Experience and Post—

war Trends [J]. Cambridge Journal of Economics (11): 315—330.

HENLEY A, 1987. Labour's Shares and Profitability Crisis in the US: Recent Experience and Post—war Trends [J]. Cambridge Journal of Economics (11): 315—330.

JOHN E. ROEMER, 1981. Analytical foundations of Marxian economic theory [M]. Cambridge: Cambridge University Press.

KLIMAN A J, 1997. The Okishio Theorem: an obituary [J]. Review of Radical Political Economics, 29 (3): 233—2.

KLIMAN A, 2011. Value and Crisis: Bichler and Nitzan versus Marx [J]. Journal of Critical Globalisation Studies, Issue 4: 85—87.

KLIMAN A, 2012. The Failure of Capitalist Production [M]. London: Pluto Press: 110—122.

KLIMAN A, FREEMAN A, POTTS N, et al., 2013. The Unmaking of Marx's Capital: Heinrich's Attempt to Eliminate Marx's Crisis Theory [M/OL]. [2013—07—22]. http: //ssrn. com/abstract =2294134 or http: //dx. doi. org/10. 2139/ssrn. 2294134.

LIPIETZA, 1986. Behind the Crisis—the Exhaustion of A Regime of Accumulation. A 'regulation' school perspective on some French empirical works [J]. Review of Radical political Economics, 18 (1/2): 13—32.

MAGE S, 1963. The law of the falling tendency of the rate of profit [D]. New York: Columbia University.

MAGE S, 1963. The "Law of the Falling Tendency of the Rate of Profit": Its Place in the Marxian Theoretical System and Relevance to the U. S. Economy [D]. New York: Columbia University.

MAGE S, 2013. Response to Heinrich—In Defense of Marx's Law [J/OL]. [2014—06—07]: http: //monthlyreview. org/commentary/response—heinrich—defense—marxs—law.

MANDEL E, 1975. Late Capitalism [M]. Thetford: the Thetford Press Limited.

Maniatis T, 2005. Marxian macroeconomic categories in the Greek economy [J]. Review of Radical Political Economics, 37 (4): 494—516.

MARGLINS A , 1974. What do bosses do: the origins and functions of hierarchy in capitalist production [J]. The review of radical political economics, 6 (2): 60—112.

MARX K, 1990. Capital: A critique of political economy: Vol. I? [M]. London: Penguin Publishing House.

MICHIO MORISHIMA, 1973. Marx's Economics [M]. Cambridge: Cambridge University Press.

MICHL T, 1988. The Two—Stage Decline in US Nonfinancial Corporate Profitability, 1948—1986 [J]. Review of Radical Political Economics, 20, (4): 1—22.

MICHLl T, 1988. The Two—Stage Decline in US Nonfinancial Corporate Profitability, 1948—1986 [J]. Review of Radical Political Economics, 20 (4): 1—22.

MONGIOVI G, 2002. Vulgar economy in Marxian grab: a critique of temporal single system Marxism [J]. Review of Radical Political Economics, (34) 4: 393—416.

MOSELEY F, 1985. The rate of surplus value in the postwar US economy: a critique of Weisskopf's estimates [J]. Cambridge Journal of Economics (9): 57—79.

MOSELEY F, 1988. The Rate of Surplus Value, the Organic Composition, and the General Rate of

Profit in the U. S. Economy, 1947—67: A Critique and Update of Wolff's Estimates [J]. American Economic Review, 78 (1): 298—303.

MUELLERD, 1986. Profits in the Long Run [M]. Cambridge: Cambridge University Press: 8—32.

MUNLEY F, 1981. Wages, salaries, and the profit share: a reassessment of the evidence [J]. Cambridge Journal of Economics (5): 159—173.

NAKATANI T, 2005. On the definition of values and the rates of profit: simultaneous or temporal [J]. Kobe University Economic Review (5): 1—9.

OKISHIO N, 1961. Technical changes and the rate of profit [J]. Kobe University Economic Review (7): 85—99.

OKISHIO N, 1961. Technical changes and the rate of profit [J]. Kobe University Economic Review (7): 85—99.

PAITARIDIS D L, TSOULFIDIS, 2012. The Growth of Unproductive Activities, the Rate of Profit, and the Phase—Change of the U. S. Economy [J]. Review of Radical Political Economics, 44 (2): 213—233.

PEREZ C, 2002. Technological revolutions and financial capital: the dynamics of bubbles and golden ages [M]. Cheltenham: Edward Elgar Publishing House.

ROBINSON J, 1966. An Essay on Marxian Economics [M]. 2th ed. London and Basingstoke: THE MACMILLAN PRESS LTD: 35—42.

ROEMER J E, 1979. Continuing controversy on the falling rate of profit: fixed capital and other issues [J]. Cambridge Journal of Economics (3): 379—398.

ROSDOLSKY R, 1977. The Making of Marx's 'Capital' [M]. Tran. Pete Burgess. London: Pluto Press Limited: 376—382, 398—411.

SALVADORI N, 1981. Falling rate of profit with a constant Real Wage: an example [J]. Cambridge Journal of Economics (5): 59—66.

SAMUELSON P A, 1957. Wages and interest: a modern dissection of Marxian economic models [J]. American Economic Review, (47) 10: 884—912.

SARICH J, HECHT J, 2014. Are mega—corps competitive? Some empirical tests of business competition [C] //Moudud J K, Bina C, Mason P L. Alternative Theories of Competition: Challenges to Orthodoxy. New York: Routledge: 298—324.

SCHEFOLD B, 1976. Different Forms of Technical Progress [J]. The Economic Journal, 86 (344): 806—819.

SCHOER K, 1976. Natalie Moszkowska and the falling rate of profit [J]. New Left Review (5): 92—96.

SCHOER K, 1976. Natalie Moszkowska and the Falling Rate of Profit [J]. New Left Review (95): 92—96.

SCHOER K, 1976. NatalieMoszkowska and the Falling Rate of Profit [J]. New Left Review (95): 92—96.

SHAIKH A，1978. Political economy and capitalism: notes on Dobb's theory of crisis [J]. Cambridge Journal of Economics (2): 233—251.

SHAIKH A，1979. Foreign trade and the law of value, Part 1 [J]. Science & Society (43): 281—302.

SHAIKH A，1982. Neo—Ricardian economics: a wealth of algebra, a poverty of theory [J]. Review of Radical Political Economics, 14 (2): 67—83.

SHAIKH A，1987a. Organic Composition of Capital [M] //J. Eatwell, M. Milgate, P. Newman. The New Palgrave: A Dictionary of Economic Theory and Doctrine. London: Macmillan Press: 304—309.

SHAIKH A，1987b. The Falling Rate of Profit and the Economic Crisis in the U. S. [M] // Robert Cherry, et al. The Imperiled Economy: 1, Union for Radical Political Economy: 115—126.

SHAIKH A，1992. The Falling Rate of Profit as the Cause of Long Waves: Theory and Empirical Evidence [M] // A. Kleinknecht, E. Mandel, I. Wallerstein. New Findings in Long Wave Research. London: Macmillan Press: 174—202.

SHAIKH A，1997. The stock market and the corporate sector: a profit—based approach [C] //Arestis P, Palma G, Sawyer M. Markets, Unemployment and Economic Policy: Essays in Honour of Geoff Harcourt. Volume Two. London: Routledge: 389—404.

SHAIKH A，1999. Explaining the Global Economic Crisis: A Critique of Brenner [J]. Historical Materialism (5): 103—44.

SHAIKH A，1999. Explaining the Global Economic Crisis [J]. Historical Materialism, 5 (1): 105—108.

SHAIKH A，1999. Explaining the Global Economic Crisis [J]. Historical Materialism, 5 (1): 105—108.

SHAIKH A，2008. Competition and industrial rates of return [C] // Arestis P, Eatwell J. Issues in Finance and Industry: Essays in Honour of Ajit Singh. New York: Palgrave: 167—194.

SHAIKH A，2016. Capitalism: Competition, Conflict, Crises [M]. New York: Oxford University Press.

SHAIKH A，2016. Capitalism: Competition, Conflict, Crises [M]. New York: Oxford University Press: 259—272.

SHAIKH A，E. TONAK，1994. Measuring the Wealth of Nations: The Political Economy of National Accounts [M]. Cambridge: Cambridge University Press.

SHAIKH A，J. MOUDUD，2004. Measuring Capacity Utilization in OECD Countries: A Cointegration Method [Z]. Working Paper No. 415, The Jerome Levy Economics Institute of Bard College.

SHAIKH A，TONAK，E，1994. Measuring the Wealth of Nations [M]. New York: Cambridge University Press: 1—151.

SINHA A，2014. On Marx's Law of the Falling Rate of Profit: Disentangling Some Entangled Variables [J]. Review of Radical Political Economics, 46 (2): 184—189.

SWEEZY P，1942. The Theory of Capitalist Development [M]. New York: Monthly Review Press:

101—104.

TESCARI S, VAONA A, 2014. Regulating rates of return do gravitate in US manufacturing! [J]. Metroeconomica, 65 (3): 377—396.

TSOULFIDIS L, TSALIKI P, 2005. Marxian theory of competition and the concept of regulating capital: evidence from Greek manufacturing [J]. Review of Radical Political Economics (37): 5—22.

TSOULFIDIS L, TSALIKI P, 2014. Classical competition and regulating capital: theory and empirical evidence [C] // Moudud J K, Bina C, Mason P L. Alternative Theories of Competition: Challenges to Orthodoxy. New York: Routledge: 267—297.

U. S. Department of Agriculture, 2004. United States Summary and State Data [DB]. 2002 Census of Agriculture, Issued.

VAONA A, 2011. An empirical investigation into the gravitation and convergence of industry return rates in OECD countries [J]. International Review of Applied Economics, 25 (4): 465—502.

VAONA A, 2012. Further econometric evidence on the gravitation and convergence of industrial rates of return on regulating capital [J]. Journal of Post Keynesian Economics (35): 113—136.

VAONA A, 2013. Twenty—two econometric tests on the gravitation and convergence of industrial rates of return in New Zealand and Taiwan [J]. International Review of Applied Economics, 27 (5): 597—611.

VON BORTKIEWICZ L, 1952. Value and price in the Marxian system [J]. 1907. translated from German by J. Kahane. International Economic Papers (2): 36—51.

WEISSKOPF T, 1979. Marxian crisis theory and the rate of profit in the postwar US economy [J]. Cambridge Journal of Economics (3).

WEISSKOPF T, 1979. Marxian crisis theory and the rate of profit in the postwar US economy [J]. Cambridge Journal of Economics (3): 341—378.

WEISSKOPF T, 1981. Wages, salaries, and the profit share: a rejoinder [J]. Cambridge Journal of Economics (5): 175—182.

WEISSKOPF T, 1985. The rate of surplus value in the postwar US economy: a response to Moseley's critique [J]. Cambridge Journal of Economics (9): 81—84.

WOLFF E N, 1975. The Rate of Surplus Value in Puerto Rico: Journal of Political Economy (83): 935—949.

WOLFF E N, 1979. The Rate of Surplus Value, the Organic Composition, and the General Rate of Profit in the U. S. Economy, 1947—67 [J]. American Economic Review, 69 (3): 329—41.

WOLFF E N, 1979. The Rate of Surplus Value, the Organic Composition, and the General Rate of Profit in the U. S. Economy, 1947—67 [J]. The American Economic Review, 69 (3): 329—341.

WRIGHT E O, 2000. Working—Class Power, Capitalist—Class Interests, and Class Compromise [J]. The American Journal of Sociology, 105 (4): 957—1002.